COLEÇÃO
CRÍTICA,
HISTÓRIA E
TEORIA DA
LITERATURA

Copyright © Rodrigo Petronio
Copyright da edição brasileira © 2022 É Realizações.

Editor | Edson Manoel de Oliveira Filho
Produção editorial e projeto gráfico | É Realizações Editora
Diagramação e capa | André Cavalcante Gimenez
Preparação de texto | Valquíria Della Pozza
Revisão | Alessandra Miranda de Sá

Reservados todos os direitos desta obra. Proibida toda e qualquer reprodução desta edição por qualquer meio ou forma, seja ela eletrônica ou mecânica, fotocópia, gravação ou qualquer outro meio de reprodução, sem permissão expressa do editor.

CIP-Brasil. Catalogação na Publicação
Sindicato Nacional dos Editores de Livros, RJ

P593a

Petronio, Rodrigo, 1975-
    Abismos da leveza : por uma filosofia pluralista / Rodrigo Petronio ; prefácio Lucia Santaella ; posfácio Mario Dirienzo. - 1. ed. - São Paulo : É Realizações, 2022.
    400 p. ; 23 cm.

Inclui bibliografia
ISBN 978-65-86217-55-1

1. Filosofia brasileira. I. Santaella, Lucia. II. Dirienzo, Mario. III. Título.

22-77378   CDD: 199.81
                                               CDU: 1(81)

Meri Gleice Rodrigues de Souza - Bibliotecária - CRB-7/6439
25/04/2022   27/04/2022

É Realizações Editora, Livraria e Distribuidora Eireli
Caixa postal: 45321 · CEP 04010 970 · São Paulo · SP
Telefone: (5511) 5572 5363
e@erealizacoes.com.br · www.erealizacoes.com.br

Este livro foi impresso pela Mundial Gráfica em agosto de 2022. Os tipos são da família Sabon. O papel do miolo é o Lux Cream 70 g., e o da capa, cartão Ningbo Gloss C2 300 g.

RODRIGO PETRONIO

Abismos da Leveza

Por uma Filosofia Pluralista

PREFÁCIO
LUCIA SANTAELLA

POSFÁCIO
MARIO DIRIENZO

É Realizações
Editora

SUMÁRIO

Agradecimentos 11
Nota Editorial 13
Filosofar é preciso – por Lucia Santaella 15
Apresentação 21

SERES – Mesologia e Mereografia
   Por uma arte menor 29
   Steven Pinker: muito além de anjos e demônios 35
   Literatura e intimidade 41
   As ilusões do eu: Montaigne e o ensaio 45
   Deus não é grande 49
   Murilo Mendes: o guardião do caos 53
   Machado de Assis e a inveja criadora 59
   Abbas Kiarostami: a imitação da liberdade 65
   Escrita de si e autoficção 69
   Máximas 73
   Áporo, Caramanchão & Araã 79
   A leveza insustentável de Gilles Lipovetsky 83
   Jacques Derrida e o Deus feminino 85
      Sou uma Nuance 85
      Gramatologia 85
      Nomes do Acolhimento 87
      Deus e feminino 87
   György Lukács: ontologia e capital 89
   Abismos da leveza 93

MUNDOS – Mesologia e Pluriversos
   Mesologia e pluriversos 99
   Como declinar o universo no plural 103

Cosmorfologia 107
Morfologia e organismo 111
Tecnokenosis 115
Alteridades 121
Ecologia e mesologia 129
Por uma mesopolítica 133
Revoluções do capitalismo 137
Manifesto de paleoontologia 141
Cosmobiologia 145
Deus, lei e desejo 149
Repouso e movimento 155
Vida e antivida 159
Politanatos 163
Terrorismo e ecologia 167
Mesons e Deus 171
Pan-animismo 175
Guerrilhas do ser 179
Ontologias comparadas 183
Mundo incomum 187
Peter Sloterdijk e as ontologias relacionais 191
    O Cinismo 191
    Vida, Forma e Relação 192
    Existência e Coexistência 193
    Uma Antropologia para Além do Humano 194
    Cenas Inaugurais 198
    Do *Kynismus* ao Cinismo 199
    Falsa Consciência 200
    Ira e Salvação 201
    Fundo Monetário da Ira (FMI) 201
    Esferas 202
    Desbravar o Futuro 203
Gilles Deleuze e Félix Guattari: uma geologia do pensamento ... 205
    Linhas de Fuga 205
    Uma Filosofia para o Século XXI 208
    A Assinatura das Coisas 211
    As Idades da Terra 223
    A Aranha 224

Gilbert Simondon: tecnociência e transindividualidade 229
Louis Lavelle e o nascimento da consciência 233
Peter Godfrey-Smith e o oceano da consciência 241
Uma breve história dos mundos: Adam Roberts e a ficção científica 245
Stanisław Lem e os jogadores do cosmos 251
Carl Sagan: o explorador de mundos 255
Bertrand Russell e os limites do conhecimento 259
Origens 263

VIDAS – Mesologia e Hominização
   O antropoceno e a ciência do sistema Terra 271
   David Wallace-Wells e a sexta extinção 277
      Aquecimento 277
      Cascatas 278
      Prisma e Cognição 279
      Narrativas 280
      Soluções 282
      O Fim da Natureza 284
      A Era da Solidão 285
   Yuval Noah Harari e as eras humanas 289
      Do *Homo Sapiens* ao *Homo Deus* 289
      Livros e Espelhos 292
      Imperativos e Agendas 293
      Imortalidade e Divindade 296
      Felicidade e Humanismo 298
      Algoritmos e Deus 301
      Uma Outra Ordem Mundial 302
   Eu, Primata 307
   E então o animal criou o humano 309
   René Girard: a primeira narrativa 313
      Eu 313
      Linguagem e Consciência 314
      O Triângulo 315
      Bode Expiatório 316
      Espelho 317

As três humanidades 319
    A Pergunta 319
    Bípede sem Penas.. 319
    Antropofanias 319
    A Viragem 320
    Antropologias.. 320
    Filósofos e Sedentários 320
    O Último Chimpanzé 321
    À Espera dos Bárbaros 321
O humano no espelho de Deus 323
Giorgio Agamben e a comunidade que vem 329
Barbie no Éden 335
Saudade do diabo 339
Antropologia e antropofagia 343
    A Corda 343
    Golens e Galãs.. 344
    A Mutação 345
    Biopolítica 346
    O Parque Humano 348
    Antropofagia 349
    Novo Ecumenismo 351
    A Morte Obsoleta 351
    Limiar 352
    Robôs na Alcova 354
    Da Ontologia à Odontologia 355
    Relatório para a Academia 355
    Uma Nova Moral 356
    Fim e Começo 356
    Eclesiastes... 357
    Liberdade 359

Lições de Abismo e Leveza – por Mário Dirienzo
    Encarando a Técnica com Arte 363
    Ensaios de Ficção 365
    Formações de Mundo.. 367
    Nas Entranhas da Lei 372

O Dia da Ira e o Cinismo de Cada Dia 375
A Origem das Espécies e as Espécies de Origem 378
A Espécie e a Quintessência 381
Do Macaco ao Homem, ao Super-Homem, ao................................... 385
O Ex-Mortal 388

Referências dos ensaios 391

Rodrigo Petronio... 395

AGRADECIMENTOS

Gostaria de agradecer especialmente à Lucia Santaella, pesquisadora que ilumina meu caminho há anos, pelo prefácio generoso, para o qual não tenho palavras. Boa parte dos debates destes ensaios foi aprofundada e decantada durante o pós-doutorado que desenvolvi sob sua supervisão no Programa de pós-graduação em Tecnologias da Inteligência (TIDD|PUC-SP), do qual ela é diretora. Agradeço ao grupo TransObjeto, coordenado por ela, celeiro de muitos debates instigantes, presentes aqui. A meu amigo Mario Dirienzo, poeta, ensaísta e interlocutor de tantos anos, pelo posfácio cheio de conexões produtivas. Um agradecimento especial ao amigo Jean-Pierre Dupuy, que me brindou com o brilho deste seu tocante texto de quarta-capa. A Edson Manoel de Oliveira Filho, editor-diretor da É Realizações Editora, por seu trabalho incansável em nome da cultura brasileira, pelos anos de confiança e de parcerias profissionais, e por ter aceitado publicar este livro. Ao acolhimento e à parceria dos editores Antonio Gonçalves Filho, Rinaldo Gama e Ubiratan Brasil, todos de *O Estado de S.Paulo*, aos cuidados dos quais alguns destes ensaios foram publicados. Agradeço a Maria Luíza Mendes Furia e a Robinson Borges, editores de *O Valor Econômico*, que também abriram espaço para muitos dos textos contidos aqui. A Paula Felix Palma, pela coluna regular que me cedeu na revista *Filosofia*. Ao amigo e mestre Hans Ulrich Gumbrecht, cujas conversas e orientações estão presentes, direta e indiretamente, nestes escritos. A Mario Novello, pensador e cientista imenso, cuja obra ecoa em alguns destes ensaios, pela receptividade e pela interlocução. Ao meu amigo Nelson Endebo, leitor que me ajuda a escavar novas camadas em cada conceito. Agradeço a todos os meus alunos, que, na lide do dia a dia e da sala de aula, me trazem tantas questões para as quais não tenho respostas e me ajudam a refletir sobre os problemas sempre sob ângulos novos e estimulantes. E um agradecimento especial a Ariane Alves, minha esposa e interlocutora, companheira do peso e da leveza dos abismos que nos cercam, no pensamento e na vida.

NOTA EDITORIAL

Este livro é uma seleção de ensaios de e sobre Filosofia. Publiquei-os ao longo de cerca de vinte anos de colaboração para os mais variados veículos da imprensa brasileira, sobretudo na revista *Filosofia* e no jornal *Valor Econômico,* nos quais atuei como colunista, no jornal *O Estado de S.Paulo,* e em revistas especializadas. Ao reuni-los, percebi uma curiosa simetria na distribuição dos escritos nas três matrizes que compõem o livro: Seres, Mundos e Vidas. Ao final do volume, transcrevi as referências detalhadas da primeira publicação de cada texto. Alguns não foram citados por serem inéditos ou devido ao fato de as referências materiais serem de difícil acesso. Em linhas gerais, essas referências podem auxiliar os pesquisadores das obras, temas e autores em questão, bem como quem eventualmente queira compreender um pouco melhor o percurso de formação ziguezagueante do autor que escreve estas linhas.

PREFÁCIO

FILOSOFAR É PRECISO

LUCIA SANTAELLA

Para Gilles Deleuze, a ciência cria functivos, cria funções e proposições. A arte mostra afectos, inventa afectos, cria afectos nas suas relações com os perceptos ou visões que nos fornece. A filosofia cria conceitos, cria pensamento, seu objeto principal é o exercício do pensamento.

Para Godfrey-Smith, em meio às vocações humanas, a filosofia está entre as menos corporais porque é ou pode ser um tipo de vida puramente mental. Tanto quanto a matemática e a poesia, ela não necessita de equipamentos a ser manejados, nem de locais físicos ou estações de campo. Para esse autor, fazer filosofia é, em grande parte, uma questão de juntar e armar as coisas, montá-las à maneira de um quebra-cabeça que faça sentido.

Costuma-se dizer que a filosofia busca refletir sobre as grandes questões que não cessam de desafiar os humanos: o que significam o tempo e o infinito? Qual o sentido de tudo que nos rodeia, visível e invisível? Qual o sentido da vida e do existir? Qual a nossa origem e destino entre tantas outras inesgotáveis questões? Mas a religião, o senso comum e até mesmo as metafísicas domésticas tentam responder-lhes. Qual, então, é o papel da filosofia? A resposta de Deleuze é radical: a filosofia cria conceitos.

Tomando essa radicalidade como pressuposto, afirmo, de saída, que Rodrigo Petronio é um filósofo, no legítimo sentido desse termo. É isso que este livro demonstra em todas as suas letras. Não se trata de um estudante de filosofia ou de um historiador de filosofia, mas de um filósofo, como quer Deleuze. Petronio é um criador de conceitos.

Interpelados pela emergência contínua de uma multiplicidade de ontologias gestadas na modernidade e germinadas antes dela, seus conceitos são tecidos em sua mesologia, a teoria dos *mesons* que se baseia em uma ontologia do ente e uma cosmologia do entre, tanto uma quanto a outra, relacionais. Um dos pontos principais de partida, entre outros, da ontologia corpuscular e relacional dos *mesons* encontra-se na filosofia do organismo de Whitehead.

Petronio se pergunta: "Em que medida a mesologia é um desdobramento literal da filosofia do organismo?". Essa é a tarefa precípua desse novo sistema chamado mesologia, um sistema que sua obra busca explicitar e que, a título de apresentação, com a ajuda do autor, aqui apenas esboçarei. Nas palavras do autor,

> como unidade formal dos intervalos e como formas relacionais, os *mesons* não são substâncias nem qualidades. Portanto, como os organismos, não podem ser descritos a partir dos esquemas categoriais sujeito-predicado. A mesologia tampouco se ocupa de substâncias simples, pois o cosmos é um emaranhado de composições e de vastos continentes de complexidade distribuída. Os *mesons* são as unidades relacionais que articulam o meio circundante comum. As infinidades de meios circundantes se participam mutuamente entre si constituindo meios mundos. Os meios-mundos são emaranhados de séries infinitas orientadas de modo não linear.

O objeto da mesologia é o infinito. Sua tese central é a existência de infinitos meios-mundos.

> Cada meio-mundo é uma realidade situada que contém em si uma dimensão irredutível em relação às demais realidades e às generalidades discursivas produzidas por outras realidades situadas. Cada meio-mundo é uma realidade fática, interior a um universo, mas capaz de determinar, a partir de si, o que a totalidade do universo venha a ser. Nesses termos, toda realidade situada é um meio (*méson*) dentro de um mundo e um mundo virtualmente capaz de engendrar a sua própria mundanidade, ou seja, uma cosmologia.

Não se trata, insiste o autor, de conceber uma pluralidade de mundos. Trata-se de demarcar uma pluralidade de regimes de verdade que fundam esses mesmos mundos e que os transformam em mundos incomensuráveis entre si. Esses meios-mundos e esses pluriversos incomensuráveis entre si são os *mesons* cuja teoria postula simultaneamente a infinitude dos mundos bem como a coimplicação e a coevolução desses infinitos mundos uns em relação aos outros.

A hipótese que guia essa teoria é que o pluriverso é a totalidade aberta de meios finitos do infinito. O que se tem aí, consequentemente, é uma teoria caracterizada por uma ontologia pluralista, polivalente em oposição às ontologias monovalentes, equivalentes e bivalentes.

A história do pensamento nos fornece algumas teorias fundamentais da mediação, como são aquelas que se encontram na versão filosófica de Hegel, na versão lógica de Peirce e na cultural de Martin Barbero. Com sua teoria dos *mesons*, Petronio inaugura uma nova versão filosófico-cultural da mediação. Resumindo:

> A mesologia é uma teoria geral dos meios, concebida a partir das partículas físicas elementares conhecidas como *mesons* e descrita com base em topologias não lineares. Nesse sentido os *mesons* não são instrumentos ou mediadores entre dois seres ou ações, submetidos a um princípio de causalidade. São formas puras de mediação em termos ontotopológicos. A mesologia também se fundamenta na dinâmica de sistemas semiabertos. Esses sistemas se caracterizam por uma assimetria entre sistema e meio. A síntese assimétrica entre sistema e meio se realiza pela forma.

Assim Petronio avança na construção de sua teia conceitual, o que o habilita a engendrar subconceitos como "mesoexcentrismo", "utopologia", "meontologia", "tecnokenosis", "mesopolítica", que o leitor terá oportunidade de explorar conforme for penetrando nas nervuras de uma escritura que legitima a entrada do autor no panteão dos filósofos, aqueles que detêm a habilidade de criar e enredar conceitos e subconceitos capazes de evocar, sinalizar e desenhar a hipercomplexidade do mundo que habitamos.

Petronio sustenta sua malha conceitual na paternidade de uma pluralidade de pensadores devidamente explicitados, entre os quais despontam com ênfase Vilém Flusser e Peter Sloterdijk. Este último, para Petronio,

> é um escafandrista de zonas abissais do pensamento. Um colonizador ultrarrealista do futuro. Mais do que um dissidente, é um dos herdeiros mais criativos da teoria crítica. Se filosofar é abandonar sistematicamente a inocência, a obra do mestre de Karlsruhe é endereçada aos que perderam toda a inocência sem perder por completo a esperança.

Tudo isso concede a Petronio o passaporte de entrada às suas interpretações autorais de uma rosácea, mais que isso, uma constelação de temas que nos interpelam e mesmo nos estarrecem no contemporâneo: as exasperantes conjunturas políticas da atualidade; a violência humana e os danos bélicos; a arte de perder-se do eu para reencontrá-lo na fala alheia transformada em fala própria; a exortação da leveza que é tão insustentável quanto a superfície, daí a costumeira busca do aconchego confortante nas fantasias de profundidades alienantes; as impotências insolúveis da vida; a consciência do nosso destino como inversamente proporcional à capacidade de aceitá-lo; e assim por diante.

Vale a pena pinçar, à maneira de uma amostragem, algumas passagens iluminadas em que a sabedoria sensível do autor alça voos e que cintilam, ao gosto de Walter Benjamin, em instantes de perigo.

> Ser trágico não é denegar a algum ser transcendente a causa do nosso destino. É, sim, compreender que cabe a nós definir quais anjos ou demônios queremos trazer à luz. Ser otimista não é ignorar a nossa herança maldita, na ilusão de que tudo será redimido pela nossa liberdade. Mas aceitar finalmente que os anjos e os demônios nos pertencem. São nossa herança evolutiva. Inalterável. Em um mundo ameaçado pelo crescente esquematismo das ideias e das dicotomias, cujos estragos são incalculáveis, esse ensinamento é mais do que bem-vindo.

> Como nas narrativas de Sherazade, a linguagem é o mais perfeito adiamento da morte, desdobrando-se em noites infinitas na intimidade de uma câmara nupcial. Essas noites são a literatura.

> Quanto mais o indivíduo se anula na linguagem, mais se torna digno de ser lido, relido e reescrito pelos outros, ou seja, pela tradição. A dignidade pública do escritor é proporcional à sua renúncia subjetiva. [...] Não apenas o papel é branco. O próprio escritor é uma folha em branco onde se constelam vozes alheias.

> A beleza da linguagem nasce da diástase entre o sentido e o som e entre o som e o imaginado. Essas três faces se separam. O som leva a imaginação para um lado. A semântica conduz o sentido para outro. A imagem mental nos acena, como uma miríade de gestos letais, correndo com sua barca para o Letes, o rio da morte.

Assim, o que o leitor aqui encontrará são textos breves de uma densidade ímpar. Cápsulas condensadas de sabedoria amealhadas no tempo de leituras concentradas e meditadas. São orquestrações de um pensamento no qual ressoam ecos e reverberações de alteridades de vozes ordenadas em um mosaico secular e multivalente. Sem dúvida, são vozes acolhidas ao longo de anos de leituras certeiras e apaixonadas, o que conduziu Petronio à sua conversão em um leitor borgiano, ou seja, um cisne muito mais tenebroso do que os próprios autores que são visitados e cujas casas são habitadas pelo tempo necessário à decifração de seus enigmas essenciais.

É certo que, por trás disso, se encontra um leitor voraz, longe, muito longe daqueles que tão só e apenas ouvem falar, não sabem onde e pingam nomes de autores irresponsavelmente. Ao contrário, os comentários que Petronio tece revelam penetração na capilaridade, nas nervuras mais finas dos textos lidos e absorvidos com mestria. Ele penetra, assim, no âmago do pensamento dos autores que comenta e com os quais enrosca sua própria escritura em um movimento rítmico de inspiração e expiração. Isso só pode ser fruto do seu irresistível enamoramento seletivo pelas galerias de pensadores que frequenta.

Como se não bastasse, as páginas transpiram poesia na geração de uma filosofia com dicção poética. De fato, pelos comentários que tece sobre escritores e poetas, não é difícil divisar que Petronio teve sua sensibilidade forjada na literatura. Cabe aqui uma extrapolação para nos ajudar a compreender, de um lado, o papel da literatura na educação dos cinco sentidos, de outro, quanto isso implica leituras arrebanhadas desde a mais tenra juventude. Para isso, faço um relato.

Há poucos anos, explorei com curiosidade informações sobre a biografia de Byung-Chul Han, filósofo coreano-alemão que muito frisson está provocando em vários países. Formado em metalurgia, na Coreia, quando chegou aos trinta anos, convencido de que essa carreira lhe seria entediante, Chul Han decidiu estudar literatura, algo que seria difícil em Seul, especialmente pela não aceitação da família. Para quem escolheu levar a vida entre os livros, não parecia haver país melhor do que a Alemanha. Foi justamente para onde se dirigiu, mesmo sem falar a língua. Entretanto, se não se quer ficar confinado na literatura de um só país, a literatura exige uma quantidade de leituras e aprendizagem de línguas que devem começar desde muito cedo. Trinta anos de sua vida já transcorridos, sem nenhuma intimidade com a literatura, levaram Chul Han a trocar a literatura pela filosofia. Poucos anos depois, defendeu seu doutorado em Heidegger.

Por que esse relato me parece oportuno? Para apontar o fato de que Rodrigo Petronio não precisou esperar os trinta anos para dar início aos seus mergulhos na literatura e na filosofia, o que lhe permite mesclar e enredar esses territórios com a finura e sutileza dos mestres vocacionados.

Por tudo isso, ao fim e ao cabo, o que este livro oferta ao leitor, entre muitos outros meandros do pensamento e da sensibilidade, é o enfrentamento de nossa inexorável e fatal finitude em contraste radical com os lapsos de eternidade nas faíscas fugidias da felicidade. Mais que isso, o movimento do desejo que anima a nossa busca insana e sempre desesperadamente frustrada satisfação impossível. Conforme lição colhida nos escritos de Flusser e de Agamben, entre seus inumeráveis mentores, as reflexões de Petronio não submergem sem volta nas sombras do contemporâneo, nem se deixam imobilizar pelo sentimento trágico, mas nos entremeios dos tênues fios da esperança seguem para pontos de encontro com a filosofia, a literatura, a arte e a música, que nos redimem dos abismos da perdição destruidora rumo à dignidade das faces benfazejas do humano.

APRESENTAÇÃO

Estes ensaios foram escritos ao longo de alguns anos e publicados em diversos veículos da imprensa e revistas especializadas. Alguns saíram no jornal O *Estado de S.Paulo*, do qual sou colaborador regular. Outros apareceram nas colunas regulares que mantive na revista *Filosofia* e no suplemento cultural Eu & Fim de Semana do jornal *Valor Econômico*. Outros ainda apareceram como apresentações de obras ou em publicações dedicadas à cultura, às ciências, à arte, à literatura e à filosofia.

O fio de conexão entre todos eles é a teoria dos *mesons*, ou mesologia. Trata-se de uma teoria geral dos meios, criada por mim e defendida como Tese de Doutorado na Universidade Estadual do Rio de Janeiro (Uerj). Os *mesons*, em grego, significam *meios*. Nesse sentido, a categoria *relação* está no âmago de todos esses escritos. Tudo coexiste antes de existir. Todo ser emerge de um entre-ser. Toda entidade é uma entridade (entre). Tudo que é apenas o é como emaranhado de seres e de composições. E todas as substâncias são determinadas não por suas essências, mas pelas relações que estabelecem com outras substâncias. Nesses termos, procuro me distinguir ao máximo do pensamento holista, totalizador e transcendentalista. E a teoria dos *mesons* pode ser definida como uma ontologia e uma cosmologia relacionais.

Além da relacionalidade, procuro trazer à tona e reposicionar três dos conceitos mais marginalizados da história do pensamento: o pluralismo, o atomismo e o infinitismo. Eles constituem o âmago da mesologia. Os seres e mundos não são compostos a partir de antinomias, sejam elas clássicas ou modernas. Ato e potência, matéria e forma, substância e acidente, essência e aderência, empírico e transcendental, ideal e real, *a priori* e *a posteriori*, *noumenos* e fenômenos, natureza e espírito, *res cogitans* e *res extensa*: a lista não tem fim. A filosofia se cansou desses falsos dilemas. Um pensamento para o terceiro milênio começa por superar essas "alternativas infernais", para usar a expressão de Isabelle Stengers.

O primeiro passo rumo ao futuro é superar as antinomias, os dualismos, os binarismos, sejam eles quais forem. Uma das tarefas precípuas da mesologia é reconstruir um dos saberes arcanos mais antigos da humanidade: o modelo atomista-celular. Cada ser é uma unidade não discreta, relacional e não substantiva. Cada uma dessas unidades celulares-relacionais é um méson. Cada méson é uma mônada relacional e insubstancial. Cada méson é um meio e cada meio é um mundo. O cosmos é um emaranhamento de infinitos meios-mundos, meios-circundantes e meios-relações. Cada uma dessas composições dinâmicas se inscreve em outras composições dinâmicas, configurando uma multiplicidade infinita de planos, seguimentos, continentes, extensões, corpos, universos e dimensões: pluriversos.

Todo ser se inscreve em uma consonância de pluriversos. A existência é o horizonte aberto de todos os existentes, atuais e virtuais. E o estatuto desses seres e pluriversos, flutuando no infinito, é absolutamente contingente. Isso quer dizer que a contingência é o modo mesmo da efetividade dos seres, dos mundos e dos universos. Essa confluência entre filosofia celular, relacionalidade, pluralismo e infinito situa a mesologia como um campo de saber e uma ciência sem nome, mais do que uma teoria. Um campo que deve dar origem a novas ciências, saberes e teorias adjacentes do futuro.

A teoria dos *mesons* deve ser concretizada em uma obra que está em andamento e deve ter alguns volumes. Entretanto, desde que a concebi, senti a necessidade de modular alguns de seus principais conceitos em ensaios, em uma linguagem mais próxima das taquigrafias do pensamento do que de exposições sistêmicas. Comecei então a exercitar esse estilo bastante livre, partindo tanto de temas e de fenômenos contemporâneos quanto de autores, obras e conceitos conexos à estruturação do campo de investigação da mesologia. Este livro reúne os principais ensaios dessa atividade paralela e extensiva à consolidação da teoria dos *mesons*.

Desse modo, estes ensaios se organizam em três partes: Seres, Mundos e Vidas. São escritos no plural justamente para demarcar a impossibilidade de unificação dessas instâncias dentro de si ou entre si. De maneira mais ou menos evidente, todos eles gravitam em torno dos *mesons*, ou mesologia. Essa divisão em seções se refere a uma ontologia (estudo dos seres), a uma cosmologia (estudo dos mundos) e a uma organologia (estudo dos organismos).

A primeira (Seres) recolhe ensaios descritivos sobre algumas perspectivas das ontologias contemporâneas. São textos bastante livres, oscilando entre o ensaio, a prosa e a poesia, e que procuram captar uma escrita dos seres a partir da ênfase em suas partes (mereografia). Nessa linha de argumentação, a primeira parte especula sobre a pluralidade dos microcosmos e dos micromundos. Trata das vertigens do infinitamente pequeno. E, por isso, destaca a importância da ambivalência, do adiamento, da suspensão presentes na arte. Ou seja: essa parte pode ser vista como um elogio da incompletude. As fronteiras entre abismo e leveza seriam justamente as membranas invisíveis que nos cercam, misto de catástrofe, indeterminação, contingência e acaso.

A segunda (Mundos) pressupõe abordagens no campo da cosmologia, sobretudo em torno do conceito de pluriversos de William James, incorporado pela mesologia. Baseia-se na investigação dedutiva da virtualidade e da atualidade de universos e de mundos. Essa seção desenvolve a tese de que haveria infinitos mundos e uma incomensurabilidade desses mesmos mundos entre si. Explora a pluralidade dos meios-mundos e dos meios circundantes dos *mesons* a partir dos macrocosmos.

Em outras palavras, sugere uma cosmologia, entendida como possibilidade de mundos e de universos, consistentes e paraconsistentes. Assim como William James edificou um empirismo radical, tentei nestes ensaios fundamentar o que tenho chamado de pluralismo radical ou filosofia experimental. O conceito central de pluriversos de James é o eixo estruturante dessa parte. E a filosofia processual e as teorias organicistas, de Hume, Locke e Leibniz a Peirce, Whitehead, Deleuze, Guattari e Sloterdijk, permeiam de modo difuso todos esses mundos.

A terceira (Vidas) gira em torno de um conceito matricial: narrativas. Refere-se a autores, obras e conceitos concernentes às diversas definições de narrativa, em sua acepção mais abrangente, englobando a vida, os humanos, a Terra. Por motivos circunstanciais, dediquei um espaço maior dessa seção à investigação dos processos de emergência e de mutação dos humanos. Procuro compreender a infinitização e a relacionalidade de um ponto de vista do sistema-Terra, das teorias da complexidade, dos processos disruptivos e da odisseia da hominização. Em outras palavras, descrevo o devir e a narrativa do *sapiens* em meio a outras formas de vida e a outros modos de existência.

Aqui o conceito de humanidade, oriundo do humanismo secular, é colocado em suspensão. Assim como houve muitas humanidades no passado, existem hoje outros modos de compreender a humanidade do humano.

E podem vir a existir novas humanidades no futuro. Chamo essa terceira seção de organologia e não de biologia, pois aquele conceito é mais amplo do que este. Guarda mais afinidades com as filosofias organicistas, tais como se desenvolveram de Hume e Leibniz a Whitehead e a algumas cosmologias contemporâneas, do que com a ciência estrita chamada biologia.

Uma das ambições da teoria dos *mesons* é mapear o impacto profundo e disruptivo dos processos de infinitização sobre os conceitos, os seres, os mundos, a vida e o pensamento. Nesse sentido, os abismos da leveza são um terreno movediço onde a vida e o pensamento se deslocam no limiar de sua aniquilação. Mas também são um caminho potente para a criação de novos conceitos, novas existências e novas formas de vida. Tendo isso em vista, este livro materializa as principais ambições de uma Filosofia Orientada ao Futuro (FOF), derivada de uma filosofia especulativa, na acepção em que eu a tenho desenvolvido, entendida como um dos fundamentos da filosofia presente e da filosofia por vir.

Por conseguinte, um dos eixos da mesologia, decorrente desses processos de infinitização, é a defesa do que chamo de pluralismo radical. Diferentemente do pluralismo mitigado, representado pelo relativismo e pelo ceticismo, o pluralismo radical não compreende as diversas modalizações de um mesmo universo e de uma mesma natureza. Parte da premissa de que essas diversas modalizações declinam e produzem universos e naturezas distintos entre si, espraiados em um horizonte de incomensurabilidade infinita ao qual chamamos de cosmos, ou seja, o horizonte dos existentes, virtuais e atuais.

Em alguns casos tive dúvidas quanto à distribuição de alguns ensaios nas três seções. Acabei por manter a distribuição que me pareceu melhor. Mesmo em suas diferenças internas a cada parte, os ensaios dissonantes me pareceram compor uma espécie de rede de conexão entre as seções diferentes, em um movimento espiralado de diferença e de repetição que me agradou. E espero que agrade ao leitor.

Nestes ensaios e na estrutura deste livro procurei sugerir que o pensamento é um arco. E o ato de pensar consiste em uma tensão entre um passado imemorial, um presente virtual e um futuro infinito. Quanto mais tensionamos esse arco, mais plurais se revelam as dimensões espaçotemporais dos seres vivos. Mais abissal se revela o fundo sem fundo da condição humana.

Assim, *Abismos da Leveza* se guia por um oxímoro, delineado desde o título. Ao longo dos três atos desse drama, o leitor percorre os caminhos, os atalhos e os abismos que nos convocam quando procuramos compreender o ser, o mundo e a vida como contrafiguras desse infinito que nos toca e nos habita. Esse infinito sempre presente, mas para sempre incomensurável.

SERES

Mesologia e Mereografia

Uma folha que cai é um mundo em si.
Ítalo Calvino

A graça é a lei do movimento descendente.
Simone Weil

Nada mais profundo que a pele.
Paul Valéry

POR UMA ARTE MENOR

Tempos atrás, saí intrigado de uma mostra de Giacometti. Não apenas por sua obra, de fato deslumbrante, mas sim por uma sensação que demorei a esclarecer para mim mesmo. Entre todas as obras do escultor, se alguém perguntasse qual me arrebatou, diria sem hesitação: uma escultura humana do tamanho da unha de um dedo mínimo. Isolada em uma enorme redoma de vidro, parecia levitar. Como é possível conferir leveza, humanidade, movimento e paixão a uma peça daquela dimensão? Mesmo minúscula, era um Giacometti. Mas o enigma não era esse. O enigma era compreender o que tanto nos fascina nas vidas ínfimas, na pequenez, nas palpitações de um mundo que mal pode ser acessado a olho nu, como os seres microscópicos de Paul Klee. Apenas a infimidade é mais misteriosa que a infinitude.

Sobretudo nas artes plásticas, muitas vezes a grandeza engana. A despeito das grandes dimensões das telas de Pollock e Rothko, é preciso adentrar seus infinitos meandros, a tessitura quase nenúfar, prestes a desaparecer. As partículas das explosões de cores de Turner, as filigranas da paleta de Veermer, as variações do claro-escuro de Rembrandt, o exuberante policromatismo de Van Gogh. O segredo está no detalhe. E, quando digo isso, não me refiro apenas à arte que se vale do mínimo de recursos expressivos. Não penso somente nas esculturas de luz de Dan Flavin e de James Turrell ou nos cubos de Richard Smith, no arco inclinado de Richard Serra e nos quadrados negros obsessivos de Ad Reinhardt ou no obelisco quebrado de Barnett Newman, nos espaços vazios de Cy Twombly, no suprematismo de Malevich ou nas infinitas bolinhas de Kusama, nas notas-silêncio de Cage ou nas micromodulações de Steve Reich e Philip Glass. Refiro-me à esfera infinita de regiões indescritíveis de que é feita a vida.

Por isso a pequenez é tão produtiva na arte e na literatura. Sobretudo quando desperta em nós a empatia ou um sentimento jocoso. O poeta e eminente pregador inglês John Donne foi um dos expoentes da chamada poesia metafísica do século XVII, assim definida de modo pejorativo por Samuel Johnson no século XVIII, reabilitada pela sensibilidade crítica de

T. S. Eliot no século XX. Admiravelmente traduzido pelo poeta Augusto de Campos, um dos poemas mais célebres de Donne trata de uma pulga. O sangue sorvido dos dois amantes sela um estranho laço matrimonial. A pulga transforma-se no templo daquele amor. E esta é apenas uma faceta da grande zoologia na arte das letras. É impossível enumerar a microscopia animal dos bestiários medievais ou o pandemônio de minúsculos seres grotescos criados por Rabelais.

O pequeno gera a desproporção e esta, uma inclinação afetiva quase natural. Depois de descrever afrescos magníficos que ilustram os pecados dos primeiros patamares do Monte Purgatório, Dante não mede palavras de admiração pelo miniaturista Oderisio da Gubbio, comparando-o a outros mestres da escultura. O tamanho não importa. O espírito que sopra no milímetro esculpido também ergue um império. Sempre o mesmo. Sempre com a mesma pujança. Esse é o mesmo tônus afetivo que encantou Baudelaire nos caricaturistas ingleses de seu tempo, para ele em nada inferiores a Delacroix. Um nariz amplificado; um mísero ponto de nanquim representa a boca; os cílios arqueados em um só golpe de tinta e as pernas, dois traços de alguns poucos centímetros. Eis a caricatura. Ao contemplá-la, é impossível não se perguntar: como inscrever tanta humanidade em alguns rabiscos? Eis-nos frente a frente com o pequeno, o imponderável.

A irmandade entre pequenez e afetividade também é a grande descoberta de Adélia Prado, Mario Quintana e Manoel de Barros. Eles produziram uma espécie de revolução poética em torno do óbvio ululante de nossa pequenez. O monumental Tom Jobim se recusava a atribuir a si mesmo uma obra. Dizia: "Minhas musiquinhas". O que teria levado o grande Vinicius de Moraes a adotar para si o epíteto de poetinha? Longos anos de um hercúleo aprendizado de todas as técnicas poéticas. Outros tantos anos de sofrimento com a tuberculose no sanatório de Clavadel. Depois disso, Manuel Bandeira, enfim, pôde se tornar um "poeta menor", como se definira em seu itinerário artístico publicado pelo jornalista João Condé. O que isso significa? Para além da grandeza de sua poesia, tinha conseguido uma façanha ainda maior. Conquistara a dimensão de sua própria humanidade. A partir dela, um estilo. Afinal, o estilo não é um pavonear de frases luminosas. Como enfatizou Buffon, o estilo é o homem.

Sim, a literatura tem uma vocação épica. Mas o que seria de Ulisses se, de volta a Ítaca disfarçado de mendigo, não fosse reconhecido por sua ama, por causa de uma mínima cicatriz? O que seria dos sete volumes da busca pelo tempo perdido empreendida por Proust, se não fosse o tenro aroma de uma madeleine mergulhada em uma xícara de chá? Essas e outras sutilezas levaram o grande crítico judeu alemão Erich Auerbach a se ater aos elementos cotidianos mínimos presentes na literatura. Assim, finalizou a monumental *Mimesis*, uma história da representação da realidade na literatura ocidental, analisando como Virginia Woolf depreende o universo ficcional interior de uma personagem a partir de seu modo de tricotar uma meia marrom.

Voltaire criou uma de suas mais divertidas parábolas sobre a relatividade dos valores a partir do desembarque do gigante Micrômegas no planeta Terra. Swift urdiu uma das mais tenazes fábulas morais da literatura ao imaginar Gulliver transformado em gigante da noite para o dia, após o naufrágio na Ilha de Liliput, com seus minúsculos habitantes. O mesmo Swift também é autor de uma das mais ácidas sátiras políticas do século XVII. Em seu panfleto, desenvolveu uma pequena – modesta – proposta para acabar com a fome da Irlanda: cortar cuidadosamente um pequeno bife da nádega de cada criança do país. Em uma breve e exemplar novela, Cervantes imaginou uma saborosa conversa entre cães. Machado de Assis escreveu contos memoráveis inspirados em uma república de aranhas, em um diálogo entre a agulha e a linha e, em "Teoria do Medalhão", legou-nos uma das mais precisas anatomias da vaidosa pequenez humana. Tal como Dostoiévski o fizera em *Memórias do Subsolo*, mostrando o seu homem do subterrâneo, carrapato moral dividido entre as leis do próprio fígado e as ideias de grandeza do século XIX. Em um contexto extremo, em tom fescenino e profano, o poeta contemporâneo Glauco Mattoso, um dos maiores sonetistas da história da língua portuguesa, compôs seus quase 3 mil sonetos em torno de uma das menores unidades temáticas de que se tem notícia: a podofilia. O fetiche por pés.

Aliás, toda a literatura moderna parece nascer de uma conversão de perspectiva, do grande ao pequeno. No século XVIII, Kleist mimetizou o trauma social da perda da virgindade de uma jovem a partir da metáfora de uma bilha quebrada. Gogol concebeu uma das mais divertidas fantasias burocráticas da literatura russa ao fazer um funcionário público perder o nariz dentro de uma gaveta. Chamisso traduziu o tema de Fausto nas maravilhosas aventuras de Peter Schlemihl, pobre-diabo que vende não sua alma, mas sua sombra em troca de um punhado de moedas de ouro. Essa síntese inusitada entre a vida ordinária e a arbitrariedade absurda das normas foi a lição aprendida pela genialidade de Kafka. Este lançou seus personagens em uma microscopia bizarra, seres infinitamente pequenos entregues à incomensurabilidade titânica das instituições e da burocracia. Sua literatura se enraíza na estranheza do incomensuravelmente pequeno. Gregor Samsa, transformado em inseto, e Odradek, minúscula criatura que habita as escadas de um pacato sobrado familiar, são as fisionomias sombrias ou meramente enigmáticas da cosmovisão do escritor checo. O natural se torna sobrenatural por meio de um deslocamento de dimensões que minimiza todas as criaturas à contraluz da Lei, com tudo o que lhe caiba como alegoria. Gilles Deleuze e Félix Guattari viram nessa inversão de perspectiva produzida por Kafka a essência da literatura moderna, em seu compromisso com uma negatividade absoluta. Em outras palavras, elevaram Kafka à condição de maior expoente do que chamaram de "literatura menor".

Nonada. O que é isso? Coisa nenhuma. É com essa trivial nadidade que Guimarães Rosa começa *Grande Sertão: Veredas*, um dos épicos do século XX, inspirado em outros dois épicos de nossa insignificância: *Doutor Fausto*, de Thomas Mann, e o *Fausto*, de Goethe. O poema narrativo "A Máquina do Mundo", de Drummond, é solene, de teor metafísico. Foi tido por especialistas em uma enquete como o maior poema brasileiro de todos os tempos. Mas nunca é demais notar algumas singularidades: a máquina do mundo, engrenagem autoexplicativa do sistema e do sentido do universo, surge ao poeta na corola de uma flor, depois de lhe interromper o passo em meio a uma banal caminhada vagarosa de mãos pensas, por estradas pedregosas de Minas. O mesmo ocorre com a flor hesitante e trêmula que brota do asfalto, no centro da capital do país. O poeta, sentado no chão, acaricia essa forma indefesa e redentora de nossa humanidade perdida.

Clarice Lispector não fica atrás em matéria de pequenez. Se seu conto sobre a menor mulher do mundo é uma ficção explícita sobre a nossa minoridade, a via-crúcis da paixão de G.H., hesitando em comer ou não uma barata, leva-nos à relação entre sexualidade, mistério e interdição contida em um dos mais banais insetos. O mais antigo do mundo. Mas o milagre da minimidade é atingido por Clarice em outra obra. Em seu conto sobre o ovo e a galinha, a cosmologia criada em torno de um ovo parece revelar o sentido global da existência humana que os escritores e artistas buscam nas realidades cotidianas e ao qual os filósofos, físicos e místicos tanto aspiraram nas esferas supralunares. Não era para menos. Clarice reconstrói o ciclo da criação cósmica e o enigma da vida e da morte a partir do confronto com um ovo sobre a mesa, majestoso em sua opacidade. Ele é o signo da face oculta de Deus e das leis do desejo, do amor e do mistério da vida, da ressurreição e das legiões de seres que nos habitam e conduzem nosso destino. Como a minúscula escultura de Giacometti, o ovo de Clarice é uma espécie de coração mínimo do cosmos. Ao ovo Clarice dedicou a nação chinesa. À pequenez nossa de cada dia eu dedico o planeta Terra.

STEVEN PINKER:
MUITO ALÉM DE ANJOS E DEMÔNIOS

Anos atrás, em um debate sobre poesia no Museu de Arte de São Paulo (Masp), a conversa se afastou da literatura e chegou à nossa insólita realidade cotidiana. Um anjo bom adejou em meu ouvido. E eu tive a insensatez de dizer o que pensava. A franqueza sempre é uma insensatez. Uma espécie de nudismo intelectual. Afirmei que, guardadas as dimensões e as relatividades geopolíticas, o mundo hoje passa por um dos momentos mais pacíficos da história humana. Talvez pelas mãos de algum demônio zombeteiro, encontro-me neste instante exausto após a escalada de um monte improvável de mil páginas. Acabo de atravessar centenas de argumentos detalhadamente articulados em defesa daquilo que eu sustentara por pura intuição: a violência diminuiu em termos absolutos ao longo da jornada milenar do *Homo sapiens* até os dias de hoje. Essa é a tese central de *Os Anjos Bons da Nossa Natureza*, nova obra de Steven Pinker, um dos expoentes da chamada teoria cognitiva, aliança entre psicologia e teoria evolucionária darwiniana, professor da Universidade Harvard e considerado pela revista *Time* uma das cem personalidades mais influentes do mundo atual.

As críticas a sua tese são compreensíveis. Ela é contraintuitiva. Temos hoje a sensação de haver violência por toda parte, em um grau nunca antes sequer imaginado. E há uma explicação psicológica para isso. Enfatizamos muito mais eventos recentes do que devastações de séculos e milênios passados. O assassinato de um vizinho tem mais impacto para nossa mente do que os cerca de 100 milhões de mortos em nome do comunismo no século XX ou os 65 milhões de mortos durante o tráfico transatlântico de escravos nos séculos XVI e XVII. Uma aberração televisiva surte em nós um efeito maior do que, em números atualizados, os 278 milhões de mortos das conquistas mongóis do século XIII e os 429 milhões da revolta de An Lushan no século VIII. Ou seja: os fatos atuais ganham uma proporção que comparativamente não deveriam ter. Essa é a chave de ouro de Pinker: escavar as sedimentações de dados intuitivos sobre o tema da violência, revelando-os a partir de um comparativismo baseado não em quantidades, mas em proporcionalidades.

Para isso, alinha sua tese sobre a diminuição da violência em seis tendências. A primeira, em escala milenar, inicia-se na Pré-História com as culturas de caçadores e coletores e se dirige ao surgimento de sociedades com Estado. É o chamado Processo de Pacificação. A segunda se apoia no Processo Civilizador, conceito-matriz que o sociólogo Norbert Elias desenvolve em sua obra homônima. Este teve início na Europa no fim da Idade Média, movido sobretudo pela expansão comercial, desdobrando-se até o século XX. A terceira tendência diz respeito ao que alguns historiadores chamam de Revolução Humanitária. É a mudança de quadrante intelectual promovida pelo racionalismo e pelo Iluminismo dos séculos XVII e XVIII. A quarta consiste na Grande Paz, surgida após a Segunda Guerra Mundial. A quinta seria observável a partir de 1989, com o fim da Guerra Fria e da Era da Ideologia, e é chamada de Nova Paz. E a sexta é a Revolução dos Direitos, baseada no movimento universal de reivindicação de direitos a que assistimos nas últimas décadas, em todos os âmbitos.

Essas tendências dependem da atualização de aspectos da natureza humana, concentrados em cinco demônios interiores (violência predatória/instrumental, dominância, vingança, sadismo e ideologia) e quatro anjos bons (empatia, autocontrole, senso moral, razão). O jogo entre essas forças ocorre de acordo com a menor ou a maior vigência de cinco forças históricas que propiciam uma minimização da violência: o Estado, o comércio, a feminização, o cosmopolitismo e a racionalização.

A partir desse panorama, em primeiro lugar é preciso evitar interpretações apressadas e maniqueístas. Sim. Pinker refuta as "teorias hidráulicas da violência", ou seja, concepções segundo as quais a violência humana é cíclica. Essa hipótese é defendida pelo etólogo Konrad Lorenz, um dos mais importantes pensadores das origens evolucionárias da agressão. Antropólogos e filósofos como Walter Burkert, René Girard, Georges Bataille, entre outros, podem ser alinhados a essa corrente. Autores, por sinal, que constituem lacunas na obra de Pinker. Entretanto, em nenhum momento Pinker parte da hipótese de que a natureza humana seja boa. Ao contrário. Sua premissa é a de que na evolução do *Homo sapiens* há uma preponderância esmagadora de "violência endógena", vez ou outra controlada por "forças exógenas".

Não poderia ser diferente. Como diz Richard Dawkins, tomados em uma escala de dimensões evolucionárias, os seres vivos são "máquinas de sobrevivência". Por isso estão dispostos a cometer qualquer atrocidade para preservar seus genes e seu parentesco. A guerra é a lei da vida em estado puro. Resíduos paleontológicos atestam que o canibalismo foi comum na Pré-História. Centenas de passagens bíblicas estimulam a violência. Gravuras medievais retratam um espetáculo de horror cotidiano. Os enforcamentos e a guilhotina eram verdadeiros parques de diversão até o século XVIII. No século XX, os fundamentalismos ideológicos substituíram os religiosos como álibi para genocídios supostamente estratégicos. Mas, assim como há os demônios, é objetivamente verificável a ação dos bons anjos. E para Pinker eles atuam em uma escalada de pacificação cada vez mais evidente.

Todo controle da violência humana surge de métodos eficientes de mediação. Uma das primeiras mediações foi o Estado. Ao exercer o "monopólio da violência", ele conseguiu minimizar o círculo vicioso de vingança das hordas sociais e dos bandos. Em vista disso, Pinker se apoia especialmente nas ideias de Hobbes. Para este, há no homem três grandes causas de contenda: domínio, medo e glória. Desde sempre a humanidade guerreia em nome dessas palavras. Apenas um pacto de sujeição ao Leviatã pode evitar uma escalada da guerra de todos contra todos. Mas isso tampouco desativa a violência por completo, pois o conflito passa a se exercer no âmbito político. Como reza a sentença do estrategista Carl von Clausewitz, a guerra é a "continuação da política por outros meios". Para evitar isso, é preciso uma "política de dissuasão". Esse exercício sistemático de dissuasão é o segredo das sociedades modernas.

As democracias, o capitalismo, a esfera pública burguesa, o crescimento de pactos comerciais cada vez mais cosmopolitas, todos esses fatores contribuíram para enfraquecer a unilateralidade dos danos bélicos. Além disso, na modernidade assistimos à ascensão e aos desdobramentos do que Elias, em suas brilhantes análises dos códigos de corte do Antigo Regime, definiu como "segunda natureza". Aquilo que no século XVIII eram meras regras de etiqueta, asseio e cuidados principescos, com a Revolução Humanitária acabou se transformando em uma universalização de políticas de bem-estar e de saúde pública. A expansão da ciência e o impacto das novas tecnologias no cotidiano geraram novas formas dessa segunda natureza humana. Novos instrumentos efetivos de mediação de conflitos. No mundo globalizado, uma rede mundial de investimentos criou malhas interpessoais e econômicas. A violência contra o outro cada vez mais tem se configurado um suicídio em potencial. E essa dinâmica se acentuou com a emergência da Revolução dos Direitos. Paulatinamente o agressor e o agredido começaram a se encontrar mutuamente implicados no dano causado pela violência.

A despeito dessas reflexões bastante decalcadas em dados do cotidiano, a obra de Pinker pode cansar alguns leitores pelo excesso de fontes estatísticas. Entretanto também isso é compreensível. Afinal, ele não quer cair nas tantas armadilhas do método quantitativo. Estrategicamente, vale-se do cruzamento de dados e de escalas de proporcionalidade. Além disso, cruza critérios distintos, para chegar o mais próximo possível de números absolutos. Entretanto, um problema teórico que permanece em aberto é a definição não empírica de violência. Podemos aceitar que os anjos bons de fato criem um ambiente propício a uma cultura mundial de paz. Mas até que ponto essa paz será uma conquista coletiva autêntica e não a coroação de uma distopia? A paz pode ser um subterfúgio para deixarmos nossos demônios adormecidos e postergarmos sua vingança final? Em que medida essa paz será a paz do Grande Irmão de George Orwell ou poderá se assemelhar ao mundo novo e admirável profetizado por Aldous Huxley? Eis uma pergunta que não silencia.

Por outro lado, a pesquisa monumental ainda não é a maior contribuição de sua obra. Há outro aspecto ainda mais importante: ela pode representar o começo de uma revolução cognitiva. Por quê? Durante muitos séculos, duas concepções de natureza humana estiveram em conflito. A primeira pode ser definida como uma concepção trágica. De acordo com ela, seríamos determinados por leis inacessíveis, sejam elas cósmicas ou divinas. A segunda baseia-se na crença em uma natureza humana maleável. Caberia a nós a liberdade de definir o que queremos ser. Na modernidade, essas duas posturas descrevem em linhas gerais o que podemos chamar, respectivamente, de um pensamento conservador e outro, progressista.

Para Pinker, essas duas concepções da natureza humana são rigorosamente falsas. Nascem de uma visão equivocada sobre o ser humano. Para demonstrar esse duplo erro, recorre a um conceito que abordara em outro livro: a *tabula rasa*. Na teoria cognitiva de Pinker, o conceito de *tabula rasa* não significa que a natureza humana seja modelável ao infinito. Quer dizer, sim, que as constantes de nossa natureza precisam de agentes externos para se atualizar. Essa perspectiva produz uma guinada radical. Desmancha a divisão ideológica com a qual nos habituamos durante tantos séculos. Ser trágico não é denegar a algum ser transcendente a causa do nosso destino. É, sim, compreender que cabe a nós definir quais anjos ou demônios queremos trazer à luz. Ser otimista não é ignorar a nossa herança maldita, na ilusão de que tudo será redimido pela nossa liberdade. Mas aceitar finalmente que os anjos e demônios nos pertencem. São nossa herança evolutiva. Inalienável. Em um mundo ameaçado pelo crescente esquematismo das ideias e das dicotomias, cujos estragos são incalculáveis, esse ensinamento é mais do que bem-vindo.

Anjos e demônios não são duas formas finais da natureza humana em uma batalha caricata. Eles são uma encruzilhada onde se encena a fatalidade de termos de escolher o que somos. Se conseguirmos suprimir o papel desempenhado pela violência como uma necessidade adaptativa da espécie, a violência simplesmente perderá sua razão de ser. Somos uma das maiores aberrações do universo. E em termos evolucionários não deveríamos sequer ter existido. Mas também é preciso reconhecer: conseguimos fazer algo de bom nesses milênios sobre a Terra. Nesse sentido, a paz deixará de ser uma hipótese escandalosa. Deixará de ser um nudismo intelectual, como a minha performance involuntária no Masp. Felizmente, outros serão os desafios. Um dos maiores será o desafio de conseguirmos olhar os anjos com olhos menos ingênuos. Sob sua pele angelical pode se esconder uma surpresa.

LITERATURA E INTIMIDADE

Em geral, pensamos a literatura a partir de sua função social, seu conteúdo psicológico, questões de estilo. Sempre com essa ênfase em seu aspecto externo, esquecemos o fundamental: a literatura é acima de tudo um diálogo expandido. Um eu-tu apreendido em estado de graça. Oscilação incessante entre intimidade e solidão. Uma conversa infinita, como diria Maurice Blanchot. Por isso, paralelamente à criação dos artifícios e dos engenhosos mecanismos de linguagem que a constituem, a literatura teria surgido de um simples aprofundamento de situações reais de intimidade. Basta lembrar que, para além das peripécias narrativas, o *Gilgamesh*, a primeira obra literária da humanidade, surgida em seus primeiros rudimentos por volta de 3000 a.C., é o simples relato de uma amizade: Gilgamesh e Enkidu. Uma dupla. Um duplo. Um só rosto esculpido nos relevos assírios de Nínive. A morte de Enkidu precipita o segundo ciclo de aventuras. Impulsiona a segunda viagem de Gilgamesh em busca de sua imortalidade individual, pois o revela em sua dupla natureza, dois terços divino e um terço humano.

A literatura não fala apenas de encontros. Fala de distanciamentos. Por isso, tomemos outra bela intuição de Blanchot: a literatura começa com o olhar de Orfeu. É a tentativa de recuperação de um gesto irreversível. A amada Eurídice, presa eternamente no Hades, é o signo perdido de toda criação verbal. A intimidade que se desfez torna-se a interdição sem a qual a vida seria inviável. E a literatura, impossível. Afinal, a trama infinita das palavras não é nada mais do que um pretexto para recuperá-la. Como nas narrativas de Sherazade, a linguagem é o mais perfeito adiamento da morte, desdobrando-se em noites infinitas na intimidade de uma câmara nupcial. Essas noites são a literatura. Os diálogos de Platão e as cartas de Sêneca a Lucílio parecem reter algo dessa verdade esquecida: a literatura começa como um face a face e como uma singela troca de cartas. Descobrimos subitamente que conceber a vida como uma obra de arte não é exclusividade dos modernos. Toda a Antiguidade pensava assim. Os antigos tinham uma palavra precisa para isso: *parrhèsia*, ou seja, *franqueza*. E essa franqueza de se desnudar ao ar livre, mostrar a própria intimidade e trazer aos olhos de todos os próprios vícios criou uma longa tradição, em especial na arte satírica. Atravessou os séculos por meio de Diógenes, Menipo, Luciano, chegando à novela picaresca espanhola do século XVI e ao Esclarecimento do século XVIII.

As situações de intimidade são as primeiras paisagens da alma. Os primeiros passos da literatura. Por isso a interpretação do helenista Bruno Snell, segundo a qual a poesia lírica grega surge por volta do século VII a.C. justamente quando se descobre um espaço ficcional até então não desbravado nem pelo gênero épico nem pela tragédia: o coração. Essa é a metáfora obsessiva da poesia arcaica, que persistiu nos poetas latinos. A lírica de Safo canta uma noite de prazeres. A voz de Arquíloco recrimina o guerreiro medroso. Em suas elegias amorosas, Propércio busca sua Cíntia nos subterrâneos de uma Roma devastada. O coração está sempre presente. A literatura cristã tampouco menosprezou a função do eu e os processos de intimização da escrita. Não por acaso talvez a primeira grande obra da cristandade é sentenciosa: *Confissões*. Com Santo Agostinho, nasce o espaço interior do pensamento. Expande-se o conceito de intimidade. Esta se reflete em três fases e produz uma nova trindade da linguagem: Deus, autor, leitor. Surge algo semelhante ao que nós, modernos, chamaremos de subjetividade. Essa estrutura relacional eu-tu também está no cerne do pensamento e da filosofia judaica. Desde os diálogos dos personagens do Antigo Testamento com Deus até as filosofias da relação e da alteridade, como as de Buber, Rosenzweig, Levinas, Heschel. E o que seriam a psicanálise e Freud? Uma ampliação das tecnologias do eu e desses processos de intimização relacional, sob a forma de transferências e contratransferências eu-tu.

No século XIV, a união entre intimidade e literatura gera um dos seus esplendores: *A Divina Comédia*. A revolução empreendida por Dante não tem precedentes. Mesmo nos momentos mais sublimes, Dante não se priva de compartilhar conosco seus pequenos assombros e suas microscópicas decepções. Chama o leitor de canto, conversa, indaga, tergiversa. Deixa escapar a sua conivência com os amantes condenados Paolo e Francesca; confessa o seu abalo ao ver o mestre Brunetto Latini no círculo dos violentos contra a natureza; apieda-se do homem-árvore Pier delle Vigne; espanta-se ao ver o herói político Farinata degli Uberti entre os hereges; vocifera contra o papa Bonifácio VIII; chora diante de Ugolino e de seus filhos no calabouço; impreca contra Lúcifer de três cabeças no círculo mais profundo do Inferno; caminha lado a lado com o poeta Estácio pelo Purgatório; humilha-se diante de Beatriz no Paraíso Terrestre; enaltece vaidoso seu trisavô Cacciaguida ao longo dos primeiros cantos do Paraíso; deslumbra-se com a Rosa cósmica; desfaz-se no último limiar diante da luz do Eterno. Acima de tudo, como sugere a instigante hipótese de Jorge Luis Borges, o poeta tem em Ulisses o seu *alter ego*. Nada mais divino do que essa geografia da alma no espaço distante do além-vida. Nada mais humano do que esse espaço de intimidade criado entre Dante e os personagens. Entre todos e o leitor. Sempre em primeira pessoa.

Esse parece ser um dos traços mais marcantes da Renascença. Não apenas a perspectiva e o ponto cêntrico na pintura. Um movimento de intimização cada vez maior da escrita encontra seus escritores e sua preceptiva. O aprofundamento do diálogo escritor-leitor transforma-se assim em um espaço de espelhamento eu-tu. É a partir desse espelhamento que Montaigne pinta o seu autorretrato: *Ensaios*. Com Montaigne a relação entre vida, literatura, escrita e leitura, e, portanto, entre escritor e leitor, torna-se tão fluida que impossibilita quaisquer contornos. E por isso a criação de um novo gênero literário se faz urgente: o ensaio. O ensaio surge quando a escrita toma o próprio eu como linha de fuga. O eu que escreve os ensaios não é um eu meramente ficcional. É o próprio Montaigne, sofrendo com as dores de gota, meditando sobre a morte, refletindo sobre a Filosofia Natural a partir das ideias de Raymond Sebond, manifestando seu assombro diante dos hábitos e crenças dos índios americanos levados para a coorte por Jean de Léry, hábitos e crenças que Montaigne compara à sabedoria de um Licurgo e de um Numas. No teto de sua biblioteca, no topo da torre do Castelo de Montaigne, sentenças gregas e latinas. A leitura dos antigos é de tal maneira inserida na vida que deixa de ser uma longínqua referência. Torna-se algo tão cotidiano como passear a cavalo. O diálogo com o leitor deixa de ser incidental. Torna-se estrutural. E é por isso que Montaigne consegue tratar de temas que vão de abstratas meditações céticas sobre a natureza, a moral, a morte e a eternidade a outros, como a função dos dedos polegares, a importância dos correios, a troca de cartas, o hábito de usar roupas, os coxos, e, pasmem, a realidade constrangedora das flatulências.

Nesse estilo entre o elevado e o vil, estamos diante da passagem do belo ao sublime, passagem que, segundo Baumgarten, Kant e a tradição da estética desde o século XVIII, marca nosso ingresso na modernidade.

Não por acaso, Montaigne será lido diretamente por Shakespeare. A crise humana deixa de ser exterior à consciência. Passa a habitar o abismo dos espaços infinitos da interioridade de Hamlet, Macbeth, Otelo, Próspero. No século XVIII, Laurence Sterne aprofunda essa inversão entre forma e fundo. O eu assume o centro da ação dramática. O enredo passa a um segundo plano. A digressão, a conversa, o ensaio, a circunstância tornam-se a matéria-prima da criação. No Brasil do século XIX, Machado de Assis é o maior herdeiro dessa tradição e desse deslocamento do externo ao interno. Essa mesma tradição intimista definiu as linhas de alguns dos pontos mais altos da literatura moderna. Entre eles, Marcel Proust. Ninguém melhor do que Proust conseguiu conduzir o leitor de maneira tão magistral nesse meio-fio imaginário entre ficção e confissão.

Como notou o sempre brilhante Walter Benjamin, a atividade crítica não nasce de um exato distanciamento, mas de uma exata proximidade. A literatura não seria uma forma de afastamento, mas uma forma de encarnação da realidade. Em última instância, a literatura não trata de um ser, de um evento, de uma substância, da subjetividade ou da sociedade. Ela é o aprofundamento de uma relação, de um face a face. Como diria Hölderlin, nós, humanos, somos um diálogo. Esse diálogo pode ser transferido a esferas cada vez mais vastas, abrangentes, abstratas. É o movimento espiralado do falcão que se afasta aos poucos do falcoeiro, como os ciclos da história que W. B. Yeats encarnou em seu belo poema. Contudo, se formos sinceros o suficiente, esse diálogo transiente que define a literatura apenas evidencia que você, leitor, me seguiu até esta última palavra.

AS ILUSÕES DO EU:
MONTAIGNE E O ENSAIO

Analisar Michel de Montaigne é uma tarefa ingrata. Como falar com objetividade sobre o autor mais subjetivo de toda a literatura? Como falar em sistemas em um autor que liquidou todos os sistemas? Como pensar em escolas filosóficas em um autor que parece mesclar todas as escolas no cadinho do eu? Talvez o caminho seja agir como Montaigne. Seguir seu lema: "Que sei eu?". Reconhecer nossa ignorância. Há duas novas oportunidades para uma aproximação dessa dúvida radical que chancela o universo de Montaigne. A reedição da brilhante tradução de Sergio Milliet dos *Ensaios*, levada a cabo pela editora 34 Letras, com ótima apresentação de Andre Scoralick e revisão técnica de Edson Querubini. E o importante guia de leitura do filósofo Ali Benmakhlouf intitulado *Montaigne*, que a Estação Liberdade acaba de publicar na coleção Figuras do Saber. Ambos são boas portas de acesso à obra e ao pensamento de um dos maiores escritores e pensadores de todos os tempos.

A sequência dos eventos e da cronologia que cerca Montaigne é relativamente simples. Em 28 de fevereiro de 1533 nasce o escritor e filósofo francês Michel Eyquem de Montaigne, no Castelo de Montaigne, no Périgord, na Aquitânia. A mãe, Antoniette de Louppes, uma suposta descendente de judeus conversos da Península Ibérica e estabelecidos desde o século XV em Toulouse e Bordeaux. O pai, Pierre Eyquem, é oriundo de uma família burguesa enriquecida com comércio de vinhos e peixes. O título nobiliárquico de Montaigne, outorgado à família em 1477, remonta ao bisavô de Michel, Ramon Eyquem.

Pierre trouxera um tutor da Alemanha para alfabetizar Michel direto em latim, de modo que o latim passou a ser sua segunda língua materna. Começa em 1539 seus estudos formais no Colégio de Guyenne, em Bordeaux, criado pelo rei Francisco I e dirigido pelo humanista português André de Gouveia. Educação que mais tarde Michel recordará como forçada e artificial, embora tenha lhe dado experiências positivas, tais como a leitura e tradução de autores da Antiguidade: Ovídio, Virgílio, Plauto, Terêncio.

A sequência de seus estudos humanistas ocorre entre 1548 e 1556 no Colégio de Leitores Reais, em Paris. Em seguida, cursa Direito em Toulouse. Em 1556 assume o conselho da Câmara de Apelações do Parlamento de Bordeaux. Permanece nesse posto até 1571. Nesse ano, retira-se da vida pública para se dedicar à escrita da obra que o consagrou: *Ensaios*. Cria a famosa Torre de Montaigne, uma biblioteca com inscrições gregas e latinas no teto. Em 1580 saem do prelo do editor Simon Millanges os dois primeiros volumes. Viaja para a Alemanha e a Itália depois da publicação, viagens cujos registros serão publicados apenas em 1774 por Meusnier de Querlon.

Mesmo refratário aos cargos e atividades públicas, em 1581 é nomeado prefeito de Bordeaux por Henrique III. Entre 1588 e 1592, enriquece seu exemplar pessoal dos *Ensaios* com uma grande quantidade de anotações nas margens. Esse exemplar está a salvo e é conhecido como Exemplar de Bordeaux, uma das bases para edições e revisões até hoje. Ocupa-se da redação dos *Ensaios* até a sua morte, em 1º de maio de 1593. Nesse ínterim, surge o terceiro e último volume de ensaios.

Marie de Gournay, jovem filósofa e admiradora que conhecera em 1588, assumirá a edição póstuma de suas obras. O filósofo Pierre Charron (1541-1603) pode ser considerado um dos seus primeiros entusiastas e difusores. Hoje em dia, o filósofo francês Michel Onfray coloca Epicuro e Montaigne no centro de todo o pensamento ocidental, com mais destaque do que Platão e Aristóteles.

Essa é a síntese do percurso do autor dos *Ensaios*. Contudo nada aqui ainda explica a impressionante singularidade de sua obra. Essa singularidade surge de um fato central operado por Montaigne: a revolução do eu. Muitos autores antigos, como Sêneca e Marco Aurélio, valeram-se da reflexão em primeira pessoa. Foucault rastreou de modo brilhante esse compromisso que o pensamento antigo sempre manteve com a franqueza (*parrhesia*): a expressão de si. O cristianismo não abandonou essa premissa. As *Confissões* de Agostinho também são um emblema desse método. Testemunhar a si mesmo. Desnudar-se para chegar a Deus. Contudo essa expressão da subjetividade antiga e medieval esteve quase sempre a serviço de alguma finalidade edificante. Queria conduzir o leitor ao reconhecimento de uma verdade transcendental, fosse essa verdade Deus, as ideias, a razão (*logos*), uma doutrina moral ou um postulado ético. Montaigne escreve os *Ensaios* a partir de uma concepção nova. O eu não é uma fonte de saber e de autoridade, como o era para os antigos e como será para Descartes e Kant. Tampouco o eu é um meio de chegar à verdade. O eu é esfera da dúvida radical.

Como diria Montaigne: a consciência não unifica na mesma proporção com que a natureza diversifica. O eu é uma flutuação infinita de sensações e percepções que dissolve a unidade da natureza. Ou seja: o eu é, ao mesmo tempo, o palco de encenação dos conceitos e o fundo vazio do pensamento e da linguagem. Resta ao pensador nos revelar, em todo seu cromatismo e variedade, o caleidoscópio de imagens que emerge nesse processo. Se o eu é infinitamente instável, a verdade é eternamente inacessível. A partir desse axioma, Montaigne criou um novo gênero da literatura: os ensaios. E não o criou apenas por causa do teor reflexivo dessa forma. E sim porque o ensaio seria a forma mesma de sua filosofia. Uma forma inacabada por excelência. Ademais, tensionado entre a filosofia e a literatura, trouxe também outros domínios do conhecimento para a escrita: a pintura e o teatro. Como bem ressalta Scoralick, um aspecto nuclear da obra-prima de Montaigne diz respeito à técnica do retrato. Mais especificamente: o autorretrato.

Montaigne diz que seu objetivo nos *Ensaios* foi pintar um retrato fiel de si mesmo. Paradoxalmente, a metáfora do teatro do mundo atravessa todos os ensaios. E eis-nos aqui no cerne de sua sutileza. Concentrar-se no eu não é descobrir um eventual eu autêntico sob as aparências e camadas de véus e de máscaras e vaidades do mundo. Concentrar-se no eu é perceber algo bem mais terrível. Se tudo é flutuante e tudo é relativo para a variabilidade infinita de nossa percepção, não há uma ancoragem possível para o pensamento. O eu é um tecido de paisagens passageiras que atravessam a consciência. Um tecido que se trama e se desfaz. Sem centro nem fim. Como falar de filosofia em um autor que dilui problemas da filosofia nas reclamações de suas dores de gota, nas memórias de seu acidente a cavalo e nas lembranças do amigo Étienne de la Boétie? Como ser solene com um autor que se apoia em Licurgo, Cicero, Platão, Horacio e Aristóteles para refletir sobre a função dos dedos polegares, dos peidos e dos correios? As perguntas se multiplicam. A dúvida não se erradica.

Cada especialista disputa seu Montaigne: cético, estoico, epicurista, sofista, cínico. Por que esses conflitos interpretativos tantas vezes soam estéreis? Justamente porque Montaigne mobiliza centenas de autores, obras e citações de heterogêneos. Mas faz questão de não os unificar. Não poderia ser diferente. Se nosso rosto muda ao longo do tempo. Se mal reconhecemos o que fôramos anos atrás. Se a percepção das coisas mais corriqueiras se altera ao longo de um simples dia. Não há e não pode haver uma vertente, filosofia ou autor capaz de unificar esses feixes de sensações. Essa infinita multiplicação de eus. Não por acaso, de Descartes a Nietzsche, de Heidegger a Husserl, de Cioran a Voltaire, de Proust a Camus, de Sloterdijk a Derrida, todos os autores que se ocuparam com a falência geral dos caminhos que conduzem à verdade podem encontrar em Montaigne um pai amoroso. Um espelho que nos guia à mais completa e decisiva ignorância. Sem nenhuma redenção ou porto seguro. Um pintor de si que descobriu no fundo de uma tela o absoluto vazio. O vazio mais fiel a nós mesmos. Vazio que traço algum poderia revelar.

DEUS NÃO É GRANDE

Em uma das minhas caminhadas cotidianas, fui surpreendido por uma pergunta um tanto estranha. Supondo que Deus exista, qual seria o tamanho de Deus? Não é uma *boutade*. E tampouco é um problema irrelevante ou um mero divertimento de ociosos. Esse problema, se é que podemos chamá-lo assim, perturbou a mente e o coração de centenas de teólogos, filósofos e cientistas ao longo de séculos e talvez de milênios. E tudo isso por causa da complexa relação existente entre grandeza e pequenez. É difícil não olharmos ao redor sem realçarmos a presença marcante dessas dimensões.

Adorno percebeu que até mesmo os valores precisam ser enxutos para terem eficácia. Por isso a sua *minima moralia*. Como diria o filósofo e matemático Whitehead, pensamos em ideias gerais, mas vivemos o detalhe. O infinitamente grande tende a obscurecer a imaginação. Torna nossas faculdades cada vez mais genéricas. Dissipa-nos. Pensar nos bilhões e bilhões de constelações do universo é um exercício de variáveis. Sonhar com o cosmo contido no grão de areia e com a flor silvestre abrangendo a amplidão celeste é obra de um poeta excepcional, como William Blake. Talvez por isso Leibniz, uma das mentes mais brilhantes do século XVIII, tenha se lançado com tanta ênfase à pesquisa do cálculo infinitesimal. Talvez por isso Pascal, após dissolver a natureza no abismo de espaços infinitos, tenha chegado à conclusão de que somos tudo perante o nada e nada perante o infinito. O ser humano não passa de um caniço pensante. O infinitamente grande nos distancia da experiência mais elementar e dos processos primários. O descomunal obseda um contato afetivo com as paisagens internas que nos cercam. O hiperbólico quase sempre se torna uma conjectura. O infinitamente grande parece se ligar à visão, um dos sentidos mais abstratos e espirituais, segundo Santo Agostinho. O infinitamente pequeno estabelece uma estranha e invisível cumplicidade com o tato.

Seria o reino dos céus dos pequeninos? Há um mistério no ínfimo. De tal ordem que nos sugere realidades espirituais inenarráveis. São conhecidas as imagens de Cristo ao tratar de seu reino como um grão de mostarda. E é conhecida a equívoca alegoria do camelo e do buraco da agulha. As enormes e policrômicas mandalas budistas, feitas com grãos de areia, destinam-se a ser dispersas pelo vento tão logo estejam prontas. É constante na tradição taoista comparar o ser humano a uma folha, a um grão, a um fruto, a um inseto, a uma semente ou mesmo a um verme. Os jainistas, uma antiga vertente do hinduísmo, têm o costume de andar com uma varinha amarrada na cintura, varrendo o chão à sua frente. Fazem-no para não pisarem em uma formiga ou num grilo, que, como tudo, contêm a centelha de Brahma.

Em uma parábola bíblica, Jesus chega a uma casa. Enquanto Maria se prostra de joelhos e o enaltece como o Salvador, Marta corre para apanhar água em uma bacia e tratar seus pés feridos. Em sua magistral interpretação, o místico Maester Eckhart nos diz que a atitude de Marta é muito mais sublime do que a de Maria. Porque amar a humanidade ferida de um Deus feito homem é muito mais espiritual do que adorar a divindade de um homem que se proclama Deus. Para Eckhart, o pequeno gesto humano sobrepuja em virtude o grande gesto de adoração de Jesus como Deus, porque envolve mais desprendimento. Amar o desprendimento como essência da experiência espiritual fez de Eckhart um dos maiores místicos da humanidade. Por essas e outras interpretações, condenado pelo Santo Ofício, Eckhart desaparecera misteriosamente na floresta às margens do Reno. Talvez tenha se dissipado. Evanescido em um halo de luz. Talvez tenha retornado às trevas luminosas da Deidade. Quem sabe fora sorvido por Deus em um botão de rosa ou nas ínfimas partículas da seiva vegetal.

A enormidade espiritual da pequenez ainda vai mais longe. Os egípcios inseriam escaravelhos-coração, amuletos de ametista em forma de escaravelho, dentro do peito das múmias. Concebiam esse pequeno animal como um guia da alma em sua viagem pelos Campos de Juncos. Ele reaparece sacralizado na tradição alquímica chinesa. Para os cabalistas, todo o universo está contido na primeira letra do alfabeto hebraico. Não por acaso, a cabala e a *Commedia*, de Dante, são as fontes diretas do magistral conto de Borges *O Aleph*. O cosmos tridimensional pode ser visto, com todos os seus seres e todos os seus atributos, em todos os seus aspectos e em todas as suas perspectivas, em um minúsculo ponto no porão da casa de Beatriz Viterbo, na Rua Garay, em Buenos Aires. O padre Antonio Vieira, imperador da língua portuguesa, segundo Fernando Pessoa, dedicou um de seus mais engenhosos sermões a tratar do círculo do ventre de Maria. Como queria o adágio medieval, Deus é um centro cuja circunferência está em toda parte e o centro em parte alguma. O assombro de Vieira consiste em supor como a esfera de um ventre do tamanho de um punho pôde circunscrever a esfera infinita de Deus. Para explicá-lo, usa sem sucesso algumas das mais agudas metáforas da oratória e todos os recursos da filosofia escolástica, em saltos ornamentais que elevaram aos céus o gênero epidítico. O mesmo ocorre com as imagens hiperbólicas do cardeal Nicolau de Cusa ao se valer da *coincidentia oppositorum* para descrever Deus como infinitamente grande e infinitamente pequeno.

Por outro lado, a pequenez pode ser uma ambígua forma de baixeza. Ao chegar à Índia, o antropólogo alemão Hans-Jünger Greschat relata seu desconcerto em ver ascetas se banhando em um esgoto com fezes. A biógrafa Karen Armstrong nos lembra que Buda, antes de chegar à via do caminho do meio, teria vivido durante anos com os *biddhus*, ascetas radicais da floresta, alimentando-se dos próprios excrementos e atingindo níveis infra-humanos de automortificação. Se tudo tem Brahma, desde as realidades celestes macrocósmicas até os seres mais vis, nada pode ser desprezado. Em um contexto cristão do século XIII, a beguina Angela de Foligno, talvez radicalizando a parábola bíblica de Marta e Maria, assina surpreendentes descrições de seu tratamento dos leprosos. Após lavar os pés dos doentes, bebia a água viscosa. E confessa ao leitor: aquela era sua hóstia. Aquela era a sua comunhão.

Essa ênfase no enigma oculto do mínimo está presente até em uma das frases mais convencionais da história das ideias: Deus está no detalhe. Atribuída a autores tão díspares quanto Platão, Vitruvio, Paul Valéry e Mies van der Rohe ou relegada a um divino anonimato, a frase designa a força da minoridade na dimensão intelectual humana. O impacto que o minúsculo exerce sobre nossos afetos. Mas nem tudo é grandeza no mundo da pequenez. Por isso, Voltaire confessava-se estupefato ao imaginar como as mentes religiosas conseguiam ver Deus em um repolho. No começo da década de 1990, os *brights*, mais conhecidos como novos ateus, lançaram uma cruzada antirreligiosa protagonizada pelo biólogo Richard Dawkins, pelo filósofo Daniel Dennett e pelo brilhante polemista britânico Christopher Hitchens, entre outros pensadores.

A despeito das generalizações de toda polêmica, uma das propostas de Dawkins é a defesa de uma espiritualidade laica. Para ele, a observação racional do espetáculo do universo e a maravilha da natureza e da evolução são *per se* uma epifania. Para além do ateísmo virulento que o notabilizou,

Dawkins na verdade propõe uma religião minimalista. A simples consciência cotidiana de nossa ancestralidade animal e da deslumbrante formação do cosmos é, em si mesma, uma atitude espiritual. Entretanto é Hitchens quem chega, em um de seus livros, a uma fórmula insuperável: Deus não é grande. A lucidez de Hitchens é cortante. A fé, em seu impulso enaltecedor, não apenas amesquinha Deus, mas também nos impede de ver sentido, beleza e transcendência nas menores frações de nossa vida. Mesmo os teólogos não podem negar que há muita razão nesses argumentos. Afinal, nada menos divino do que reduzir Deus a uma mera questão de abrangência. Nada mais frívolo do que quantificar o infinito de sua misericórdia. Nada mais humilhante para Deus do que depender de nós para dimensionar sua própria grandeza.

Em uma fração desprezível de tempo e perdido em meio a bilhões de galáxias, dispersas em um espaço de trilhões de anos-luz, surge um pequeno nódulo de lama chamado Terra. Nesse grão insignificante, um ser ainda mais insignificante, chamado ser humano, cria algo chamado conhecimento. Esse foi o momento mais arrogante da história do universo. Essa exuberante intuição de Nietzsche sobre a origem do conhecimento como um delírio de grandeza guarda mais sabedoria do que toda a grandiosa história da filosofia. Apenas ressentidos precisam se vingar da indiferença do universo, e o fazem criando para si o álibi da altivez. Apenas os medíocres se deslumbram com a grandeza. Os grandes são grandes justamente por nunca perderem de vista a própria insignificância. Um dos escritores máximos do século XX, Elias Canetti confessou-se farto de cavalgar o cavalo da presunção. E arrematou: "Nem sequer cheguei a me tornar um ser humano".

Se repetirmos um pequeno gesto, todos os dias, como em um ritual, algo no mundo vai mudar. Esse parece ser o ensinamento final de *O Sacrifício*, filme-testamento de Tarkovski, obra-prima final dos momentos finais de sua vida nesta Terra, rodada ao som da *Paixão Segundo São Mateus*. A repetição infinita de pequenos gestos não gera um acúmulo de gestos. Gera um milagre. Para a gestação desse milagre, é preciso que enfim despertemos para a presença desse ínfimo Deus que mal se distingue de nossa condição mortal. Talvez resida nesta pequenez humana, demasiado humana, indefinidamente repetida, o futuro misterioso e promissor da espécie. Quando abandonarmos de vez as ilusões vazias das ideologias, das religiões e das utopias, quem sabe consigamos, enfim, enxergar os pés feridos daquele que bate à nossa porta.

MURILO MENDES:
O GUARDIÃO DO CAOS

A poesia de Murilo Mendes ocupa um lugar extremamente singular na lírica brasileira do século XX. Entretanto, a dificuldade de situá-la no cânone brasileiro continua sendo uma constante em sua fortuna crítica. Segundo Theodor Adorno, podemos dizer que a arte é de materialização da história como forma. A arte só é individual à medida que é universal. E só pode ser universal à medida que mergulha na temporalidade. Apenas quando apreende as contradições reais de sua existência, o poeta consegue dar o salto dialético e realizar a universalidade da forma a que toda arte está destinada, em todos os tempos e em todos os lugares. A obra de Murilo é uma das obras que melhor realizam esse salto.

Desde sua primeira produção, reunida em *Poemas* (1930), passando por suas obras mais confessionais, notadamente da década de 1930, como *Tempo e Eternidade* (1935), escrita a quatro mãos com Jorge de Lima, a poesia de Murilo é marcada por um intenso *aggiornamento* (atualização) da poesia brasileira, tanto em relação à Semana de 22 quanto aos modernismos e vanguardas da Europa. A produção que se segue a esse período, a partir de *O Visionário* (1941), conta com algumas de suas criações mais maduras e atinge um dos seus ápices em *Poesia Liberdade* (1947), uma das pedras angulares da poética muriliana. Paralelamente à preocupação formal, o Brasil surge como tema em *Bumba-Meu-Poeta* (1931), nos poemas-piadas de *História do Brasil* (1932) e em *Contemplação de Ouro Preto* (1952). Murilo revela mestria técnica ao recorrer às formas fixas nos *Sonetos Brancos* (1946-1948), algo semelhante ao que ocorre com outros poetas egressos das batalhas modernistas, como Drummond e a guinada classicista de *Claro Enigma* (1956). Além disso, Murilo aprofunda e intensifica a escrita de prosa poética e poemas em prosa, recolhidos sobretudo em *A Idade do Serrote* (1968), *O Discípulo de Emaús* (1946) e *Poliedro* (1972). Também afina ainda mais sua linguagem com as propostas experimentais das décadas seguintes, como a poesia concreta e a linguagem práxis, diálogo materializado em uma obra como *Convergências* (1970), abrangendo sua produção de poemas de 1963 a 1966. Paralelamente a essa forte atividade criativa, ao longo de toda a sua vida foi constante a reflexão a respeito da arte, exposta em inúmeros ensaios sobre música, artes plásticas, literatura, cultura.

Por enquanto, nada muito distante da poesia brasileira da primeira metade do século XX. Os poetas dessa época entabularam um duro corpo a corpo com a herança ideológica e formal dos modernismos e das vanguardas. Bandeira, o grande precursor, é um dos primeiros assimiladores de técnicas modernistas de verso livre no Brasil, a partir de Claudel, Tzara, Apollinaire. Desde a década de 1910, Mário e Oswald de Andrade aclimatam o futurismo de Blaise Cendras à sintaxe das palmeiras da *terra brasilis*. Incorporam elementos formais do cubismo, do surrealismo e do dadaísmo à poesia, ao romance e ao teatro. Drummond lê Supervielle, Maiakóvski, Neruda, Dylan Thomas com olhos em Itabira, cruzando estradas pedregosas de Minas. João Cabral incorpora Le Corbusier e um enorme horizonte da arquitetura e das artes plásticas à arte verbal. O cerne dessas manifestações da modernidade é a crença na transformação do mundo por meio da linguagem.

O que diferencia Murilo? O diferencial reside em uma descoberta: a relação entre religião, inconsciente e temporalidade. Em outras palavras, a relação entre o catolicismo e os dispositivos libidinais. A religião seria uma chave de acesso a um imaginário livre, nas palavras de Murilo, capaz de inaugurar no mundo o "estado de bagunça transcendente". Essa perspectiva levou José Guilherme Merquior a identificar a poesia de Murilo a uma articulação entre libertarismo e libido, presente também em seus amigos inspiradores: o pintor Ismael Nery e o poeta Jorge de Lima. Mas de onde viria essa concepção? Um dos dilemas nucleares do cristianismo é a herança do mundo antigo. Esse dilema se situa na dificuldade de separar religião de política, reino espiritual e império secular. A ruína do Império Romano levou a Igreja latina a herdar todo o seu espólio. Junto com este, veio um gigantesco intruso. Passaram-se 2 mil anos e ainda hoje a Igreja não sabe onde hospedar este intruso: os resíduos de milhares de anos de paganismo pré-cristão. A saída precária adotada pela Igreja foi incorporar o paganismo à doutrina revelada.

A intuição de Murilo capta essa dimensão temporal e espacial do catolicismo, pressuposta no sentido mesmo do termo *katolikos*, que significa *universal*. Com a morte de Nery, em 1934, Murilo adere ao catolicismo como resultado de uma conversão existencial. Porém essa conversão representa uma mudança decisiva em sua concepção de arte. Para a revelação cristã, todos os tempos se reúnem na esfera anagógica da eternidade, ou seja, em um tempo e um espaço imanentes à realidade empírica, transfigurando-a em uma região transtemporal e transespacial. A partir dessa temporalidade e dessa espacialidade, Murilo pôde tornar-se contemporâneo de Platão, Dante, Lao-Tsé, Heráclito e do apóstolo Paulo. E também de Baudelaire, Lautréamont, Nietzsche, Ramakrishna, Proust, Kafka e Breton, como enumera em seu saboroso autorretrato intitulado *Microdefinição do Autor*. É basicamente essa ubiquidade de todos os tempos e lugares a base de seu magnífico poema "Mapa". Neste poema-projeto, o cristianismo de Murilo subverte o cristianismo pelo cristianismo. A partir da poesia e de uma inspiração cristã, consegue realizar aquilo que em poucos momentos o cristianismo conseguiu realizar: um efetivo ecumenismo.

Obviamente, essa não é uma concepção estrita do poeta mineiro. À guisa de comparação, o poeta e tradutor Pablo Simpson organizou *O Rumor dos Cortejos*, uma antologia de poesia cristã francesa do século XX: Claudel, Reverdy, James, Lubicz-Milosz, Péguy e Jacob, entre outros. É notável ver como esses poetas, em consonância com Murilo, conciliam imagens visionárias com a aventura formal das vanguardas. Não poderia ser diferente. A poesia seria esse estranho liame capaz de reatar o elo perdido entre figuras e mitos arcaicos anteriores ao cristianismo e à modernidade, à espiritualidade secular e à arte de vanguarda. Murilo seguira esse ensinamento, negligenciado no Brasil. Mário de Andrade assinala essa centralidade da religião na poesia de Murilo como um vetor que organiza o tempo em relação à eternidade. Manuel Bandeira chega a propor em toda a poesia de Murilo como uma incorporação do eterno no contingente. Essa é basicamente a definição do *aion*, modalidade do tempo grego que define a ancoragem da eternidade no tempo e, por conseguinte, a contiguidade de todos os tempos. Não por acaso, essa categoria serviu de base para Jung em uma de suas obras mais densas, relativas ao arquétipo central do si-mesmo e a suas figurações no tempo e no espaço, a Ocidente e a Oriente. De fato, captar o eterno no efêmero é uma das principais lições da alta modernidade, a começar pelo pintor da vida moderna Baudelaire. Como fizeram Eliot,

Pound, Williams e outros, Murilo aprofunda a ação transistórica dessa sobreposição de tempos e figuras em palimpsesto.

A transcendência de um tempo para além dos tempos estabelece uma estranha sincronia entre a produção de imagens de todos os tempos. Situa o artista como criador de um Atlas Mnemosyne, no sentido dado por Warburg, e, como propõe Didi-Huberman, a arte é entendida como uma *blicoleur* de anacronismos deliberados, não mais inscritos na teleologia das vanguardas e dos modernismos. A imanência flutuante de todos os tempos justapostos transforma o passado em contemporâneo do futuro que ainda não ocorreu. Murilo entrelaça Miró, Matise, Arp, De Chirico e Picabia aos pintores primitivistas italianos do *duocentto* ao *quattrocento*: Cimabue, Giotto, Paolo Uccello e Piero della Francesca. Os bisões de Picasso se encontram com as inscrições pré-históricas cristianizadas pela Idade Média. Essa mesma unidade transcendente do espírito torna possível a insólita dedicatória de As Metamorfoses (1944): *A meu amigo Wolfgang Amadeus Mozart*. Essa dedicatória também revela algo de extrema importância: o humor. Não a bílis amarela da ironia. Não a bílis negra do cinismo. O humor de Murilo é o riso de Deus diante da infinita miséria das criaturas. E o humor não para aqui. Como lembra Luciana Stegagno Picchio, Murilo teria telegrafado para Hitler em nome de Mozart em protesto à ocupação alemã de Salzburg. Ao sincronizar dados e personagens do passado com o presente, sugere uma fusão dos tempos em um presente expandido. Ao identificar realidade e ficção, Murilo abre-se para a principal esfera ontológica da arte e da literatura: a esfera metaficcional.

O tempo histórico cede ao tempo escatológico. A espiritualidade é o modo de realização universal da política. Poesia e liberdade se identificam, pois a poesia transcende instituições. Politizar a poesia é reduzi-la ao mundo dos instrumentos. Por isso Murilo detestava a política. Apenas a arte pode ser uma via de salvação secular do homem moderno. Nesse sentido, além de anarquista cristão, Murilo talvez seja o poeta mais utópico de toda a literatura brasileira. Não se trata de uma religião da arte, à maneira do esteticismo *fin de siècle*, porque o esteticismo é uma solução existencial e, portanto, apolítica para o problema da forma. Tampouco se trata de uma poesia espiritualista endereçada à salvação individual, sem contemplar o coletivo. No fundo sem fundo do mundo, espiritualidade, poesia e redenção se unem. A poesia torna-se uma linguagem oracular que reordena os fragmentos do mundo desde a Queda. E o faz justamente ao suspender os sentidos parciais que nos aprisionam no mundo, como em um labirinto de espelhos, e inviabilizam a transformação do mundo em Reino. A vinda desse Reino foi a intuição decisiva de Murilo. Ele a teve quando, em 1910, aos nove anos, despertou para a poesia a partir da simples contemplação da passagem do cometa Halley. Mais do que um fato político, religioso ou estético, a liberdade é acima de tudo evoluir para o olhar de uma criança, como ensinaram Picasso e Klee. Murilo dedicou sua obra a demonstrar que o mundo não é um dado racional ou cosmológico. A passagem de um cometa também pode ser um milagre. O mundo, como queria Heráclito, são dados nas mãos de uma criança. A cada lance, um novo mundo. Um jogo de liberdade, palavras e imagens em forma de poema.

MACHADO DE ASSIS
E A INVEJA CRIADORA

O conceito de imitação é um dos mais poderosos instrumentos da arte desde a Antiguidade. Diferentemente do que se imagina, desde Aristóteles a mimese não se refere apenas a uma imitação da realidade. Engloba algo que é decisivo para compreendermos toda a arte: a imitação de modelos. A acepção corrente de mimese como imitação de objetos reais acabou ocultando esse potente aspecto da mimese. Minimizou a amplitude da imitação, que aos poucos deixa de ser entendida também como imitação de autores dignos de serem imitados. E, por isso mesmo, autores-modelos. Contudo, a imitação não existe sozinha. É preciso que esteja sempre articulada ao seu par natural: a emulação. Imitar servilmente obras e artistas é uma ocupação de ociosos e nefelibatas. Os mestres do passado foram grandes por conseguirem incorporar obras alheias, iluminando e amplificando (*amplificatio*) justamente pontos que os autores-modelos não tinham conseguido enxergar. Uma obra gera outra. Ao infinito. As mudanças podem ser pequenas. O efeito é monumental. Em outras palavras, a emulação é uma rivalização produtiva. Uma imitação ativa. Imitação e emulação, *imitatio* e *aemulatio* foram a essência de todos os sistemas de representação desde a Antiguidade até o século XVIII. Mais especificamente até o *Laocoonte*, de Lessing, e as preceptivas românticas.

Temas, motivos, técnicas, cenas, figuras, imagens, conceitos, personagens, versos, passagens, mitos, fábulas. Tudo devidamente surrupiado nos jardins alheios. Contudo é preciso imitar esses lugares-comuns com o intuito de superar quem os produziu. Apenas a emulação potencializa a mimese. Confere autoria a essa cadeia imitativa sem começo nem fim. A obra *prima* não existe. Ela é apenas a obra *primeira*, ponto inicial de uma cadeia criativa. Anel de outros anéis e de outros anéis, conectados à pedra ímã da poesia, como Platão expusera no Íon, a primeira preceptiva da literatura ocidental. A obra *prima* é aquela que se torna ponto de partida real de todos os criadores, digna de ser emulada e superada. A imitação do autor-modelo e da obra-modelo empíricos não impede que sonhemos com modelos ideais. Entretanto, o original, o modelo dos modelos, como o Objeto A de Lacan, perdeu-se para sempre. E, assim, é para sempre tangível e para sempre inacessível. Parodiando Jorge Luis Borges, todo escritor seria um copista anônimo de Deus. Deus, o único autor. Se ele é o Autor, ninguém mais o é. Se Deus não existe, todo autor é um Ninguém. Todo artista é um Ulisses disfarçado de Ninguém para escapar dos Ciclopes dos falsos originais que os cercam.

Na modernidade esse sentido de mimese, baseada em uma imitação-emulação de modelos, transforma-se radicalmente. Deixa de ser a imitação de obras modelares. Torna-se uma pesquisa cujo objetivo é ressaltar aspectos inesperados de realidades empiricamente dadas. O artista abandona o posto de reles imitador e passa a ser aquele que descobre relações inusitadas no mundo. A arte é exonerada da atividade imitativa. Assume a lógica da descoberta científica. Torna-se a reveladora heurística de novas combinações e de novas ordens de realidades. É o declínio do artesão e de sua velha maquinaria mimética movida a manivelas. É a ascensão do gênio original. Um *expert* em satisfazer os investimentos libidinais do público consumidor. Um xamã da economia simbólica do desejo. Um papa das *commodities* da beleza. Um sacerdote que ritualiza aos olhos do mundo a autoconstrução de sua imagem. Especular e espetacularmente.

O impacto dessa translação é enorme e nos deixa uma dúvida: o que foi feito da antiga tradição de imitação-emulação de modelos? Em *Por uma Poética da Emulação*, a nova obra de João Cezar de Castro Rocha, temos uma reconstrução do princípio imitativo-emulador a partir de ninguém mais, ninguém menos do que Machado de Assis. Castro Rocha parte do Bruxo do Cosme Velho para sugerir uma nova teoria geral da abordagem literária. E o faz resgatando justamente o binômio imitação-emulação dos antigos sistemas de artes e revendo sua pertinência justamente a partir do século XIX, ou seja, a partir do seu declínio. Como se sabe, a passagem do primeiro Machado para o Machado maduro sempre foi e continua sendo um enigma. O que teria feito o medíocre autor de *Helena* se transformar em um monstro da literatura universal? Como um jovem adulador provinciano veio a se tornar um dos maiores escritores de todos os tempos? O que teria ocorrido em 1881 para que o romancista tirasse do prelo *Memórias Póstumas de Brás Cubas* e não mais os suspiros açucarados de *Iaiá Garcia*?

Muita tinta correu para explicar essa característica *twice born* (nascido de novo) do escritor carioca. Para Castro Rocha, na atividade de Machado como crítico de literatura e teatro um artigo se destaca especialmente: a sua invectiva ferina contra *O Primo Basílio*, de Eça de Queirós. E se destaca por dois motivos. Primeiro: o tom ácido, distinto das sempre ponderadas análises de machadinho. Segundo: a precariedade argumentativa. Em resumo, trata-se de um dos artigos mais ácidos e, ao mesmo tempo, um dos piores ensaios críticos assinados pelo escritor. Contém marcas psicológicas claras de ressentimento. E a defesa de um conservadorismo artístico indigno do futuro criador de *Dom Casmurro*.

Qual a tese de Castro Rocha? A querela Machado-Eça traz em si os elementos centrais da conversão machadiana em um gênio da literatura. Por quê? Como Dante se vira em uma selva escura, Machado se depara, no meio do caminho de sua vida, com o espírito libérrimo do jovem Eça produzindo tudo o que ele, Machado, nem sequer sonhara realizar, senão de modo canhestro. Em um sentido bem pouco idealista, seu gênio não teria nascido de uma inspiração divina. Surgira da pura força da inveja e seu correlato técnico: as entranhas da emulação mimética. Como superar Eça pelas vias do realismo? Eça talvez tenha sido o único em língua portuguesa que conseguiu imitar e emular *Madame Bovary*, o grande romance realista de traição. O colapso produzido por Eça em Machado gera uma reinvenção do sentido mesmo da literatura. Paradoxalmente, o efeito-Eça leva Machado a reativar o velho recurso retórico da imitação-emulação de modelos. Mas com um deslocamento que muda tudo. Machado deixa de imitar modelos próximos, em termos temporais e espaciais. Passa a imitar-emular todo o acervo transistórico da literatura universal.

O leitor cuidadoso deve intuir a que estou me referindo. O defunto-autor Brás Cubas não é apenas uma imitação de Luciano de Samosata (século II d.C.), autor da sátira menipeia, criada por Menipo de Gadara (século III a.C.) e desenvolvida ao longo de séculos por gregos e latinos. Ele é um recurso metaficcional poderoso do qual Machado se vale para imitar-emular a Bíblia, Sterne, Shakespeare, De Maistre, La Rochefoucauld, Pascal, La Bruyère, Epicuro, Swift, Fielding, Dante, Lucano, Vauvenargues. Uma lista imensa de referências transistóricas desfila sob nossos olhos, organizada a partir da alucinação omnicompreensiva do narrador morto. Ou seja: a partir da eternidade. Esse movimento de leituras e releituras imitativas-emulativas de clássicos passa a marcar toda a produção ulterior de Machado, de *Dom Casmurro*, *Quincas Borba* à extraordinária revisão de técnicas narrativas de *Memorial de Aires* e de *Esaú e Jacó*.

Aliado a essa análise, o estudo de Castro Rocha lança uma hipótese ainda mais ousada. A poética da emulação teria como desdobramento natural algo que a maior parte dos artistas modernos e quase toda a crítica de arte exorcizam como se exorciza o demônio: o anacronismo deliberado. O mesmo conceito que Didi-Huberman desenvolve nas artes visuais a partir do pensamento de Aby Warburg, por meio da teoria da imagem sobrevivente (*Nachleben*) e dos ciclos de atualizações, renascimentos e disseminações das fórmulas do *páthos* (*Páthosforml*), cujo eixo estruturador seria o Atlas Mnemosyne. Ao reativar o velho sistema imitativo-emulador da Antiguidade, Machado teria esvaziado o mito moderno da originalidade. Esvaziou-o de modo extremamente paradoxal: lançando luzes sobre a originalidade da cópia, sobre a transgressão da tradição, sobre a exceção da regra. Em outras palavras: transformando a imitação-emulação em um dos alicerces de obras rigorosamente modernas.

A partir desse golpe de mestre, ao emular Eça, Machado consegue realizar o seu necessário parricídio simbólico. Ato contínuo, desloca o eixo valorativo da arte. Começa a minimizar o princípio da imitação-realidade sobre o qual se fundamentava grande parte da literatura e da arte, desde o século XVIII, sobretudo o realismo. Reata o elo perdido com as doutrinas da imitação-modelo. Esse deslocamento de Machado é poderoso. Não relativiza apenas as técnicas e os sentidos da literatura de seu tempo. Abre novas reconfigurações de sentidos artísticos, anteriores e ulteriores. Igualmente exemplar é o deslocamento hermenêutico de Castro Rocha. Ao superar o conceito de autoria pelo conceito de autor-matriz, oferece-nos uma relativização do pressuposto mesmo de categorias centrais da produção simbólica moderna, tais como autoria, cópia, original. Mais do que um estudo de caso, o triângulo imitação-emulação-anacronismo é uma revisão radical de algumas pedras de toque da atividade crítica. Além disso, oferece-nos uma fina lente de leitura dos impasses da modernidade, sugerindo-nos caminhos para uma compreensão extremamente satisfatória da dinâmica entre arte contemporânea, tradição e pós-modernidade.

Como diria Giorgio Agamben, as estrelas extintas ainda brilham. Por isso, ser contemporâneo não é ser atual. Ser contemporâneo consiste basicamente em três atitudes. Ter olhos para perceber a beleza das estrelas extintas do passado. Ter olhos para a escuridão futura das luzes que nos cercam no tempo atual e, às vezes, parecem ilusoriamente predestinadas a durar. E ter olhos para a potência de luz adormecida no âmago da escuridão presente. Ao me tornar contemporâneo de toda a tradição humana, não me esquivo da miséria que as sínteses concretas da história depositam todos os dias sobre meus ombros reais que suportam o mundo. Ao contrário, ao me tornar anacrônico em relação ao meu tempo, liberto-me da circularidade tautológica dos critérios artísticos que cada época cria para si mesma, como se fossem absolutos. Agir e pensar assim é agir e pensar dialeticamente, na acepção radical dessa atividade. Nesses termos, o jovem Machado se transformou no Machado que amamos. E é nesse sentido que o Machado anacrônico, o Machado mimético, o Machado original e o Machado eterno são rigorosamente o mesmo autor. Singular.

ABBAS KIAROSTAMI:
A IMITAÇÃO DA LIBERDADE

Um escritor inglês chamado James Miller (William Shimmell) lança um livro em Nápoles. Na plateia, Elle (Juliette Binoche), dona de uma galeria que vive há anos na Itália, assiste à sua conferência. O título da obra é exatamente o nome do filme: *Cópia Fiel*. Qual a tese do personagem-escritor? A originalidade não existe. É preciso ir além da superficial intencionalidade do artista. Se reconstruirmos as intersecções, intertextualidades e motivações envolvidas na criação de uma obra de arte, descobriremos que o original se perdeu para sempre. Em termos evolucionários e antropológicos, qual a originalidade de microvariações do código genético ao longo de milhões de anos? Cada fisionomia humana seria um breve lampejo diferencial na textura monótona do universo. Toda obra seria uma cópia mais ou menos fiel de obras anteriores. Por isso mesmo, toda cópia tem uma beleza intangível. Todo simulacro traz em si uma potência. Uma verdade.

Se no plano da arte isso é possível, como estender esse lema à nossa vida? Existiria uma vida sem autoria? E ela seria desejável? Essas questões surgem à medida que Elle e Miller se deslocam para um vilarejo no interior, em Lucignano, onde existe uma *Gioconda*. É apenas a cópia de um afresco feita por um falsificador napolitano. Tamanha é sua perfeição que o museu a exibe como se fosse original. Mais: os espectadores acreditam estar diante de um Leonardo. O espelhamento entre cópia e original não termina aqui. A certa altura, a dona de um café pensa que Elle e Miller são marido e mulher. Ambos assumem a designação deste terceiro que os nomeia. Um jogo se instala entre os dois. Uma ficção da ficção se desdobra aos olhos do espectador. Nessa encenação, o suposto casal compartilha fragmentos de lembranças para testarem os limites da representação. Sentimos uma mudança sutil. Aquele talvez não seja um encontro, mas um reencontro. O diálogo passa a nos dar vestígios de um possível reconhecimento. Começam a ficcionalizar ou relembrar um passado a dois. Enredamo-nos em um jogo de ilusionismo. Editam falas do passado? Improvisam como dois atores que se apreendessem a si mesmos como atores? Eis-nos imersos na forma pura da indecidibilidade, como diria Derrida.

Nessa obra-prima, o diretor iraniano Abbas Kiarostami propõe uma das mais brilhantes reflexões sobre o processo criativo e o sentido da arte. E o faz ao revelar os cruzamentos infinitos entre arte e vida. Ou seja: ao ser fiel a uma das mais antigas e a uma das menos originais metáforas para a atividade criadora. Nesse sentido, para além da dialética entre cópia e original, o filme de Kiarostami sugere algo mais complexo. Define a própria condição humana como um fluxo tensionado entre a autoria e a desidentificação. Um pêndulo entre originalidade e renúncia criativa a toda fixidez. A cada instante tramado na película tangível do tempo, somos a soma do que fomos, do que poderíamos ter sido, do que deixamos de ser e do que viemos a nos tornar. Além disso, somos também tudo o que ainda poderemos vir a ser. Deixar de ser. Transformarmo-nos. Captar esse fluxo feito de silêncio e vertigem não é um patrimônio da arte: essa parece ser a mensagem de Kiarostami. Não há distância alguma entre o fingido e o vivido porque a ficção é a soma de todas as máscaras que paradoxalmente nos aproximam mais do que somos. Enredam-nos no âmago da vida ao nos distanciar daquilo que supúnhamos ser. Oferecem-nos o enigma de sermos capazes de decifrar o que se esconde nas camadas virtuais do espelho. Apenas assim é possível realizar o imperativo de Nietzsche: transformar-se no que se é. Tornar-se algo que provavelmente nem sequer havíamos intuído existir sob nossa pele.

Não é por outro motivo que a liberdade é uma das questões centrais do *Homo sapiens* e do devir da espécie. E é por causa da dificuldade de separar o vivido do real e do imaginado que em geral esbarramos em uma visão superficial da liberdade. Acreditamos que ser livre é poder ser o que somos. Engano. A grande liberdade não consiste em sermos o que ilusoriamente imaginamos ser. Consiste em podermos não ser aquilo que não somos. A grande liberdade não é uma grande afirmação. É uma derradeira renúncia. Não é uma afirmação do exercício de nossos limites. É, sim, a criação de um campo de possibilidades ilimitado em direção ao que podemos vir a ser. A liberdade não é a segurança do exercício de si. É o elogio da metamorfose e da transformação dos eus virtuais que se ocultam potencialmente em nós – e que desconhecemos. Modo puro da metamorfose.

Uma visão voluntarista desse ato pode nos enredar em camadas ainda mais profundas de ilusão. Por isso a liberdade é tão difícil. Mais importante do que ser livre para escolher é saber quem em nós escolhe quando escolhemos. Por que este ou isto que em nós escolhe decidiu escolher o que enfim acreditamos ter escolhido por livre vontade? A autodeterminação humana é uma apreensão da nossa finitude. Um reflexo de nossa precariedade. Um canto à contingência. E isso porque, ao final do caminho, muitas vezes nem sequer supomos quem iluminou o caminho por onde decidimos caminhar. Seguir os instintos ou a moral é obedecer mais aos nossos avós do que a nós mesmos. Muitas vezes nosso eu não é nada mais do que um fantasma. Parido pelo medo. Projetado em um labirinto de espelhos. Sermos fiéis a nós mesmos pode ser o mais triste dos enganos.

Ao definirmos o que somos, quem garante que não estamos sendo a cópia fiel de nossos ancestrais ocultos em alguma caverna interior? Não por acaso, como tragicamente intuiu Nietzsche, é possível nos darmos conta apenas no leito de morte de que toda nossa vida foi um equívoco. Essa luta constante da autorrealização é o esteio mesmo da vida. Outro dia, vasculhando gavetas antigas, deparei com um poema. Ao lê-lo, a surpresa. Não pelo seu teor. Nem pela perícia ou a inépcia dos versos. Tudo isso é secundário. O susto se deu por um fato muito mais prosaico: o poema era meu. O *continuum* de identificação e desidentificação é a essência não apenas de nossa apreensão temporal do eu. É também o enigma de toda arte. Toda obra de arte é uma maneira de conferir sentido a instantes recolhidos do tempo. Redimi-los do caos indiferenciado. Ampará-los em alguma dimensão transpessoal na qual consigamos sentir as vidas alheias como se fossem nossa vida. Em outras palavras: onde possamos ser fiéis a nós mesmos por meio de outras vozes. A oscilação temporal entre continuidade e descontinuidade simultaneamente dilui e reinstaura o eu. Só assim podemos falar em primeira pessoa.

Não é por outro motivo que a mãe de todas as artes é a Memória, a deusa Mnemosyne. Reter os fios esparsos da vida e por meio deles preservar a integridade parcial do que fomos um dia. Para além de todas as artes, essa parece ser a grande Arte. A matriz de onde brotam todas as representações mentais e afetivas de que somos capazes. Se o imaginário amplia as fronteiras do real sem as dissipar, só o faz porque as linhas invisíveis da memória conseguem dotar de unidade o que fomos e o que seremos. Traz as imagens do sonho para a consciência até dissipar os limiares entre o possível e o realizável. Assim, nos primeiros volumes de sua obra monumental, Proust insere a sonata para piano tocada na casa dos Verdurin. Ela se transforma no tema do amor de Swan por Odette de Crécy. Deleuze, em páginas impecáveis, percebeu muito bem que o tema musical era um *ritornello*. Ou seja: uma linha musical que se repete. Mas que se repete articulando de modo diferencial a série harmônica. Em outras palavras, não é a repetição de uma mesma unidade. É a repetição de unidades que só são identificadas como unidades porque se repetem de modo diferente. A diferenciação confere identidade àquilo que se diferencia de si mesmo justamente ao se repetir.

No plano romanesco, esse recurso formal materializa a diferenciação do personagem: Swan que havia se apaixonado por Odette não é o mesmo Swan que depois medita sobre o fim desse mesmo amor. No terceiro volume, vemo-lo inclusive incrédulo por não conseguir reconhecê-la no retrato da antiga amada feito pelo pintor Elstir. No plano da vida, esse ensinamento de Proust demonstra que o desenvolvimento, o ápice e o declínio do amor de Swan não são nada mais do que a possibilidade de estarmos condenados a ser diferentes de nós mesmos ao amarmos uma mesma pessoa. E também de amarmos igualmente uma mesma pessoa cujo rosto nos escapa, multiplicado em prismas no devir temporal, ainda que continue sendo formalmente o mesmo. Por caminhos diferentes, talvez Proust e Kiarostami estejam encenando um dos maiores enigmas da vida. Se toda a vida existe e apenas existe como um fenômeno temporal. E se o tempo é a substância mesma de que somos feitos, como bem definiu Jorge Luis Borges. Então a vida pode ser entendida como um infinito gesto de diferenciação. Em outras palavras, como uma constante desidentificação daquilo que supomos ser.

Nesse sentido, sermos fiéis a nós mesmos pode ser o caminho mais seguro de simplesmente copiarmos algo que desconhecemos. Uma das formas mais sublimes de alienação. Parafraseando o crítico Harold Bloom, tomo a liberdade aqui de inverter seus postulados, para ser ainda mais fiel a suas ideias. A angústia não nasce do peso da influência. A angústia surge, sim, da falsa suposição da originalidade. Sermos originais pode ser a mais anódina de todas as mentiras. Enquanto reconhecermos a replicação infinita das vozes distantes que nos constituem pode vir a ser o primeiro passo para podermos ouvir os acordes diferenciais de uma música personalíssima. Esses acordes são as frases soltas que se unificam e se dispersam, dia a dia, na eterna conquista de um rosto amado. Apenas assim podemos responder pelo que somos. Apenas assim transformarmo-nos no que somos será, enfim, o nosso último gesto de liberdade.

ESCRITA DE SI E AUTOFICÇÃO

Ao analisar a passagem da Antiguidade aos primórdios do cristianismo, o filósofo Michel Foucault estabeleceu uma interessante relação entre escrita e ascetismo. A emergência das culturas letradas teria fortalecido a disciplina espiritual. Não por acaso, em grego, ascese (*askésis*) e disciplina seriam sinônimos. Quanto mais impessoal fosse a linguagem, maior seria a disciplina interior. Foucault define esse novo regime da linguagem de uma maneira precisa: escrita de si. Ao contrário do que costumamos crer em nosso senso comum, a escrita de si não seria uma expressão da individualidade. Seria um modo genérico de falar em primeira pessoa. Por meio dele, mesmo os dados autobiográficos de quem escreve podem ser compreendidos por cada um de nós como se fossem nossos. A escrita de si designa esse misto de intimidade e distanciamento. Esse paradoxo da linguagem, tensionada entre a individualidade criadora e a impessoalidade da tradição, no fundo é o atestado de nascença de algo bem menos filosófico e bem mais familiar: a literatura.

O poeta T. S. Eliot compreendeu perfeitamente esse sentido paradoxal da literatura. Em seu ensaio "Tradição e Talento Individual", um dos textos críticos seminais do século XX, ele lança a sua sagaz e controversa definição: a poesia não é uma expressão dos sentimentos, mas uma fuga dos sentimentos. Quanto mais o indivíduo se anula na linguagem, mais se torna digno de ser lido, relido e reescrito pelos outros, ou seja, pela tradição. A dignidade pública do escritor é proporcional à sua renúncia subjetiva. Quanto mais as vozes dos escritores do passado ecoam no poema que escrevo, maior seria o estatuto de minha obra. O talento individual não seria uma expressão de conteúdos individuais. A genialidade nasce de uma tensão essencial entre o conhecimento da tradição e a liberdade de reorganizá-la criativamente. O escritor é um leitor ativo. Não somente o papel é branco. O próprio escritor é uma folha em branco onde se constelam vozes alheias. Os escritores são meros pontos de articulação no tecido infinito e anônimo da literatura, como intuiu o sempre brilhante Borges.

Ao longo de muitos séculos a literatura foi o exercício de reescrever textos alheios. A escrita sempre foi a recriação de um material preexistente. Um exemplo ilustrativo do que quero dizer é o poeta Luis de Góngora, curiosamente difamado em sua época por ser muito original. Entre 1626 e 1648, seu amigo e admirador Salcedo Coronel, erudito professor de grego e latim em Salamanca, propôs-se à tarefa de organizar uma edição de suas obras completas em quatro volumes. Diz-nos na Introdução que as obras comentadas verso a verso e palavra a palavra são uma defesa do grande poeta andaluz. Para nossa surpresa, em vez de defender a originalidade de Góngora, Coronel defende a falta de originalidade de Góngora. Não me equivoco. É isso mesmo que você acabou de ler. Em seus comentários, Coronel explicita a rede de centenas e mesmo milhares de imitações presentes na obra de Góngora. Evidencia em cada palavra, em cada verso e em cada poema a presença de Virgílio, Homero, Ovídio, Catulo, Marcial, Tasso, Ariosto, Petrarca. A lista completa se assemelha à Torre de Babel. Talvez estejamos diante de uma das mais elegantes demolições de qualquer aspiração ou inspiração ingênua de originalidade.

Onde termina o indivíduo e onde começa a tradição? Seríamos todos reféns da linguagem? Quando Roland Barthes, em sua aula inaugural no Collège de France, definiu a língua como uma instituição fascista, queria dizer exatamente isso. Todas as condições de possibilidades do dizível estão inscritas nos limites da língua. Somos livres ao criar, mas eternos condenados a criar dentro de possibilidades preexistentes à língua de nosso nascimento. O inferno não são os outros. O inferno é a Outra. A Dita. A Cuja. A língua. E, por isso, dizer má-língua é quase um truísmo. Vilém Flusser fez um exercício: traduziu um conceito grego para dezenas de línguas. Resultado: nenhuma delas tinha uma expressão equivalente exata para o termo grego. É por isso que Jacques Derrida não se cansou de nos alertar sobre o fato de que todas as categorias racionais do Ocidente nasceram de impotências gramaticais. Na verdade, ironicamente, essa suspeita não pertence a Derrida. E tampouco é nova. Está presente nas variações dos comentadores do Talmud, variações que se emancipam dos comentadores, comentadores que se emancipam do Talmud e adquirem vida própria. Transformam-se em originais.

O erudito alemão Max Müller coordenou entre 1879 a 1910 a tradução dos 51 volumes dos Livros Sagrados do Oriente. Nas trilhas de

Anquetil-Duperron, foi um dos primeiros difusores do estudo do sânscrito no Ocidente. Além desses trabalhos monumentais, desenvolveu a estranha teoria de que a origem das religiões estaria ligada ao que chamou de *patologia da linguagem*. O que é isso? Basicamente, a nomeação das divindades corresponderia a insuficiências descritivas internas a cada língua. Ou seja: a mitologia teria surgido da simples incapacidade das línguas de nomear fenômenos naturais e dados da realidade. Fato corroborado no século XX pelo linguista francês Émile Benveniste e pelo filólogo Georges Dumézil em seus estudos sobre a mitologia e as instituições indo-europeias. Talvez nesse mesmo sentido Nietzsche tenha chegado à conclusão de que nunca nos livraremos de Deus se não nos desembaraçarmos da gramática. Mesmo quando transgredimos regras, transgredimos dentro de uma intenção comunicativa. Logo, dentro de possibilidades dadas pela linguagem. Lembrando Lacan, não falamos. Somos falados. E, nesse ponto, a conexão entre linguagem e psicanálise aprofundou ainda mais esse problema a partir do conceito de intertextualidade, lançado pela linguista Julia Kristeva na década de 1970.

Se o inconsciente é polifônico e diversos eus falam dentro de mim, como posso determinar a autoria daquilo que escrevo? A questão pode parecer simples se tomarmos uma obra em sua materialidade, com nome, registro, código. Mas não o é se entendermos a autoria como o conjunto consciente de atos intencionais que a conceberam, fruto das camadas infinitas de leituras e releituras, escritas e reescritas que se ocultam sob a cifra transparente de cada palavra, de cada frase, de cada página. A autoria então não existe? É claro que existe. A psicanálise também fornece meios para pensarmos a autoria para além de qualquer ingenuidade teórica. Autoria é quando eu me aproprio do meu desejo na escrita. Quando sou a linguagem que se escreve em mim. Como se ela estivesse inscrita em meu corpo. E nesse ponto creio que possamos encontrar uma saída entre submissão e liberdade em nosso corpo a corpo com a linguagem. Essa saída é aquilo que podemos chamar de heterografia: a escrita do outro. Algo semelhante ao que se convencionou chamar de autoficção. Escapamos das determinações da linguagem quando apagamos nosso eu, transferindo nossa esfera subjetiva para um registro impessoal. Não se trata mais de falar genericamente em primeira pessoa, como propôs Foucault. A heterografia tampouco é a repetição de um texto existente. A heterografia consiste em criar uma ficção de si. Falar de si em terceira pessoa. Ficcionalizar-se.

Em uma de minhas oficinas de escrita criativa pude aprofundar esse aspecto da heterografia. Diversos clássicos da literatura reforçam esse procedimento criativo, mais comum do que pensamos e mais poderoso do que supomos. Notem: não me refiro à autobiografia. Refiro-me a obras ficcionais nas quais se camuflam elementos radicalmente pessoais de seus autores. Não por acaso, a heterografia é o procedimento criativo nuclear da trinca de ases da literatura do século XX: Joyce, Proust e Kafka. A autoficção e a heterografia são a consciência de que somos animais divididos. E de que o eu é inviável. A melhor forma de dizermos o que somos é nos afastarmos do que supomos ser. Escrever é desistir de transpor o abismo que nos separa de nós mesmos. Por sinal, eu tinha muito mais a dizer sobre esses e outros eus da literatura. Continuarei esse assunto em outra oportunidade, na qual nem eu nem você seremos os mesmos. Afinal, nunca se entra duas vezes no mesmo rio.

MÁXIMAS

Falar em máximas é um dos costumes mais amados pelo ser humano em seu uso da linguagem. As máximas não obedecem a classes sociais ou a níveis de instrução. Como o sexo, o bom senso e o mau gosto, elas são um bem acessível a todos. Em seu invisível tecido de palavras, desde tempos imemoriais as máximas são o disputado ponto de contato entre a aristocracia e a plebe. Por isso a mania das máximas é uma epidemia nas redes sociais. Uma epidemia que diariamente acomete vivos e mortos. Clarice Lispector, Jorge Luis Borges, Caio Fernando Abreu todos os dias mandam mensagens mediúnicas pela rede. A obra heterógrafa (escrita por outrem) de Luis Fernando Verissimo já suplanta de longe em volume a sua obra autógrafa, assinada por ele mesmo.

Nos tempos de internet e, obviamente, de máximas surge uma nova modalidade de escritor. Não o escritor anônimo (ignorado). Nem o escritor apócrifo (desconhecido). Surge o escritor coletivo. Não se trata de uma obra escrita por muitos escritores e chancelada sob um nome genérico. Mas de um conjunto de autores anônimos que escrevem e reescrevem a obra de um único escritor. E ainda assinam em seu nome. Chegamos enfim à era Pierre Menard. Millôr Fernandes até que consegue manter a mínima integridade moral em sua longeva e ativa vida maximizante. Os restos mortais de Guimarães Rosa sofrem pouca mutilação verbal, embora o sentido seja sempre diferente daquilo que o escriba da máxima quer que a máxima signifique. Uma característica das máximas é quase sempre virem acompanhadas de lindas imagens do pôr do sol, crianças, paisagens campestres.

Clarice diante da máquina de escrever ou olhando o vazio com o cigarro entre os dedos. Quintana, sempre idoso, em algum banco de praça de Porto Alegre. Claro, sempre sorrindo. Marx e Che são líderes disparados das máximas políticas. O mundo não foi feito para ser compreendido, mas transformado. Há que endurecer sem perder a ternura. Jamais. Ambos ao lado de crianças africanas, favelas, guerras e gráficos que quantificam a miséria inexpugnável da humanidade submetida à lógica corrupta do capital.

Inevitavelmente a máxima vem acompanhada do beneplácito do rosto de seus autores. Marx naquela indefenestrável pose, mescla de bom velhinho e revolucionário natalino. Che naquela indefectível foto de boina e charuto.

Mas o que é uma máxima? A máxima é um épico de dez palavras. Uma odisseia à roda do dedo mindinho. Uma filosofia inteira vendida em um mercado de pulgas. Uma vida inteira resumida entre dois goles de café. Fala-se muito em microcontos e em literatura de Twitter. A máxima os ultrapassa de longe. Ela é tão compacta que se repete ao longo dos séculos. Um mantra coletivo. Apoiadas no biólogo Richard Dawkins, pode-se dizer que as máximas são os memes mais contagiosos que existem. Uma alegre e universal patologia da linguagem. Os filósofos e os religiosos são pródigos em máximas. Pode-se dizer que a filosofia e a religião nascem delas. Representam a humilíssima tradução em uma linha de coisas como: cosmos, universo, verdade, vida, natureza, amor, existência. O *etcetera* é também modesto. Infinito. Nas máximas dos filósofos, a obscuridade é comovente. Heráclito define tudo o que existe como fogo. E arremata sublime: tudo flui. Empédocles disse que o universo é a união do amor e do ódio. Tales assevera: no princípio de tudo está a água. O universo é número, conclui o propedêutico Pitágoras. Todos de uma clareza de dar gosto. O homem é a medida de todas as coisas? Atribuem-na a Platão e ao arquiteto latino Vitruvio. E mais a algumas parcas centenas de sábios nos últimos 2 mil anos. Talvez esta seja uma das máximas mais disputadas do *Homo sapiens* sobre o globo terrestre. Forte concorrente daquela que diz: o homem é um animal político. Em uma centena de redações escolares, ela veio atribuída a pelo menos uma centena de autores, de Aristóteles a Lula, passando por Paulo Coelho, Tomás de Aquino, Joãozinho Trinta. Ela ombreia com: Deus está no detalhe. Máxima assinada por Paul Valéry, Le Corbusier, Mies van der Rohe e o Maracanã em final de campeonato.

Meu Reino não é deste mundo. Bem-aventurados os pequeninos. É mais fácil um camelo passar pelo buraco de uma agulha do que um rico entrar no reino dos céus. Agora vemos em um espelho e amanhã veremos face a face. Sou o caminho, a verdade e a vida. Eu e meu Pai somos um. Os cristãos estão entre os melhores e mais compulsivos produtores de máximas. São maximalistas natos, como seu profeta o fora desde o ventre de Maria. E os mais democráticos. Isso não se pode negar. Dos evangelhos gnósticos aos suvenires de barraquinhas às margens do Jordão. De Irineu, Lactâncio,

Gregório Nazianzeno, Orígenes e os milhares de páginas das patrologias grega e latina às placas de caminhões da BR-116. Dos tratados de eclesiologia medieval aos rituais de exorcismo televisivo. O cristianismo é basicamente uma religião que há 2 mil anos sobrevive em torno de máximas. Jesus abandonou a vida com uma máxima que exprime o máximo paradoxo: Pai, por que me abandonaste? O próprio Deus criou o mundo ao soprar uma tíbia sentença: Sou o que Sou. Máxima das máximas.

Como sempre, os orientais estão na frente quando o assunto é sutileza. O tao que se pode definir não é o tao. O caminho que se pode caminhar não é o caminho. Nomear a virtude é perder a virtude. A Terra é a mãe dos 10 mil seres. As coisas nascem como coisas quando se perdem as coisas. Não há Wittgenstein capaz de elucidar essa floresta de arabescos de Lao-Tsé. Não há Hegel capaz de vencer o Obscuro, como fora cognominado o sábio chinês pelo laconismo de suas máximas. Conseguir articular máximas cada vez mais perspicazes. Essa meta obteve tanta adesão que durante a Renascença deu ensejo a um fenômeno que pode ser descrito como uma cultura das máximas. Baldassare Castiglione tira do prelo, em 1528, *O Cortesão*. Verdadeiro manual de costumes e sentenças, devia ser repetido de cor por todo nobre que quisesse demonstrar os signos máximos da sua nobreza. Decoro palaciano, inteligência, engenho e perspicácia.

Como resumir tudo isso senão em uma máxima? Esse ponto máximo das máximas ficou conhecido na Europa e também nas Américas como o cultivo e a arte da agudeza. O que é agudeza? Os ingleses a definem com o termo *wit*, que quer dizer *engenho*, argúcia do entendimento, habilidade de relacionar ideias ou objetos distantes. Os oradores sacros, como Vieira e Bossuet, criaram os mais sofisticados emaranhados verbais em torno de máximas. Captaram milhares de fiéis e infiéis em suas redes engenhosas e agudas. Os poetas se refestelaram em orgias de agudeza verbal.

Ser ou não ser? Somos feitos da matéria de que são feitos os sonhos. Somos uma canção de som e fúria entoada por um idiota, significando nada. Toda obra de Shakespeare pode ser entendida como uma monumental variação estilística em torno de máximas. Chaucer e Boccaccio, Rabelais e Brantôme, Dryden e Pope. Todos grandes escritores e poetas porque sacrificaram a vida em busca da sentença perfeita, da linha de ouro da arte verbal, ou seja, de máximas. Em 1647, o jesuíta Baltasar Gracián oferece ao magnânimo leitor a sua modesta obra intitulada *Oráculo Manual*. Um florilégio de máximas, aforismos, pensamentos para homens agudos e discretos. Não há soldado, príncipe, rei, bufão ou mendigo que não o cite. Gracián foi traduzido e cultivado por Schopenhauer e está na gênese de seu *Parerga e Paralipomena*, obra-prima maximalista saída das prensas de H.-P. Haack de Leipzig, em 1851.

Com uma máxima, Voltaire definiu todo o ideário da Revolução Francesa: a liberdade vai existir quando o último rei for enforcado nas tripas do último padre. Os milhares de páginas da *Enciclopédia* cabem neste lampejo. Com outra, Voltaire definiu Rousseau: o idiota mais ilustre que já conhecera. O ardor e o ardil conduzem ao coração das máximas: a forma pela qual a linguagem capta um dado real em sua totalidade. A labilidade da mente sintetiza uma personalidade ou um império em uma simples equação verbal. O homem é o lobo do homem. Hobbes nunca imaginou uma vida tão agitada em séculos de além-túmulo. Enquanto houver exploração, a máxima de Hobbes há que se perpetuar, seja pela boca de Homero, Gandhi, Goebbels ou Martin Luther King. Mais luz. Eis a máxima-epitáfio com a qual Goethe encarou a morte e se despediu deste nosso pobre mundo. Nessa mesma categoria, há o incrível epitáfio que Duchamp criou para si mesmo: "Enfim são sempre os outros que morrem". Com uma máxima, transformou sua lápide em um *ready made*. Um xeque-mate conceitual na morte.

O que é o homem? Para Pascal, um caniço pensante. Também é uma ponte entre o nada e o infinito. Os moralistas franceses do século XVII e XVIII levaram a arte da máxima a seu limite. Justamente porque a sutilizaram por meio de um ingrediente explosivo: o cinismo. A desculpa de quem causa a desgraça alheia é dizer que quer o seu bem. Todos os homens são clarividentes quando se trata de seus interesses. Somos muitas vezes firmes por fraqueza e audaciosos por timidez. Pratica-se a virtude às vezes por vaidade, às vezes por preguiça, frequentemente por temor e quase sempre pelas três coisas juntas. Não por acaso La Rochefoucauld, Pascal, La Fontaine, Vauvenargues, La Bruyère, Chamfort, Fontenelle e Rivarol são pais espirituais dos mais cínicos e elegantes maximalistas dos séculos seguintes, de Freud a Oscar Wilde, de Nietzsche a Karl Kraus. A vida é muito importante para ser levada a sério. Viver é a coisa mais rara do mundo. A maioria das pessoas apenas existe. Hoje em dia conhecemos o preço de tudo e o valor de nada. O homem é uma corda atada entre o animal e o além-do-homem.

Uma corda sobre um abismo. A arte existe para nos salvar da verdade. O casamento é o meio que a Igreja encontrou de se desintoxicar do amor.

    É quase impossível resistir à elegância e à sabedoria dessa arte milenar. Entretanto, não apenas na argúcia de mestres de escrita e pensamento repousa toda a sua verdade. A beleza das máximas reside, acima de tudo, em sua absoluta universalidade. Nesse sentido, se deixarmos de lado a agudeza e a argúcia máximas desses gênios maximizadores, as máximas se confundem com ditados populares, chavões, frases feitas, lugares-comuns e mesmo com os mais dessorados dos clichês. Afinal, como disse Einstein, o ser humano é um animal racional. De acordo com Santo Agostinho, Deus ajuda quem cedo madruga. E, segundo Marx, mais vale um pássaro na mão que dois voando.

ÁPORO, CARAMANCHÃO & ARAÃ

Meu querido amigo Evandro Affonso Ferreira é um incansável colecionador de palavras. Não qualquer palavra. Palavras Fortes. Palavras sonoras, como ele diz. Tem um dicionário com umas 3 mil delas, colhidas uma a uma, em catábases e anábases sem fim. Vê-se o óbice desse seu empenho. Basta auscultar com prazer algumas que dão título a seus livros: araã, catrâmbias, zaratempô, erefuê, grogotó. Durante algum tempo Evandro atendeu carinhosamente pelo apelido inspirado em seus livros, sobretudo Grogotó. Seus novos romances se distanciaram dessa linguagem exuberante. Ganharam em densidade existencial. Além de ótimo escritor, sob diversos aspectos, Evandro é provavelmente um dos escritores vivos com um dos maiores léxicos em língua portuguesa. Fato, por si só, de fazer espécie. Nada mais belo do que explorar a língua em todas as suas possibilidades. E as possibilidades lexicais são infinitas.

Como disse Borges, cada palavra é um poema. Porque cada palavra é uma metáfora fóssil. E, se quisermos, físsil. Surgem de motivações onomatopeicas e míticas. Como nos lembram Vico, Cassirer e Benveniste, os nomes de deuses, por exemplo, nasceram como mimetismo de fenômenos da natureza. Antes de ser deus, Zeus é o som do relâmpago. Sibilino. Pelos séculos, as palavras gastam-se nas línguas. Aderem à saliva. Correm nas bocas. Estiolam-se em papéis, papiros, atas. Iluminam as iluminuras. Adrede se eternizam nos livros, tratados, florilégios. Resistem em incunábulos e in-fólio. Usamo-las sem nos darmos conta de sua beleza radical. Por isso, a literatura é o acontecimento da linguagem. Literatura é quando o avesso do mundo se revela na transparência das palavras. E o real ressurge. Reinaugura-se. Para o nosso gáudio e augúrio. Magnânimo e magmático. Apenas assim as palavras voltam a ser o que são, a casa do ser, como as definiu Heidegger.

Nessa lida com as palavras, nada mais espantoso do que a distância entre som e sentido. Outro dia, conversando com minha mulher, ela tartamudeou: caramanchão. Emudeci, chocado. Uma cena pintada por Flaubert em *Salambô* surgiu diante de mim. Rios orientais se abriram sob nenúfares flutuantes, engastados com rostos de príncipes, em halos de crisântemos. Desfilaram em minha mente árvores de copas largas. Barcas reais deslizavam margeadas por sálix, vulgo salgueiros ou chorões, plátanos e baobás. Enormes ergástulos de copa verde-vítrea abriram-se. Em meio a eles, o caramanchão. Decepcionado por um oráculo muito mais deceptivo do que o Google, o velho Caldas Aulete em cinco volumes me ensinou que caramanchão não passa de uma treliça para plantas trepadeiras.

Essa não é uma idiossincrasia de uns poucos. Todo grande escritor é um anatomista de corpos-linguagem. E não me recuperei até hoje do impacto de algumas alegres dissecações. Por meio delas, alguns mestres me ofereceram as fímbrias mais adustas e os acepipes mais finos da semântica corporal dos verbos. Até hoje não consigo ver uma pessoa muito magra sem acorrer ao termo ossoso de Guimarães Rosa. Todos os charcos são palustres depois de João Cabral. Todo bobo é um mondongo depois de Gregório de Matos. Toda pose é pose de um basbaque depois de Oswald. Todo almofadinha e todo sujeito meio-meio é um biltre e um fuinha depois de Machado. Mais ainda: um sicofanta. Com a separação das sílabas bem marcada. Assim também toda a geografia física e humana brasileira se alterou com Euclides da Cunha, Câmara Cascudo, Silvio Romero, Gilberto Freyre. Não por causa do rigor científico. E, sim, devido a uma obsessão, em cujos ápices se espraia Gustave Flaubert, ourives da arte verbal. A obsessão pelo *mot juste*: a palavra exata. Justo por isso, não deixo de estremecer sequer uma vez ao soletrar os bruzundangas de Lima Barreto. Drummond prima pela elasticidade verbal, do erudito ao grotesco, num piscar de versos. Jamais poderei me carpir ou me esquecer da máquina do mundo debuxada em minhas retinas. Desde Bandeira, a lua se reduziu, adjetiva, à qualidade de satélite. Com Drummond ela tornou-se ainda mais prosaica: diurética.

A beleza da linguagem nasce da diástase entre o sentido e o som e entre o som e o imaginado. Essas três faces se separam. O som leva a imaginação para um lado. A semântica conduz o sentido para outro. A imagem mental nos acena, como uma miríade de gestos letais, correndo com sua barca pelo Letes, rio da morte. Raras vezes essa tricefálica Gioconda coincide em suas faces. Preclara é uma palavra aberta. Patíbulo parece remédio. Prímula soa a vestimentas antigas. Fúcsia lembra um animálculo. Lírio tem som de comida. Mesmo quando há semelhança, a semelhança é disforme. Disfórica. Até hoje ecoa em minha cabeça a primeira vez que ouvi em Portugal a palavra rotunda, como substantivo e não adjetivo. O isomorfismo, ou seja, a homologia entre som, imagem e sentido, é tão grande, que acabamos por negar sua existência, imaginando-o demasiado óbvio. É mais fácil imaginarmos rotunda como uma rótula do corpo humano do que uma rotatória de trânsito.

As palavras também se disseminam por sinonímia. Especialistas chegaram a fazer uma lista de correlatos para o diabo usados por Guimarães Rosa. Apenas os mais estrambóticos: o cramulhão, o indivíduo, o galhardo, o pé de pato, o sujo, o tisnado, o coxo, o temba, o azarape, o diá, o mafarro, o pé-preto, o canho, o duba-dubá, o rapaz, o tristonho, o sem-gracejos, o sempre-sério, o austero, o severo-mor, o romãozinho, o rapaz, o dião, o dianho, o tendeiro, o mafarro, o manfarri, o capiroto, o xu, o dê, o dado, o danado, o danador, o dia, o diacho, o rei-diabo, demonião, barzabu, dos-fins, o solto-eu, o outro, o ele, o oculto. Por fim, o O. Conversando informalmente com a poeta Micheliny Verunschk, ela me elencou uma linda e luminosa lista de xingamentos: fronha, cotovelo, cascudo, pintalgado, espéculo, siso, sambudo, gotícula, hiperbólico, espetado, escalafobético, dizimado, encadernado, piada, combinado, caçamba, bilboquê. A lista dos termos de amor também se revela à socapa: xumbrego, xenhenhem, solferino, pedra de cantaria, sépala, obsidiana.

A vertigem das listas foi muito bem amealhada por Umberto Eco. Dos catálogos de Hesíodo e da famosa descrição do escudo de Aquiles feita por Homero na *Ilíada* à tradição enciclopédica renascentista e seiscentista, as listas são um patrimônio da história da arte, seja em alto ou baixo nível. Hilda Hilst não foi menos excêntrica e genial em sua vasta taxonomia para o orifício anal e para os órgãos genitais, masculino e feminino, que eu me privo de reproduzir aqui. Em todos esses casos, não há regras de origens, credos ou ideologias. O feitiço das palavras não é um patrimônio da erudição da flora e da fauna verbais de Ruy Barbosa, de Bilac ou de Coelho Neto. Tampouco pertence apenas aos cantadores populares e à arte oral de longa duração, como Guimarães Rosa e Elomar tiveram a sagacidade de capturar. Não depende de uma pesquisa etnográfica ou etnológica, como a empreendida por Mário de Andrade. As palavras vicejam em alvíssaras de breves lampejos, independentemente da classe social e mesmo do escrutínio ou do intuito precípuo de quem as manuseie. Instalam-se no intelecto. Aceleram os músculos cardíacos. Levam-nos a um êxtase de corpo e alma. Depois dormem.

Certa feita, escrevi um poema mais hermético do que Marino, Góngora, Celan ou Montale jamais o ousaram. Vali-me apenas de gírias da periferia de São Paulo: truta, fita, pacau, muquiar, cabrita, guela, gambé, leque, azeitona, treta, avião. Minha avó reteve muitos termos populares pernambucanos que depois descobri terem origem em eruditismos do grego, do árabe e do latim em sua longa gestação medieval ibérica: amarfanhado, agouro, escarafunchar, azinhavre. Lutar com as palavras é a luta mais vã? Essa pode ser considerada a divisa metalinguística da arte de Drummond em seu célebre poema "O Lutador". Entretanto, sua arte poética se encontra em outro jardim. Bem mais oculto. Bem menos suave. No poema intitulado "Áporo", nome por si invejável, esse poeta-mor realiza um dos maiores torneios hermenêuticos da poesia de língua portuguesa.

Em um brevíssimo soneto, somos conduzidos por um inseto que penetra a terra como se ela fosse um enlace de noite, raiz e minério. Então, encontra um obstáculo. Um país obstruído. Referência à ditadura getulista? Ao chegar a esse limiar, num átimo, sem explicação, presto toda a cadeia orgânica se desata. E, do buraco, antieuclidiana, uma orquídea verde forma-se. Pois bem: áporo é uma palavra que contém em si três acepções. Primeira: a aporia entendida como problema insolúvel. Segunda: o inseto catalogado com o nome de áporo. Terceira: a orquídea verde que assume a forma de alguns insetos por mimetismo e também se chama áporo. A viagem na linguagem é a viagem no real. E o real está contido na anatomia dessa pequena palavra-inseto. Realizar essa viagem é refutar todo homossemantismo, ou seja, toda crença de que a linguagem possa ser planificada ou reduzida a um mero instrumento uniforme. Ao fazer isso, a literatura revela a infinita cadeia de sentidos ocultos sob um mísero vocábulo. As infinitas camadas virtuais da nossa libertação sob a forma de uma orquídea, rumo ao céu.

A LEVEZA INSUSTENTÁVEL
DE GILLES LIPOVETSKY

Gilles Lipovetsky tem promovido uma guinada dos temas tradicionais da filosofia e da sociologia. E assim se firmou como um dos mais originais pensadores do mundo contemporâneo. Essa guinada consiste em conferir centralidade a objetos de estudo considerados excêntricos ou marginais. Em demonstrar a relevância de aspectos aparentemente irrelevantes de nossa vida. Por isso, desde *A Era do Vazio* (1987) e o *Império do Efêmero* (1987) até *A Estetização do Mundo* (2015), o pensador francês tem desenvolvido uma teoria da modernidade que valoriza mais a alimentação, a moda, as dietas e o lazer do que as macroestruturas econômicas, políticas ou sociais.

O leitor pode agora apreciar um dos pontos altos deste percurso em *Da Leveza: Rumo a uma Civilização sem Peso*, lançado na França em 2016 e publicado no Brasil pelo selo Amarilys da editora Manole, com tradução de Idalina Lopes e apresentação de Juremir Machado da Silva. Lipovetsky articula aqui seus temas favoritos em torno de mais um signo: a leveza. Em certo sentido, esse tema atravessa de modo oblíquo a sua obra. Assim como o efêmero, o vazio e a estetização, a leveza encontra-se no centro de sua definição de hipermodernidade.

A hipermodernidade seria uma radicalização dos processos de produção modernos que emergiram da industrialização do século XVIII. Entretanto, até o século XIX havia uma divisão clara entre produção e consumo, entre trabalho e lazer. A partir do processo de mecanização, começou a se produzir uma paradoxal indistinção entre produção e consumo. Em outras palavras: os trabalhadores deveriam ser incorporados à esfera do consumo para ampliar o circuito da economia e da produção. O século XX representa um salto nesse percurso. As tecnologias digitais têm revolucionado nossa relação com o mundo. A maior fluidez entre consumo e produção fluidifica o poder, o trabalho, a sexualidade, a habitação. Ou seja: embaralha as relações entre peso e leveza. Nesse sentido, a hipermodernidade seria uma alteração do estatuto ontológico (relativo ao ser) dessas duas categorias.

Lipovetsky analisa essa transição em diversos domínios. A escolha de materiais e as propostas da arte, da arquitetura, do urbanismo e do design contemporâneos. As relações interpessoais, os casamentos abertos ou de curta duração. A mobilidade crescente e o nomadismo digital dos trabalhos a distância. A modelização do corpo, da alimentação, da beleza, da estética. E, por fim, a tentativa de eliminar a dor e o envelhecimento por meio da vitória sobre a morte do corpo biológico. Aqui entram as nanotecnologias, bem como todo tipo de tecnologia leve, capaz de suspender a fatalidade do mundo material e preservar a vida por meio de ambientes ou recursos artificiais.

Essa nova civilização da leveza erradicaria todas as contradições, desigualdades e misérias humanas?, o leitor se perguntaria. E a resposta é: não. Lipovetsky é um pensador fino. Não se deixaria seduzir por um elogio unilateral da leveza. Revela-nos também as consequências negativas da leveza tomada como fatalidade, sobretudo no que diz respeito à medicalização indiscriminada e às violências da normatização do corpo e dos padrões de beleza. Nesse caso, essa sombra da leveza se manifestaria como sintoma e como psicopatologia. Nasceria da incapacidade de convivermos com nossa triste e pesada finitude.

Pode-se definir a obra de Lipovetsky como um método de amplificação. Por meio dele, as partes se tornam maiores que o todo. Esse método não é exatamente novo. Desde Johann Huzinga, Marc Bloch, Philippe Ariès, Norbert Elias e Carlo Ginzburg a história das mentalidades se ocupa dessas microscopias. Confere importância ao então desimportante substrato do cotidiano. Todo discurso da psicanálise pode ser visto como uma inversão da hierarquia entre os objetos à medida que o valor é definido pelo desejo e não por dados morais ou metafísicos. Por fim, Marshal Berman, Zigmunt Bauman, Jean-François Lyotard, Paul Virilio, Maurizio Lazzarato e Jean Baudrillard há décadas se ocupam dessa leveza imaterial, líquida e letal do mundo contemporâneo.

A especificidade de Lipovetsky reside em sua capacidade de manter o juízo suspenso durante seus voos rasantes na realidade prosaica. Nesse sentido, a relativização dos valores refina a reflexão e amplia os horizontes de possibilidades da cultura e da sociedade, ainda virtuais ou pouco compreendidas. Assim, como a explorou Milan Kundera, para Lipovetsky a leveza pode ser não apenas uma diagnose do presente, mas uma das tantas facetas, inerente ao ser e à nossa humana condição.

JACQUES DERRIDA
E O DEUS FEMININO

SOU UMA NUANCE

Essa autodefinição de Friedrich Nietzsche marca muito bem o caráter radicalmente paradoxal de sua obra. Como bem acentuaram os brilhantes estudos de Wolfgang Müller-Lauter, Nietzsche é um pensador que se instala de modo deliberado entre antagonismos sem solução. Mais do que uma tensão entre Apolo e Dioniso, seu pensamento inaugura um novo modo de lidar com a verdade: a hermenêutica infinita. A revolução de Nietzsche não tem precedentes. Esse novo modo de pensar integra a pluralidade de perspectivas que constroem aquilo que chamamos de verdade. E vai além: relativiza a própria condição do sujeito que valida essas mesmas perspectivas. O chamado desconstrucionismo de Derrida e muitas vertentes do pensamento dos séculos XX e XXI estariam *in nuce* nas páginas do criador de Zaratustra. Mas e se acrescentarmos a esse princípio interpretativo a hipótese, também sustentada por Nietzsche, de que a verdade seja uma mulher? É uma hipótese tensionada como uma corda atada entre Nietzsche e Derrida. Uma corda sobre um abismo.

GRAMATOLOGIA

Mas como o pensamento de Derrida e sua leitura de Nietzsche possibilitam essa abordagem? Como Derrida deixa claro em suas conhecidas análises dos conceitos de *phármakon* e de *khôra*, presentes nos diálogos *Fedro* e *Timeu* de Platão, respectivamente, a metafísica consiste na tomada de decisão diante de termos estruturalmente indecidíveis. A história da metafísica é a história das sucessivas tomadas de decisão diante de alternativas indemonstráveis: ser ou não ser, finito ou infinito, mortal ou imortal. É nesses termos que Derrida procura superar o modelo metafísico, entendendo-o como uma narrativa incapaz de compreender o processo de diferenciações dos seres e das constantes determinações que as margens e as diferenças produzem nesses mesmos seres, para além de serem meras variações distintas de uma substância comum, eterna e una. Uma escritura pós-metafísica seria aquela capaz de se manter tensionada em uma zona de indecidibilidade em relação aos diversos regimes diferenciais dos seres. Seria um modo de conceber os seres como meios, intervalos, composições e formas irredutíveis, ou seja, como *mesons*.

O fechamento racional (*logos*) é o modo pelo qual a linguagem reatualiza a fala do pai e cria um liame natural entre voz e verdade, entre a presença física do falante e a verdade dos enunciados. Criou-se o que Derrida chama de metafísica da presença. Toda metafísica é um fono, falo e logocentrismo. Uma lógica fálica apoiada em um racionalismo fonocêntrico que privilegia a fala e a presença em detrimento da escrita e do pensamento *in absentia*. Nesse jogo cênico, a escrita se transformou na presença-fantasma de um pai ausente. Por meio dela, o arquivo humano, em sua infinita heterogênese e em sua incontornável disseminação, continuou ao longo de milênios sendo vivido como ausência, castração, falta de um dado de consciência presencial. O pensamento metafísico, que orientou o Ocidente, teria nascido do recalque de um parricídio simbólico. A fala e o falo paternos continuaram reverberando de modo fantasmal na escrita, chancelando-a com uma negatividade incurável. Um dos meios de se superar essa identidade-falo seria conceber uma escritura da indecidibilidade: uma escritura feminina.

O grande empreendimento de Derrida consiste em refazer o percurso do pensamento ocidental não mais a partir dos seus centros emissores de sentido, mas sim das franjas, bordas e margens de enunciados indecidíveis. Assim, ousou pensar fora das declinações previstas pela gramática do pensável. Criou uma odisseia da marginalidade intelectual que inclui todas as vozes ausentes do festim masculino da razão e abandonadas pela paternidade arcaica dos signos. A racionalidade é o modo de apropriação e quiçá de expropriação que o pensamento e a linguagem empreendem sobre o mundo. Apenas uma escrita que incorpore o devir-mulher em seu caráter inapreensível será portadora da marca indecidível da verdade. Derrida detecta em Nietzsche essa escrita filosófica *sui generis*. E é dessas premissas que a filósofa Carla Rodrigues parte para analisar o legado de Derrida para refletir sobre os gêneros.

NOMES DO ACOLHIMENTO

A partir dos principais aportes epistemológicos da desconstrução, Carla renomeia o próprio sentido do vocabulário político que norteia o debate sobre gêneros. E o faz reendereçando de modo suplementar palavras amadas por Derrida ao longo de toda a sua vida: alteridade, dom, justiça, lei, perdão, amizade, soberania e, sobretudo, hospitalidade e responsabilidade. Esse é um dos pontos mais fecundos de seu estudo, pois assim consegue superar diversas aporias das definições de feminino quando estas recorrem a pressupostos biológicos. Ao pensar o gênero como um processo de pura *différance*, um infinito diferimento, também consegue escapar às tentações de demarcar a singularidade feminina a partir de contrastes com o masculino, o que a faria refém de um regime de identidade prévio. Tampouco se contenta em reservar para o feminino o lugar vago de uma neutralidade ontológica. Mas o que seria então o feminino? Um dos pontos mais altos do estudo de Carla é a reconstituição do diálogo de Derrida com um de seus mais assíduos amigos e interlocutores: Emmanuel Lévinas. Pensador da diferença ontológica a partir de uma alteridade radical, apenas o Outro nos singulariza. Se não há ética sem o confronto com um primeiro rosto e sem os vestígios de sua epifania inscritos em nós, tampouco há singularização sem uma face alheia que desenhe os contornos de nossas fisionomias, sejamos homens ou mulheres.

DEUS E FEMININO

Nesses termos, toda teoria de diferenciação que pressuponha uma identidade substancial anterior, à qual o movimento de diferenciação se dirija, será uma teoria metafísica, ainda que a serviço de causas feministas, tanto do ponto de vista político e sociológico quanto no que diz respeito à demanda de direitos e à própria legitimação conceitual das mulheres e do feminino no mundo atual. A leitura que Derrida faz de Nietzsche encena o próprio princípio diferencial da escrita como uma apropriação inacabada. Além disso, brindam-nos com um relâmpago em comum. Em ambas, podemos entender o feminino como o movimento centrífugo que a verdade realiza em direção a zonas de indeterminação. Esse êxodo ocorre justamente para que a verdade seja ainda mais verdadeira.

Nesse caso, não se trata de pensar o feminino de Deus, como o fez a psicologia analítica, eivada de resquícios metafísicos. Mas sim de pensar Deus como o modo absoluto do feminino. E o feminino como um infinito processo mesológico de diferenciação, desde sempre e para sempre em aberto. Ao definir-se como uma *nuance*, Nietzsche estaria então se definindo como uma mulher? Provavelmente, não. Embora nada nos impeça de aventar essa hipótese. Prefiro, porém, outra interpretação. Ao se definir assim, Nietzsche estaria se definindo como o próprio Deus se definiria a si mesmo. A diferenciação é infinita e, sendo infinita, exige que o próprio Deus se diferencie de si e se torne excêntrico à sua própria substância. O próprio Deus é um méson, um meio e um intervalo em uma cadeia infinita de meios e relações. Um Deus excêntrico a si mesmo é um méson onde ocorrem as infinitas composições e relações, nunca um centro para o qual convergem ou do qual emanam a infinitos *mesons* que compõem os pluriversos compossíveis. Um Deus que, em suas fraturas, intervalos e fissuras, hospeda em seu seio materno todos os seus órfãos, ou seja, toda a humanidade.

GYÖRGY LUKÁCS:
ONTOLOGIA E CAPITAL

Chama-se ontologia a parte da filosofia que se ocupa do ser. A ontologia seria o estudo do real entendido como real e do ser compreendido como totalidade dos entes englobados pela realidade. Não por acaso, a ontologia foi a base da metafísica. Esta, por sua vez, foi a espinha dorsal da filosofia, desde o seu nascimento até o século XVIII. Embora a doutrina criticista de Kant a tenha inviabilizado, em seguida surge no horizonte o titânico empreendimento de Hegel e restitui a primazia do estudo do ser. A partir de Hegel e Kant, diversas correntes se desdobraram na alternância entre ser e fenômeno. Essas vertentes recobrem distintos campos do saber que vão desde as doutrinas naturalistas, monistas, idealistas e fisicalistas do século XIX, apoiadas em Hegel, Schelling e Van Baader, à renovação da ontologia empreendida por nomes como Nicolai Hartmann, Louis Lavelle e Xavier Zubiri no século XX.

Outra corrente se desdobra em Edmund Husserl e na fenomenologia, dando ensejo à oscilação entre ser e fenômeno presente das obras de Heidegger, Sartre, Bachelard, Merleau-Ponty. Novas ontologias relacionais, diferenciais e processuais se desenvolvem durante o século XX nas obras de Whitehead, Tarde, Uexküll, Deleuze, Simondon, Sloterdijk, Derrida. Novas propostas de ontologia surgem nas obras de Badiou, Žižek e Agamben, apoiadas nas relações entre ser e evento. E, atualmente, uma nova corrente surge no horizonte: o realismo especulativo. Como o nome propõe, o realismo especulativo pretende propor uma radical atualização do problema do ser por meio de nomes como Markus Gabriel, Quentin Meillassoux, Iain Hamilton Grant, Levi Bryant, Steven Shaviro e Graham Harman, reivindicando a morte da fenomenologia e o fim do correlacionismo presente nas filosofias da consciência, egressas de Kant e de Descartes. Novas aporias se apresentam.

Paralelamente a essa odisseia da ontologia na modernidade, há uma vertente de grande importância, em geral esquecida: a importância da ontologia para os jovens hegelianos de esquerda, e, obviamente, para Marx. Devido à vinculação entre ontologia e metafísica, o papel desempenhado pela ontologia na obra de Marx tornou-se um dos pontos mais fortes de dissenso no interior do marxismo. Entretanto é quase sempre inegável a importância dos domínios do ser nos processos dialéticos e na homeostase dos meios de produção, cuja soma constitui a realidade global e real de todos os processos. Em outras palavras, uma diagnose e um desmonte estrutural do funcionamento do capital apenas poderiam ser levados a termo a partir de uma perspectiva da realidade e da efetividade de todos os processos envolvidos no capitalismo como um todo. Ou seja: apenas se pode compreender o capitalismo a partir de uma ontologia dos meios de produção, que se desdobram em uma ontologia do poder e das dotações de sentido, valor e mais-valia. A obra de György Lukács se insere nesse debate de modo decisivo. Desde o jovem Lukács inspirado por Kierkegaard e Hegel, analista sutil da forma interna da arte e da literatura, ao Lukács que analisa a formação das consciências de classe como salto dialético necessário à compreensão dos processos globais da realidade, ou seja, do ser. É a partir dessa união entre consciência, processos constitutivos e realidade que Lukács se aproxima do pensamento de Marx e propõe uma singular síntese entre estruturas formais, processos, ser e consciência, ou seja, a unidade dialética entre ontologia e marxismo.

Essa fase do pensamento de Lukács descreve o mundo moderno como um desdobramento da questão da dupla verdade. Essa concepção se desenvolveu a partir do chamado averroísmo latino e teve seu ápice no século XIII, com a teoria nominalista, que propunha uma cisão entre linguagem e ser. Para Lukács, o cardeal Belarmino, que atuou no julgamento de Galileu, no século XVI, marca a guinada decisiva desse movimento dissociador. Dessa diástase, diríamos. A divisão da verdade em um duplo reino, um da fé e outro da natureza, atendeu a uma dupla necessidade da burguesia ascendente. Por um lado, liberou a natureza para uma manipulação irrestrita e gerou assim uma sociedade tecnicista. Por outro, fortaleceu o aspecto transcendente da fé, minimizando a potência racionalizadora interna às religiões, potência esta descrita magistralmente por Max Weber, um dos inspiradores de juventude do pensador húngaro. Ciência e fé seriam as duas armas pelas quais o mundo burguês criou suas instâncias de legitimação, minando a possibilidade de conceber uma ontologia geral, ou seja, de entender o real como racional, como queria Hegel. Esse divórcio teria gerado uma compreensão cada vez mais instrumentalizada da linguagem e cada vez mais imanente da natureza. Belarmino orquestrou a capitulação da filosofia da natureza às exigências de uma manipulação antiontológica. Ao se afastarem do ser, a ciência se tornou tecnicista e a religião, irracionalista.

Por isso, a ontologia social de Lukács, notadamente nos *Prolegômenos* e na *Ontologia do Ser Social*, abre-se com uma crítica dupla. Primeiro, ao neopositivismo lógico do século XX, sobretudo a Carnap, e, de modo mais atenuado, a Wittgenstein. Segundo, ao existencialismo. Ao refutar a abordagem ontológica, o neopositivismo teria fornecido uma base conceitual que poderia ser apropriada a uma instrumentalização da linguagem. Em temos ideológicos, Lukács também está pensando no impacto político dessa instrumentalização. Ela poderia se converter em um perigoso alimento de teorias manipuladoras, de visões estrategistas e anti-humanistas, como a da política soviética a partir de Stalin. Critica também a concepção positivista de ciência, em ascensão desde o século XIX. Ao se propor como uma análise neutra da natureza, paradoxalmente a ciência de inspiração positivista ocultaria em si os atos de fé que a animam, e, ao fazê-lo, não estaria produzindo ciência, mas sim ideologia. Por sua vez, o existencialismo seria um modo de preservar a ideia de Deus sob uma camuflagem ateísta. Além disso, seu pessimismo conduziria a uma inércia em relação às transformações sociais. Em um segundo momento, reconstrói o percurso do estudo do ser, discriminando ontologias autênticas e inautênticas. Critica Heidegger e as propostas vitalistas e irracionalistas de Bergson e Nietzsche. Em seguida, retoma a ontologia de Nicolai Hartmann. Usa-o como modelo para retificar os equívocos que vinculavam a ontologia a um pensamento metafísico. E, na *Ontologia*, Lukács produz um salto. Em sua longa análise de Hegel, demonstra como a ontologia hegeliana apresenta a possibilidade de superação do hiato entre natureza e história. Portanto, Hegel seria uma chave mestra para retificar a divisão da verdade ocorrida com a emergência da racionalidade instrumentalizadora burguesa. Esta, para Lukács, padece de uma rígida delimitação entre procedimentos históricos e abstrativos, genéticos e sistemáticos. A síntese dessas contradições só se completa quando lançamos luz sobre a dimensão ontológica da obra de Marx. A parte final da obra é uma minuciosa análise ontológica do sistema marxista. Por meio da teoria do espelhamento, Marx teria refinado o idealismo objetivo de Hegel, e, portanto, finalmente consumado a superação definitiva de todo dualismo ontológico.

Uma das marcas do chamado marxismo ocidental é o humanismo. Mais do que mudanças epistemológicas, o humanismo seria a base da renovação marxista ocorrida a partir da década de 1920, da qual Lukács talvez tenha sido o maior protagonista. Em termos teóricos, a guinada ontológica de seu pensamento revela outro aspecto: uma busca de refinamento conceitual. Lukács percebeu que sem um aprofundamento teórico e um projeto cultural o marxismo não conseguiria superar os impasses do materialismo histórico e, a partir de pretextos científicos, ou seja, neopositivistas, fatalmente criaria sistemas totalitários. A renovação de Lukács, Bloch, Korsch, Gramsci, Kosík se intensifica com a estrela solitária e redentora chamada Walter Benjamin e com a Escola de Frankfurt. O movimento do marxismo desde sua origem ocorreu em ondas, para utilizar a conhecida "teoria das marés" de Merleau-Ponty: períodos utópico-revolucionários alternando-se a outros, sistemático-científicos. Seguindo ventos mais ou menos propícios, a partir dos anos 1960 essas marés se desenham em uma oscilação entre posturas pós, anti e neomarxistas.

Vê-se uma percepção pós-marxista na mediologia de Debray, em Colletti, em Wallerstein, em Giddens, no debate da derivação do Estado de Müller e Neusüss, bem como na teoria da lógica do capital de Hirsch. Em contrapartida, haveria um antimarxismo nas críticas ao politismo, que consiste em uma maximização da política e uma minimização da economia, empreendidas por Holloway e Picciotto, e nas devastadoras críticas de Karl Popper, que define Marx e os marxistas como inimigos das sociedades abertas e pluralistas. Há, por fim, o florescimento de uma tradição neomarxista, nos herdeiros da teoria crítica e na nova esquerda, em um prisma matizado que vai de Foucault e Deleuze a Habermas, Agamben, Badiou, Žižek. No Brasil, no plano neomarxista, temos alguns expoentes em nível mundial, como Leandro Konder e Carlos Nelson Coutinho. Nesse contexto, é extremamente oportuno retomar um clássico do século XX como Lukács e rever, aos olhos do século XXI, as sutilezas de um mestre do humanismo. A questão é saber como é possível, a partir de Lukács e do humanismo marxista, descobrir uma saída para uma realidade pós, meta e transumanista que hoje engloba todas as retículas da Terra.

ABISMOS DA LEVEZA

Tudo o que é sólido se desmancha no ar. Essa máxima de Marx deu título à conhecida obra de Marshall Berman que causou frisson nos anos 1990 entre estudiosos da pós-modernidade. E continua sendo a chave para compreendermos o mundo atual e um futuro que se insinua sibilino. Cada vez mais a liquidez assume o centro do mundo, seja entendida como vida líquida de Zygmunt Bauman, como uma ontologia plana ou como uma espiritualidade fundada na impermanência. Peter Sloterdijk dedica o terceiro volume de seu monumental projeto *Esferas* a uma análise da modernidade a partir da imagem das espumas. Seu signo é bem delimitado: o ar. A arquitetura, o urbanismo, as artes plásticas vivem a constante busca de uma espécie de éter ou de pleroma pós-metafísico. Não se baseia em outra percepção o conceito de hipermodernidade cunhado por Gilles Lipovetsky. Impermanência. Leveza. Transitoriedade. Superfície. A moda destronou a modernidade.

Em suas seis propostas para o próximo milênio, Italo Calvino define os valores que determinarão a literatura do futuro. Destaco um: a leveza. São muitos os mestres da leveza. Embora façamos uma associação imediata entre superfície e modernidade, a superficialidade é um patrimônio da arte humana. Um bem de primeira necessidade. A grande literatura sempre foi o reino da leveza. Nas *Metamorfoses*, de Ovídio, segundo Ezra Pound um verdadeiro cinema da Antiguidade, visualizamos a transformação veloz dos deuses em animais, humanos, vegetais, minerais e outros seres, imersos em um puro devir. Cândido e Pangloss são estilingados a todas as regiões do planeta entre uma página e outra. A comédia e a sátira são olhares superficiais e de soslaio sobre a nossa vida, dos quais Rabelais e Cervantes são mestres. Foi a leveza da prosa realista de Apuleio que criou o romance antigo, nos primeiros séculos da era cristã. Mostrou-nos os subterrâneos do Império Romano pelos olhos de um asno. As melhores páginas de Ariosto não passam de uma leve e maravilhosa bufonaria. Leveza da Flora de Arcimboldo. Leveza dos *clusters* de Paganini. Leveza das folhas de Matisse. Leveza de Calder. Leveza da poesia renascentista. Leveza de Marina Abramovic.

Leveza de Pina Bausch. A grande leveza causa vertigem. A superficialidade eficaz põe em risco a estabilidade de nossa vida.

A poesia e a pintura orientais também são verdadeiros testamentos desse mundo flutuante. As pinturas das dinastias Ming e Tang. As gravuras japonesas do século XVII. O humano: um nenúfar entre a Terra e o Céu. E aqui penso também em um haikai magistral de Bashô. O poeta visualiza do alto de uma montanha a praia coberta por uma pátina brilhante prateada. Curioso, desce até o mar. Encontra a areia completamente forrada de peixes pequeninos. São milhares de vidas em agonia. Mas seu movimento conjunto, a distância, cria o efeito sublime de uma enorme e levíssima película que espelha o sol. Transitoriedade. Leveza. Superfície. Impermanência. Não são outros os temas de toda arte e literatura taoistas produzidas em 2.500 anos. Proximidade e distância também guardam uma curiosa relação com profundidade e leveza. O poeta latino Horário ensina que é preciso considerar as coisas em três perspectivas: de perto e de longe, uma vez e muitas vezes, no claro e no escuro. O jogo e o embaralhamento dessas categorias foram o alimento cotidiano, as técnicas de ilusionismo que atravessam a arte do Ocidente.

Ludismo do poema-ovo de Símias de Rodes e da poesia visual da *technopaegnia* antiga. Sofisticada filosofia do espelhamento infinito e crise da representação das meninas de Velásquez. Como Ernst Gombrich demonstrou em seus estudos clássicos sobre arte e ilusão e sobre a arte decorativa, o peso da leveza e a verdade do fingimento são muito mais decisivos para a arte do que supomos. A antiga técnica da *skenographia*, descrita por Aristóteles na *Poética* e aplicada durante séculos em teatros e igrejas, nada mais é do que uma *mise en scène* e um *trompe-l'oeil* que torna a cabeça distante deformada em uma cabeça próxima harmônica. Trata-se de uma pedagogia ilusionista do uso dos espaços e das formas. Transformou-se na cenografia no sentido atual. Migrou para os efeitos especiais de Hollywood e para os efeitos espaciais da Nasa.

Geralmente compreendemos a Renascença como uma conquista da profundidade por meio da perspectiva. Entretanto o tratadista florentino Leon Battista Alberti, primeiro a teorizar o chamado ponto cêntrico, no *De Pictura*, em 1435, chama a atenção para um fato curioso. Ao compor a ilusão de profundidade, não é apenas a profundidade da pintura que se torna ilusória. É a própria tela que se transforma em uma janela transparente por meio da qual vemos o mundo. A superfície material da obra simula uma profundidade inexistente. O próprio suporte-tela evanesce. Desaparece. Incipiente em Cimabue, Giotto e Lorenzetti, francamente programático em Dürer, Michelangelo e Leonardo, é com esse ato de leveza que se inicia a grande aventura da perspectiva e da pintura figurativa até os dias de hoje.

Se observarmos ao redor, a maior parte de nossa vida está emaranhada nas teias de coisas e seres nascidos dessa conversão à leveza que chamamos de modernidade. Paradoxalmente, a modernidade é um aprofundamento da leveza. Uma transformação da exceção em regra. Da periferia em centro. Uma proliferação infinita do trivial, do supérfluo, do desnecessário. Quem não percebeu a importância incomensurável da superficialidade não compreendeu em profundidade o nosso tempo. À guisa de exemplo, observem como todo pedante se apoia em algum tipo de profundidade. Notem o peso da sabedoria em suas rugas. Claro. É assim que o pedante legitima sua insignificância e se separa do vulgo, demarcando sua condição de classe, por mais progressista que se julgue. Apenas pessoas superficiais fazem a apologia do profundo. Apenas os ressentidos trabalham para manter uma áurea de beleza no sofrimento. A leveza é o peso e o pesadelo daqueles espíritos de gravidade de que fala Nietzsche.

Foi-se o tempo do descomunal, do existencialismo, da angústia em busca de sentido, do *horror vacui* deixado pela morte de Deus. Deus, sentido, mundo, ser, necessidade, substância. Como diz Sloterdijk, as grandes questões da filosofia se revelaram uma longa e entediante conversa-fiada para o entretenimento de clérigos e sociólogos. Nossas dúvidas metafísicas cintilaram em toda a sua vacuidade. Tornaram-se banais. Banal também se tornou o próprio mal, como intuiu profunda e profeticamente Hannah Arendt. Finalmente reconhecemos que nossos abismos interiores nascem de perguntas mal formuladas e de respostas mal respondidas. Mistificações ilusórias de um devaneio narcisista. Os decálogos morais e as grandes questões das religiões de salvação assumiram a aparência de hesitações desprezíveis daquele nosso eu-mínimo a que se refere o teórico do contemporâneo Christopher Lasch. Quem garante que essa não seja sua face verdadeira? A processão do Espírito do mundo se realiza nas páginas dos jornais, vaticina ironicamente Hegel.

Do efeito mágico de uma crônica de jornal a toda a fauna e a flora de nossos objetos cotidianos, o objetivo talvez seja apenas atingir uma forma qualquer de leveza essencial. Dos talheres de Philippe Starck aos enfeites das lojinhas de 1,99, a diferença é de grau, não de natureza. Apenas a impermanência parece dizer algo de fato decisivo sobre a volatilidade de nossa vida.

As mãos invisíveis do mercado descritas por Adam Smith são uma profecia museológica. Um bidê à Luis XIV. Não são apenas as mãos. O corpo todo do mundo e toda corporeidade do real é que se tornam invisíveis, evaporam e se volatilizam. Se alguém quiser de fato compreender o tempo em que vivemos, não deve partir de teorias da alienação e da mais-valia. Nem de clichês sobre a exploração humana. Tampouco conseguirá discernir as formas de escravidão de nosso tempo a partir de análises sociológicas das relações de trabalho.

Quem quiser de fato entender como o capital imaterial se apodera de nossa vida precisará analisar qual a relação que estabelecemos cotidianamente com a superficialidade. O sociólogo Jeremy Rifkin tem uma polêmica tese positiva sobre o fim do trabalho. Igualmente polêmica, bucólica e convidativa é a tese de Domenico De Masi sobre a sociedade do ócio criativo. É preciso reconhecer o valor ainda que parcial dessas propostas. Quanto mais a realidade se torna evanescente, mais ela pesa suas asas sujas sobre nossos ombros. Quanto mais profundo o mal, mais translúcida é a sua natureza. Em termos dialéticos, quanto mais intangíveis se tornam os corpos e as mercadorias, maior a violência expropriadora de seus simulacros e de suas simulações. O capitalismo da sociedade de paredes finas em que vivemos pretende reter nas mãos a realidade inaparente e afirmar uma essência imutável. Pretende criar para si uma variante sublime da loucura ou duplicar o próprio princípio da alienação. Ou seja: morrer em nome de uma profundidade inexiste e viver em uma leveza fracassada.

Como dizia o poeta Paul Valéry, não há nada mais profundo que a pele. Se Deus existisse, teria o peso das sonatas para piano de Mozart. Teria a leveza de cada linha de Voltaire. A leveza de Kazuo Ohno. A profundidade é a última mitologia romântica que restou em meio aos destroços do mundo burguês. Apenas a afirmação da superficialidade pode nos salvar do abismo imaterial que nos espreita a cada esquina. Por isso e por fim, a superfície das superfícies e a leveza das levezas: a sexualidade. Uma revolução da economia libidinal. Uma reorientação da prioridade do desejo. Uma inversão das relações usuais entre centro e periferia. A revolução sexual que presenciamos até agora foi apenas um ensaio para as explosões sexuais e desinibidoras das massas silenciosas que estão por vir. Deter, criticar e domesticar essas explosões por meio de expedientes dialéticos ou morais será a missão antecipadamente frustrada dos ateus de batina do futuro.

MUNDOS

Mesologia e Pluriversos

Foi um erro crer que o mundo humano providenciou uma plataforma comum para todos os seres vivos. Todo ser vivo tem uma plataforma especial, que é tão especial quanto a plataforma especial dos seres humanos.
Jacob von Uexküll

Existir é diferir.
Gabriel Tarde

MESOLOGIA E PLURIVERSOS

Como se sabe, o conceito de ser foi desenvolvido pelos pensadores *physikoi*, anteriores a Sócrates. Eles nos sugerem alguns dos primeiros grandes postulados sobre as relações entre o ser e algumas substâncias primordiais, tais como os números, a água, o fogo, a terra, o ar, entre outros elementares elevados à condição de princípios formais ordenadores do mundo. Esses princípios, por sua vez, descrevem regiões formais, materiais e nominais do pensamento, bem como as estruturas mesmas da realidade, à medida que para a metafísica substancialista antiga não existe distinção entre mundo, ser e pensamento. Ser e pensar são o mesmo, diria Parmênides. O ser está em tudo, arremata o mesmo pensador, corroborando a premissa de que a totalidade da natureza e a totalidade do pensamento coincidem na esfera una, perfeita e circular do ser.

A carruagem dos deuses segue em direção ao céu para se dissipar no coração do sol, como narra o Eleata em seu belo e fundador poema *Da Natureza*. O sol é o uno de onde provêm todas as ideias e todas as entidades materiais mundanas. Nesse sentido, a despeito de sua heterogeneidade e dos conflitos entre doutrinas, podemos dizer que o pensamento grego arcaico foi em grande medida guiado por uma concepção monista. E o monismo é a crença na univocidade do ser. Isso quer dizer que todos os entes podem ser unificados em uma totalidade difusa, seja essa totalidade entendida como uma unidade substancial ou processual, como um ser supremo ou um devir omnicompreensivo. Os fundamentos do real são associados à unidade de uma substância ou à unidade de um processo. Entre o ser e o devir, as bases da metafísica monista e da ontologia da univocidade estavam lançadas.

A primeira grande ruptura instaurada em relação ao regime de verdade dos *physikoi* ocorre por meio da ontologia de Platão e de Aristóteles. Cada um a seu modo, esses dois pensadores operam uma disjunção qualitativa da relação entre o ser e os entes. Inauguram um princípio de diferenciação hierárquica que ordena a totalidade dos entes em uma pluralidade de categorias. O ser e a totalidade dos entes abandonam a univocidade que os articula entre si em um sistema global de manifestações equipolentes.

Adquirem uma gradação que distribui todos os entes do universo em escalas de perfeição. Funda-se o regime de equivocidade. Surge a infinita gradação dos entes que se equivocam uns em relação aos outros, em infinitos graus, do ser supremo à totalidade dos entes. Essa totalidade é, ao mesmo tempo, plural e una, porque unificada por um ser transcendente, concebido como ideia ou como substância e situado para além da *physis*. A equivocidade do ser estrutura a cadeia de analogia universal dos entes em um cosmos, uma grande espiral feita de ordem e hierarquia. É o nascimento da grande cadeia do ser, como a batizou Arthur Lovejoy em sua obra clássica.

Por outro lado, essa espiral dos entes e essa hierarquia de diferenciações sutis instaurada no âmago do ser acabam por se adequar com toda perfeição aos sistemas de crença surgidos com as religiões reveladas. Como intuíram Leo Strauss e Leon Chestov, a partir das religiões abraâmicas o pensamento passa a oscilar como um pêndulo tensionado entre dois extremos: Atenas e Jerusalém. Com base nessa oscilação mais ou menos convergente entre verdade revelada e verdade racional, uma unidade transcendente concilia em si a pluralidade fenomênica do mundo e dos mundos. Essa unidade agora não é apenas uma ideia, uma entidade suprassensível ou uma substância metaempírica. Passa a assumir uma fisionomia transumana: Deus. Como bem observou Étienne Gilson, a passagem do pensamento grego ao pensamento abraâmico é a passagem de um *isso* a um *quem*. Passa a ser a transição das ideias e das substâncias à consciência e à subjetividade. O grande objeto transcendente se transmuta em um grande sujeito transcendente. Entretanto, nem tudo é síntese, unidade e hierarquia. Paralelamente a essas vertentes, uma matriz permanece como heresia ao longo de muito tempo e apenas na modernidade encontra ressonância: o dualismo de substância. Essa disjunção dos entes e essa cisão no interior da totalidade do ser se produzem por meio do postulado e da defesa da existência de uma diferença ontológica radical. Essa diferença divide o cosmos em dois mundos, produz uma acosmia, ou seja, cinde o universo em duas ontologias, heterogêneas e incomensuráveis entre si. Esse dualismo ontológico encontrou maior acolhida nos sistemas religiosos do que nos sistemas da filosofia.

Por fim, o modalismo. As declinações e modalizações de uma substância una e universal, chamada Deus ou natureza, concorrem para o diferencial essencial e processual dos atributos dessa mesma substância. Não estamos mais atidos ao regime da hierarquia global da equivocidade nem adstritos ao funcionamento de uma univocidade de manifestações do ser. Embora muito semelhante aos sistemas da univocidade-monista, o modalismo é o que mais se aproxima da ontologia pluralista que caracteriza a teoria dos *mesons*. Isso ocorre porque haveria um escoamento, uma assimetria, uma fratura na equivalência possível entre o ser uno e a multiplicidade de suas modalizações, entre os objetos eternos e as entidades atuais, para falar com Whitehead.

Em outras palavras: os regimes de mundos produzidos pelas diferenças modais de uma mesma substância produzem uma variação e uma singularidade das realidades produzidas e dos mundos emergentes em cada uma desses modos pelos quais a substância se atualiza. Estamos aqui no âmago do sistema de Espinosa e Leibniz, mas mais fortemente nas filosofias de Tarde, Deleuze, Sloterdijk, Whitehead. Pode-se dizer que a história do pensamento descreve o arco de tensão entre essas quatro matrizes fundamentais. Seja como ser-ideia, como ser-substância, como ser-devir ou como ser-sujeito, todos os regimes de verdade podem ser inscritos e compreendidos no âmbito de quatro ontologias fundamentais: monismo-univocidade, gradualismo-equivocidade, diferencialismo-dualidade e modalismo-multiplicidade. Em outras palavras: ontologias monovalentes, equivalentes, bivalentes e polivalentes.

No primeiro grupo, um mesmo ser idêntico a si mesmo se manifesta de modo unívoco em toda a cadeia dos entes que compõem o universo. No segundo grupo, um mesmo ser idêntico a si mesmo se manifesta de modo hierárquico e gradual, por analogia dos entes (*analogia entis*), como diziam os escolásticos, em todos os seres do universo. No terceiro grupo, o universo é a manifestação de duas substâncias incomensuráveis entre si e isso confere a esse mesmo universo uma duplicidade estrutural e bipolar: corpo e alma, espírito e matéria, Deus e mundo, natureza e mente, entre outras. As ontologias monovalentes se desenvolvem de Parmênides, Empédocles e Tales a Eriúgena, Espinosa, Duns Scott, Hegel, Marx, Nietzsche, Whitehead, Deleuze. As ontologias equivalentes se estendem de Platão, Aristóteles e Agostinho de Hipona a praticamente todos os medievais, chegando à modernidade pelas mãos de Kant.

E, por fim, as ontologias bivalentes têm sua origem nas religiões arcaicas. Encontramo-la placidamente no zoroastrismo, na doutrina dos maniqueus, em variações do orfismo e sobretudo nas cosmologias gnósticas. Como bem observou Hans Jonas, esse dualismo de substância não está presente apenas nessas cosmogonias arcaicas. Pode-se falar em uma atitude gnóstica. Ela se baseia na incapacidade de conciliação possível das duas estruturas fundamentais do universo e retorna com toda força na modernidade, no zoroastrismo, no orfismo e nos tratados gnósticos antigos, deságuam em Descartes, Pascal, Heidegger e Wittgenstein, bem como em boa parte da filosofia analítica. Podemos identificar com tranquilidade uma estrutura dualista em alguns representantes da filosofia da natureza do século XIX, em Darwin, em Monod, na biologia sintética do século XX, e, hoje em dia, em Alvin Plantinga e em Richard Swinburne. Ou seja: em todos os pensadores que sustentem uma incomensurabilidade natureza-mente.

Todas essas ontologias são válidas e um regime de verdade não anula outro. Como se sabe, a filosofia não consiste em uma demonstração de falsidade-veracidade empíricas, mas em um confronto contínuo entre estruturas dedutivas formalmente válidas. Qual seria então o problema dessas quatro matrizes e dessas quatro ontologias? Elas lançaram sombra e, em certa medida, inviabilizaram o desenvolvimento de uma quinta matriz: o pluralismo ontológico ou as plurontologias. Em outras palavras: a mesologia. Essa matriz diz respeito às ontologias múltiplas ou às plurontologias, como eu as tenho chamado. A pluralidade de ontologias não produz apenas uma pluralidade de mundos. Produz, necessariamente, um princípio de incomensurabilidade dos regimes de verdade que definem esses mundos entre si e os critérios descritivos do mundo enquanto tal, ou seja, seu estatuto de mundo equivalente ou distinto dos demais mundos.

Esse pluralismo radical produz também uma assimetria das relações finito-infinito. Se toda e qualquer operação racional é a busca de uma unidade formal, toda operação racional é uma tentativa de reduzir a pluralidade das ontologias e dos mundos a um mesmo regime de ser e de verdade, sejam esses regimes monovalentes, equivalentes ou bivalentes. As plurontologias inauguram o domínio das ontologias plurivalentes. Isso quer dizer que os modos de declinar o universo não são modalizações de um mesmo universo. Produzem universos distintos, tanto no âmbito da linguagem que os declina quanto no âmbito dos processos diferenciais, infinitos e indiscerníveis da experiência que se tem dessas realidades declinadas. Como diria William James, estaríamos aqui no âmbito de pluriversos. A mesologia pode ser definida como uma teoria geral das relações contingentes estabelecidas entre essas multiplicidades de ontologias, meios e mundos, ou seja, uma teoria dos pluriversos atuais, virtuais e possíveis.

COMO DECLINAR O
UNIVERSO NO PLURAL

Um dos âmbitos importantes da mesologia diz respeito aos conceitos de organismo e morfologia. Mais especificamente, à categoria de cosmorfologia, criada por mim. Essa abordagem é importante, pois deita suas raízes em um longo debate acerca do padrão orgânico de concepção dos conceitos e do universo. Promove uma leitura alternativa aos modelos mecanicistas que se tornaram hegemônicos a partir do século XVII e que predominam ainda nos dias de hoje. O problema nuclear proposto pela concepção organicista diz respeito a duas grandes matrizes conceituais: a causalidade e a percepção.

A determinação e a estrutura formal de todos os seres e conceitos dependem do estabelecimento de leis capazes de ordenar os *percepta*, os agregados percipientes heterogêneos que o mecanicismo chama de extensão. Contudo, se a totalidade imanente dos fenômenos é codeterminada pelo horizonte virtualmente infinito das preensões perceptivas, não há uma unidade comum e omnicompreensiva capaz de ser declinada, sob nenhuma circunstância ou condição, empírica ou metaempírica. As diversas modalizações percipientes do conjunto dos seres determinaria outros regimes de verdade e de sentido. Estes, por sua vez, codeterminariam as condições de possibilidade desse mesmo conjunto global de seres e das leis que os regem. Ou seja: o universo é sempre e necessariamente um pluriverso.

Não por acaso, de Hume e Locke a James, Peirce e Whitehead, empiristas, sistemas organicistas e filosofias da percepção dedicaram tanto cuidado aos problemas da percepção. A percepção seria o elo perdido da desconstrução dos sistemas racionais transcendentalistas, fundados na unidade entre real e racional, sejam eles fundamentados em Hegel ou em Kant. Atualmente, as ontologias e as cosmologias pluralistas, entre elas a teoria dos *mesons*, tem se dedicado a compreender melhor esses regimes contingentes e essa incomensurabilidade entre mundo, unidade e percepção. Dois problemas subjazem a uma grande parte dessas novas perspectivas pluralistas.

O primeiro é de ordem epistemológica e pragmática. O segundo é de natureza antropológica. Entretanto, nos dois casos, os problemas dizem respeito a um problema mais amplo: as relações entre comensurabilidade e ontologia. Se preferirmos, às tensões e aporias entre equivocação e controle, nas palavras de Eduardo Viveiros de Castro. Quanto à filosofia, esse problema emerge sobretudo nas vertentes alinhadas ao pragmatismo e às tradições analíticas. E, desde James e Quine, nenhuma dessas duas tradições consegue resolver satisfatoriamente os dilemas entre determinações contingentes e universalidade formal.

Quais seriam essas aporias? Se os compromissos estabelecidos entre a linguagem e os eventos instauram graus de ser imanentes à performance, o salto em direção à definição de mundos pragmaticamente situados precisaria de uma conceituação e de uma confirmação transversais à multiplicidade dos mundos que se autodeterminam a si mesmos. Sem essa transversalidade, como esses mesmos mundos poderiam fornecer alteridade à confirmação e à legitimação de outros mundos como mundos? Como determinar os diversos mundos como mundos sem incorrer em contradição performativa? Trata-se de uma variante do problema das outras mentes (POM), lançado por Turing.

Por outro lado, o problema interno ao debate das ontologias múltiplas ou pluralistas é de outra natureza. Para a antropologia, os termos ontologia e cosmologia são sinônimos. As etnias tradicionais desconhecem uma distinção positiva entre universo físico e metafísico. E o Ocidente e a modernidade apenas se distinguem das etnias tradicionais e não ocidentais por meio de um processo de purificação que falseia os processos de obtenção do conhecimento. Essa purificação oculta a natureza híbrida e fetichista da produção desse mesmo conhecimento moderno e ocidental, como bem demonstrou Latour.

Nesse sentido, todas as dotações de mundo, empíricas ou metaempíricas, científicas ou míticas, seriam cosmologias equipolentes, em constante guerrilha ontológica. A questão central que emerge dessas premissas diz respeito à fundamentação de *cosmos* e de *mundo*. Se cada agregado de sentido produz um mundo irredutível a outros mundos, como demarcar os limites e nexos entre esses emaranhados se eles emergem a partir de uma fratura e de diferenças ontológicas radicais? Ou seja: os defensores das ontologias múltiplas parecem menosprezar os dilemas subjacentes a 2 mil anos de reflexão sobre as demandas necessárias e formais da unidade, demandas internas à razão. Acredito que o grande salto para a solução dessas contradições do debate contemporâneo se encontre *in nuce* na obra de Whitehead.

Embora esses impasses encontrem seus fundamentos em Berkeley, Locke e Hume, a arquitetura metafísica da cosmologia de Whitehead pode ser vista como sua formulação mais perfeita. A cosmologia se encontra no âmago da obra de Alfred North Whitehead. Poder-se-ia dizer que a sua investigação sobre cosmologia fornece as chaves de acesso a toda a sua filosofia. Embora a cosmologia seja abordada de modo paulatino ao longo das décadas de 1910 e de 1920, sobretudo em *The Concept of Nature* (1920), sua formalização mais acabada se encontra em *Process and Reality: An Essay in Cosmology* (1929), obra que pode ser vista como uma inflexão decisiva no percurso dessa investigação. Também é considerada por muitos especialistas o *opus magnum* do eminente pensador de Ramsgate. Há anos a obra de Whitehead tem dado diversos subsídios à mesologia.

A mesologia é uma ontologia corpuscular e uma cosmologia relacional que tem na filosofia do organismo de Whitehead um de seus principais pontos de partida. Como unidade formal dos intervalos e como formas relacionais, os *mesons* não são substâncias nem qualidades. Portanto, como os organismos, não podem ser descritos a partir dos esquemas categoriais sujeito-predicado. A mesologia tampouco se ocupa de substâncias simples, pois o cosmos é um emaranhado de composições e de vastos continentes de complexidade distribuída. Os *mesons* são as unidades relacionais que articulam um meio circundante comum. As infinidades de meios circundantes se participam mutuamente entre si, constituindo meios-mundos. Os meios-mundos são emaranhados de séries infinitas orientadas de modo não linear.

A pluralidade de mundos é a pluralidade das atualizações. A multiplicidade das atualizações é o conjunto virtualmente infinito de unidades relacionais e interativas promovidas pelos *mesons*. A teoria dos *mesons* se ocupa em descrever a topologia e o devir desses meios, tanto em sua perspectiva extensiva quanto em sua organização celular. Os *mesons* são tanto agentes propiciadores da irredutibilidade dissipativa dos meios circundantes quanto unidades relacionais coeternas que o universo estabelece com essa multiplicidade de meios-mundos atuais. Em outras palavras, os *mesons* seriam os agentes performativos das interações entre objetos eternos (*eternal objects*) e entidades atuais (*actual entities*), para me apoiar aqui nos termos nucleares da filosofia do organismo de Whitehead.

Nesse sentido, uma das tarefas da mesologia é compreender e amplificar alguns postulados e proposições centrais da filosofia do organismo, articulando-os a outros autores afins a essa natureza de investigação. A partir disso, a mesologia pretende fornecer algumas pequenas contribuições ao debate mais amplo da cosmologia. Em primeiro lugar, essa contribuição se atém a aspectos do problema da pluralidade dos mundos no debate contemporâneo da filosofia. Whitehead é um autor-chave para superar as aporias em que esse debate se encontra. Em segundo lugar, a teoria dos *mesons* se apoia e explicita alguns dos principais pontos da cosmologia de Whitehead a partir da estrutura argumentativa de *Processo e Realidade*, demarcando as continuidades e descontinuidades da mesologia em relação à filosofia processual. Em que medida a mesologia é um desdobramento literal da filosofia do organismo? Essa é a tarefa precípua desse novo sistema da natureza chamado mesologia.

COSMORFOLOGIA

Um dos problemas mais difíceis da filosofia e das ciências em geral é a determinação das relações e dos limites entre filogênese, morfogênese e ontogênese. Em outras palavras: a determinação da origem das espécies, das formas e do ser. Bem como o entendimento de suas implicações recíprocas. A odisseia dos escolásticos em busca das leis materiais e formais que regem as distinções e as continuidades entre indivíduos, espécies e gêneros. O debate em torno da individuação e da singularização das substâncias, que atravessa a história do pensamento, ou seja, os fundamentos mesmos da metafísica que ainda persistem como problemas insolúveis nas epistemológicas contemporâneas. Tudo isso diz respeito a um problema de morfologia. Refere-se à formulação de um modelo descritivo adequado das formas emergentes e coevolutivas que se desdobram na fronteira e no intervalo entre ser, forma e evento. Tenho chamado essas regiões, de indeterminação e de pura relacionalidade, de *mesons*.

O melhor exemplo para ilustrar essa dificuldade continua sendo o exemplo mais simples: a borboleta. Qual a distinção precisa entre o ser da lagarta, o ser da crisálida e o ser da borboleta? Em que medida essas três formas singulares podem ser consideradas uma descontinuidade ontológica entre três seres? A forma determina a totalidade (*holos*) individual do ser? Então, nesse caso, teríamos três espécies (lagarta, crisálida, borboleta) em metamorfose, umas engendrando as outras e sendo engendradas pelas outras? Ou estaríamos apenas diante de uma transformação epifenomênica interna a uma mesma espécie e a um mesmo ser? Se a forma é o modo pelo qual as substâncias se singularizam, esse exemplo indicaria que todos os indivíduos provêm de uma forma substancial comum? As perguntas se multiplicam ao infinito.

O estudo de todas essas gêneses e transformações não se restringe à biologia, pois os processos formais não são exclusivos dos organismos. A manifestação da forma engloba também os seres inorgânicos e os processos fisioquímicos de cristais, líquidos, estrelas, minerais, átomos, moléculas, quantas e energia escura. O campo de estudos que recobre essas diversas metamorfoses globais do ser pode ser chamado de morfologia. Proponho aqui uma expansão desse campo. A morfologia não diria respeito apenas a eventos e seres do mundo sublunar. Poderia ser a chave de compreensão de estruturas do universo: uma cosmorfologia

Nos séculos XVII e XVIII, Vico e Hocke talvez tenham sido os primeiros morfologistas a confrontar essas três gêneses, identificando-as aos três planos principais da macronarrativa do universo: a criação do mundo, a história natural e as formas atuais da vida na Terra. Em outras palavras, foram os primeiros a colocar em aporia as relações estabilizadas entre universo, Deus e Terra, ou seja, entre cosmologia, teologia e geologia. Leibniz, especialmente em sua *Protogeia*, levou esse problema da comensurabilidade entre as múltiplas gêneses a um patamar de elaboração propriamente moderno. E é a partir dele que essa questão assume a centralidade de todas as ciências humanas e naturais, desdobrando-se na filosofia natural alemã de Haeckel, em Goethe e em Wundt e na revolução de Wallace e Darwin. Todos rigorosamente morfologistas.

Qual o postulado da morfologia de Leibniz? Uma lei da continuidade (*lex continui*) rege todo o universo. A pluralidade dos átomos metafísicos que são as mônadas configura em suas relações graus de complexidade de todos os seres. Não haveria saltos ou descontinuidades na natureza. A pluralidade dos mundos-mônadas emerge da criatividade divina. Esse *continuum* da criação divina é não apenas eterno, uno e infinito, mas também capaz de gerar novas formas, novas espécies e novos seres no interior da cadeia imanente do ser. A monadologia de Leibniz nesse sentido é simultaneamente uma cosmologia e uma morfologia. Uma teoria geral das formas baseada na unidade orgânica é uma exigência de continuidade entre as diversas gêneses e passagens da espécie às formas e das formas ao ser. A descontinuidade radical do racionalismo de Leibniz se encontra na distinção entre geração e criação, entre ato divino e ato natural. Para Leibniz, apenas a ação infinita e criativa divina é capaz de gerar novos seres, novas formas e novas composições no universo. A natureza é uma grande cadeia do ser, como intuiu Arthur Lovejoy. Contudo seria incapaz de se renovar a si mesma sem um imperativo divino da criação contínua.

Essa premissa de Leibniz é brilhante e, ao mesmo tempo, apresenta-se-nos como um empecilho à renovação de nossa compreensão das três gêneses. Justamente porque nos interdita a possibilidade de pensar as três gêneses como coextensivas umas às outras. Em outras palavras, a monadologia pressupõe uma diferença ontológica entre Deus e natureza e, por conseguinte, entre geração e criação. Essa cisão nos impede de concebermos uma diferenciação qualitativa interna aos processos naturais e, portanto, impede-nos de conceber a natureza dos progressos e das gêneses sem recorrer ao recurso racional de um *deus ex machina* capaz de ordenar unificar a origem do ser, das formas e dos singulares.

Como podemos fornecer uma nova abordagem a essa investigação das três gêneses? Podemos renovar essa teoria ao propor uma nova e inusitada articulação entre as três gêneses por meio da cosmorfologia. A cosmorfologia seria uma concepção da ressonância das formas como virtualidades do universo que se atualizam a partir de eventos emergentes. O aspecto emergente dos eventos nos impossibilita dissociar substâncias e acidentes, atributos e propriedades, anterioridade e posterioridade em relação aos diversos componentes constitutivos desses mesmos eventos. A origem do mundo singular de um percipiente é uma constante gênese global do mundo como um todo, e ambas se criam e se originam sem cessar, renovadas a cada momento.

A diversidade processual dos eventos e dos seres apenas atesta a continuidade imanente da natureza. Todas as formas dos seres são formas de diferenciação e de singularização de cada ser em uma linha de espaço-tempo não discreta que se subdivide e se multiplica ao infinito. O universo é infinito porque a natureza, que é a totalidade do que existe, paradoxalmente se unifica por meio de sua autodiferenciação. A forma é a substância processual da diferenciação e da singularização dos seres. Essas singularidades são infinitas. Apenas provisoriamente podem ser agruparas em filos, reinos e espécies, à medida que a origem das espécies não passa da ressonância e da estabilidade parciais da infinita heterogênese do universo, cujas formas se encontram encadeadas nesse *continuum* de singularização e, por isso, são unidades relacionais não discretas: *mesons*. A emergência das formas determina a singularidade de cada ser e simultaneamente infinitiza o universo, não em termos quantitativos e extensivos, mas em termos qualitativos e relacionais.

A unidade processual da lagarta, da larva e da borboleta é uma imagem da unidade do universo. Refere-se à pluralidade de mundos coimplicados e em coevolução. Cada mundo é um percipiente, pois não se pode distinguir cosmologia de percepção. Não se trata de uma distinção de dimensões.

Trata-se de uma distinção de mundos. São universos distintos, pluriversos, que se distinguem processualmente mediante a forma e se unificam nas sístoles e diástoles das formas e dos seres. Nesse sentido, a cosmorfologia pressupõe um pluriverso infinito em todas as direções e dimensões. E o faz justamente porque pressupõe que cada evento e cada ser seja absolutamente singular. Um verdadeiro milagre irrepetível. Diferentemente de Leibniz, não precisamos de Deus ou de uma criação divina para que o universo se renove a cada instante. A natureza mesma é uma usina de infinitização dos seres. Um ponto de singularidade que se fana e se preserva à medida que promove a diferenciação dos seres e à medida que se diferencia de si mesma no instante mesmo dessa diferenciação. Quanto ao ponto em que as dimensões macros e micros, a cosmologia e a percepção, se encontram, refere-se às relações entre a mesologia, a morfologia e os organismos.

MORFOLOGIA E ORGANISMO

A morfologia e a filosofia dos organismos estão unidas desde a Antiguidade. Essa ação unificada está presente em Aristóteles, sobretudo no tratado *Da Geração e da Corrupção*, em *As Partes dos Animais* e na *Física*. Também foi desenvolvida por Plinio, o Velho, por Teofrasto, pelos materialistas e fisiologistas antigos, tanto epicuristas quanto estoicos. Entretanto a morfologia encontrou uma cesura e um ponto de inflexão a partir do século XVI, com as teorias corpusculares de Ficino e com o pan-organicismo de Giordano Bruno. Inicia-se uma ampla alteração no conceito de filosofia da natureza, em especial a partir de Raymond Sebond e de toda ciência experimental nascente de Harvey, Leonardo, Vesalius, Bacon, Galileu. As primeiras filosofias da natureza foram todas morfologias: modos de compreender as transformações da natureza a partir da unidade imanente e formal. Desde o *Problema XXX* e da medicina antiga, os corpos celestes e a teoria dos humores sempre se pautaram por uma correlação entre a realidade extensa do cosmos e a intensividade dos organismos. A separação entre o sentido global da natureza (*physis*) e a fisiologia, compreendida como domínio específico dos seres vivos, é algo que demora a se consumar no Ocidente.

Qual seria o principal ponto de disputa e de convergência da filosofia do organismo em relação às ontologias e cosmologias dos séculos XX e XXI? Para responder a essa pergunta, seria preciso analisarmos todas as nuances e definições, continuidades e descontinuidades entre diferentes tradições contemporâneas ou ulteriores à filosofia do organismo. Seria muito interessante um estudo comparativo entre o organicismo processual das entidades atuais de Whitehead e os meios circundantes (*Umwelten*) da biologia existencial de Jacob von Uexküll. Esse cotejo também vale a ontologia diferencial do ser-aí (*Dasein*) de Heidegger. Ademais, poderíamos traçar paralelos produtivos entre essa filosofia processual e a monadologia diferencial de Gabriel Tarde, bem como entre o conceito de atualização de Whitehead e os conceitos de individuação de Gilbert Simondon e de esferas de Peter Sloterdijk. As eventuais analogias se multiplicariam.

Em linhas gerais, acredito que o principal conceito em disputa na filosofia do organismo seja o conceito de *mundo*. Por sua vez, o conceito de mundo ocupa o cerne de disputa das ontologias dos séculos XX e XXI. A alteração nuclear dos paradigmas da filosofia deve advir de uma alteração do estatuto da cosmologia. Minha tese é que uma alteração radical da filosofia contemporânea depende da consolidação de uma cosmologia pluralista. E uma das maiores potências latentes na obra de Whitehead e na filosofia processual como um todo é a possibilidade de fundamentar uma ontologia e uma cosmologia pluralistas. Essa revolução apenas pode se consumar mediante a criação de uma metafísica robusta.

Como se sabe, desde o século XVIII a metafísica encontrou dois grandes obstáculos. O primeiro foi Kant. O segundo foi Wittgenstein. Enquanto para Kant as condições de possibilidade dos enunciados se restringem a um campo fenomênico, para Wittgenstein as condições globais de possibilidade dos conceitos se restringem ainda mais. Não se situam mais na fronteira entre ser e fenômeno, mas na constituição imanente das proposições que nunca descrevem nem o mundo nem os fenômenos, mas estados de coisas. Kant demarcou *o que* pode ser pensado. Wittgenstein definiu *como* pensar o que pode ser pensado. A metafísica passou a ser relegada às patologias da linguagem, para lembrar aqui a antiga definição de religião que Max Müller deduziu dos textos sagrados.

Desde o debate entre Carnap e Quine, essa discussão assumiu modulações cada vez mais sutis e contrastantes. Enquanto a abordagem semântica de Carnap continua a relegar a metafísica e a ontologia ao porão de quinquilharias do pensamento, a epistemologia naturalizada de Quine reativa o problema em seu ponto mais sensível. Como designar eventos contingentes que necessitam de uma constituição imanente de universalidade para cumprirem a contento as demandas internas de seu significado performativo? A partir da inflexão de Quine, o problema da ontologia deixa de ser um debate em torno da realidade desses eventos. Passa a ser um problema relativo aos graus de realidade pressupostos nos compromissos (*commitments*) que os enunciados e as proposições estabelecem pragmaticamente com a experiência contingente imediata. Origina-se aqui a fascinante e conhecida interação entre pragmatismo e a filosofia analítica, fartamente presente nas obras de Rorty, Davidson, Kripke, Strawson, entre outros. O principal impacto dessa nova abordagem do ser é a criação de novos estatutos da mundanidade e novas produções de postulados sobre o que o mundo venha a ser.

Não se trata de um problema novo. Essa questão está presente desde as teorias modalistas da Antiguidade. Contudo o modalismo sempre esteve atrelado aos princípios de univocidade ou de equivocidade do ser. Mesmo em Espinosa, um de seus expoentes mais radicais, o modalismo concebe a pluralidade da atualização em formas diferenciais imanentes à manifestação unívoca de uma substância una. O mesmo ocorre com todas as correntes do modalismo medieval. Apoiam-se na doutrina dos modos como uma maneira de matizar as passagens escalonares ascendentes e descendentes da grande cadeia do ser. Ou seja: a teoria dos modos não transgride em nada a doutrina da equivocidade de Platão e Aristóteles. Pelo contrário, funciona como uma engrenagem-chave que corrobora a maravilha da diversidade e da multiplicidade do universo. O modalismo confirma o prodígio das emanações divinas de uma substância una por meio da *prodesse* das ideias.

A unidade é assegurada por meio de uma condução do infinito ao finito. A revolução das cosmologias e ontologias pluralistas e organicistas advém de Nicolau De Cusa, Giordano Bruno, Leibniz, John Locke, David Hume, Malfatti von Monteregio, Jean-Marie Guyau, Gabriel Tarde, Jacob von Uexküll, Gilles Deleuze, Peter Sloterdijk, ou seja, correntes marginalizadas pelos grandes sistemas rivais: o monismo-univocidade e o modalismo-equivocidade. A metafísica da subjetividade de Descartes e o empiriocriticismo de Kant dominaram de modo indelével a filosofia e as ciências. Nem o gigantismo de Hegel escapa ao monismo mais cristalino. O universo de Newton e Einstein não é nada mais do que as engrenagens externas e os mecanismos monistas de Deus.

Nesse sentido, as ontologias do século XX relacionadas ao *linguistic turn* e ao pragmatismo abriram novos horizontes decisivos para a cosmologia. A noção de pluralidade de mundos é enfatizada e encontra um de seus pontos altos em On the Plurality of Worlds, obra clássica de David Lewis. O conceito de pluriverso de William James também passa a ser central para compreender as categorias emergentes da experiência. Essa longa tradição do organismo passa a ser revista, a começar pelo próprio Whitehead. Atualmente, o debate sobre as ontologias múltiplas tem se concentrado sobretudo na antropologia e vem sendo protagonizado por uma grande lista de pensadores: Tim Ingold, Bruno Latour, Eduardo Viveiros de Castro, Annemarie Mol,

Isabelle Stengers, Philippe Descola, Patrice Maniglier, Marylin Strathern, entre outros. A tese de fundo que unifica as diferentes propostas, autores e obras do realismo especulativo nada mais é do que a proposição de um pluralismo do ser e do universo. Esse pluralismo surge também no âmbito da ontologia e da teoria cognitiva, mas a partir da noção de infinito atual de Cantor e do teorema da incompletude de Gödel adquirem implicações cosmológicas que precisam ser analisadas de modo detido.

TECNOKENOSIS

Hölderlin definiu o surgimento do cristianismo como "a fuga dos deuses". Heine concebe o fenômeno dos "deuses em exílio". Ambos estão no século XIX e falando de coisas semelhantes. A hipótese é simples. A hierofania cristã teria conduzido os deuses pagãos ao exílio. Desde essa intuição desses dois magnânimos poetas, muita tinta correu para legitimar essas premissas. O afastamento da natureza, gerado pelo monoteísmo judaico-cristão, teria produzido uma das matrizes do Ocidente. Este, por sua vez, aprofundou durante dois milênios a agonia de Deus. Nos últimos séculos, o Ocidente transformou-se na terra do ocaso (*Abendland*) e se converteu em uma noite dos deuses e do Deus (*Gottesnacht*), para lembrar uma vez mais Hölderlin.

Por outro lado, há uma importante vertente da teologia cristã fundada no conceito de *kenosis*: o esvaziamento de Deus. Se Jesus era Deus, por meio do dogma da consubstanciação estabilizado pelo Concílio de Niceia (século III), quando Jesus morre, não é apenas Jesus que agoniza e morre na cruz, mas o próprio Deus. A morte de Deus estaria *in nuce* enunciada no cerne do cristianismo. Não por acaso, essa hermenêutica da *kenosis* e esse escândalo da cruz, entendida como signo da morte de Deus, acabaram sendo assimilados mais às tradições místicas. Tornaram-se premissas da teologia negativa do Pseudo-Dioniso Areopagita. Assumiram um lugar preponderante nas beguinas, as mulheres da mística laica cristã medieval. Adotaram seu contorno acabado em autores apofáticos como Tauler e Maester Eckhart. A partir do protestantismo e, em especial, de Kierkegaard e da teologia liberal protestante do século XIX, protagonizada por Frans Overbeck, esse problema ressaltado pela *kenosis* adquire nuances e se expande em todas as suas implicações.

A partir das intuições de Hölderlin e de Heine, da teologia negativa e da *kenosis*, de Nietzsche a Heiddegger, de Vattino a Derrida, de Nancy a Adorno, diversos são os autores que consolidam e amplificam essa poderosa imagem da morte de Deus. E a entendem não como um evento exterior ao cristianismo, mas como uma mensagem cifrada e um devir interno à ontologia cristã, a suas possibilidades e potencialidades futuras. A partir dessa mesma matriz, criaram-se duas possibilidades de leitura. Uma ateísta e outra que podemos definir como teologia da morte de Deus.

Na primeira interpretação, o monoteísmo cristão seria uma força centrífuga, capaz de esvaziar a natureza de divindades. A transcendência de Deus promove um esvaziamento da divindade do mundo. Em outras palavras, o mundo é reduzido a um deserto e a natureza, a uma entidade que pode ser manipulada pela empiria. A partir dessa tese, não haveria então distinção clara entre cristianismo e secularismo. Pelo contrário, o cristianismo seria um motor de profanação da natureza e de secularização do mundo. O cristianismo traria oculto em si o anúncio de uma verdade rigorosamente ateísta.

Na segunda tendência, o que chamamos de cristianismo é apenas a forma histórica contingente de uma verdade oculta em Cristo: a ideia terrível de que Deus literalmente morreu. Malgrado essa roupagem histórica, os ateus podem muito bem representar melhor os valores cristãos do que os próprios cristãos, à medida que revelam essa verdade que os cristãos teimam em ocultar, com uma miríade de ritualizações e penduricalhos vazios. Ambas as vertentes, tanto a ateologia ateísta e a teologia da morte de Deus, tanto o exílio dos deuses promovido, quanto a morte de Deus, serviram de matriz e de fundamentação da modernidade.

Essa aliança entre modernidade e exílio divino seria a possibilidade final de manter viva a religião em um mundo secular. A manifestação negativa de Deus seria a forma por excelência de uma teologia negativa que estrutura nossa experiência contemporânea. A negatividade da morte de Deus estaria prefigurada na própria agonia de um Deus humano que morre. O ateísmo seria somente uma modulação de um cristianismo secularizado, a modalidade profana de um Deus que morreu não porque a humanidade o matou, mas porque estaria em seu desígnio de Deus a necessidade de morrer.

Vivenciar os últimos suspiros de Deus e dos deuses. Consumar o seu sepultamento. Esses passam a ser os objetivos principais dessa nova modalidade de teologia negativa secular do século XX. Nessa vertente, hoje em dia se fala em teologias ateístas, como propõe Comte-Sponville. Estas seriam teologias que suprimem a forma histórica das manifestações divinas, a chamada cristandade, na acepção de Vattimo, que reputamos como a totalidade do fenômeno religioso. Esse cristianismo ateísta passa a reter apenas a intencionalidade das narrativas sagradas no plano secular.

Entretanto, essa abordagem moderna sobre a morte de Deus ignora algo essencial. Todas as religiões do mundo sempre abordaram o nascimento, a vida, a transformação e a morte de Deus e dos deuses. Buda, Cristo, Moisés, Maomé, Dioniso, Zoroastro, Orfeu, entre tantos outros, não fazem nada mais do que fornecer grandes ensinamentos sobre a realidade da vida, da morte e da ressurreição. À medida que Deus e os deuses estão sempre vivendo e morrendo, não deixa de ser interessante a crença moderna de que Deus esteja definitivamente morto. Se o ateísmo consiste em conferir uma ênfase às narrativas da morte de Deus, corre o risco de se converter em uma narrativa religiosa mutilada.

Uma ostentação da morte de Deus sem ressurreição não é uma inoperância absoluta da figura divina em nossos sistemas de crenças e em nossa vida prática. Ademais essa teologia da morte de Deus tampouco seria uma erradicação da função divina. Pode-se preservar e mesmo potencializar a imagem de Deus como expectativa positiva de suspensão dessa mesma lei da mortalidade. Uma possibilidade e uma iminência de transgressão do imperativo da morte, divina ou humana. O ateísmo nesse caso seria uma religião ou uma criptorreligião fundada sobre uma estranha promessa e sobre uma derradeira denegação: a mortalidade radical e o definitivo fim.

Contra essa mitologia do ateísmo e das teologias negativas modernas, a ciência e as religiões têm ensaiado uma aliança muito mais produtiva e transgressora. Trata-se da nova aliança entre tecnologia e imortalidade. Nesses termos, a tecnognose, teorizada por Erick Davis, pode ser considerada uma das mais promissoras religiões do futuro. Não porque vai continuar propondo que Deus está morto. A tecnognose será a religião do futuro justamente porque deve renunciar ao ateísmo e retoma a crença mais arcaica de todas as religiões, desde o animismo dos primeiros hominídeos a todas as religiões reveladas axiais e modernas: a crença na imortalidade.

A alteração radical proposta pela tecnognose consiste em realizar a imortalidade em vida. Em demonstrar que a eternidade é transmundana, não transcendente. Pertence ao aqui e ao agora de um transmundo imanente. É uma modalidade especial das dimensões espaciotemporais do cosmos. Uma nova narrativa começa aqui. Uma nova religião tem origem nesse postulado. Não se trata do evangelho ateísta neocolonial de uma Europa cansada, em busca de almas humanistas piedosas que canalizem na negação de Deus as suas reservas finais de energia libidinal. Nem se trata de reafirmar um novo evangelho das religiões tradicionais que reeditam contos de fada e da carochinha em plena era da ciência, da panespermia e da colonização do universo.

Estamos aqui no umbral e na aurora das novas religiões axiais que devem guiar a humanidade nos próximos milênios. Essas religiões não se contentam com a morte de Deus. Não se baseiam em uma imortalidade do humano em um plano metaempírico divino e *post-mortem*. A tecnognose consiste na crença e na criação de mundos, narrativas e realidades autoconsistentes e autopoiéticas nos quais a eternidade, a onisciência e a onipotência divinas se projetem no plano terreno, embaralhando o real e o imaginário em um oceano metaficcional que englobe tudo o que fomos, tudo o que somos e tudo o que seremos. O dataísmo, a religião dos dados, é apenas o primeiro esboço dessa religião futura.

Em vão poderemos imprecar contra essas novas religiões, concebendo-as como delírios antropocêntricos. Nessas narrativas coletivas, o primeiro ente a se extinguir será o humano. A tecnognose guarda em si a sua complementaridade: a tecnokenosis. O humanismo, as religiões abraâmicas e as diversas teologias seculares serão as cinzas sobre as quais a tecnokenosis vai renascer. E o passo decisivo dessa nova *kenosis* será uma metamorfose sem precedentes da categoria do humano. Em mundos dentro de mundos, em ontologias narrativas emaranhadas em ontologias narrativas, em programas coletivos gerados por algoritmos, em sistemas que se subdividem em subsistemas de subsistemas que geram novos sistemas ao infinito, crer no humano será o mesmo que crer no deus das religiões tradicionais.

No umbral das religiões do futuro não será o humano que deve assumir o lugar de Deus. Deus é que assume passa a assumir o lugar do humano. Os humanos se divinizam ao se tornarem imortais. Contudo, essa mesma imortalidade, ao eliminar nossa humanidade, conduz-nos a adorar a imagem do humano como se fosse um deus. Desse modo, enquanto Deus se converte em uma *imago* do humano, o humano finalmente assume o lugar do nada que sempre lhe coube no universo. Exatamente porque a potência desocultada pela ciência e pela técnica é uma potência paradoxal: quanto mais ambas amplificam o domínio de ação humana, mais esse domínio de ação humana transcende e nadifica o estatuto ontológico e teológico do humano em si mesmo. A visão de Heidegger sobre a técnica não foi capaz de captar a ambivalência fundamental de sua ação e essência. Ambivalência que ressuscitará Deus e os deuses em uma *parusia* de pura virtualidade, em agentes que se desdobram em um horizonte imanente inacessível à clareira humana, que tende a se anular até a insignificância ou à sua derradeira serenidade (*Gelassenheit*).

O humano sempre foi transumano pela participação divina-animal-técnica na constituição de sua essencial humanidade. O dia em que o humanismo cumprir seu desígnio de sepultar Deus, confinando o universo à centralidade do humano por meio da expansão da ciência e da técnica, será o dia em que Deus vai sobreviver à sua própria morte e reencontrar a sua origem plenipotência. A coruja de Minerva alça voo apenas ao cair da noite. Entretanto a Fênix apenas renasce das cinzas que um dia foram Fênix. Se toda superação retém em si aquilo que supera (*Aufhebung*), para que a Fênix possa ressurgir das cinzas é preciso que toda cinza retenha em si a Fênix antiga que um dia fora. O mesmo se pode dizer da morte-renascimento das imagens que se projetam como hologramas na película eterna e infinita da alma, produzindo figuras fugazes de humanidades e figuras fugazes de deuses.

As religiões são ficções coletivas. Narrativas em disputa pela verdade. Não foram Deus e os deuses que criaram os humanos. Nem os humanos que criaram Deus e deuses. Ambos se cocriam mutuamente desde que o *sapiens* é *sapiens*. A superação da religião não virá pelo ateísmo. Virá pela substituição gradativa das ficções religiosas pelas ficções tecnológicas. A tecnologia será a força centrípeta capaz de sustentar e expandir os horizontes da hominização. Estamos no começo dessa nova era: a era da tecnokenosis. A tecnokenosis é o processo pelo qual o humano tende a se esvaziar de si mesmo para recuperar um deus adormecido. Para desvelar uma nova idolatria do humano perdido, retornar aos ídolos de barro de um humanismo perdido e, justamente porque perdido, idealizado como origem e como perfeição da alma. Para que a religião continue viva, é preciso não apenas que suas figuras cumpram seu ciclo em nós. É necessário também que essas figuras nasçam, vivam, se transformem e morram para nós.

A morte dessas figuras é o meio pelo qual novas fascinações e novas figuras podem surgir no horizonte. A extinção das figuras das religiões é a forma pela qual podemos continuar nascendo e vivendo, transformando-nos e morrendo a partir de novos nomes, imagens e figuras. A morte das religiões, a sua consumação radical, é a condição prévia da vida. O ateísmo integral não consiste, portanto, na negação de Deus. O ateísmo integral consiste na possibilidade de enxergar todas as fascinações, figuras e imagens do divino e dos deuses a partir do ponto cego de sua emergência: a partir do esvaziamento e da *kenosis* de Deus, dos deuses e dos humanos. A excentricidade do mundo e do universo em relação ao humano apenas confirma o papel desempenhado pela insignificância humana na geração dos deuses.

Antes essa usina dos deuses era alimentada pelo desconhecimento. Hoje o combustível da produtividade divina é o extremo oposto: a hiperbolização do conhecimento. O *excessus mentis* e a hipérbole do conhecimento passam a gerar continentes cada vez mais vastos de desconhecimento. Passam também a situar a posição do humano no cosmos em uma região cada vez mais excêntrica, precária e insignificante. O humano deixa de assumir o centro de uma ontologia geral e passa a ser confinado em ontologias regionais e em compartimentos cada vez mais isolados de um universo cada vez mais vasto, dinâmico e pulsional. A tomada de consciência dessa nova condição do humano produz novas cosmologias.

Essas cosmologias excêntricas não vão mais tomar os conceitos de totalidade e de unidade como paradigmas autoevidentes da razão e do universo. Tomarão o infinito e a incomensurabilidade como divisa e como princípio. Tanto os humanos que se esvaziam de sua humanidade para abrir a possibilidade de novas fascinações e figuras divinas quanto os deuses que se esvaziam de si e morrem para abrir espaço para novas figuras e novas imagens do divino, em seus processos de nadificação e de esvaziamento, são os meios pelos quais a tecnokenosis deve gerar novos devires e novas configurações divino-humanas. São por sua vez apenas um esboço de novas fascinações transmundanas e transumanas que nos aguardam. Encontram-se ainda na infância da linguagem e nos primeiros rudimentos das novas crenças que devem guiar a vida, dentro e fora do planeta Terra.

ALTERIDADES

Embora a alteridade seja um conceito central para todas as chamadas filosofias da consciência, é importante criarmos outras abordagens e explorarmos as virtualidades ainda pouco exploradas desse conceito. Para tanto, seria interessante pensar a alteridade de um ponto de vista da ontologia e da cosmologia, mais do que sob seu aspecto mais conhecido, relativo à interações e constituições do plano das consciências e explorado pela doutrina medieval da intencionalidade, por Descartes, por Hegel, por Husserl, por Sartre e que hoje em dia encontra seus representantes na filosofia da mente e em setores da teoria cognitiva. A alteridade precisa dessa redescrição para que nos livremos de alguns empecilhos produzidos pela rotina do pensamento e pela burocracia institucional no que diz respeito a esse conceito. A alteridade não é o confronto entre faces humanas. Ela antecede a constituição do humano. Tampouco é a epifania do rosto, como querem Levinas e outras criptoteologias abraâmicas contemporâneas. Não é uma face antropomorfa da diferença ontológica fundadora, como a definiram Heidegger e Derrida. Tampouco é a fissura e a fratura que permeiam as obras de um amplo espectro de pensadores, de Freud a Girard e de Lacan a Deleuze e Guattari.

A alteridade é a percepção da outridade dos entes em relação a uma identidade que os constitui como os entes que são. Em outras palavras, a alteridade é o princípio que rege a diferenciação dos seres entre si, em uma espiral infinita, um círculo sem circunferência que exorbita a consciência humana e transcende o oceano do universo, irradiando-se em pluriversos, transmundos e metacosmos em forma de elipses cujos centros todos são virtuais e atuais, nunca potenciais. Essa concepção de alteridade, desvinculada da consciência e do humano, concebida como ontogênese e cosmogênese, vincula-se a uma imagem de um universo em cascata, desdobrado em um horizonte de absoluta excentricidade. Como se deve supor, guarda profunda consonância com o conceito de incompletude de Kurt Gödel. Os centros estruturantes e as ontologias parciais desses pluriversos não podem ser assimilados a uma ontologia geral chamada "ser" ou "universo". Essa é a concepção da diferenciação infinita, coração de todo o pensamento. Essa é a essência do princípio da alteridade.

Não entrarei aqui nas diversas nuances, conflitos e convergências das vertentes e dos autores da filosofia no que diz respeito ao princípio da alteridade, também conhecido como diferença ontológica. Os meios pelos quais foi articulado e descrito o tecido diferencial do ser e a diferenciação dos seres entre si possuem muitas ramificações. Englobam um capítulo nuclear que passa por Hegel, Schelling e Max Stirner, por Nietzsche e Jean-Marie Guyau, por Gabriel Tarde, Jacob von Uexküll, Gilbert Simondon, por Deleuze e por Sloterdijk. Associam-se a uma vertente que atravessa o pensamento anglófono desde Hume, Berkeley e Locke e deságua em Peirce, William James e Whitehead. Encontra uma seara amplamente semeada por Heidegger, Agamben, Badiou, Vattimo, Levinas, entre tantos outros. Meu objetivo aqui é mais amplo e ao mesmo tempo mais modesto. Minha tese é a seguinte: a linguagem não é apenas o outro da natureza. E tampouco a natureza é o outro da linguagem. Linguagem e natureza estabelecem relações de alteridade consigo mesmas, assim como todos os seres do universo. Chamo esse processo de heterogênese, no plano das substâncias, e de excentricidade, no que diz respeito às relações. Heterogênese e excentricidade são duas categorias nucleares da mesologia ou teoria dos *mesons* (meios) que tenho desenvolvido.

A unidade imanente aos conceitos de linguagem e natureza se baseia em uma concepção que não deixa de ser eficiente em certo sentido. Mais do que isso, é preciso conceber essa unidade imanente como constituinte da unidade formal dos conceitos mesmos de linguagem e de natureza, sem a qual nenhum conceito teria qualquer valência ou valor. No que diz respeito à linguagem, essa concepção pressupõe que todas as linguagens se guiam por um imperativo de unificação dos dados não unificáveis da natureza e da experiência. O drama da linguagem residiria no fato de que todas as linguagens humanas e não humanas, ou seja, todos os processos dos signos, seriam uma composição de signos que aspiram a alguma ordem e a alguma unidade. Enquanto a natureza consiste em um infinito processo que visa apenas à produção de diferenciações, devires e heterogêneses, a linguagem seria o outro da natureza. E o seria não por lhe ser exterior. Não existe nada exterior à natureza. A linguagem é o outro da natureza à medida que projeta a possibilidade de realizar aquilo que para a natureza, tomada em seus processos primários, é irrealizável: a unidade.

A unidade é a grande utopia da linguagem. E, nesse sentido, os diversos discursos e gêneros discursivos, ficcionais e não ficcionais, e todas as linguagens, verbais e não verbais, humanas e não humanas, expandidos em suas ontologias e em suas cosmologias, são o outro da natureza à medida que prometem realizar aquilo que é latente na natureza como irrealizável: conferir unidade aos seres, extensividade aos processos e substância aos eventos. A linguagem é a utopia da natureza. Como utopia, como não lugar, toda linguagem pretende negar o estatuto transicional e processual dos eventos e dos dados da experiência. Contudo, apenas o faz na medida em que consegue apreender em si o resíduo transitivo desses dados dos sentires e manter viva a respiração e a pulsação do cadáver que essa mesma linguagem acabou por assassinar, em sua ambição de acessar o paraíso. Diante dessa premissa, a brilhante intuição de Valéry adquire uma dimensão macroestrutural. Não apenas a poesia seria o paraíso da linguagem. A linguagem é o paraíso da natureza. Um paraíso ao mesmo tempo artificial e natural, à medida que não é possível estabelecer uma censura entre *natura naturans* e *natura naturata*.

Para se consumar em sua odisseia de diferenciação infinita, a natureza precisa do Outro, da fissura radical da diferença. Esse Outro foi nomeado pelo discurso da filosofia de modo majestoso como ideias, substância, puro ato, transcendência, ser, Deus. Entretanto essa nomeação solene nada mais foi até agora do que a produção de nomes-cadáveres. Esses nomes sinalizam para a emergência constante e para o fundo sem fundo da diferenciação infinita da natureza. Quando não o faz, esse processo de nomeação da linguagem acaba por se reduzir a um confisco do vivo pelo não vivo. Aquele famoso atentado que os conceitos perpetraram contra a vida e para o qual nos advertiu Nietzsche. Como distinguir a mera violência contra a natureza de uma manifestação da plenitude de sua vida por vias da negatividade? Como identificar um ato de linguagem como a realização de uma utopia da natureza? Como circunscrever as obras das linguagens humanas e não humanas de modo a captar no monumental o instante vivo e a volatilidade que confere eternidade ao monumental? A Escola de Frankfurt encontrou o caminho da dialética negativa como resposta a essa pergunta. Acredito que essa saída seja insuficiente e precisamos pensar em concepções alternativas de linguagem e natureza para conseguirmos recolocar a tarefa da alteridade como um dos principais objetivos do pensamento.

Há uma alternativa para essa identificação dos agentes natureza-linguagem. Um caminho seria apreendermos essa mutualidade entre ambos como criadora de mundos e de regimes de verdade. A alternativa é abandonar as doutrinas duais da alteridade, baseadas em relações bipolares mesmo-outro ou unidade-multiplicidade, e adotarmos uma concepção de alteridade enraizada nas relações homogeneidade-heterogeneidade. Nesse caso, não haveria a linguagem nem haveria a natureza, ambas no singular. Essas concepções consistem em um reducionismo mecanicista, materialista e idealista dos conjuntos de processos heterogêneos que compõem o não todo chamado natureza e o não todo chamado linguagem. Em outras palavras, de um ponto de vista da heterogênese não apenas a linguagem e a natureza se constituem em si mesmas e a si mesmas em seus espelhamentos de identidade-alteridade. Cada um desses termos e entidades, a natureza e a linguagem, também produzem e precisam produzir os outros de si mesmos para que possam sustentar a sua unidade imanente vital. A natureza é a força de produção de multiplicidades de naturezas e linguagens. A linguagem é a força de fundação de multiplicidades de linguagens e de naturezas, como bem intuiu Vilém Flusser em sua teoria das línguas. Essa relação de radical heterarquia entre linguagens e naturezas, entre si e em si, ou seja, essa excentricidade não totalizável entre entes e existentes é o horizonte de eventos a que tenho chamado de *mesons*.

Por que então definir como alteridade o que poderia ser apenas nomeado como multiplicidade? Porque a multiplicidade sempre assumiu ao longo do tempo um estatuto privativo e derivado do arquiconceito de unidade (*holos*). Por sua vez, enquanto para os antigos a alteridade se manteve nos limiares das investigações cosmológicas e ontológicas, a partir das mútuas assimilações entre as religiões abraâmicas e a filosofia antiga, a alteridade, o ser-outro (*allos*), assumiu-se como grande sujeito de unificação da natureza justamente ao advogar uma instância transcendente a essa mesma natureza. O problema essencial dessa herança metafísica que concebe a alteridade como sinônimo de transcendência não decorre apenas dos diversos equívocos imputados à noção mesma de transcendência e à criptoteologia que se lhe relaciona. O problema colateral que deriva da instituição de uma alteridade una, em estado de transcendência em relação à natureza, consiste em termos pela primeira a instituição de uma natureza entendida como totalidade. Um ser absolutamente outro em relação à natureza, seja ele Deus ou Espírito, é o principal operador da concepção de que a natureza seja um todo e que universo seja uma totalidade. Essa acepção de alteridade determina a filosofia e o pensamento científico até os dias de hoje. Impede-nos de conceber uma alteridade como excentricidade: como uma evisceração constante de centro a centro, de circunferência a circunferência, de círculo a círculo, de ponto a ponto no horizonte indefinido e infinito dos *mesons* e dos pluriversos percipientes.

A percepção da multiplicidade dos seres e das ordens de distinção entre os seres é algo que emerge do escoamento dos seres vivos. Uma das poucas leis da vida é a lei da diversificação. A vida não produz unidades idênticas. Como diria Montaigne, a mente não unifica na mesma proporção com que a natureza diversifica. E Leonardo da Vinci arremataria: a mente não vê a maravilha que o olho vê. E Whitehead: pensamos em ideias gerais, as vivemos no detalhe. Não por acaso, a passagem dos detalhes não discretos dos dados da experiência à formulação das ideias e dos conceitos, ou seja, a passagem da indiscernibilidade das ideias-impressões de Hume à unidade transcendental dos fenômenos de Kant, é uma passagem que pressupõe perdas e resíduos irreversíveis. Isso explica por que os jogos entre linguagem e natureza, desde Sócrates, dos sofistas, da escolástica e de Leibniz até Russell, Quine, Wittgenstein e a filosofia analítica, são o maior abismo epistemológico e ontológico existente. O verdadeiro e mais profundo problema do pensamento. A natureza é uma usina de heterogênese. Um oceano de diferenciação que não pode ser reconduzido às ideias gerais sem perdas substantivas de grau a grau e de transferência em transferência. Heráclito acreditava que a natureza ama ocultar-se. Poderíamos parafrasear seu ensinamento e dizer que a natureza ama diferir-se de si mesma. Existir é diferir, arremata Gabriel Tarde. Se há algum ensinamento a ser depreendido da natureza é que a natureza abomina as ideias gerais. Não existem generalidades nos processos naturais. Existem apenas preensões de circunstâncias e meios radicalmente singulares. O sonho de boa parte da metafísica foi criar estruturas eidéticas ou substanciais capazes de unificar essa diversificação infinita.

Nesse ponto entram as convergências e distinções entre os discursos da literatura e da filosofia. Enquanto a universalidade da filosofia consiste em buscar o homogêneo que subjaz ao heterogêneo, a universalidade da literatura consiste em revelar o heterogêneo que existe em casa heterogêneo. Ambas são universais a seu modo. A universalidade de revelar a heterogênese infinita dos seres estaria mais de acordo com as leis da vida. A universalidade da filosofia estaria em combater a heterogênese a partir do princípio de identidade. Os processos de homeostase natureza-linguagem estabelecem com a literatura um vetor descendente rumo à natureza e à figuração de entidades indiscerníveis, ao passo que a filosofia representa o vetor ascendente: a tentativa de controlar os processos de flutuação dos signos e dos percipientes, retendo-os dentro do diapasão das nomenclaturas e dos conceitos estabilizados. A literatura seria um discurso que nasce da fratura entre o eu e o não eu. Ou melhor: que postula a multiplicidade de eus imanentes ao eu da experiência. Essa descontinuidade e essa assimetria entre eu e experiência estão na gênese das concepções ulteriores e mais abstratas de alteridade e de Outro. Digo mais abstratas porque nem toda alteridade se baseia no mito ocidental de um Deus que, sob a ação da categoria da pessoa, unifica toda experiência do eu e chancela uma unidade do eu. A alteridade não é um jogo dual eu-outro e outro-mesmo. Também é uma percepção da dinâmica unidade-multiplicidade interna às relações eu-eus. A literatura sempre identificou esse grande Outro como uma descontinuidade entre o comum e o incomum, dados pela experiência. Esse Outro foi sempre identificado com entidades maravilhosas, com deuses ou Deus. Também foi associado à excepcionalidade dos heróis. Como essa descontinuidade é um operador da linguagem e não um postulado moral, a alteridade também é projetada em entidades, no caos e nas forças ctônicas que permeiam as representações do mal e do demoníaco. A morte de Enkidu conduz Gilgamesh a uma compreensão de sua própria mortalidade, um terço divino e dois terços humano. A descontinuidade chancela uma cicatriz na consciência. Demarca o limite de si e assim inaugura o si mesmo. A descontinuidade gera uma fratura. Inaugura o eu perdido no abismo do infinito e diante do Outro.

Toda literatura em maior ou menor grau vive o drama da linguagem que teme ser fulminada pela aparição do Outro. A alteridade radical é a excentricidade da linguagem em relação a si mesma. É a afasia, o silêncio ou a multiplicidade de entidades sensíveis da natureza que, em virtude de sua multiplicidade, não pode ser contida pelos continentes da linguagem. Esse drama da irrigação do Outro no interior da linguagem durante milênios fora projetado como categorias transcendentais, ou seja, fora pensado como demanda de abstração e de conceitualidade. Ou seja: como filosofia. Nesse sentido, esse esgarçamento interno da linguagem, fraturada pela alteridade de si para consigo mesma, foi concebido como transcendência do herói, dos deuses, do mal, de Deus, ou seja, de todos aqueles que mantinham uma distinção qualitativa em relação ao horizonte da experiência imediata e do senso comum. A alteridade é o modo de reconhecimento dessa distinção entre os seres, captada por meio da projeção dessas qualidades em entes espetaculares. Por isso a alteridade não segue nenhuma prerrogativa moral.

Quem melhor intuiu a necessidade de postulado metametafísico e metaontológico radical, esse abismo entre o absolutamente Outro e as forças da heterogênese, não foram nem os filósofos nem os escritores, mas os míticos. A distinção abissal entre Deus e Deidade, concebida por Maester Eckhart, e as aporias do visionarismo taoista são modos encarados dessa excentricidade radical, ou seja, dessa transcendência que não pode ser transcendida. Diante dessa premissa, não apenas Deus, as ideias e a substância determinam a ontogênese do Outro e o horizonte que congrega em si todas as alteridades, potenciais e virtuais. Esse Outro precisa ser excêntrico em relação a si mesmo para que possa prosseguir o devir do infinito que lhe cabe como fonte e fundamento de toda heterogênese e de toda alteridade. As forças ctônicas e tudo o que se convencionou definir como demoníaco também são um grande Outro que alimentou a literatura e o pensamento desde textos imemoriais. A odisseia da alteridade também diz respeito a essas fascinações e emergências, por mais que as filosofias da consciência e as criptoteologias modernas tenham tentado mascarar essas irrupções e denegar o seu estatuto, compreendendo-as como variantes da inautenticidade ou como interrupções inoportunas do processo de reconhecimento entre consciências.

ECOLOGIA E MESOLOGIA

Inspirado nas abordagens sistêmicas, tenho desenvolvido uma teoria que leva o nome provisório de *mesologia*. A mesologia é uma teoria geral dos meios, concebida a partir das partículas físicas elementares conhecidas como *mesons* e descrita com base em topologias não lineares. Nesse sentido, os meios não são instrumentos ou mediadores entre dois seres ou ações, submetidos a um princípio de causalidade. São formas puras da mediação em termos ontotopológicos. A mesologia também se fundamenta na dinâmica de sistemas semiabertos. Esses sistemas se caracterizam por uma assimetria entre *sistema* e *meio*. A síntese assimétrica entre sistema e meio se realiza pela *forma*.

Como percebeu Humberto Maturana, a natureza dos sistemas vivos é a *autopoiesis*, a reversibilidade estrutural entre *vida* e *forma*. Em virtude dessa natureza autopoiética, os sistemas vivos não geram unidades, mas apenas multiplicidades. A natureza não se unifica na mesma proporção em que se diversifica, diria Montaigne. As formas vivas são formas que emergem à superfície de processos infinitos de diferenciação. Por outro lado, são estruturas dissipativas em seu grau mais agudo de irreversibilidade. Mas por que a forma é decisiva nessa interação sistema-meio? Porque, embora possamos agrupar os seres vivos em gêneros e espécies e articular filogênese e ontogênese, cada evento da vida é uma singularidade. E apenas como singularidade pode ser compreendido. Só é possível falar em forma onde há vida, pois não existe diferenciação formal fora de unidades vivas.

Whitehead captou muito bem essa característica dos sistemas vivos. É por isso que sua teoria processual recorre aos sistemas organicistas para formular uma continuidade não discreta entre todos os eventos que constituem o tecido da realidade. Por outro lado, segundo Niklas Luhmann e outros pensadores sistêmicos, haveria um acoplamento estrutural entre sistema e meio. Contudo, mesmo mediante esse acoplamento, as teorias sistêmicas em geral privilegiam o sistema em relação ao meio, ou seja, supõem uma anterioridade lógica daqueles em relação a estes. A mesologia consiste em uma inversão radical dessa premissa. Postula uma anterioridade dos meios em relação aos sistemas. Trata-se de uma passagem da *teoria geral dos sistemas* a uma *teoria geral dos meios*.

Se a forma singulariza e define a vida como vida e, ao mesmo tempo, unifica sistema e meio como realidades indiscerníveis, e se vida e forma são categorias reversíveis, o que afinal é um meio? O meio é a dimensão de emergência de todos os sistemas vivos e não vivos. Justamente por se situar no intervalo indecidível entre a natureza e a cultura, entre a abordagem mecânica das teorias clássicas e o princípio de irreversibilidade das estruturas dissipativas surgidas com a termodinâmica, o *meio* pode ser entendido como o ponto de convergência entre o orgânico e o inorgânico. Está situado entre a redução formal empreendida pelas leis gerais e os sistemas complexos fora de equilíbrio, infensos a qualquer generalização. Em outras palavras, os meios são intersecções entre os princípios de ordem e os princípios de caos.

À guisa de exemplo concreto sobre como podemos articular vida, forma e sistema a partir da mesologia, basta pensarmos no atual problema dos recursos hídricos. Essa questão revela algo que está além da polarização ideológica: o desenvolvimentismo. O coração do desenvolvimentismo é a crença de que os recursos naturais são infinitos. Essa possibilidade de dispor da natureza como fonte infinita de produção está presente inclusive em Marx. Por diversos motivos, o marxismo e a nova esquerda em geral se preocuparam com os meios de produção e com a distribuição de riqueza. Quase nunca se interessaram pelos recursos naturais que alimentam esses mesmos meios. Marx pensa o meio como elemento mediador da cadeia de produção, não como meio circundante (*Umwelt*) ou como mundo da vida (*Lebenswelt*), em termos fenomenológicos.

Quanto às doutrinas liberais, desde Adam Smith e dos utilitaristas a natureza é vista como um palco vazio onde o mercado encena sua peça. O planeta é uma massa amorfa de combustíveis fósseis, indiferentes e eternos, que movem a maquinaria dessa narrativa. Para a doutrina liberal, o meio é a forma neutra de realização das trocas. Os meios se transformam em fins à medida que geram lucro. Nesse sentido, os meios são sempre formas vazias da praxiologia que caracteriza o funcionamento do capital.

Não vislumbro nenhuma solução no horizonte para essa questão, que começa a se mostrar como uma das mais graves para a humanidade.

Uma megalópole como São Paulo sem água, sem chuva e imersa em gases tóxicos salta do mundo ficcional das distopias e se oferece agora como uma realidade tangível. Os pessimistas acreditam em um apocalipse perpetrado pelo desenvolvimento planetário do capital. Os otimistas podem imaginar que o capitalismo conseguirá forjar meios de energia limpa para perpetuar o capitalismo como sistema. Como pessimismo e otimismo são dados afetivos e não conceitos tecnicamente válidos, a função explicativa de ambos se reduz a zero.

Para além desse dualismo, é mais conveniente pensar a partir do conceito de sistema-mundo, cunhado por Immanuel Wallerstein. Mesmo em condições fora do equilíbrio, o sistema-mundo seria capaz de metabolizar as adversidades e gerar subsistemas de imunização, para falar como Sloterdijk? Isso seria suficiente para evitar a destruição do conjunto dos meios e das formas orgânicas e inorgânicas que compõem o fenômeno da vida? Essas são as delicadas questões que se nos oferecem nos dias de hoje e no limiar de um futuro cada vez mais próximo. Penso dia e noite como a mesologia pode fornecer saídas para elas e para todos nós.

POR UMA MESOPOLÍTICA

Tenho desenvolvido uma teoria chamada teoria dos *mesons*. Trata-se de uma teoria geral dos meios entendidos a partir de partículas elementares (*mesons*) e que se baseia em uma reconfiguração das categorias *sistema, forma* e *vida*. O meio é a região de emergência dos sistemas vivos e não vivos. Se o mundo é sempre um dado de sentido, como queria Kant, um mundo é sempre uma relação de formas. Por seu lado, a vida é *autopoiesis*. A vida determina as formas e se autodetermina como forma. Como instância determinadora das relações de formas, o meio propicia a emergência formal de todos os sistemas. Em outras palavras, um mundo é sempre o conjunto das formas orgânicas e inorgânicas emergentes em um meio vivo.

Essa circularidade entre sistema, forma e vida possibilitou tanto a criação dos modelos de mundo mecânicos, fundados sobre a reversibilidade (todas as teorias clássicas das ciências), quanto as teorias da irreversibilidade, surgidas com a termodinâmica e em plena expansão hoje em dia com os modelos quânticos e o princípio do caos. A mesologia é o estudo de mundos emergentes onde o vivo e o não vivo, a ordem e o caos se unificam pela forma. Essa reflexão em torno da mesologia nos leva a pensar a totalidade formal de todos os meios e sistemas, ou seja, o grande sistema semiaberto do planeta. Nesse sentido, adentramos outro tema que também tenho enfatizado aqui: a ecologia.

Nada mais pueril do que pensar a ecologia como uma defesa romântica da natureza. A cultura humana não pode ser dissociada dos processos mais amplos da natureza e tampouco reduzida a estes. Desde a brilhante e solitária contribuição de Gabriel Tarde até alguns nomes de ponta da reflexão contemporânea, como Philippe Descola, Roy Wagner, Marilyn Strathern, Donna Haraway, Stephen Pinker, Bruno Latour, Gilles Deleuze e Félix Guattari, entre outros, são visíveis os enormes esforços para superar essa dicotomia representacional natureza-cultura. Inspirado no organicismo e na monadologia de Leibniz, a aposta de Tarde foi a substituição do termo *sociedade* pelo termo *associação*.

O que essa substituição sinaliza? Quando falamos em sociedades, referimo-nos a um termo cuja referência sempre é humana. Por isso, a translação da categoria sociedade para outras esferas dos seres vivos gera um primeiro e enorme problema epistemológico, sob diversos aspectos insolúvel. Por outro lado, não apenas os humanos, mas a natureza em seus níveis moleculares mais elementares possui associações. Nesses termos, todas as formas e sistemas de agregação humanos podem ser entendidos como resultados de processos associativos meta-humanos.

Abre-se aqui uma nova possibilidade de compreensão de categorias clássicas como natureza, cultura e técnica. Estamos diante das três ecologias de Guattari: natural, social e maquínica. A cultura humana seria uma guerrilha entre infinitos mundos-meios que não podem ser unificados em um enunciado-sistema universal. Os personagens dessas guerrilhas são humanos e meta-humanos que habitam meios transobjetivos: animais, máquinas, biomas, deuses, territórios, cidades, fluxos, o capital e os Estados. Como diria Carl Schmitt, todos que falam em nome da humanidade o fazem com o intuito de enganar. Eu agregaria: todos que falam em nome de um mundo unificado como sistema o fazem com o intuito de enganar.

O futuro do ser humano e da natureza não depende de um novo sistema de sentido universal sobre os humanos nem de um novo sistema de sentido universal sobre a natureza. Depende de termos consciência de que essa guerrilha se desdobra em espaços transumanos. Sejam eles entendidos como esferas, redes, platôs ou associações, são sempre maquínicos, naturais e sociais, simultaneamente. Esses espaços situam-se em um intervalo indecidível entre sistema e meio e entre forma e vida. São *mesons*, ou seja, meios nos quais se desdobra a *autopoiesis* infinita entre forma, mundo e vida.

A única saída em qualquer um desses cenários emergentes é uma reversão do vetor produção-consumo. Apenas quando cada vida humana deixar de ser um meio neutro de realização de outras vidas, o consumo deixará de ser uma *forma de vida* e passará a ser um *meio de vida*. Consumir para pertencer a uma comunidade consumidora de bens globais é reduzir o meio ao sistema. É uma *autopoiesis* sem diversificação de formas. Este é o caminho sem volta rumo à destruição coletiva.

O consumo de si e a criação de novos meios-mundos são a transição da vida de uma condição de meio neutro a uma condição de forma singular. Trata-se de uma nova concepção da cadeia vital e de uma mudança de esquadro do binômio produção-consumo. Mais do que isso, talvez essa mudança sinalize inclusive uma nova concepção de vida e uma nova espiritualidade.

A partir dessa alteração, a vida passa a ser entendida como forma irreversível e finita. Esse é o horizonte de uma emancipação possível, tanto da vida em geral quanto de cada vida em particular. Lutar contra o funcionamento do capital é uma atitude pueril. Uma revolução dos sistemas só ocorre a partir de uma revolução radical dos meios. Esses meios não são os meios neutros de produção de Marx nem os meios instrumentalizados do liberalismo econômico.

Trata-se de meios-mundos totalmente horizontais e de multiplicidades-espaços de emergência onde a vida cotidiana transcorre. Mudar a vida não é mudar a forma geral da vida de um sistema. Mudar a vida é mudar as formas singulares de cada vida singular, em seus respectivos meios envolventes. Uma revolução dos meios implica uma tomada de consciência da relação coextensiva entre forma e vida. Apenas nesse momento começaremos a pensar e agir a partir de uma efetiva nova política.

Essa nova política não será uma redução da importância das políticas locais. Ela será a transformação de políticas locais em uma cosmopolítica, para usar o precioso conceito de Isabelle Stengers. Se preferirmos, será a transformação das políticas locais em mesopolítica, ou seja, em uma política que entenda o cosmos não como um sistema holístico universal, mas como a totalidade dos meios-mundos vivos, finitos em suas formas e infinitos em seu devir e em seu metabolismo autopoiéticos. Nesse caso, a alteração da *autopoiesis* estabelecida entre meio e vida e entre vida e forma pode reconfigurar a totalidade da vida deste sistema semiaberto que nos acostumamos a chamar de Terra.

REVOLUÇÕES DO CAPITALISMO

Lendo as cartas de Ernst Jünger a Heidegger chegamos a uma irônica constatação: não se fazem mais nem conservadores nem revolucionários como antigamente. Até meados do século XX, a posição de esquerda e a conservadora puderam fornecer análises estruturais sobre os problemas políticos e econômicos do mundo. Não por acaso, um dos maiores juristas do século XX, Carl Schmidt, referência de diversos pensadores contemporâneos de esquerda, fora um ideólogo de uma revolução reativa, gestada durante a República de Weimar como o ovo da serpente nazista.

A obsessão de Adorno em criticar Heidegger demonstra algo valioso: ambos estavam sugerindo soluções opostas a um mesmo diagnóstico estrutural de época. Também não por acaso a revolução soviética e a chamada "revolução conservadora" alemã surgem como respostas diametralmente opostas a um mesmo diagnóstico dos impasses relativos a uma velha promessa iluminista: a aliança entre democracia, secularização e capitalismo. Os exemplos se multiplicam.

O conflito que o mundo moderno nutre pelo que chamamos de capitalismo ou sociedade de mercado é compreensível. O capitalismo é uma das maiores revoluções na história do *sapiens*. E assim o é porque consiste em uma alteração global dos meios. As protologias e as escatologias, que recobrem praticamente todos os sistemas metafísicos e todas as religiões de salvação do mundo, a Oriente e a Ocidente, sempre enfatizaram as origens e os fins. Dessa forma, tornaram o meio opaco, inviabilizando uma revolução mesológica, ou seja, a apreensão do meio como meio.

A partir da expansão do capitalismo, essa neutralidade dos meios começa a ruir. Não por acaso, autores tão díspares entre si, como Marx e Leibniz, começam a desenvolver uma atenção especial aos meios. Enquanto Leibniz propõe uma cosmologia organicista baseada na pluralização das substâncias e dos meios-mundos que são as mônadas, Marx se tornou o maior arauto da crítica científica ao capitalismo, justamente ao propor uma teoria geral dos meios de produção, ou seja, uma reorganização mesológica entre começos, meios e fins.

Mas qual seria a alteração significativa introduzida pelo sistema baseado no fluxo de capital? Podemos resumir da seguinte maneira: o capitalismo consiste em uma mudança na dinâmica biotrópica entre meio e desejo. Desde o Neolítico, o *sapiens* cria civilização para realizar o desejo imperial de soberanos e para realizar o desejo de Deus e dos deuses. A heteronomia é a pedra angular de todos os sistemas metafísicos e de todas as ontologias imperiais.

Com a emergência do capital, o humano deixa de ser o meio neutro de realização do desejo de um Outro. A sustentação do poder mundial se conecta à autorrealização imanente do desejo de cada ser singular. O capital produz uma axiomatização, uma dupla inscrição no desejo, tornando-o simultaneamente liso e estriado, como propõe Deleuze. O desejo de realização de objetos exteriores durante muitos séculos foi definido como desejo de realizações de um conjunto de *media*, transcendentes tanto ao objeto desejado quanto ao sujeito desejante. O trabalho, por sua vez, transforma-se cada vez mais na realização abstrata do capital e na autorrealização do desejo de cada indivíduo, por mais ilusória que essa realização seja aos olhos de uma crítica ideológica.

Em poucos momentos os meios contaram com um pensamento à altura dos problemas que esses mesmos meios implicam. Da mesma forma, o capitalismo ainda espera uma teoria à altura de sua complexidade. Marx compreendeu e descreveu muito bem essa revolução dos meios a partir dos meios de produção. Mas é preciso ir além. É preciso compreender que os meios de produção são apenas uma parte de uma ontologia e de uma cosmologia dos meios. Nesse sentido, é produtivo pensarmos que não apenas o capitalismo representa uma revolução dos meios. O próprio capitalismo vive revoluções internas, como o filósofo Maurizio Lazzarato definiu com a expressão "revoluções do capitalismo".

A demonização do capital como um todo torna-se cada dia mais inofensiva. Exprime uma incapacidade de compreensão do capitalismo como uma das mais decisivas revoluções mesológicas empreendidas pelo *sapiens*. A tentativa de refundar os meios de produção a partir de uma crítica global da economia dos meios parece ter se esgotado no século XX, quando conservadores e progressistas se uniam oculta e subterraneamente para pensar os impasses desse modo de produção. As mais recentes revoluções operadas no interior do capitalismo consistem em sua universalização global e na capilarização por todo o planeta.

Em virtude disso, a relação entre revolução e capitalismo não diz mais respeito apenas às alterações das relações de trabalho e ao conflito entre classes. Se essa fosse a premissa, seria mais simples detectar os agentes e pacientes do poder de uma vez por todas. Tampouco se resume aos momentos críticos, manifestações sociais, colapsos, guerras e novos sistemas econômicos, políticos e simbólicos que pretenderam, desde as suas origens até hoje, pôr em xeque ou substituir *in toto* esse sistema de produção. Pensar a relação entre capitalismo e revolução pressupõe entender o capitalismo também como uma ordem revolucionária, e as contínuas incorporações que empreende de suas forças negadoras como movimentos internos e circulares ao estatuto revolucionário do capital organizado como sistema mundial.

Nesse sentido, para se pensar as revoluções do capitalismo é preciso concebê-las como pluralidades e multiplicidades policêntricas de forças atuantes nesse todo abstrato e homogêneo que chamamos de capital, de modo a decalcar as suas linhas abstratas em espaços reais, concretos, reticulados e singulares. Da mesma forma, seria preciso refletir sobre um efeito decisivo que determina seu alcance antropológico: a heterogeneidade de meios-mundos criados e de novas realidades geradas a partir da transformação do mundo pela técnica.

Paradoxalmente, apenas quando o capital deixar de ser pensado em escala global e passar a ser repensado em escala tribal, ou seja, apenas mediante a constituição de pluralidades de mundos dentro do mundo, como sugerem Tarde, Deleuze e Lazzarato, todos a partir de Leibniz, poderemos acreditar na emergência de uma alternativa ao meio-mundo da produção capitalista. Caso contrário, o novo estatuto da circulação e dos meios produz uma completa impossibilidade de refutar o capitalismo como um todo sem recorrer ao cinismo, ao totalitarismo ou à ingenuidade.

MANIFESTO DE PALEOONTOLOGIA

É conhecida a anedota do poeta Oswald de Andrade segundo a qual o problema do Brasil não seria ontológico, mas odontológico. Em um dos tantos lampejos ensaísticos, Oswald pretendia associar o Brasil e mesmo a história da filosofia ocidental à questão antropológica mais ampla da antropofagia. Esta, por sua vez, recobriria a matriz das culturas matriarcais do Hemisfério Sul, em oposição às culturas messiânicas dos países do Norte do planeta.

Oswald explorou essas matrizes em *Crise da Filosofia Messiânica* e em seus escritos teóricos, cujas intuições brilhantes e o valor ensaístico ainda precisam ser urgentemente redimensionados, não apenas no conjunto de sua obra, mas na história do pensamento luso-brasileiro e da filosofia. A ascensão de um pensamento matriarcal antropofágico estaria em consonância com o declínio dos modos messiânicos de compreensão do mundo, modos estes dos quais a filosofia seria uma representante.

O problema fundador do Brasil seria o canibalismo tupinambá, não o substancialismo aristotélico. A contribuição do Brasil ao mundo seria aquilo que Eduardo Viveiros de Castro definiu como metafísica canibal. O que está em jogo na cosmovisão de Oswald não é tanto uma crítica à filosofia, entendida de maneira ingênua como sinônimo de racionalidade ocidental. Parece-me que sua atitude se aproxima muito mais da busca de uma antifilosofia, na acepção de Boris Groys, filósofo contemporâneo dos *media* e da arte.

A antifilosofia em linhas gerais consiste em uma reflexão que pretende produzir uma reorganização da filosofia a partir de uma arqueologia dos conceitos. Essa arqueologia não deve ser entendida no sentido de buscar os dispositivos de saber-poder latentes e determinantes em cada época, como propôs Foucault. Consiste em uma vasta ampliação dos domínios e das definições do que poderíamos chamar de tecnologia, no interior da qual a arte e a ciência do conceito a que se convencionou chamar de filosofia seriam apenas um breve capítulo da totalidade das tecnologias de domesticação produzidas pelo *sapiens* desde o Neolítico e desde a sedentarização do saber.

Tanto os conceitos quanto as técnicas são *mesons*: meios cuja finalidade é realizar outros meios em si, *ad infinitum*. Os princípios de uma razão pura ou de um sistema dedutivo vivem a utopia de erigir um pensamento autofundado, fora das cadeias de meios, técnicas e relações. Em certa medida, toda filosofia vive o sonho de neutralizar em si as camadas mediais mundanas, em busca da transparência positiva do conceito. Nenhum conceito é transparente. Todo conceito e todos os sistemas de conhecimento são opacos, pois todos os conceitos e sistemas são meios de outros meios (*mesons*), e emergem de determinações que lhe servem de esteio.

Pode-se chamar o conjunto dessas determinações como tecnologias, na acepção mais abrangente do termo. Nesse sentido, podemos partir da anedota de Oswald para promover uma reviravolta das relações estabilizadas entre ser e técnica, entre *natura naturans* e *natura naturata*. E podemos, inclusive, definir uma nova esfera do conhecimento, capaz de estudar a plena convergência e a mútua coevolução entre ónticos e *physis*, entre ser e *tēchne*: a paleoontologia.

Para a paleoontologia, nossa constituição de mamíferos é coextensiva ao conjunto de narrativas criadas pela filosofia ao longo de dois milênios e meio. Hegel não poderia pensar a negatividade do Espírito sem a configuração do nosso dedo anular de primatas superiores. Todas as maneiras e modos de declinar o ser fornecidas pelas ontologias clássicas sempre foram maneiras e modos pelos quais o pensamento pôde captar e interiorizar em si a totalidade do mundo real. Em outras palavras, todas as designações conceituais do mundo sempre foram formas tardias e abstratas de nomear as apropriações biotrópicas do mundo, ou seja, os meios pelos quais a vida devora a vida e se apropria dos meios circundantes vivos para poder se imunizar e prosseguir como vida.

Diante disso, a doutrina da participação das substâncias, que segue de Platão e Aristóteles a Agostinho e Tomás de Aquino e destes à segunda escolástica do século XVII e a Leibniz chegando a Gabriel Tarde, seria uma variedade do antigo conceito de assimilação de substâncias heterogêneas, presente no imaginário antropofágico e que persiste atavicamente no nível dos conceitos. Não por acaso, Lucien Lévy-Bruhl, um dos pais da antropologia moderna, cunhou o conceito de *participation mystique* para descrever a lógica de manifestações tribais que, no começo do século XX, eram chamadas de pensamento primitivo.

O fogo, a roda, as mãos, as mandíbulas, os alimentos, as guerras, os instrumentos, os trabalhos, a digestão, a eletricidade, o transporte, os aviões, os carros, os circuitos de energia, as reticulações informacionais, a internet, as viagens interestelares são meios pelos quais o ser se realiza. Contudo todos esses meios não são meras variações opacas e neutras de um único ser. Assim como não existe um único mundo preexistente às diversas concepções de mundo e de ser. Assim como os modos de declinar o ser não se referem a um ser uno e neutro, mas constituem pluriontologias em constante beligerância e solidariedade.

Vilém Flusser notou como poucos o potente deslocamento que uma concepção dessas ofereceria ao pensamento. Materializou-a, junto com o paranaturalista Louis Bec, no *Vampyroteuthis infernalis*, uma criatura das regiões abissais do oceano e cuja anatomia representa, do ponto de vista morfológico e evolucionário, o exato oposto do ser humano. Sendo um humano invertido, toda a teoria perceptiva e as condições preênseis da verdade, para pensar com Whitehead, que essa criatura seria capaz de produzir, caso filosofasse, gerariam um sistema de mundo, uma cosmologia e uma razão rigorosamente inversos às criações humanas, ou seja, seria o oposto simétrico da totalidade da filosofia.

A ficção filosófica de Flusser e as intuições selvagens de Oswald fixam os primórdios de um novo saber. Podemos defini-lo como paleoontologia. Esse saber será simultaneamente uma arqueologia das técnicas e dos conceitos, pois para a paleoontologia a ontogênese das formas do mundo e a estrutura noética de dotação de sentido desse mesmo mundo são rigorosamente uma única e mesma coisa. Como instituiu Sloterdijk, vivemos o eclipse da narrativa do saber da velha Europa: a filosofia. A tarefa da filosofia foi desde os primórdios estabelecer uma cisão ontológica entre conceito e forma, entre conceito e figura, diria Deleuze. Para a paleoontologia essa tarefa finalmente chegou ao fim.

COSMOBIOLOGIA

Um dos aspectos mais marcantes do pensamento moderno é a separação entre natureza e vida, *physis* e *bíos*. Quase todos os sistemas filosóficos e religiosos antigos e medievais, a Oriente e a Ocidente, preocuparam-se em integrar a totalidade da natureza e a totalidade da vida em uma mesma cosmontologia. Podemos rastrear essa matriz cosmos-vida em manifestações do Paleolítico Superior, nos cultos líticos da Idade da Pedra e mesmo a eras anteriores, ligadas às primeiras tecnologias da imortalidade criadas a partir da observação da natureza, como os primeiros ritos funerários.

Em diversos mitos cosmogônicos egípcios, nórdicos, mesopotâmicos, indianos, africanos ou ameríndios nota-se uma constante necessidade de situar, na origem do cosmos, alguma entidade viva que dê vida ao cosmos e se manifeste como cosmos-vida. O universo pode ser o esperma secretado pela masturbação de Atum-Rá, matéria orgânica mimetizada pelas primeiras pirâmides. Pode ser o corpo da serpente marinha Tiamat, submetida pelo guerreiro Marduk. Pode ser uma emanação da árvore cósmica Yggdrasil. Pode ser sustentado por uma cadeia infinita de tartarugas. Pode ser a força e a forma de um jaguar. Pode ser dados nas mãos de uma criança, como queria Heráclito.

Como demonstram diversos especialistas no mundo antigo, tais como Cornford, Frankfort e Guthrie, a filosofia estaria mais próxima da filomitia, do amor ao mito, do que supomos. Basta lembrar aqui a importância dos corpos astrais e da figura do Demiurgo na cosmologia e na teoria da alma de Platão. Bem como a noção de *bíos* em Aristóteles, que inclui também os planetas, considerados *zoa*, animais, pelo Estagirita. Na matriz bíblica abraâmica, essa relação entre vida e natureza se mantém e se preserva em toda a filosofia escolástica. A teoria panteísta do *Corpus Hermeticum* atravessa séculos, ressurge e se dissemina no imaginário da Renascença, tornando-se um dos eixos da arte, da ciência, da teologia e da filosofia dos séculos XV ao XVI.

Nesse sentido, o dualismo de substância cartesiano, baseado em uma *res cogitans* e em uma *res extensa*, ou seja, em uma cosmologia anorgânica, seria um fenômeno exclusivamente moderno? Não. Também o dualismo, que postula uma heterogeneidade de substância entre cosmos e vida, se enraíza em ontologias arcaicas. Como demonstrou Hans Jonas, essa visão dualista teria sua origem em cosmologias gnósticas do começo da era cristã. Nesse sentido, o pensamento de Descartes não constituiria um marco isolado de descontinuidade em relação a esses sistemas vivos integrados, que defino aqui como sistemas cosmorgânicos. Constitui, sim, a reativação dessas cosmologias gnósticas esquecidas.

O dualismo tem uma razão de ser. Como percebeu Monod, a racionalidade não pode se ater a uma perspectiva antropocêntrica. Se a vida se organiza mediante dois princípios, a reprodutibilidade e a teleonomia, ou seja, possui a capacidade de se engendrar a si mesma e finalidade intencional, como equivaler orgânico e inorgânico? O monismo seria, para Monod, uma reedição dos sistemas cosmorgânicos animistas, uma tentativa de diluir dialeticamente a especificidade do fenômeno vivo no todo de uma natureza pré-científica. O monismo precisaria, nesse sentido, ser superado. Por isso, como observam Stengers e Prigogine, de Newton a Monod estão lançados os fundamentos da ciência moderna. Ela consiste na universalização do modelo mecanicista e dualista que pressupõe uma cosmologia anorgânica.

Entretanto, quanto mais avançamos no domínio do pensamento complexo da ciência do século XXI, mais essa mesma ciência reata o elo perdido com esses sistemas cosmorgânicos arcaicos. Os autores centrais para a reconstrução desse elo perdido são Leibniz, Tarde, Whitehead e Deleuze. A monadologia de Leibniz nada mais é do que um enorme sistema integrado da natureza e da vida. Por seu lado, a teoria das ações preênseis, deduzidas por Whitehead como uma teoria da percepção e como uma cosmologia, apoia-se nos organicistas dos séculos XVII e XVII, em Hume e em Locke, autores anteriores à revolução de Kant.

As atuais vertentes da astrobiologia, representada por David Darling e também chamada de exobiologia, investigam a vida fora da Terra. Podem ser um campo de mútua fecundação para a filosofia, a arte e a antropologia. Enquanto os cosmólogos, astrônomos e biólogos procuram vestígios orgânicos nas galáxias distantes, caberia aos filósofos, artistas e antropólogos contribuir para definir o que a vida venha a ser. A superação do biocentrismo que define as ontologias dualistas e do antropocentrismo que define as ontologias monistas é a tarefa de um novo ramo científico e de um novo domínio da ontologia. Defino-os, simultaneamente, como cosmobiologia e pluriontologias.

A cosmobiologia deverá ser um sistema integral do cosmos, uma teoria capaz de descrever a morfologia do universo e a morfologia dos organismos a partir de uma mesma valência formal. Se o universo é um organismo, encontra-se, como os organismos, em um constante e infinito processo de diferenciação, não sendo passível de ser unificado em um todo homogêneo chamado universo. Esta passa a ser uma designação obsoleta para pluriversos.

As pluriontologias, por sua vez, reconhecem que não se declina um mesmo universo de modos distintos. Os modos de declinar o universo geram universos distintos, mundos dotados de realidades heterogêneas entre si, como as cosmologias cosmorgânicas e anorgânicas o demonstram. O monismo e o dualismo não como palavras finais sobre os universos. São ontologias que descrevem mundos, tão possíveis quanto reais. Esse seria, por sua vez, o salto decisivo do pensamento do terceiro milênio. O abandono definitivo do ontocentrismo e a adoção da perspectiva de uma constante guerrilha ontológica na qual o que está em jogo não são apenas discursos distintos sobre um mesmo mundo, mas a totalidade e a pluralidade dos mundos possíveis e reais.

DEUS, LEI E DESEJO

Quando pensamos como o Ocidente se relaciona com o Outro, a fisionomia de um Outro sempre assume o debate: islã. O papel da filosofia não é fazer julgamentos morais nem defender ou condenar indivíduos, grupos, crenças, valores ou posturas, mas sim emitir enunciados universalmente válidos a partir da análise de eventos reais. O que estaria em jogo? Esse espelhamento entre o Outro e o islã nos coloca diante de uma relação inextricável entre Deus, lei, desejo e transgressão. Esse é um tema fascinante, que assombrou autores que vão de Kant a Sade, de Freud a Bataille, de Agamben a Schmidt, de Lacan a Derrida, de Girard a Deleuze, de Sloterdijk a Žižek.

Para Girard, à medida que o desejo mimético produz, a escalada do mimetismo conduz a uma ambivalência estrutural entre violência e sacralização. Bataille analisa o jogo entre lei e violência a partir da economia da despesa, bem como da inscrição antropológica do *sapiens* na ordem humana por meio do erotismo, que conjuga lei e transgressão. Lacan espelhou Sade e Kant, como luz e contraluz de um mesmo imperativo privativo do desejo. Freud propõe um assassinato fundador na gênese da civilização, a partir do qual o inconsciente emerge e, junto com o inconsciente, o mecanismo expiatório de internalização da lei como culpa. Sloterdijk identifica a ira como uma dimensão conatural ao reconhecimento (*thymos*), uma das bases da dinâmica civilizacional: o Ocidente. Schmidt, Agamben e Derrida compreendem a lei como ponto cego da soberania e da atribuição. Por todos os lados, lei e transgressão se tocam.

O fascínio desse tema ocorre justamente por sua natureza paradoxal e paroxística, ou seja, pelo fato de estarmos diante de uma ambivalência estrutural que transcende o escopo estrito das religiões e mesmo da moral, e sinaliza aspectos ligados à gênese mesma da cultura humana. A antinomia entre lei e desejo consiste em não poder haver desejo sem lei e, portanto, não haver realização do desejo sem algum nível de transgressão da mesma lei que gera o impulso desejante. A antinomia existente entre lei e Deus diz respeito ao fato cristalino de que desde as cavernas a humanidade mata em nome do bem. Nesse caso, Deus existe e existiu para limpar as mãos dos assassinos.

Os chamados valores secularizados do Ocidente são apenas um capítulo da universalização do mal em nome do bem. O Ocidente é o nome que os chamados ocidentais descobriram para poder matar e dormir em paz. A eterna querela entre islã e Ocidente muitas vezes se reduz a um jogo de sinais trocados. Eles têm Deus. Os ocidentais têm o progresso. Vivem um do outro. Espelham-se. O projeto do Esclarecimento e do racionalismo moderno acredita na possibilidade de solucionar essas antinomias interiores, a dinâmica do desejo e da lei, de Deus e transgressão das leis divinas. A solução ocorreria pelas vias de uma inspeção racional dos fenômenos e por meio de uma superação dialética das contradições e antinomias internas ao ambivalente *double bind* (duplo vinculo) estabelecidos entre essas unidades antropológicas siamesas. Como equacionar esses elementos? Minha tese se apoia basicamente na revolução tecnológica como fator explicativo dessa situação.

Desde o século XVIII, a modernidade tem se desenvolvido como um projeto fruto do Esclarecimento. Passou-se a acreditar que a emancipação humana pela razão fatalmente superaria as antinomias internas às alternativas das explicações do mundo naturais ou sobrenaturais, chegando-se a uma compreensão da vida dentro dos limites de um horizonte demonstrável. Kant foi um dos mais brilhantes arquitetos desse projeto.

Assim também todo Iluminismo francês e, em seguida, todo o Idealismo Alemão, especialmente Hegel, com sua concepção da unidade entre realidade e racionalidade e a dialética do Estado como autorrealização do Espírito no tempo. Na perspectiva crítica, Marx altera algumas peças fundamentais desse xadrez, mas continua sendo um dos arautos da utopia da emancipação coletiva e da superação das superestruturas produtoras de alienação.

O elo entre ciência, democracia e secularização; o crescimento do ateísmo e de espiritualidades desvinculadas de instituições; o liberalismo econômico aliado a diversos modos de exercer liberdades sexual, de costume, de crença, de expressão; a separação das esferas religiosa e política; o espaço público como promotor de inclusão social; a minimização de crenças consideradas mais arcaicas sob o impacto das evidências empíricas. Todas essas divisas estão na agenda moderna e continuam sendo valores a ser defendidos.

Mas o que aconteceu nesses últimos três séculos? Ocorreu um único fenômeno que, sozinho, se tornou capaz de pôr todos esses valores em xeque: o fenômeno da tecnologia. O que é a tecnologia? A tecnologia é um meio (*méson*) capaz de minimizar a distância entre o objeto e o desejo até o ponto de fundir desejo e objeto. A fusão entre desejo e objeto tem um nome: gozo. A conexão entre tecnologia e desejo torna-se cada vez mais clara nas sociedades hedonistas. Como outro da ciência, a técnica encarna o irracional que a ciência denegou.

A conectividade técnica global gera uma possibilidade real e virtual cada vez mais vasta de realização do desejo, seja sob a forma de sexo, pornografia, prostituição, drogas, experiências-limite, psicoses, anonimato, simulações de realidade, espetáculos de massa ou simplesmente pela deriva sem fim do consumo. Uma vida em nome do gozo.

Ao longo de 2 mil anos de domínio das teologias imperiais monoteístas, Deus não foi apenas o maior de todos os objetos de desejo. Ele foi também o maior sujeito de realização performativa do desejo. Isso se tornou possível porque Deus, sendo absolutamente transcendente, é ao mesmo tempo o grande *méson* mediador entre lei e transgressão.

A correspondência entre Deus e desejo e, mais que isso, entre Deus e gozo foi a maneira perfeita pela qual inibição e desinibição, retenção e descarga libidinais conseguiram estabelecer uma perfeita homeostase entre si. Porque se eu mato em nome de Deus, violo uma lei humana em nome de uma lei divina, e assim purifico minha violência e a legitimo. Todas as populações humanas exterminadas em nome de Deus foram exterminadas graças à ambivalência moral contida na identidade entre Deus e gozo e entre gozo e redenção.

A redenção é o nome teológico do gozo, pois é a maneira pela qual o sujeito de uma ação passa a ser um *méson*, ou seja, constitui-se como sujeito transumano de uma ação realizada por Deus e em Deus. Essa neutralização do sujeito humano das ações apenas encontra validade quando o sujeito humano e o divino se fundem na esfera do gozo. Nesse momento, a violência deixa de ser um tabu e, por meio da intervenção divino-humana do gozo, transforma-se em lei.

Por isso as políticas imperiais de todos os tempos sempre tiveram em Deus um grande aliado e na teologia o seu grande arsenal de conceitos. Se Deus não existe tudo é permitido? Hoje apenas jovenzinhos celibatários de províncias subdesenvolvidas acreditam nessa anedota. Como diria Deleuze, é justamente porque Deus existe que tudo é permitido. Pois Deus é o *méson* que permite transformar a violência em gozo e, desse modo, a transgressão em lei.

Com a modernização técnica, passamos a viver um novo desdobramento antropológico. Ele é marcado sobretudo por um desmembramento da santíssima trindade Deus, lei e transgressão. Em outras palavras, com a expansão planetária da técnica, cada vez mais Deus passa a se tornar um *méson* obsoleto para a realização do gozo e para a superação das antinomias entre lei e transgressão.

Contudo, justamente aqui reside a grande ilusão do Esclarecimento e dos projetos emancipacionistas modernos. Todos eles acreditam que a figura e a função de Deus, bem como as religiões, tornar-se-ão cada vez mais residuais, até um completo desaparecimento. É justamente esse modelo de progresso teleológico que demonstra a incapacidade das teorias emancipacionistas de compreender o mundo contemporâneo.

Por quê? Porque, à medida que a técnica e a expansão dos modos de vida ocidentais promovem cada vez mais a realização do gozo sem precisar da mediação da figura de Deus, em termos mesológicos a tendência é cada vez mais a figura de Deus passar a ser concebida sob a forma de uma lei isenta de gozo, ou seja, como ressentimento daquele que não pode gozar e para o qual lei e gozo são inconciliáveis.

Nesse sentido, a expansão dos modelos hedonistas de vida ocidental terá como contraponto quase natural o fortalecimento de concepções de Deus cada vez mais divorciadas do sentido do gozo. E isso tende a se revelar não apenas no islamismo e nem sequer será um fenômeno restrito às religiões. Trata-se do crescimento generalizado de fundamentalismos e legalismos religiosos, morais e políticos de diversos quadrantes e em todas as regiões do mundo.

Quando Deus deixa de ser o objeto transcendente de realização do gozo, uma parcela enorme da população do planeta não consegue mais fazer a passagem entre transgressão e lei. Divididos entre a anomia e a forma pura e fria de uma lei impassível de ser transgredida, para que Deus viva é preciso que se extermine todos que realizam a unificação entre desejo e objeto sem recorrer ao *méson* divino. Ou seja: todos aqueles que gozam, sem Deus ou de Deus.

Para os amigos, o gozo. Para os inimigos, Deus. Para que muitos possam ser livres, muitos mais precisam não o ser. Para a infelicidade das igrejas iluministas, esse recrudescimento dos fundamentalismos e das formas vazias da lei divina é um movimento mesológico inexorável. A não ser que se acredite que o planeta inteiro pode se emancipar, rir de si mesmo e gozar junto.

REPOUSO E MOVIMENTO

Nos últimos anos temos presenciado algo bastante evidente: as manifestações populares têm crescido em todo o mundo, independente das reivindicações e da finalidade específicas de cada uma delas. Por mais diversas que sejam as motivações desses protestos que se espalharam por vários países, podemos detectar um diagnóstico: a crise do sistema representativo e a emergência do ativismo digital são as matrizes que unificam fenômenos sociais do Brasil, do Egito, da Síria, da Ucrânia e de outras localidades do planeta.

O que está em questão não diz respeito apenas a governos determinados, aos partidos ou a pautas pontuais, embora essa seja a grande referência dos discursos. Trata-se de uma mudança de organização da *polis* promovida pelas tecnologias de comunicação. Estamos vivenciando uma mudança das democracias representativas do século XX para as democracias pós-representativas do século XXI. As primeiras não serão eliminadas pelas segundas, mas provavelmente vão constituir regimes híbridos de participação política.

Boris Groys, Manuel Castells, Vilém Flusser, Peter Sloterdijk, Michel Maffesoli, Francis Fukuyama, Paul Virilio, Jean Baudrillard, Pierre Lévy. Diversos expoentes da teoria da informação, da semiologia, da comunicação, da filosofia da tecnologia, a politologia e a cibernética há tempos chamam a atenção para essa mudança. Finalmente ela começa a sair dos livros e tomar as ruas. A passagem das democracias clássicas às democracias midiáticas consiste em uma mudança no tipo de política a partir de novos suportes técnicos, criados pelas tecnologias da informação. Trata-se de uma transição de uma política ideológico-partidária para uma política cínico-cinética, baseada em jogos cínicos de poder e em estratégias de ilusionismo e cinetismo. Uma guerrilha virtual em constante oscilação entre o repouso e o movimento, entre a conservação e a transformação.

A diferença é que esses dois pares de conceitos não designam mais atitudes estáveis diante do mundo. Tampouco se referem a aspectos substanciais de seus agentes. Desde as conhecidas divisões da plenária francesa entre jacobinos e girondinos durante a revolução do século XVIII, a atividade política dos últimos dois séculos foi parametrizada a partir de um dos mais potentes critérios estabilizadores da filosofia política: os conceitos de esquerda e de direita. Essa visão substancialista forneceu as linhas de força da política ao longo do século XX e teve seu ápice na Guerra Fria. Hoje essa divisão ainda encontra pertinência explicativa para situações regionais. Mas torna-se cada vez mais ineficaz para compreender o mundo em termos geopolíticos.

Na política cínico-cinética fundada sobre uma estrutura de dupla vinculação (*double bind*), os opostos não descrevem propriedades intrínsecas a seus respectivos representantes. Descrevem, sim, o movimento a partir do qual, em dadas circunstâncias, determinados atores sociais deixam de ser meios (*mesons*) dos grupos que representam e acabam por se unir a seus opositores horizontais. Sejam esses atores jornalistas, governantes, presidentes, senadores, deputados, sindicalistas, patrões ou quaisquer outras lideranças que tenham voz na esfera do espaço público. Quando isso ocorre, os representantes passam a se transformar em *mesons* vinculados à autorrealização de cadeias mesológicas horizontais e deixam de ser *mesons* de realização vertical prevista no princípio de representatividade.

Nesse sentido, nas democracias pós-representativas nascentes a divisão do poder tende a se organizar cada vez menos a partir da divisão político-partidária das siglas representativas, agrupadas sob as determinações ideológicas. A polarização do poder passa a se basear cada vez mais na eficácia dos agentes e em sua capacidade de sanar problemas pontuais. A demarcação entre progressistas e conservadores depende mais de critérios pragmáticos do que de orientações ideológicas de siglas eletivas. Não depende do conjunto de ideias e ideais de seus representantes, mas da eficiência cirúrgica dos seus gestos.

A guerra abandona os trilhos da escatologia. Como bem intuiu Deleuze, a guerra agora é de guerrilha. Assim como ocorreu e continua ocorrendo a passagem de uma sociedade disciplinar a uma sociedade de controle, passamos paulatinamente de uma política dos representantes individuais para uma política dos agenciamentos coletivos. Nesse sentido, as distinções políticas começam a abandonar as bandeiras divisórias entre partido e partido, entre sigla e sigla e entre movimento e movimento. As demarcações passam aos poucos a ser pensadas entre Governos e Movimentos e, acima de tudo, entre Repouso e Movimento.

Sejam quais forem os partidos que nos representem, a questão daqui para a frente será sempre a qualidade de sua representação. Sejam quais forem nossos representantes, em uma era midiática as democracias transnacionais e transcontinentais dependem cada vez mais de sabermos pelo que estamos dispostos a lutar. O ensinamento político que extrairemos dessa nova condição transcende o escopo político-partidário e um dia será revelado em toda a sua amplitude. Provavelmente quando, para conseguirmos a maior de todas as nossas conquistas, tivermos que marchar nas ruas de braços dados com os nossos inimigos.

VIDA E ANTIVIDA

Desde a *Protogeae* de Leibniz e a relação entre monadologia e organicismo, passando pelas teorias desenvolvidas pela Naturphilosophie no século XIX, tenta-se pensar qual seria a forma primordial da vida na Terra. Chegou-se nesses termos a uma noção central: o protoplasma. Por seu lado, Ernst Haeckel desenvolveu o conceito de muco primordial (*Urschleim*) e também definiu o reino das moneras, seres vivos procariontes unicelulares. Alguns pensaram em uma vida geradora primeira (*bios spermatikos*), em analogia com o *logos* seminal da cosmologia estoica.

No século XX pesquisas em torno dessa forma primeira se desdobraram em numerosas linhas teóricas, em geral mais ligadas a concepções morfológicas do que a chamada *nova síntese* da biologia das primeiras décadas do século XX. A partir da teoria Gaia desenvolvida por James Lovelock, Lynn Margulis chega a levantar a hipótese de que a vida na Terra seria inviável sem a sua forma elementar: as bactérias. Paradoxalmente, a atmosfera do planeta apenas tornou a vida possível por causa de gases liberados pelas bactérias e aparentemente nocivos à vida, como metano. O equilíbrio atual da atmosfera terrestre apenas existe graças a uma homeostase paradoxal que a atmosfera estabelece com essas criaturas unicelulares.

Há milhares de tipos de bactérias apenas em nossa cavidade bucal. Trilhões e trilhões de aglomerados delas espalhados, seja nas mais claras superfícies de nosso cotidiano, seja nos mais impenetráveis abismos do planeta. Viemos delas, do protoplasma original que deu origem a todas as formas de vida na Terra, há 4,5 bilhões de anos.

Elas são os envoltórios invisíveis dos seres orgânicos e inorgânicos. Estima-se que o ser humano tenha apenas no intestino mais bactérias do que células em todo o corpo. Só nesse órgão elas se multiplicam na proporção de 1 milhão a cada vinte minutos. As bactérias são uma película transparente que conspira contra a vida para poder preservá-la. Uma espécie de membrana anímica do mundo.

Contudo, recentemente o jornal *Valor Econômico* publicou uma detalhada e assustadora reportagem sobre as superbactérias. A Organização Mundial da Saúde (OMS) detectou que o crescimento de bactérias intratáveis, como o ebola, deve-se ao uso indiscriminado de antibióticos, que faz circular cerca de 40 bilhões de dólares todos os anos em todo mundo. Os gastos envolvidos no combate às superbactérias chegam a comprometer mais de 1% do PIB de alguns países.

Qual reflexão podemos extrair desse estado de coisas? Sabe-se que a complexidade das formas de vida se relaciona diretamente com os ruídos emitidos pelo meio. Um equilíbrio total e uma estabilidade perfeita entre sistema e meio conduziriam o sistema-vida para a morte. Quanto mais o meio se opõe à vida, mais produz diversidade de formas adaptativas, conduzindo a vida a uma escala de complexidade cada vez maior. A jornada da vida na Terra não vai do mais complexo ao mais simples, mas justamente o oposto: do mais simples ao mais complexo, como atestam diversas linhas teóricas oriundas do darwinismo.

Com o desenvolvimento das tecnologias de combate a doenças, finalmente vivemos o eclipse do conceito clássico de vida. Porque as tecnologias nada mais são do que a assimilação de mediações biológicos por cadeias mediadoras metabiológicas. E essa articulação pressupõe uma superação da dicotomia natureza-técnica. Nesse sentido, a expansão do horizonte biotecnológico nos oferece uma alteração dos vetores de nossa relação com a negatividade da natureza.

Se a negatividade da natureza foi fundamental para produzir a condição de possibilidade e a emergência mesma da vida em sua complexidade, ao reduzir a vida a funções positivas, ou seja, ao negar a negatividade interna e coextensiva à própria vida, passamos a uma nova etapa: a multiplicação de meios negadores da própria vida e de sua negatividade estrutural. Trata-se de uma marca dos princípios de imunização, analisados por Sloterdijk e por Esposito. Quanto mais nos imunizamos, mais nos tornamos frágeis. Quanto mais negamos os negadores da vida, mais a vida refina seus meios de negar nossa negatividade.

Talvez essa reflexão seja interessante para abrirmos uma nova perspectiva. Não seria apenas a perspectiva antropocêntrica que precisa ser superada neste novo milênio. Precisamos superar também a concepção biocêntrica, ou seja, a crença de que os processos biológicos e os processos naturais são equivalentes. As bactérias são a tecnologia de negação da vida criada pela *autopoiesis* da vida para que a vida se realize a si mesma. Da mesma maneira, as tecnologias humanas de negação dessa negatividade natural têm conseguido produzir as superbactérias: formas biológicas fortalecidas pelo combate em nome da vida isenta de negatividade.

A circularidade dessas estruturas não são uma tautologia, mas sim uma utopia. A utopia talvez não seja mais conseguir preservar esferas naturais no interior de formas artificiais de uma natureza domesticada, cujo domínio recobre todo o planeta e se direciona para a galáxia. A utopia talvez consista em reconhecer que vida e técnica são nomes distintos para os ciclos naturais entre vida e antivida, entre negatividade e contranegatividade.

O chamado Antropoceno, a época geológica marcada pela intervenção humana na Terra e suas consequências, apenas começou. A sobrevivência do planeta e do ser humano não depende apenas da sobrevivência de formas naturais. Depende também de uma ecologia das técnicas e da capacidade de superar as clássicas vinculações da vida em relação à natureza, ou seja, depende da capacidade de pensarmos profunda e consequentemente as relações que vida e antivida estabelecem entre si.

POLITANATOS

O termo tanatopolítica foi criado pelo pensador sueco Rudolph Kjellen. Refere-se às apropriações políticas da morte. Michel Foucault o utilizou em sua teoria da disciplinarização e depois também em suas conferências do final da vida relativas à politização da vida. Hoje em dia, a tanatopolítica e a politização da morte são analisadas por alguns dos expoentes da chamada biopolítica, como Giorgio Agamben e Roberto Esposito.

Entretanto, é preciso fazer um *aggiornamento*, uma atualização desse conceito. Porque vivemos o eclipse das políticas da morte. Em termos econômicos e bélicos, as políticas da morte encerram aos poucos seu ciclo de produtividade. Encontramo-nos no limiar de um novo ciclo: a morte da política. Como é possível pensar conceitualmente essa morte? Arrisco uma digressão.

Na *Odisseia*, o epíteto de Odisseu é polípode. Em grego, *poli* significa muitos e *podos*, pé. Polípode é aquele que tem muitos pés. A centopeia é um animal polípode. Odisseu o é no sentido figurado, pois tem muitos recursos. Convencionou-se traduzir o termo polípode por astúcia. As aventuras de Odisseu são as aventuras da astúcia que vence a brutalidade de um mundo inimigo.

Por outro lado, o prefixo *poli* também designa todos os termos de raiz *polis*, referindo-se a política. A politologia é tecnicamente o estudo da política em toda a sua abrangência. Por isso, proponho aqui uma inversão da valência da tanatopolítica. Se a tanatopolítica é a política da morte, chamarei de *politanatos* à morte da política e às diversas faces que essa morte tem começado a assumir.

Em que consiste essa morte? Em razão de sua natureza entrópica, o universo encontra-se em processo de morte térmica. Como observou Vilém Flusser, a morte do universo se dá por meio de uma paulatina redução das improbabilidades às probabilidades. Só é possível dominar o mundo traduzindo a improbabilidade em probabilidade. Transformando todos os eventos improváveis em prováveis.

Essa é a linha de ouro de toda tecnologia, desde as tecnologias da imortalidade da Pré-História à biotecnologia do século XXI. Desde o advento da era da automação, com a Revolução Industrial, essa redução tem se transformado no cerne de todos os sistemas operacionais humanos e meta-humanos. O fim de toda a redução da improbabilidade em probabilidade tem um nome: um programa. A sociedade mediática global é a realização desse programa.

Não se trata de um projeto político, mas de um programa tecnológico de extinção da política. O que é isso? Cada vez mais o devir histórico, a transformação social, a emancipação, ou seja, toda liberdade humana passa a ser capturada por narrativas de sentido. Paradoxalmente, ao dotarem de sentido, essas narrativas assassinam todo gesto livre. Inviabilizam a possibilidade mesma da liberdade.

A História deixou de ser um devir revolucionário. A História hoje tem roteirista. E o roteirista não é um indivíduo, por mais poderosos que sejam os donos do mundo. O roteirista é um programa impessoal. O programa instalado na nova ordem global consiste na redução final das improbabilidades, ou seja, na morte da utopia. Na melhor das hipóteses, na realização final da utopia em seu oposto, uma realidade distópica.

As políticas da morte só serão produtivas à medida que estejam a serviço da morte da política. A morte entendida como destruição do tecido vital biológico dos indivíduos aos poucos perde sua razão de ser. A morte se realiza cada vez mais como esvaziamento de qualquer possibilidade de dotar a vida de um sentido e de promover a emancipação humana.

A morte da política não se manifesta como morte biológica. Manifesta-se como medo e melancolia. Medo do outro, medo de si, medo do futuro, medo da transformação, medo social, medo da doença, medo da saúde, medo da instabilidade, medo do amor, medo da amizade, medo da esperança.

Por fim e acima de tudo, medo da morte. Esse último e mais sibilino dos medos não nasce da falta de fé em um Deus, em forças transcendentes, em alguma imortalidade. A amplificação do medo da morte nasce da intuição subliminar de que nos extinguiremos biologicamente sem termos nunca vivido. Em nossos quartos, trancados no âmago de corações medrosos, choramos outra morte. E como diz o magnífico poema de Drummond, em nossos túmulos nascerão flores amarelas e medrosas.

Esta morte que choramos não é individual. Ela é intuição da morte coletiva que se instalou entre nós. A morte é o fantasma e a contraface do luto não elaborado de outro cadáver: o cadáver da política. A politanatia retém a dupla acepção do prefixo *poli*. É a morte da política, como acontecimento decisivo do milênio no qual ingressamos. E é plural, pois consiste em uma amplificação universal da morte como categoria fundamental dos seres vivos, esvaziados da possibilidade emancipatória fornecida pela *polis*.

A politanatia consiste em preservar o organismo vivo. Mas, ao esvaziar o sentido político da vida desse organismo, esvazia a possibilidade mesma de conceber a atividade de cada organismo singular como sendo um fenômeno pertencente à ordem geral dos fenômenos vivos. Em outras palavras, a politanatia captura a vida para além da dicotomia entre vida e morte. Não lhe interessa confiscar a vida da vida, ou seja, produzir a morte. Interessa-lhe retirar da vida a capacidade mesma de definir a vida como vida.

TERRORISMO E ECOLOGIA

Walter Benjamin, em um de seus escritos póstumos, observou a grande inovação produzida pela utilização de armas químicas na Primeira Guerra Mundial. Chegou a defini-las como o futuro da guerra. Mais que isso: como um elemento que, àquela época, estaria alterando o conceito de guerra. Como sempre brilhante, ao ler o presente à luz do futuro e não à sombra do passado, a intuição messiânica de Benjamin estava certa. E pode nos auxiliar a compreender pontos centrais das alterações do mundo no limiar do século XXI.

A despeito de suas causas, o aumento da temperatura mundial tem sido um dado sentido por toda a humanidade. Em meio a um calor estratosférico, ainda temos chegado a previsões de aumento de 4 a 8 graus planetários nas próximas décadas. Os meios de comunicação tratam o fato com o prosaísmo anedótico que lhes é particular. As causas do aquecimento seriam humanas ou geológicas? Se o planeta é o cruzamento finito de biomas e esses biomas interferem entre si em uma escala incomensurável de grandezas, obviamente a causa é humana *e* geológica.

A polarização desses termos nasce de uma cisão ideológica cujo objetivo é satisfazer os interesses de industriais e ecologistas. Interesses que acabam sendo os mesmos. Enquanto isso, tornamo-nos insensíveis a um dos fenômenos mais graves dos últimos tempos: a expansão do terrorismo. Na chave de Hannah Arendt, se o mal se tornou banal, vivemos hoje a banalização universal do terrorismo.

Ao contrário do que rezam neoconservadores antissocialistas e piedosos humanistas antifascistas de plantão, o terrorismo não é fruto nem do nazifascismo nem das ideologias anarcocomunistas. Ele surgiu no âmago da capitalização da guerra. Baseia-se na descoberta de algo tão simples quanto decisivo: é preciso atacar o meio ambiente do inimigo mais do que o inimigo. A filosofia terrorista advém da descoberta das potencialidades bélicas do meio ambiente, ou seja, com as primeiras guerras químicas de gás, nos *fronts* alemães de 1915.

Em termos dialéticos, um evento só se torna tangível como fenômeno a partir de sua forma negativa. Apenas a negatividade de uma coisa produz a condição de possibilidade de apreendermos o valor dessa mesma coisa. Portanto, meio ambiente, ecologia, clima e atmosfera só emergiram como realidades a partir de sua iminente destruição, ou seja, com as estratégias químicas da Primeira Guerra Mundial.

A guerra não é a suspensão da política ou seu avesso. A guerra é a continuação da política por outros meios. Com essa definição, Karl von Clausewitz dotou a guerra e a política de um novo sentido, levando-as ao paroxismo. Entretanto, apenas no século XX a acepção clássica de guerra se extinguiu e originou a sua forma atual: a guerra é a continuação do terrorismo por outros meios. Agora, com o fim da era clássica dos conflitos, o terrorismo não é mais a exceção da guerra. O terrorismo é a regra que define as diretrizes da política global na era pós-belicista.

Como percebeu com argúcia Peter Sloterdijk, o terrorismo é a tecnologia política que define o século XX. O que isso significa? Que toda a política do século XXI e do futuro imediato é e será uma política ambiental e uma guerrilha climática de raiz terrorista. Parafraseando Clausewitz, será a realização do terrorismo por outros meios. Estamos ingressando na época do bioterrorismo, do atmoterrorismo e dos atentados climáticos. A diferença é que esses atentados se tornaram tão cotidianos e simples quanto o ato de respirar.

A essência da lógica terrorista consiste em devastar o planeta na mesma medida em que se criam tecnologias de climatização e redomas-bolhas artificiais humanamente eficazes. Os shoppings centers, as cidades-estufa e os ambientes virtuais são o começo de uma transformação reticular do planeta. A partir dela, uma das principais modalidades de exclusão social será a exclusão atmosférica. Os tristes cenários das câmaras de gás de Auschwitz, dos guetos de Varsóvia ou dos *gulags* soviéticos serão imagens fósseis de um passado longínquo.

Para lutar contra esse processo, o discurso ecológico se apoia no otimismo da simetria, ou seja, na crença de que os agentes da destruição, estando eles mesmos dentro de uma mesma atmosfera que os pacientes da agressão, podem adquirir consciência ecológica. Quando finalmente a natureza começar a se voltar contra eles, os agentes destrutores do planeta passarão a investir em meios limpos de produção de energia.

O argumento é de uma ingenuidade comovente. Pois agindo assim os ecologistas ignoram que o planeta não é uma unidade uniforme e homogênea. Há tantos mundos habitados quanto donos de mundos habitáveis houver. Além disso, o ar pode ser privatizado. A água é o investimento mais lucrativo do futuro. A Espanha está neste momento abrindo concorrência para a privatização da energia solar e a domesticação da luz natural.

A defesa da natureza guarda em si um problema lógico e ontológico. Nas primeiras décadas do século XX, o brilhante biólogo Jacob von Uexküll criou o conceito de *Umwelt* (mundo circundante). O *Umwelt* não é um hábitat, nem é a natureza em sua totalidade, tampouco é um meio ambiente. O *Umwelt* é um mundo. Cada ser cria o mundo que o circunda e é criado por ele. Por isso, há uma pluralidade infinita de seres e mundos. O que isso quer dizer? Que quando falamos em defesa da natureza, precisamos dizer em nome de que natureza falamos. E em nome de quem defendemos a natureza que defendemos.

No momento mesmo em que surgem as primeiras expedições tripuladas para Marte e se desenvolvem velozmente projetos de colonização de outros planetas, a vida na Terra começa a ser comprometida. Isso não é ocasional. A possibilidade de habitar novos mundos torna mais tênues os laços de compromisso dos donos deste mundo com este mundo.

Parafraseando o poema paródico de Drummond, enquanto o poeta municipal discute com o poeta estadual, o poeta federal tira outro do nariz. Qualquer um que queira transformar a Terra em um mundo homogeneamente compartilhado é um mentiroso. Enquanto a humanidade se autoexterminar, dividida entre os defensores da natureza e os destruidores da natureza, os donos do mundo estarão bem longe. Não se sabe onde. Mas, certamente, em um mundo melhor.

MESONS E DEUS

Karl Jaspers cunhou a brilhante expressão Era Axial para definir a revolução empreendida pelo advento das doutrinas de salvação que emergiram, a Oriente e a Ocidente, do século VII a.C. a Jesus. Os avatares dessa revolução seriam Buda, Confúcio, Lao-Tsé, Zoroastro, Sócrates, Moisés, ou seja, os fundadores dos sistemas de sentido que orientam quase toda a humanidade nos últimos 2 mil anos, incluindo a filosofia.

A intuição de Jaspers foi tão poderosa que o conceito de axialidade passou a ser desenvolvido por pensadores como Eliade, Armstrong, Toynbee, Voegelin, Spengler, Sloterdijk, Lambert e continua dando ensejo a novas especulações. Por mais distintas que sejam entre si, todas essas doutrinas que compõem a Era Axial se baseiam em três princípios que as unificam: salvação, transcendência e revelação.

A salvação é o princípio moral que passa a nortear a vida a partir da distinção, agora possível, entre bem e mal. A transcendência é a crença de que esses princípios são metafísicos e não intramundanos. Emanam de uma região para além da *physis*. A revelação consiste em crer que o acesso a esses princípios transcendentes ocorre mediante uma suspensão da casualidade natural, seja por meio de Deus, de deuses, de uma profecia ou de um nível distinto de consciência. Em todos esses casos, a totalidade da natureza é superada por meio da adoção de uma verdade revelada. Essa verdade institui uma transcendência em relação ao mundo e, ao mesmo tempo, promove a condição de possibilidade de salvação individual e coletiva dos seres.

A Era Axial teria sido uma crítica aos regimes naturalistas arcaicos, baseados em uma identidade de substância entre divindade e natureza. As doutrinas reveladas propõem uma diferença ontológica entre *physis* e ser, o que instaura uma dimensão transfísica ou metafísica no plano de atuação global da vida e do universo. Entretanto, essa diferença ontológica, ao contrário do que pretende Heidegger, não é exclusiva de seu desvelamento da distinção radical entre ente e ser. Encontra-se delineada no conceito de *hiperousía* (suprasser) desenvolvido por Platão no *Parmênides* e atravessa toda a filosofia.

Pois bem: tanto os sistemas axiais fundados sobre a diferença ontológica quanto os sistemas naturalistas, ambos norteadores de grande parte da humanidade durante milhares de anos, encontram-se no limiar se sua extinção por meio das imagens do mundo criadas pela ciência. À medida que as religiões reveladas instituíram um ser supremo como unidade transcendente, instituíram simultaneamente um princípio de racionalidade e de unidade para o universo. Ao identificar a unidade da natureza com a imagem de uma transcendência em relação à natureza, em certo sentido os sistemas axiais revelaram o mundo como abertura na cadeia dos seres, mas o reduziram à condição de imagem finita da relacionalidade infinita que é o universo.

A imagem do universo, da divindade e da vida modelada pela mesologia, em consonância com cosmologias contemporâneas, refuta e refunda esses sistemas axiais e naturalistas. Não há nada transcendente ao cosmos. O cosmos é tudo o que existe, é eterno e infinito, e, portanto, não admite uma instância externa reguladora ou criadora, um começo e um fim. Mas o cosmos tampouco é imanente a si mesmo. Ele é o conjunto infinito com possibilidades que, ao se atualizarem, o realizam como cosmos.

Essas infinitas possibilidades não são totalmente imanentes porque não podem ser total e simultaneamente atuais umas em relação às outras. Nesse caso, o universo seria finito e, como finito, incapaz de ser eterno por meio da reinvenção de suas formas e de suas substâncias. Deus ou qualquer ser transcendente não são condições *sine qua non* do universo infinito, pois mesmo Deus, à medida que se converte em imagem, transforma-se em um meio (*méson*) de realização da cadeia infinita dos seres. O universo e as fascinações das divindades tampouco são totalmente imanentes, pois, ao contrário da tese de Espinosa, divindade e natureza não podem ser totalmente comensuráveis entre si sem se destruírem mutuamente. Se assim fosse, o universo não seria infinito e eterno, mas finito e perpétuo, ou seja, viveria se repetindo, sem conseguir gerar novas formas.

Do ponto de vista da mesologia, a ciência não apenas tem convertido o mundo em imagem do mundo. A ciência tem desvelado duas grandes verdades por meio dessas novas imagens do mundo: o universo não é regido por um princípio transcendente, porque não é uma totalidade, e nem é pura imanência e continuidade, porque é relacional. O universo é a atualidade real da virtualidade infinita de *mesons* e relações. Se o universo é infinito, não pode ter unidade e, portanto, não possui unidade racional, seja ela o sujeito transcendental ou Deus. Se o universo não pode ser imanente a si mesmo, consiste em uma infinita e inacabada passagem da virtualidade à atualidade. Não pode, nesse sentido, admitir nem a identidade de substância entre deuses e a natureza nem a transcendência de Deus em relação a essa mesma natureza, como propõe a axialidade.

Os sistemas axiais descritos por Jaspers e os sistemas arcaicos naturalistas fundados sobre a imanência encontram-se ambos em seu eclipse. Novas fascinações e novas divindades aguardam para surgir no horizonte de um universo feito de compostos e composições, isento de simplicidade substancial primeira ou final, seja divina ou natural. Deus e deuses, transcendentes ou imanentes, não são começos e fins, pois não há e nunca houve começos e fins. Há apenas *mesons*, ponto infinitos do tecido infinito e sem sentido do universo.

PAN-ANIMISMO

Deleuze dizia que a filosofia é a arte de criar conceitos. Seguindo a diretriz desse grande filósofo, tenho me arriscado a criar e desenvolver alguns conceitos. Recentemente, defini cosmobiologia, um conceito transdisciplinar que teria como objetivo conceber uma cosmologia que seja também uma teoria dos organismos. À medida que a ciência moderna se caracteriza pelo desenvolvimento de uma cosmologia mecanicista, a cosmobiologia não pretende apenas encontrar vida fora da Terra, embora essa possa ser também uma tarefa paralela de suas investigações.

Mais do que isso, a cosmobiologia pretende descrever a região de emergência entre o orgânico e o inorgânico, entre os processos biológicos e os fisioquímicos. As cosmologias mecanicistas se baseiam em um dualismo ôntico entre *physis* e *bíos*. Foram moldadas sobretudo a partir das matrizes fornecidas pela gnose antiga, conforme a tese de Hans Jonas, e pela divisão entre *res cogitans* e *res extensa*, postulada por Descartes. Em contrapartida, a cosmobiologia seria, simultaneamente, uma teoria geral dos organismos e uma teoria geral do cosmos. Esta seria a realização do antigo sonho da cosmologia processual e da ontologia das percepções preênseis defendidas por Whitehead.

Desde sempre houve teorias que atribuíram vida à natureza. E mesmo doutrinas que postularam uma unidade ontológica natureza-vida. E essas teorias não percorrem apenas o imaginário religioso. Encontram-se no coração da filosofia. À guisa de exemplo, podemos tomar um dos seus fundadores: Aristóteles. Acostumamo-nos a dizer que o órganon corresponde à parte lógica de suas obras. Entretanto, esquecemos que a acepção de órganon em grego não recobre apenas o sentido de *instrumento*, entendido como conjunto de silogismos, argumentos e proposições, como ocorre na lógica moderna. A etimologia do termo órganon se vincula a *organismo*, cuja finalidade é não apenas fornecer ferramentas para o pensamento, mas *organizar* o real. Como sempre, na obra do Estagirita, bem como mais tarde ocorrerá em Hegel, o *logos* não é nunca distinto de uma ontologia.

Nesse sentido, a relação entre vida, organização e ser pode ser pensada como um grande eixo de interrogação da filosofia. Se os seres vivos possuem uma totalidade (*holos*) que não deriva da soma quantitativa das partes, a lógica seria a arte de produzir enunciados que consigam determinar esse campo de indeterminação, no âmbito das proposições e dos enunciados. Contudo, essa indeterminação, em certo sentido, preexistiria aos jogos de linguagem, sob a forma da indeterminação formal imanente aos organismos. Nesse ponto, tanto a navalha de Ockham quanto a teoria do espelhamento natureza-linguagem de Wittgenstein encontram seus limites.

Diante dessa constatação e desse imperativo orgânico, somos levados a reconhecer que é impossível definir o real a partir das categorias cartesianas da extensão, pois o real seria o conjunto de elementos não discretos que compõem um todo que não pode jamais ser quantificado. E, ao mesmo tempo, somos impedidos de definir o real a partir de instrumentos lógicos, pois a indiscernibilidade e a indeterminação realçadas pelos operadores lógicos não são imanentes apenas à linguagem, mas são imanentes também aos organismos. Diferentemente do que propõe Heidegger, não somente a relação entre ser e tempo fora esquecida no Ocidente. Fora esquecida a mediação entre ser e organismo, ou seja, uma ontologia rigorosamente diferencial, baseada nos postulados da indiscernibilidade e da incomensurabilidade, apenas reproposta na modernidade a partir de autores como Hume, Leibniz, Uexküll, Tarde, Deleuze, Whitehead e Sloterdijk.

Essa ontologia organicista determina que um organismo nunca é simples. Sempre é complexo e composto, regido por um princípio de irredutibilidade radical, à medida que é um todo indecomponível em partes. Essa proposta de uma cosmologia e de uma ontologia organicistas nos conduz a um terceiro conceito, que recobriria ambos os aspectos, o ontológico e o cosmológico: uma nova teoria da *anima*, entendida como uma teoria global da vida e do movimento. Chamo essa teoria de pan ou de meta-animismo.

Surpreendentemente, o biólogo Jacques Monod descreve as filosofias de Hegel e Marx como filosofias animistas. Ambas teriam o intuito de devolver os processos sociais e naturais a partir de modelos sistêmicos, baseados em relações metabólicas e na descrição de uma homeostase mais ou menos bem-sucedida. Embora sob a forma de crítica, a intuição é brilhante. E produtiva. Reatar o liame entre substância viva e substância não viva nos conduz ao animismo. Mas isso não basta. Seria preciso também investigar dialeticamente as definições possíveis do que chamamos de vida. Ou seja: desenvolver uma teoria pan ou meta-animista. Para evitar o antropocentrismo e defender a racionalidade, Monod propôs uma distinção entre teleonomia e acaso, os dois princípios que regem, respectivamente, o orgânico e o inorgânico.

Contudo, ao negar o antropocentrismo, Monod incorre em biocentrismo, justamente ao generalizar o inorgânico a partir de critérios parciais de definição de vida. Cabe ao pan-animismo e à cosmobiologia entender não apenas em que medida a vida pode ser encontrada em outras galáxias, como quer a exobiologia. Trata-se, sim, de investigar em que medida é possível definir a vida como uma substância heterogênea em relação aos demais processos do universo, sem a necessidade de uma perspectiva biocêntrica.

Em outras palavras, dizer que o universo é vivo não consiste em transferir modelos vivos para explicar esse mesmo universo. Esta seria uma variação da tese projecionista. Um universo vivo consistiria, sim, em suspender nossa definição de vida produzida a partir do planeta Terra, adotando uma perceptiva de extraterritorialidade. Pensar o cosmos vivo pode ser um meio de transcender tanto o antropocentrismo quanto o biocentrismo, rumo a novos horizontes de indeterminação e de indiscernibilidade que os organismos nos revelam como possíveis modelos de descrição do cosmos.

GUERRILHAS DO SER

Um dos principais objetivos do projeto mesologia, que tenho desenvolvido, é fazer um mapeamento das principais controvérsias contemporâneas que envolvem alguns conceitos. Entre eles, dois se destacam: ontologia e pluralismo. A teoria geral dos meios (*mesons*) que venho desenvolvendo, e que se chama mesologia, encontra-se no ponto de intersecção desses dois arquiconceitos. Mais do que isso, apresenta-se como uma ontologia relacional, uma teoria que postula o ser das relações e não o ser das substâncias. A partir desse mapeamento, tenho tentado contribuir para a fundamentação desse campo de estudos que tem se convencionado chamar de mesologia e que se baseia em uma ontologia relacional.

Esse campo vem se apoiando sobretudo na noção de ontologias múltiplas, surgida no âmbito da antropologia e recentemente também abordada no interior da filosofia, tanto na tradição analítica quanto na continental. A partir das interações entre pluralismo e ontologia, podemos pensar que a pluralidade de descrições e de relações estabelecidas por determinados regimes de sentido determina uma pluralidade de ontologias e de regimes de verdade, ou seja, uma pluralidade de mundos: cosmologias.

As diversas declinações do mundo fazem emergir uma pluralidade de regimes de ser que constituem a imanência desses mesmos mundos declinados e promovem a emergência de uma pluralidade de ontologias. O campo estabelecido entre ontologia e pluralismo seria o campo de estudos dos meios pelos quais esses mesmos conceitos de pluralismo e ontologia se interpenetram e se ressignificam mutuamente, instaurando novos regimes de diferenciação interna e novos horizontes de desestabilização de unidades formais previamente instituídas ou pressupostas.

Nesse sentido, a definição de pluralidade de ontologias é bastante distinta de conceitos como relativismo, modalismo e perspectivismo. A diferença entre duas ontologias não consiste nas diferenças e variações modais entre duas ou mais perspectivas de um mesmo mundo. A diferença entre duas ou mais ontologias estaria ligada a uma diferença estrutural em relação à globalidade mesma do que se define e do que se entende por *mundo* em cada uma das ontologias em questão. Ao mesmo tempo e paralelamente, a revisão das categorias estabilizadas a partir de uma unidade prévia de um mundo nos remete, necessariamente, a uma revisão de algumas categorias fundamentais relacionadas a esse mesmo mundo.

Em virtude dessa pluralidade de mundos, os processos não podem ser unificados em um sentido global comum. Desse modo, os agentes e pacientes dos processos precisam ser pensados sempre do ponto de vista dos regimes de sentido de cada ontologia em questão. Essas duas faces do problema da ontologia relacional nos remetem a dois subtemas que tenho abordado de modo direto e indireto em artigos e ensaios: a cosmologia e o animismo. Os conceitos de ontologia e pluralismo encontrar-se-iam por conseguinte em consonância com esses subtemas da cosmologia e do animismo.

Não por acaso, a cosmologia é um conceito utilizado no âmbito da antropologia quase como sinônimo de ontologia, justamente para demarcar essa instauração mundana forte, distinta das teorias relativistas, modais ou perspectivistas. O animismo estaria ligado à renovação promovida nas últimas décadas no interior da teoria das agências, sejam elas humanas, meta-humanas, não humanas ou transumanas, renovação levada a cabo no campo da antropologia por autores como Viveiros de Castro, Bruno Latour, Isabelle Stengers, Annemarie Mol, Tim Ingold, Philippe Descola, Marilyn Strathern, Peter Sloterdijk, entre outros.

Essa conexão forte entre pluralismo, relacionalidade e ontologia se encontra em plena expansão nessas duas grandes áreas do conhecimento: a antropologia e a filosofia. Caberia a um estudo de ontologias relacionais colocar em questão a possibilidade de simetrizar, na acepção de Bruno Latour, essa pluralidade de ontologias e evidenciar a comensurabilidade ou a incomensurabilidade dessas ontologias entre si.

Por sua vez, os horizontes abertos pelo pluralismo de ontologias nos conduzem necessariamente a um tipo de comparativismo que podemos definir como ôntico e não apenas ontológico. Como diz Gabriel Tarde, existir é diferir. Não se trata de unificar os seres por meio de um discurso geral sobre o ser. Trata-se de pensar que a existência dos diversos discursos torna cada um desses discursos irredutíveis entre si. Isso significa que a assimetria ou a simetria entre as distintas acepções de ser precisam ser compreendidas não apenas em termos nominais, mas devem contemplar também a existência e a facticidade dos agentes desses discursos. Em outras palavras: os conceitos precisam ser etnografados.

Essa relação entre ontologia e pluralismo traz enormes consequências para a filosofia, sua definição e seu estudo. Se a filosofia desenvolvida pelo Ocidente é tomada como uma unidade, como uma ontologia, apenas o é à medida que possa ser confrontada com ontologias não ocidentais. Por seu lado, a definição de não ocidental depende de uma relação dialética do que venhamos a estabelecer como sendo a unidade do pensamento ocidental. Caso esse pensamento não seja tomado como unidade, a designação parcial de Ocidente começa a ser concebida como um conjunto de ontologias em conflito umas com as outras. Trata-se de um confronto tanto entre as ontologias designadas como ocidentais quanto entre essas ontologias ocidentais e as chamadas ontologias não ocidentais. Ademais, trata-se, acima de tudo, de uma guerrilha infinita acerca das definições de mundos, sejam virtuais, possíveis ou atuais.

Em outras palavras, a partir dessa dinâmica entre ontologia, relacionalidade e pluralismo, a história do pensamento é a meta-história da odisseia universal e inacabada de combates e de solidariedades entre agentes, proposições, valores e regimes de verdade, ou seja, entre as diversas ontologias. Haveria uma radical equipolência e simetria nas relações entre essas diversas ontologias mundiais. Todas essas ontologias seriam regidas por uma estrutura relacional de biunivocidade. Em outras palavras, seriam simultaneamente constituintes e constituídas umas pelas outras, em uma infinita relacionalidade, em uma composição e uma coevolução em aberto ao infinito.

ONTOLOGIAS COMPARADAS

Das interações entre ontologia e pluralismo, surgem cosmologias distintas, baseadas em determinações distintas de mundos. Assim como ressurge a hipótese do animismo. Afinal, se a pluralidade dos mundos não pode ser submetida ao mundo humano, se os mundos animados podem não ser onticamente distintos dos mundos inanimados, qual seria a fronteira entre vivo e não vivo? A revisão desses conceitos de ontologia, pluralismo, cosmologia e animismo nos conduz ao cerne da mesologia: a relacionalidade. Um dos horizontes dessa ontologia relacional seria a criação de um campo de estudos: filosofias comparadas.

Como esse campo pode ser entendido? A unidade racional sempre necessitou da ancoragem em uma unidade real para se autoconstituir como racionalidade. E, para tanto, sempre esteve em conexão estreita com a investigação acerca do ser. Se essa unidade existe, haveria apenas um ser e, por conseguinte, as diversas filosofias seriam vias de acesso a esse ser, uno e universal. Totalidade é substância. Substância é unidade. Unidade é razão. Como intuíram Rosenzweig e Levinas, essa epopeia da totalidade e da unidade seria justamente o que caracteriza a filosofia enquanto saber unificado, de Tales a Hegel, da Jônia a Jena.

Entretanto esse primado da unidade impediu um confronto equipolente entre as narrativas produzidas pela filosofia e as outras narrativas que também produziram descrições do mundo, do cosmos e do ser, ou seja, outras ontologias. Nesse sentido, a possibilidade de um trabalho de ontologias comparadas, que tem sido tematizada pelos antropólogos, é bastante recente na história das ideias. Isso ocorre porque, desde a Antiguidade, as demandas da razão sempre postularam a necessidade de uma unidade, transcendental ou imanente, formal ou material, subjacente a todos os fenômenos. Os aspectos diferenciais presentes no percurso da *noesis* sempre foram vistos como ruídos a ser assimilados e neutralizados no interior dos grandes sistemas da identidade. Um dos aspectos marcantes do pensamento moderno e, mais especificamente, do pensamento contemporâneo é justamente a emancipação das diferenças e a proposta de criação de uma ontologia da diferença radical.

Tendo em vista essa natureza de problemas, o horizonte aberto pela área de ontologias comparadas nos conduz naturalmente a uma área correlata: as filosofias comparadas. Esse estudo parte do pressuposto de uma equipolência entre os diversos discursos acerca do ser, ou seja, entre as diversas ontologias. Ao fazê-lo, mesmo a filosofia ocidental, caso venha a ser concebida como uma unidade, deve ser submetida a um confronto com outras narrativas racionais do mundo. Mais do que isso, um olhar pluralista sobre a própria tradição ocidental da filosofia, haurido a partir de bases antropológicas, conduzir-nos-ia a suspeitar da coesão e da unidade desse mesmo discurso, que surgiu dos gregos e se desenrola até os dias de hoje.

Em que medida os discursos (*logoi*) de Heráclito, Parmênides e Tales podem ser considerados estritamente filosóficos, do ponto de vista racional (*logos*)? Em que medida a viagem de Pirro de Esmirna ao Indo, as filosofias e o ascetismo indianos, durante a expansão de Alexandre, contribuíram para a definição de seu ceticismo radical? Em que medida o cinismo grego pode ser vinculado antropologicamente com crenças da Etiópia e do Egito, como aventam alguns antropólogos? Se abrirmos mão da grande narrativa da unidade do Espírito produzida pelo idealismo do século XIX, em que medida a filosofia e o Ocidente podem ser considerados unidades autoevidentes?

Em que medida os *veda* contribuíram de modo decisivo para a identidade entre mundo e representação em Schopenhauer e não foram uma mera ilustração utilizada para estruturar o sistema eventualmente ocidental de Schopenhauer? Em que medida os relatos dos canibais levados para a França por Jean de Léry e comentados por Montaigne não contribuíram decisivamente para a relatividade dos valores e o ceticismo de Montaigne, mais do que a tradição do ceticismo antigo? Em que medida a dialética de Hegel foi diretamente reforçada pela dialética taoista, como o próprio Hegel o atesta claramente? Se Nietzsche é um pensador dionisíaco, em que medida o dionisismo é uma matriz de pensamento helênico e, em que medida, a Hélade é fundante do que se chama de Ocidente? As perguntas se multiplicam *ad infinitum*.

Em outras palavras, uma perspectiva pluralista radical não se contenta em responder a essas perguntas apenas lançando mão de um ou mais critérios de estabilização epistêmica. Tampouco se contenta com dicotomias coloniais, tais como ocidental e não ocidental. Da mesma forma que uma eventual ocidentalidade não pode ser elevada à condição dessa unidade universal chamada filosofia, as demais ontologias produzidas pelos povos não ocidentais tampouco podem ser concebidas sob o signo de uma universalidade não ocidental ou não moderna, a não ser nos termos do senso comum.

Desse modo, o estudo de filosofias comparadas possuiria três recusas: uma recusa a submeter ontologias não ocidentais às ontologias ocidentais, uma recusa a submeter as ontologias ocidentais às não ocidentais e, por fim, propõe uma recusa à submissão de uma ontologia a outra, sejam elas quais forem. Há que colocar entre parênteses e derrogar indefinidamente a possibilidade de agrupar ontologias distintas sob a égide de unidades universalistas ou dualistas.

Nesse sentido, apoiando-se acima de tudo nas questões levantadas pelo *ontological turn* das últimas duas décadas, a configuração de um campo de estudos em filosofias comparadas pode vir a ser um passo adiante do projeto da desconstrução e de descolonização do pensamento. Desse ponto de vista, não se trata mais de conceber dualidades centro-periferia e ocidental--não-ocidental, presentes nos *cultural studies*. Trata-se, sim, de pensar na multiplicidade policêntrica de ontologias, mundos e filosofias, agora postas em simetria, equipolentes entre si e incapazes de ser reconduzidas a quaisquer unidades universais omnicompreensivas.

MUNDO INCOMUM

Em alguns ensaios, tenho proposto a criação de um novo campo de estudos: filosofias comparadas. Para tanto, baseei-me em uma área de estudos mais ampla, cujos fundamentos têm sido o problema das ontologias múltiplas, problema abordado tanto na antropologia quanto na filosofia. Essa área de estudos relativa às questões abertas pelas ontologias múltiplas tem sido chamada de ontologias comparadas. Esse comparativismo entre ontologias se apoia nas noções de ontologia e pluralismo, e no pressuposto da existência de uma pluralidade de mundos. Nesse sentido, como poderíamos falar em um mundo comum? Vejamos agora alguns caminhos para pensar essa questão.

Como adverte o brilhante sinólogo francês François Julien, a história da filosofia ocidental é basicamente a narrativa de uma historiografia fundada em Hegel. Como diz Julie, sair desse paradigma descritivo é sair de dentro de Hegel. Apenas desse modo, colocar entre parênteses essa grande metanarrativa da unidade, erigida tijolo a tijolo e forjada no ferro e no fogo da teleologia. Pode-se então compor um Atlas Mnemosyne, uma cartografia descentralizada da memória do mundo, à maneira de Warburg, Deleuze e Didi-Huberman.

Essa seria uma cartografia não das imagens, mas dos conceitos. Torna-se possível reconstituir o pensamento a partir de suas relações, multiplicidades e pluralidades, descrevendo uma cartografia dos diversos agenciamentos que, em um movimento de rizoma, atravessam a unidade cristalina dos conceitos e os determinam em seus respectivos planos de consistência, sejam eles ocidentais ou não ocidentais. Essas ponderações iniciais são muito importantes. Sem elas, correríamos o risco de incorrer na conhecida assimetria entre modernos e não modernos, identificada e desenvolvida brilhantemente por Bruno Latour. Precisamos ter cuidado para não reativar um perigoso olhar neocolonial e neoimperial que procure atribuir aos não ocidentais uma legitimidade e uma potencialidade essencialmente interna, como se essas ontologias precisassem ser aceitas na esfera de critérios por meio dos quais o Ocidente criou e validou essa metanarrativa a que se costuma chamar de filosofia.

Por outro lado, também precisamos ter cuidado para não sacralizar o Outro, transformando-o em uma figura absolutamente inatingível. Essa atitude também pode ser apenas uma idealização da alteridade pressuposta na teoria daquele que descreve o Outro. Por conseguinte, pode ser somente uma impossibilidade de reconhecer a liberdade do outro empírico de se recusar a corresponder às nossas demandas conceituais e práticas ou pode vir a ser uma simples demonstração de que a alteridade mesma se tornou unilateral e deixou de existir. Essas diversas questões foram abertas graças ao *ontological turn*, a virada ontológica ocorrida nas últimas duas décadas. Por seu lado, também é importante deixar claro que não se trata de cunhar uma nova antropologia filosófica. A antropologia filosófica reduz a especificidade das ontologias não ocidentais a generalizações da ontologia europeia a que chamamos filosofia, sob o pretexto de uma definição universal e formalmente válida do humano.

A humanidade desse humano quase sempre coincide com o valor e o sentido europeus de humanidade e de humano, tautologia e cinismo estes que Schmidt, Foucault, Agamben, Esposito, Sloterdijk e outros representantes da biopolítica têm sistematicamente conseguido etnografar. Contra uma antropologia filosófica, trata-se então de propor etnografia dos entes, dos discursos e dos conceitos. A partir desses problemas, esse campo do saber intitulado ontologias comparadas, como eu o entendo, não pretende apenas compreender como cada modalidade distinta do ser se relaciona com a identidade de um ser universal. Pretende justamente propor uma etnografia das diversas concepções de ser e das diversas ontologias, incluindo as ontologias não ocidentais e essa metanarrativa chamada filosofia e as diversas ontologias que porventura contenha em si. A equipolência entre as diversas ontologias pode nos levar a uma atitude deflacionista em relação às ontologias ocidentais, buscando as especificidades, linhas de fuga, multiplicidades, rizomas e devires, em vez de apenas inseri-las dentro de uma unidade formal prévia chamada filosofia. Essa relação de codeterminante entre ontologia e etnologia abre novos e inesperados problemas, problemas estes rigorosamente filosóficos.

Para Kant, o índio é um ser humano. Para o índio, Kant é um não índio. As ontologias comparadas reinauguram um novo paradigma geral de compreensão: o paradigma tribal. Paradoxalmente, esse paradigma impossibilita quaisquer tentativas de produzir discursos universais. Nesse sentido, o paradigma tribal é muito mais realista do que o cinismo universalista da filosofia. A política sempre foi e sempre será a demarcação das diferenças que se diferem. Nunca foi e nunca será a busca de uma unidade subjacente àqueles que se assemelham. Nesse sentido, nunca houve, não há e nunca haverá um mundo comum. A história humana é a história de guerrilhas em torno de definições do mundo e do ser. Disputadas de e por mundos distintos, incomensuráveis entre si. O socialismo cada vez mais é uma narrativa fraca, à medida que é universalista. O liberalismo cada vez mais é uma narrativa fraca, à medida que é universalista.

Como diz Gabriel Tarde, existir é diferir. O século XXI precisa finalmente despertar do sono antropológico do universalismo. Parafraseando Goya, não apenas o sono da razão produz monstros. A insônia do universalismo também os produz. Precisamos reativar a potência da política tribal. A partir dela, seremos obrigados a reconhecer que tudo o que torna os seres semelhantes é uma mera estabilidade de diferenças. E que esse acordo entre as diferenças é sempre provisório, pragmático, precário, parcial. Sem nenhuma esperança de redenção em uma unidade futura.

PETER SLOTERDIJK
E AS ONTOLOGIAS RELACIONAIS

O CINISMO

Peter Sloterdijk nasceu em 1947, na pequena cidade de Karlsruhe, onde vive e é professor de filosofia e de teoria da mídia na universidade homônima. Pelas minhas contas, até agora sua obra ultrapassa as 5 mil páginas. Além dessa impressionante produtividade, alguns comentadores ressaltam o valor excepcional de seu ensaísmo, considerando-o um dos principais escritores vivos da língua alemã. Trata-se, portanto, de um autor que transcende os limites estritos da teoria. Para outros, Sloterdijk seria um dos autores mais inovadores da filosofia contemporânea. Independentemente do aspecto em questão, o leitor deve ter ideia da dificuldade de sintetizar uma obra dessas dimensões, situada na fronteira entre artes, ciências e saberes distintos, e que ainda por cima se encontra em plena expansão. Um bom caminho de entrada a esse percurso é *O Sol e a Morte* (2001), a longa entrevista em forma de livro realizada por Hans-Jürgen Heinrichs. Um dos riscos que enfrentamos ao analisar um autor vivo é nos apoiarmos em suas palavras e fecharmos assim novos acessos à sua obra, à medida que toda obra transcende seu autor e permanece aberta a diversas leituras.

Sloterdijk tornou-se mundialmente famoso com a publicação de sua primeira obra: *Crítica da Razão Cínica* (1983). Haveria três graus de falsa consciência: o erro, a ilusão e a ideologia. Sloterdijk propõe então analisar um quarto grau: o cinismo. A partir de uma fenomenologia do cinismo no Ocidente, desde Diógenes de Sínope ao mundo contemporâneo, descreve a passagem do protoanarquismo combativo do *kynismus* antigo ao cinismo moderno, onde os agentes da emancipação humana coletiva assumem a lógica dos senhores. Egresso da tradição da Escola de Frankfurt, Sloterdijk pode ser considerado um dissidente da teoria crítica. O método de crítica ideológica se ateria ao terceiro grau de falsidade. Não seria capaz de levar adiante a tarefa crítica em sua globalidade, ou seja, proceder a uma investigação do cinismo como fenômeno da consciência, universal e difuso. O que chama atenção no tema do cinismo é sua estrutura bivalente. Apoiado em Gregory Bateson, Sloterdijk define o cinismo como dupla vinculação (*double bind*). O cinismo começa quando a transparência se torna obstáculo. Quando dizemos a verdade ao dizermos a mentira. A despeito de sua especificidade, essa estrutura biunívoca do cinismo aponta para a categoria que se apresenta *in nuce* em sua primeira obra e que permeia todo pensamento de Sloterdijk até o presente: a relação.

VIDA, FORMA E RELAÇÃO

Em linhas gerais, duas grandes matrizes da filosofia confluem para o seu pensamento: a fenomenologia e a ontologia. Dentro de uma tradição que vai de Hegel a Husserl e de Husserl a Heidegger, Sloterdijk articula fenômeno e ser, manifestação e realidade, emergência e devir. Apoiando-se na fenomenologia como método e na ontologia como explicitação de processos, sua obra consiste em uma enorme narrativa da coevolução entre vida e forma, entre sistema e meio. Se a vida é forma, não há como separar a substância dos seres da multiplicidade de modos de atualização dessa substância comum a esses mesmos seres. Os seres não apenas se vinculam por meio da participação de suas substâncias. Os seres se vinculam também por meio da solidariedade formal que estabelecem entre si. A partir dessa tensão entre fenômeno e ser e entre ser e forma, e apoiando-se em autores como Spengler, Uexküll, Luhmann, Varela e Maturana, Sloterdijk sintetiza algumas vertentes importantes do pensamento do século XX, tais como a morfologia, a teoria dos sistemas e a metabiologia. Essas linhas de força confluem para um breve livro intitulado *No Mesmo Barco* (1995), que estabiliza o conceito de hiperpolítica e que pode ser lido como um plano-piloto de seu *opus magnum*: a trilogia *Esferas* (1998-2004).

O que essas matrizes nos propõem? Todos os fenômenos vivos e não vivos, humanos, transumanos e meta-humanos, orgânicos e inorgânicos podem ser compreendidos a partir de suas manifestações formais. O método descritivo, a suspensão (*epochē*) e as intuições eidéticas, essenciais à fenomenologia, possibilitam esse acesso transversal às formas da vida e à vida das formas, para além do bem e do mal e do regime intramundano dos entes. Essa perspectiva possibilita captar processos de longa duração. Fato que lança uma das originalidades da obra de Sloterdijk: a exploração da zona fronteiriça entre filosofia e antropologia. Por meio dessa perspectiva, torna-se possível a criação de grandes narrativas sobre a domesticação dos seres e sobre a constituição das tecnologias conceituais empregadas nessa odisseia da antropotecnia, da qual a filosofia é apenas uma ramificação. Esse aspecto de seu pensamento pode ser identificado em obras como *Regras para o Parque Humano* (1999), *A Domesticação do Ser* (1998) e *Tu Deves Mudar Tua Vida: Ensaios de Antropotécnica* (2009).

Devido a essa importância conferida à ontologia, Sloterdijk pode ser inserido no chamado *ontological turn*, a virada ontológica ocorrida nas últimas décadas, sobretudo na filosofia e na antropologia, e cujas ressonâncias se desdobram na politologia, na sociologia, na biologia, na medicina, na ecologia e mesmo na matemática. A novidade de seu pensamento nesse sentido consiste na criação de uma nova ontologia: a ontologia da díade. Esta ontologia se insere em horizonte mais amplo que tenho definido como ontologia relacional. Por sua vez, essa relacionalidade radical do ser e essa ontologia relacional têm sido um dos pontos de partida da mesologia, uma teoria geral dos meios que venho desenvolvendo a partir de Leibniz, Tarde, Deleuze, Whitehead e, sobretudo, Sloterdijk, e por isso dediquei anos ao estudo minucioso do projeto *Esferas*.

EXISTÊNCIA E COEXISTÊNCIA

Qual a hipótese da teoria das esferas? O acoplamento estrutural sistema-meio, desenvolvido pela teoria dos sistemas, torna-se na obra de Sloterdijk uma díade ontológica interior-exterior, ou seja, a base de todos os níveis atuais ou virtuais de relacionalidade dos seres. A busca da simplicidade foi o sonho fracassado da metafísica. Todos os seres orgânicos e inorgânicos coexistem, em ininterruptas e novas composições. E todas as substâncias do mundo são compostas e definidas apenas a partir dos modos e das atualizações de suas composições.

Apagam-se as fronteiras entre natureza e técnica, entre substância e acidente, entre propriedades e atributos, entre constituído e constituinte, entre conteúdo e continente. Não existem seres isolados. Ser é sempre sem-com. Ser é sempre relação. Ser um é sempre ser-dois. O mundo é a constante emergência de novas composições, hibridismos, multiplicidades. Como diz Sloterdijk, não é a existência que precede a essência. A coexistência é que precede a existência. A partir desse ponto de vista, duas categorias sobressaem: forma e relação. Essa relacionalidade radical funda um projeto estruturalmente interdisciplinar. Funda-se aqui também uma morfologia, uma filosofia da forma compreendida em um campo expandido. Todos os fenômenos são fenômenos de intervalo e de emergência: fenômenos relacionais. E a partir desse ser-entre e dessa ontologia dos intervalos, fruto também de um diálogo com o pensamento de Derrida, podemos compreender todos os demais conceitos agenciados por Sloterdijk ao longo de sua obra.

Desse modo, há quatro aspectos cardeais para compreendermos a totalidade de sua obra: Nietzsche, Heidegger, a antropologia e a psicanálise. A partir de uma articulação desses campos de conhecimento e desses autores, Sloterdijk promove deslocamentos novos no xadrez do pensamento. Podemos dizer que a partir de cada um desses vetores, sua contribuição seja filosoficamente original em quatro aspectos. O que une esses quatro aspectos é a centralidade dessa ontologia relacional e um amplo e radical projeto anti-humanista, espinha dorsal de todo o pensamento de Sloterdijk e cujo objetivo é reformular as antigas categorias por meio das quais o humano fora definido ao longo de séculos.

UMA ANTROPOLOGIA PARA ALÉM DO HUMANO

Um primeiro aspecto dessa travessia anti-humanista é o papel desempenhado por Nietzsche. Nietzsche é um autor que percorre toda a obra de Sloterdijk de modo difuso. Chegou a lhe dedicar duas monografias: *O Pensador no Palco: o Materialismo de Nietzsche* (1986) e *O Quinto Evangelho* (2000). Inspirado na antropologia de Nietzsche, Sloterdijk retira a centralidade da filosofia. Passa a pensá-la como resultado de um longo processo de domesticação e de sedentarismo dos conceitos. A filosofia não seria um modo privilegiado de compreender o humano. Ela seria apenas uma das tantas tecnologias de domesticação desenvolvida pelo *antropos*, cuja finalidade é incorporar o não próprio ao próprio, o não sentido ao sentido, o puro exterior ao puro interior. Em outras palavras: criar sistemas de imunidade.

Esse processo de imunização ocorre em um primeiro momento com a criação de tecnologias de sobrevivência. Em um segundo momento, como uma força de transvaloração e de superação do ressentimento. Nas palavras de Sloterdijk: a passagem da a desinibição. Nisso consiste a odisseia antropoesferológica da espécie. As esferas narram essa jornada, em um *continuum* que descreve sistematicamente as diversas concepções que o ser humano tem de si mesmo. As esferas não se ocupam apenas da emergência do *sapiens* na cena mundana em termos biológicos. Elas consistem em uma incessante autocompreensão e autoapreensão da estrutura ontológica paradoxal do *antropos*. Essa perspectiva para além do bem e do mal também lhe possibilita descrever todos os fenômenos como fenômenos de inibição e desinibição, para além da transformação do ressentimento em moralidade, da moralidade em vàlor e do valor em dever. O devir do *sapiens* se encontra em plena expansão e a antropotécnica recobre vastas eras da experiência e do empreendimento humanos, um horizonte sempre em transformação.

O segundo aspecto diz respeito a outro autor: Heidegger. Heidegger é um autor nuclear, justamente por ter possibilitado essa renovação da questão do ser a partir da fenomenologia de Husserl. Trata-se de um autor presente em toda a obra de Sloterdijk e ao qual este dedicou um ciclo de conferências e ensaios, posteriormente publicado no livro intitulado *Sem Salvação: Os Vestígios de Heidegger* (2001). Sloterdijk altera alguns conceitos nucleares do pensador de Freiburg e os extrapola, desdobrando-os por sua vez em uma antropologia. Como se sabe, Heidegger havia postulado o ser como condição de uma existência fora de qualquer substância: existir é *ek-sistere*. Existir é manter-se exilado de toda permanência. Estamos desinstalados de toda predeterminação. Fomos jogados para fora de quaisquer entificações. Somos *res derelicta*, lançados nas praias da existência, como pura finitude e como ser para a morte (*Sein zum Tod*). O humano não é nem objeto (*objectum*) nem sujeito (*subjectum*). É *projectum*: projeto e projétil, ente arremessado que jaz fora do mundo, exilado do ser e excêntrico às determinações intramundanas. Por isso, para Heidegger o ser-aí (*Dasein*) é a condição de possibilidade do mundo e a estrutura primordial da facticidade. Desde que haja uma distinção entre o ente humano e os demais seres vivos, à medida que o ente humano é o único ente capaz de desvelar seu próprio ser.

Relendo Heidegger à luz da topologia e da metabiologia de Jacob von Uexküll que o mesmo Heidegger denegara, Sloterdijk desloca o acento heideggeriano do ser-aí (*Dasein*) para o ser-com (*Mitsein*), do mundo (*Welt*) para o meio-circundante (*Umwelt*). A partir dessa ontologia diádica, a relacionalidade humana de Heidegger adquire o estatuto de relacionalidade das diversas composições humanas, meta-humanas ou transumanas do ser. E essa região de emergência passa a ser a estrutura fundamental dos seres, humanos e não humanos. A humanidade do ser humano consistiria justamente nos infinitos *media* diádicos imunológicos que o *antropos* cria para conseguir se preservar de maneira eficaz da indiferença da natureza em relação à espécie. A humanidade do ser humano residiria justamente na sua capacidade de criar sistemas imunologicamente eficientes contra o atravessamento das forças extra-humanas. Esses sistemas de imunização são as esferas.

A domesticação dessas forças extra-humanas, a incorporação do exterior ao interior, descreve um princípio vivo e não apenas humano. Uma metabiologia e não apenas uma antropologia. Todos os seres vivos são vivos à medida que conseguem realizar essa homeostase interior-exterior. A morfologia dessa sucessão de figuras de acoplamento dual dentro-fora assume três dimensões, concernentes aos três volumes do projeto *Esferas*. O primeiro aborda as bolhas, relações fortes de intimização entre os seres. Descreve a microesferologia. O segundo se concentra nos globos. Os globos são as translações dessa intensidade ontológica dos processos primários para domínios de vastas extensões quantitativas, como reinos e religiões evangelizadoras. São também chamados de ontologias imperiais e recobrem o campo da macroesferologia. E o terceiro consiste na morfologia das espumas. Estas, por sua vez, representam o colapso da imunologia. São as pluriesferologias ou as esferologias plurais. As espumas descrevem as chamadas sociedades de paredes finas. São sistemas cofrágeis e não holistas, pois inviabilizam a construção de grandes totalidades-globos e não podem ser subsumidas a grandes unidades transcendentes de sentido.

Embora alguns regimes de esferas sejam preponderantes em certos tempos e espaços, essas dimensões das esferas são morfológicas e ontológicas, não cronológicas. Por exemplo, a incapacidade de produzir sistemas de imunização encontra-se em declínio na modernidade. A definição mesma de modernidade seria, nesse caso, o processo de explicitação do ser e de ascensão de imunodeficiências estruturais. Para usar a bela imagem de Pierre Hadot, cada vez mais a ciência rasga o véu de Isis da natureza. Ou seja: produz uma explicitação incessante dos mecanismos do universo, esvaziando-o de sentido oculto. Por seu turno, a morte de Deus não seria apenas um problema religioso ou uma tautologia, se concebermos que Deus nunca esteve efetivamente vivo. A morte de Deus passa a ser vista como a falência de um dos mais poderosos sistemas imunológicos jamais criados. E isso em nada altera o processo antropológico ou o devir do *sapiens*. Novas narrativas, como as ideologias modernas, as ciências e as tecnologias, assumem as funções imunizadoras exercidas pelas antigas crenças religiosas para suprir o vazio do colapso imunizador da morte do sistema-Deus.

Um terceiro aspecto a ser ressaltado é o que diz respeito a essa singular antropologia desenvolvida por Sloterdijk a partir de diversos autores, como Hans Blumenberg, Jacob von Uexküll, Hans Driesch, Adolf Portmann, na fronteira entre as ciências naturais e as humanas. Paradoxalmente, estamos diante de uma antropologia do além-humano (Übermensch), mas de uma antropologia para além do humano. Nesse sentido, a conexão entre a teoria das esferas e a teoria do ator-rede de Bruno Latour é inequívoca. Em um seminário em Harvard, Latour chegou a dizer que havia nascido sloterdijkiano. Abrem-se aqui diversas camadas e nuances de um amplo debate estabelecido entre Sloterdijk e algumas das correntes mais avançadas da antropologia contemporânea, representadas por autores como Annemarie Mol, Eduardo Viveiros de Castro, Tim Ingold, Isabelle Stengers, Philipe Descola, Marilyn Strathern, Donna Haraway. Esses autores se alinham cada qual a seu modo a uma das mais marcantes transformações que têm ocorrido no pensamento contemporâneo em diversas áreas do conhecimento, sobretudo na filosofia e na antropologia: o chamado *ontological turn*. A partir dessa virada, a antropologia tem conseguido dirimir alguns problemas relativos a definições de conceitos como cultura, agente, agência, humanidade, pessoa, objeto, sujeito, natureza, entre outros. A obra de Sloterdijk encontra-se no âmago dessas investigações e realiza de modo amplo aquela tarefa de criar conceitos que define o coração da filosofia, como queria Deleuze.

Por fim, um quarto aspecto se refere à importância da psicanálise, presente desde de *A Árvore Mágica* (1985) até o ensaio de psicopolítica *Ira e Tempo* (2006) e *Temperamentos Filosóficos: de Platão a Foucault* (2009), além da presença central de psicanalistas como Winnicott e Dolto em *Esferas*. Sloterdijk amplia a narrativa da psicanálise. Identifica-a aos processos psicagógicos anteriores a Freud, dotando-os de um novo estatuto epistemológico. Transferência e contratransferência, espaços de animação e espaços transicionais, processos primários e cenas da origem, inobjetividade e não objetos, simbólico, imaginário e real, reconhecimento, genitalidade e espelhos, dejetos, circularidade e excrementos: a partir da leitura de Sloterdijk, esses conceitos adquirem uma valência distinta daquela que possuem no âmbito clínico.

Transformam-se em operadores coletivos de sentido, relativos a uma dimensão cultural e ao devir da hominização, poder-se-ia dizer. A função transferencial desempenha um papel decisivo na teoria das esferas, radicalmente distinto do valor que possui nas psicoterapias. Concebida como maneira de traduzir o exterior em interior, de domesticar o puro exterior em um puro interior, o amor transferencial é o modelo por excelência de uma *action in distans* por meio do qual o *sapiens* consegue não apenas habitar o seu mundo mas colonizar outros mundos. Ou seja: a transferência se encontra na ontogênese do humano e, ao mesmo tempo, na gênese das tecnologias, entendidas como o conjunto global de meios de domesticação do ser.

CENAS INAUGURAIS

Em uma invocação à deusa da poesia, Homero abre a *Ilíada* e crava a decisiva primeira palavra do primeiro verso: ira. Por estranho que pareça, a obra fundadora da civilização ocidental se abre com uma glorificação da violência. Temos um desempenho divino da ira. Esta começa a ser valorizada como potência psicopolítica dos heróis. Séculos depois, estamos diante de um relevo. Alexandre encara Diógenes, que passava a vida como um cão, alimentando-se de tremoços e dormindo dentro de um barril. Segundo a tradição, Alexandre teria dito que se não fosse Alexandre, o imperador, gostaria de ser justamente Diógenes, o mendigo sábio de Atenas. Nessas duas cenas, visualizamos claramente duas formas e forças paradoxais que norteiam o Ocidente. A violência como motor da civilização. A impotência como espelho invertido do poder. Ao conferir heroísmo ao transtorno que leva Aquiles a matar, a ira e a violência acabam por assumir o seu oposto, ou seja, tornam-se energias civilizadoras. Ao pregar a naturalidade radical como forma de vida, Diógenes, o maior dos filósofos cínicos e um dos maiores expoentes do baixo materialismo, assume-se como a contrafigura dialética do imperador: o único poder capaz de desmontar as engrenagens imperiais não é um outro poder imperial, mas os diversos modos do impoder, internos ao próprio Império. Peter Sloterdijk, um dos principais nomes do pensamento atual, parte dessas duas cenas inaugurais para reconstruir as duas matrizes do Ocidente: o cinismo e a ira. Esse empreendimento filosófico monumental foi desenvolvido respectivamente em *Crítica da Razão Cínica* e em *Ira e Tempo*.

DO *KYNISMUS* AO CINISMO

O fenômeno do cinismo é tratado em duas partes. A primeira parte analisa o sentido antigo do cinismo (*kynismus*) e como se produz a divisão entre este *kynismus* original e o cinismo moderno. Essa mudança ocorre no momento em que a atividade cínica troca de lado, ou seja, quando o protoanarquismo de uma das maiores potências críticas da Antiguidade passa paulatinamente a assumir a lógica dos senhores, tornando-se a forma cifrada do pensamento moderno. A segunda parte se divide em quatro seções: fisionômica, fenomenológica, lógica e histórica. Mostra-nos a construção do cinismo no pensamento moderno. Essa construção ocorre com a acomodação do cinismo combativo antigo às pragmáticas e à lógica do poder instituído. Nesse momento, diante da impossibilidade de ser exercida pela altivez senhoril da filosofia, a potência cínica acaba migrando para a arte e a literatura.

Por isso, a divertida seção fisionômica encena o furor satírico entre seios, bundas, urina, peidos e excrementos. Também é extremamente instrutiva a seção dedicada ao Gabinete dos Cínicos, na qual Fausto, a lenda do Grande Inquisidor e o pensamento de Heidegger são dissecados como expoentes da guinada cínica moderna. Em uma análise fenomenológica, desde a Antiguidade até o século XX, assistimos à complexa metamorfose do *kynismus* antigo em cinismo moderno. Não por acaso, em sua seção histórica, a obra se fecha com uma anatomia da República de Weimar, zênite e nadir do cinismo moderno, rumo às novas e inusitadas formas de cinismo do mundo contemporâneo. O cinismo começa a ser marcado pelo duplo vínculo (*double bind*), a vinculação bivalente amigo-inimigo entre as forças que libertam e as forças que aprisionam. Testemunhamos então como essa dinâmica se infiltra em todos os liames do poder e da impotência, alimenta a raiz dos totalitarismos de esquerda e direita, dissemina-se e hoje em dia se universaliza com o capitalismo liberal. Metamorfoses de uma serpente em constante troca de pele.

FALSA CONSCIÊNCIA

O cinismo passa a ser o emblema de uma divisão da consciência, quando esta se torna incapaz de distinguir entre as forças de autonomia e as forças de alienação com as quais lutamos cotidianamente. Há três formas de falsidade: a mentira, a ilusão, a ideologia. Desde o século XVIII, por meio de uma visão de mundo laica, secular e racional, o processo de modernização tentou ceifar pela raiz essas três formas do falso. Entretanto, o ideal do Esclarecimento teria parado em uma crítica ideológica. Sem poder seguir adiante, deixou-se absorver pela força onívora da quarta forma de falsidade, com a qual fez seu pacto silencioso: o cinismo. Dominados por uma "falsa consciência ilustrada" e por uma "ideologia reflexiva", passamos a viver sob o império de um "cinismo universal difuso". Justamente os representantes dos ideais de liberdade começaram a exercer o monopólio da mentira, oculta sob a lógica ambígua do cinismo.

No século XX, o cinismo passa a ser praticamente a moeda corrente em todos os níveis da vida. O agravante dessa nova situação é que ele não é mais detectável quanto o era antigamente. Estamos diante de uma dinâmica bivalente entre *kynismus*-cinismo que apaga as fronteiras entre liberdade e domesticação. A força do cinismo antigo fora aclimatada às novas estufas de conforto mercantis e financeiras. Seus gestores não são mais mendigos sábios de Atenas, mas o Estado, intelectuais engajados, professores universitários, partidos políticos, formadores de opinião. Todos mentem, sobretudo quando dizem a verdade. Todos falsificam a realidade, especialmente quando nos oferecem o elixir de nossa salvação. Porque um dos critérios do marketing da falsidade é ser honesto. A transparência alimenta todos os dias o fundo de *commodities* do cinismo. As ações da virtude são as que mais sobem na bolsa cínica. A falsidade não é mais o fundo doentio da civilização que se manifesta como sintoma, como queriam Freud, Nietzsche e Benjamin. A falsidade veio à luz. Tornou-se nossa primeira natureza. Um bem de primeira necessidade.

IRA E SALVAÇÃO

Como romper essa bolha universal do cinismo? A ira seria a arma que nos teria restado? Infelizmente, não. Desde a Antiguidade, a ira é uma riqueza psicopolítica. Não é uma exceção, mas o próprio motor civilizatório. Todos os líderes militares e imperadores souberam empregar topicamente a ira para promover suas divinas destruições. Com a emergência dos monoteísmos, ela ganhou muito em refinamento. Não são mais os deuses humanizados que se apossam da consciência enfurecida do herói e o levam a matar. O herói é que se torna o *méson* entre o inimigo e uma substância sutil localizada fora do mundo: Deus. Essa transcendência da ira torna os executores da destruição duplamente divinos: pela graça de serem o que são e por suas obras, ao realizarem o que realizam. Uma revolução dos meios se estabelece.

Se a ira, porém, sempre se realiza em uma interface entre o divino e o humano, em qual de seus espelhos milagrosos o nosso mundo poderia se refletir? Como reativar a ira em uma época pós-metafísica? Como uma das mais sanguinárias eras da história conseguiu legitimá-la? Esse segredo pode ser entendido a partir de um conceito grego dos mais oportunos, explicitado por Sloterdijk: o *thymos*. O *thymos* é um conflito interno da consciência heroica no desempenho da violência. O irado, mesmo sabendo que age em nome da justiça humana e da vontade dos deuses ou de Deus, sabe também que sua ação precisa de um reconhecimento. É justamente este o coração das lutas políticas modernas.

FUNDO MONETÁRIO DA IRA (FMI)

A revolução timótica descrita por Sloterdijk, que eu defino como revolução dos *mesons*, ocorre quando as sociedades modernas percebem que precisam legitimar sua ira, mas não têm mais nenhum agente metafísico ao qual atribuir a fonte de suas ações. O que fazer? Investir toda a economia da ira na autoestima individual e promover guerras coletivas de reconhecimento. Nesse sentido, o comunismo foi uma das mais eficazes propostas de administração da ira. Os burocratas soviéticos, os seus maiores especialistas. A filosofia revolucionária, a partir do século XIX, percebe com lucidez que não basta ter ira. É preciso capitalizá-la. No comunismo, a ira encontrou sua melhor seguradora.

O investimento no "banco comunista da ira" foi a forma mais lucrativa de mobilizar as energias psicopolíticas. Foram quase 100 milhões de mortos em âmbito mundial, relativos ao comunismo. Mas os ganhos foram maiores do que as perdas, pois com as tintas do terror conseguiu-se dividir o mundo em dois, primeiro passo para conquistá-lo integralmente. Como notou profeticamente Bataille, a economia não vive apenas de relações assimétricas entre dinheiro, mercadoria e mais-valia. Uma das maiores forças da economia reside naquela despesa que não retorna: a morte. A morte é o motor mais eficiente do progresso. A economia da despesa, da morte e desses investimentos materiais e libidinais que não retornam fora percebida por Marcel Mauss e é retomada em toda a sua amplitude por Bataille e Sloterdijk: *potlatch*.

Como todos os líderes sabem, os combustíveis fósseis se esgotam. Mesmo se eles forem corpos humanos. Esse investimento inicial na morte foi positivo à bolsa de valores comunista. A partir de então os bens psicopolíticos adquiridos com o terror puderam se desdobrar no plano político. Afinal, o que foi a Guerra Fria senão uma guerra timótica de reconhecimento? O que são as relações internacionais e os jogos militares e econômicos senão uma enorme disputa timótica de poder? Qual a função da energia nuclear hoje em dia senão a de desempenhar uma rivalização mimética por reconhecimentos mútuos? A ameaça nuclear é um dos mais líquidos investimentos da ira, pois consiste em um adiamento indeterminado da vingança que capitaliza infinitamente a violência em benefício de seus acionistas.

ESFERAS

O que chamamos de globalização teve três etapas. Na globalização paleopolítica da Pré-História, os homens viviam em jangadas sociais. O mundo era a horda. Na era das políticas imperiais, gigantescas mobilizações militares, metafísicas e administrativas foram sopradas pela ira divina. O mundo era o império. Na hiperpolítica da nossa era, inaugura-se uma nova modalidade: a política cinética. O mundo é a imagem do mundo. Saindo das bolhas sociais, passamos aos impérios globais e, destes, à espuma fluidificada e virtual da sociedade contemporânea. Esta consiste em uma dinâmica planetária de guerrilhas onde indivíduos, grupos, países, continentes e outros agenciadores coletivos tentam assegurar o símbolo de seu reconhecimento timótico por meio de jogos difusos de cinismo e ira, entre autoestima narcísica e vinganças coletivas adiadas. Guerrilhas em torno da definição do ser e do domínio dos seres. Guerrilhas por disputas de mundos. Guerrilhas infinitas entre *mesons*.

A expansão comunicativa do século XXI não é o começo de uma etapa, mas o fim agônico e previsível de uma odisseia antropológica. A aliança entre capital, biopolítica e tecnologia ainda está em sua primeira dentição. O capitalismo mal começou. O terrorismo não é nem um índice profético de sua crise, nem um patrimônio exclusivo da economia religiosa. O terrorismo é apenas uma modalidade da cultura de entretenimento. Entre nádegas flutuantes no domingo televisivo e aviões derrubando torres gêmeas, a diferença é de grau, não de natureza. No Palácio de Cristal, a única moeda é a sobrevivência. A única lei é a lei que mantém seguras as estufas climatizadas nas quais deslizamos todos os dias. Não há ira capaz de destruir a autoimunização desses balões nos quais navegamos, sobre a superfície liquefeita da Terra, no espaço interior do capital. Qualquer um que queira desmentir isso será uma testemunha involuntária de seu próprio cinismo.

DESBRAVAR O FUTURO

A obra de Sloterdijk é de uma singularidade surpreendente no cenário mundial. Espécie de Diógenes extraviado, seu riso não é afirmativo. Brota da bílis negra. Contudo, como ensinam tanto as tradições antigas quanto as modernas, de Aristóteles e Ficino a Freud e Benjamin, todo riso é um sinal de saúde. E talvez o seja porque expressa a plena manifestação de nossa liberdade possível. Não há cadáver a velar. Se as utopias não se realizaram, é porque talvez as utopias precisem mudar de sentido, nas duas acepções deste termo. Orientado inicialmente na linha da Escola de Frankfurt, Sloterdijk é um escafandrista de zonas abissais do pensamento. Um colonizador ultrarrealista do futuro. Mais do que um dissidente, é um dos herdeiros mais criativos da teoria crítica. Se filosofar é abandonar sistematicamente a inocência, a obra do mestre de Karlsruhe se endereça aos que perderam toda a inocência, sem perder por completo a esperança. Por esses e outros motivos, Peter Sloterdijk é um dos maiores filósofos vivos da atualidade. Como Nietzsche, nasceu póstumo. Aos seus leitores, bem-vindos ao terceiro milênio. Aos vencedores, as batatas.

Todos esses temas e autores que atravessam a obra de Sloterdijk podem ser compreendidos à luz da trilogia *Esferas*, seu verdadeiro *opus magnum*. Os fenômenos não são dados da consciência, representações ou jogos de linguagem. Os fenômenos são processos internos aos seres e às formas contingentes que esses seres assumem no espaço e no tempo. E por isso a esferologia é também uma topologia, uma descrição de espaços vivos, situados e dinâmicos. As relações de vinculação, de proximidade, de distância, de domesticação, de imunidade e de animação configuram uma ampla teoria dos meios. Essa teoria assume diversos aspectos, mas pode ser compreendida como o conjunto das formas emergentes das multiplicidades das relações. E descreve como essas multiplicidades de relações determinam o ser em sua essência, porque sua essência é relacional. Por meio dessas formas emergentes, ao longo de bilhões de anos, a vida veio a se tornar o que é. Por meio dessas formas, o *sapiens* trouxe e continua trazendo em si a potência de ultrapassar suas determinações e caminhar em direção a um futuro vazio.

GILLES DELEUZE E FÉLIX GUATTARI: UMA GEOLOGIA DO PENSAMENTO

LINHAS DE FUGA

O século XX será deleuziano. Esta afirmação de Michel Foucault deixou de ser uma frase de efeito. Tornou-se uma profecia que aos poucos vem se realizando. Cada vez mais a obra do filósofo francês Gilles Deleuze (1925-1995) ganha desdobramentos e ressonâncias. Cada vez mais ele se afirma como um dos maiores pensadores do século XX. Um limiar para a formulação de uma filosofia do futuro. Esse fenômeno em torno de Deleuze começou no Brasil por meio do pioneirismo de alguns de seus primeiros tradutores e estudiosos, tais como Peter Pál Pelbart, Valter Rodrigues, Claudio Ulpiano, Luiz Orlandi, Mario Bruno e Suely Rolnik, entre outros. E agora uma nova safra de publicações parece corroborar o lugar de destaque desse imenso pensador.

A primeira delas é a reedição de *Gilles Deleuze: A Grande Aventura do Pensamento*, de Claudio Ulpiano, um dos mais amplos e verticais estudos sobre Deleuze em termos internacionais. A obra ficou a cargo da Ritornelo, editora ligada ao Acervo Claudio Ulpiano, centro de pesquisa e documentação dedicado à preservação da memória e da obra desse lendário professor e filósofo. Outros dois livros essenciais de Deleuze saíram do prelo da editora N-1: *Nietzsche e a Filosofia* e *Cartas e Outros Escritos*, este último trazendo material inédito e preparação de David Lapoujade. Por fim, a Editora 34 acaba de reeditar os dois volumes que Deleuze dedicou ao cinema: *Cinema 1: A Imagem-Movimento* e *Cinema 2: A Imagem-Tempo*. Esses dois clássicos do pensamento audiovisual estavam havia anos desmembrados entre as editoras Brasiliense e Martins Fontes. Isso dificultava a circulação conexa e, por conseguinte, a compreensão de sua complementaridade.

Deleuze é um pensador central do século XX. Um autor que se encontra no cerne de toda a filosofia ocidental. Essa centralidade decorre da ousadia de seu projeto: refundar a ontologia (estudo do ser). Fundar uma ontologia da modernidade. Embora a ontologia tenha sido criticada por Kant e considerada morta por boa parte da filosofia moderna, Deleuze segue a contracorrente. Apoia-se em autores como Henri Bergson (1859-1941), Charles Sanders Peirce (1839-1914) e Alfred North Whitehead (1861-1947) e redefine o conceito de ser. Redimensiona os infinitos estratos da realidade.

Dedica a vida não a reativar anacronicamente ontologias antigas e medievais, mas a fundar uma ontologia a partir das funções e descobertas da ciência moderna. Essa nova ontologia se baseia em uma unidade de três vetores: *perceptos*, *afectos* e *conceptos*. A percepção, a afecção e a conceitualização. A primeira seria ligada aos sentires. A segunda se localiza no campo das paixões e das interações entre os corpos. A terceira diz respeito ao pensamento propriamente dito. Para fundamentar essa nova ontologia, paralelamente ao desenvolvimento de uma filosofia autoral, Deleuze perfaz um caminho de extrema humildade intelectual. Dedica-se à tarefa cotidiana de comentar alguns dos principais filósofos ocidentais: Hume, Espinosa, Nietzsche, Bergson, Kant, Leibniz, Foucault. Um livro para cada pensador.

De maneira complementar, expande de modo vasto o horizonte da filosofia. Passa a concebê-la como como atividade geral dos seres, humanos e não humanos. Declina-a em suas dimensões perceptivas, afetivas e abstrativas, e não apenas conceituais. É preciso escrever a geologia do pensamento. É preciso encarnar os conceitos. É preciso descrever o pensamento-mundo. Não por acaso essa nova concepção confere um estatuto especial às artes e à literatura. E, por isso, os diversos livros dedicados a escritores e artistas e a importância da arte e da literatura: Proust, Kafka, Sacher-Masoch, Francis Bacon, Artaud. Dezenas de escritores. Dezenas de dramaturgos. Dezenas de artistas. As imagens da arte e da ficção funcionam como linhas de fuga dos conceitos. O pensamento é uma máquina que desfaz, fio a fio, o novelo compacto dos conceitos que a filosofia edificou.

A filosofia passa a ser entendida também como uma arte: a arte de criar conceitos. E essa arte é a espinha dorsal das obras mais ambiciosas, como *Diferença e Repetição*, *Lógica do Sentido*, os dois tomos do projeto Capitalismo e Esquizofrenia (*O Anti-Édipo* e *Mil Platôs*) e, finalmente, *O que É Filosofia?*, estas últimas escritas com Félix Guattari. Esses lançamentos recentes são um panorama abrangente para que o leitor acesse essas diversas faces de sua obra. O volume de cartas traz um aspecto mais intimista e ainda pouco conhecido. Destacam-se as cartas endereçadas ao filósofo

Clément Rosset e ao poeta Ghérasim Luca. Por meio delas apreendemos a descoberta de alguns pensadores matriciais para Deleuze, como a filosofia organicista e processual de Whitehead. O volume traz também algo pouco documentado: alguns desenhos de Deleuze.

Os escritos são de juventude. Curiosamente são dedicados a alguns pensadores metafísicos que não costumam figurar no seu cânone, tais como Bréhier, Lavelle, Le Senne. A revelação de autores ignorados pela história da filosofia também é uma tônica da contribuição de Deleuze à filosofia. Aqui temos seu escrito sobre o conceito de matese (saber supremo) na fisiologia de Malfatti di Montereggio (1775-1859). Também conseguimos captar a gênese de alguns interesses ulteriores que vão atravessar toda a sua obra. Por exemplo, os cursos e escritos sobre Hume. De modo geral, as cartas e escritos de juventude ajudam a efetuar uma genealogia de seu pensamento.

Falando em genealogia, o livro sobre Nietzsche explora o aspecto de Deleuze comentador. E nem por isso é menos controverso. Como todo grande filósofo, Deleuze se apropria dos conceitos. Interpreta-os com o intuito de criar novos conceitos. O ressentimento, a má consciência, a vontade de potência, os niilismos passivo e ativo. Nenhum conceito é analisado de modo imparcial. É o pensamento mesmo em seu eterno devir que os convoca. O objetivo é criar uma filosofia autoral que se engaje em cada aspecto depreendido da obra alheia. Uma dramatização de figuras. Uma usina de personagens conceituais.

Nesse plano de imanência, as formas da sensibilidade são estruturas pensantes. E as paixões são racionais. Por isso, a unidade entre percepções, afecções e conceitos encontra seu ponto alto nas duas obras-primas sobre cinema. São centenas de filmes e centenas de cineastas analisados. O objetivo é criar uma grande tipologia das imagens, tanto do cinema clássico (imagem-movimento) quanto do cinema moderno (imagem-tempo). O plano de imanência (universo) se transforma em plano infinito de signos flutuantes: o filme.

A imagem-movimento se funda nos princípios sensório-motores. O cinema está nascendo, como indústria e como entretenimento. Por isso o seu eixo é a imagem-ação. Em torno dela, organizam-se as imagens-percepção, as imagens-afecção, as imagens-pulsão e as imagens mentais. Desde os irmãos Lumière, Chaplin e Keaton a Eisenstein, Griffith, Lang e Hitchcock, esse mecanismo das imagens conectadas e acionadas pelo drama se mantém funcionando.

A partir de meados do século XX, sobretudo por causa da produção dos clichês, por meio dos autômatos espirituais e da indústria de massa, ocorre uma inflexão. Não será mais a motricidade a condutora da imagem do cinema. Serão a dilatação e a hesitação. A experiência de um tempo-espaço qualitativo, escandido na duração, concebida por Bergson. Os signos óticos e sonoros puros assumem a cena. Essa nova dimensão de espaço-tempo emerge do Aberto. Surge da fenda que se abre no plano de imanência do universo e no plano do filme. Conduz o espectador cada vez mais às dimensões virtuais do extracampo, da latência, do não manifesto.

Nasce um novo o mundo: o cristal do tempo. A simultaneidade do tempo-espaço encarna imagens-lembrança, imagens-devaneio, imagens-delírio. Traz à tona camadas dos lençóis freáticos da memória. Abre clareiras em direção ao futuro. A atualidade e a virtualidade dos seres se embaralham. A indiscernibilidade real-imaginário é um imperativo. Esse novo olhar-cristal escava as imagens adormecidas sob a opacidade dos clichês. É a era de Antonioni, Godard, Pasolini, Visconti, Tarkovski, Bergman, Resnais. Por fim, como diria Deleuze, não podemos falar *sobre* as coisas. Falamos apenas *com* as coisas. Por isso, não se deve produzir um discurso explicativo do real e do pensamento. Deve-se atravessar o pensamento-mundo. É isso que Ulpiano realiza em sua brilhante abordagem. Parte de linhas, conceitos, séries, campos de força, linhas de intensidade, imagens e singularidades. Cria assim um mapa das regiões, declives tectônicos e principais planos de consistência dessa obra singular.

A sensibilidade e a erudição de Ulpiano lhe possibilitam não apenas uma fina hermenêutica do texto de Deleuze. Promove uma articulação entre todos os campos e vetores desse pensamento. Mais: convoca os autores e artistas agenciados no texto para essa grande arena de signos. Desse modo, Ulpiano não se restringe a compreender Deleuze. Vive e recria sua filosofia. Cria conceitos a partir de um criador de conceitos. E demonstra que a tarefa do pensamento sempre foi e sempre será a de criar novas realidades, novos mundos e novas figuras de luz. Inclusive e sobretudo quando estamos na escuridão.

UMA FILOSOFIA PARA O SÉCULO XXI

O filósofo italiano Antonio Negri tornou-se conhecido dos leitores brasileiros sobretudo pelas duas obras escritas com o teórico literário estadunidense Michael Hardt: *Império* (2000) e *Multidão* (2004). Em um âmbito de estudos acadêmicos de filosofia, seu trabalho sobre Espinosa também é uma referência. Entretanto, a obra de Negri abrange um campo amplo de pesquisas que vão de Descartes e Marx a Leopardi, a filosofia do direito de Hegel. Nesse campo de estudos de Negri ainda pouco explorado, um se destaca especialmente: os escritos e a ênfase dada por Negri às obras do esquizoanalista Félix Guattari e ao filósofo Gilles Deleuze.

Para iluminar essa faceta, *Deleuze e Guattari: Uma Filosofia para o Século XXI* é um conjunto de ensaios, artigos e entrevistas de Negri sobre Deleuze e Guattari, organizado pelo pesquisador Jefferson Viel. Nesta obra, Negri reconstrói o pensamento de Deleuze-Guattari a partir do conceito de potência e de *phylum*, uma natureza proliferante, em forma de rizoma, sem centro e em constante devir. A emancipação coletiva e a noção mesma de singularidade tornam-se possíveis dentro do capitalismo apenas mediante essa potência de diferenciação. E por isso Deleuze-Guattari são autores importantes para Negri, que se formou na tradição de esquerda, mas sempre se preocupou em criar uma alternativa à matriz dialética que domina o pensamento marxista.

Para tanto, um dos pontos centrais do livro são os capítulos nos quais Negri explora o enorme projeto de Deleuze-Guattari conhecido como Capitalismo e Esquizofrenia, composto pelas obras *Anti-Édipo* (1972) e *Mil Platôs* (1980), seguida do livro-guia do pensamento dos autores: *O que É Filosofia?* (1991). Negri ressalta a importância das obras individuais de cada um desses autores, sobretudo de Guattari, muitas vezes ainda hoje vitimado pelo cinismo da filosofia acadêmica. Entretanto, essas e outras obras escritas a quatro mãos e na confluência das suas autorias são para Negri a grande revolução do pensamento do século XX e a porta de entrada para um pensamento do século XXI.

No excelente ensaio que analisa *Mil Platôs*, Negri identifica os quatro grandes vetores do complexo Deleuze-Guattari: 1. A teoria dos agenciamentos e da expressão. 2. A teria das redes. 3. A nomadologia: a teoria do nomadismo ontológico. 4. Uma ontologia das superfícies. O agenciamento diz respeito à profunda revisão que os autores produzem nas noções de sujeito e objeto. Relaciona-se com outro conceito-matriz: devir. Como diz Deleuze, agenciar não é imitar. Agenciar é desfazer as linhas de demarcação entre subjetividade e objetividade. Instaurar um plano de consistência capaz de criar novos mundos ou reconfigurar mundos existentes. Esse apagamento de fronteiras, de corpos e de conceitos produz singularidades expressivas, no sentido de Espinosa. Todo plano de imanência do universo é constituído de redes de seres em constante devir.

Por seu turno, a passagem da virtualidade à atualidade dessa rede depende da natureza nômade do ser. A dimensão puramente transitiva da vida, dos eventos, dos seres, a todo momento constituídos e constituintes, produz novos planos de consistência. Por fim, nesse universo não existe profundidade. A superficialidade não é a face negativa de uma profundidade perdida. Conceber os signos, os seres e os eventos como um processo de singularização é concebê-los como uma pele de planos, pontos e redes sem volume e, por isso mesmo, passíveis de serem remodelados ao infinito.

Contra os conceitos de pensamento fraco (Gianni Vattimo) e o entendimento da filosofia como sinônimo de democracia (Richard Rorty), Negri vê em Deleuze-Guattari uma ontologia da potência e do nomadismo molecular. Um pensamento capaz de atravessar os estratos da estrutura capitalista e explicitar o "fundamento vazio e o misticismo da democracia". Essa abordagem revela uma tendência curiosa em ser notada em alguns autores da esquerda atual: uma clara relativização da efetividade das democracias. Essa perspectiva tem como esteio o comunismo. E também o horizonte político recente da emergência dos populismos de direita, bem como a devastação das instituições promovida pelos algoritmos e pela mineração de dados e a nova era do extrativismo digital (Evgeny Morozov), capitalizada por oligarquias transnacionais.

Parafraseando o ensaio homônimo do livro, enquanto a ciência renuncia ao infinito e a arte o aborda na dimensão finita, a tarefa da filosofia é salvar o infinito. Ou seja: rejeitar todas as paixões tristes e toda negatividade dos afetos e do pensamento. Contra esse estado de coisas, mais do que uma reedição de Marx e da dialética, seja ela positiva ou negativa, Negri se apoia nos conceitos de transversalidade e de interseccionalidade, tanto dos saberes quanto dos planos e estratos do real. O encontro entre Negri, Deleuze e Guattari abre a possibilidade de uma revolução do capitalismo, para usar a expressão de Maurizio Lazzarato. Uma linha de fuga em direção ao futuro e a novas formas de existência capazes de libertar a vida de todas as formas de domesticidade e de escravidão.

A ASSINATURA DAS COISAS

Aqui estou para ler a assinatura de todas as coisas – essa é uma das proposições felizes de James Joyce, proposição que parece encerrar em si uma síntese conceitual de todo o seu trabalho como escritor. O escritor deixa de ser um criador de obras ficcionais e passa a ser o leitor dos signos cifrados do mundo. O trabalho da criação se confundiria com o da hermenêutica: *criar* é, como diriam os antigos, sinônimo de *descobrir* e *achar*, ou, como diria modernamente Martin Heidegger, a criação do ente implica o desvelamento do ser. Para ilustrar essa tendência observada no pensamento e nas artes, podemos recorrer a um relato curioso do filósofo Antonio Negri. Ao participar de uma eleição em Paris cuja finalidade era escolher o livro que os participantes levariam para a Lua, presenciou decisão unânime: o *Mil Platôs*, de Gilles Deleuze e Félix Guattari. Livro este capaz de traçar um panorama da terra vista de cima e de sintetizar as desterritorializações de fronteiras e paradigmas a que nos conduziu a nossa tão gloriosa e tão malfadada modernidade, já que sua essência parece consistir no seu caráter ambíguo de ruína e esplendor. É um fato que tal votação se direcionava com prioridade para a filosofia. Mas não resta dúvida de que, aqui e ali, o *Ulisses* ou o *Finnegans Wake*, de James Joyce, *Em Busca do Tempo Perdido* e *O Processo*, entre outras obras que compõem a lista de afinidades eletivas de ambos os autores, fizeram eco e ganharam menção.

O papel que a arte e a literatura ocupam no pensamento de Deleuze é de uma primazia que nem precisa ser relembrada. A lista de autores que ele agencia em suas linhas é enorme, de toda procedência e fatura, de todos os quadrantes estéticos e qualitativos. É impossível analisá-los em um só texto. Desde os modernos Kafka, Artaud, Fitzgerald, Sacher-Masoch, Sade, Borges, Pessoa, Beckett, Zola, Tournier, Carroll, Roussel, Klossowski, Melville e Lautréamont, aos antigos, como Lucrécio e os estoicos. Isso para não falar na arte plástica, passando por seu estudo magnífico sobre Francis Bacon e pelas menções a Jackson Pollock, e culminando em seus livros fundamentais sobre cinema. Devido a isso, apenas sugiro algumas conexões nessas linhas que se seguem. Por seu turno, mais especificamente, as afinidades entre o pensamento de Deleuze e alguns desses autores, sobretudo Joyce, Kafka e Proust, são patentes e especiais. De igual modo pode ser vista a importância que esses autores e Deleuze têm para a modernidade.

Essa semelhança pode ser reduzida a uma única constatação exponencial: não se deve mais perguntar o que quer dizer um livro, investigar o seu significado ou esgotar as possibilidades de seu significante. Há que coroar a ruína mais que tardia da hermenêutica, e também da crítica literária, tal como ainda hoje romanticamente a entendem e a exercem. É em virtude dessa ocupação obsoleta de indivíduos igualmente obsoletos, seres anódinos que circulam pelos corredores hospitalares das universidades, que muitas vezes ainda se incorre em tantas falácias. Uma delas, comum em leitores ingênuos de Joyce, por exemplo, diz respeito ao deslumbramento com a copiosidade de línguas (ao que consta são cerca de cinquenta) presente em seus trocadilhos, sem notar o teor de ironia que o autor estabelece para com o leitor por meio dessa tática de intimidação e sem perceber que não está aí o cerne de sua arte.

Operação em rizoma, desmanche do pensamento pela forma furiosa mais do que edificação de palácios ocos de conceitos, a nova questão que Deleuze e tais obras propõem não é do âmbito substancialista, de se pensar o que é ou no que consiste algo em sua essência. Deve-se perguntar, sim, como uma obra funciona, em conexão com que ela produz intensidades, em que multiplicidades de sentido ela se introduz e se metamorfoseia, para que trama de corpos sem órgãos ela converge. Apreensão de fluxos, desenho de intensidades, corpos que se constroem e se volatizam, territorializações, planos de consistência e de imanência, estruturas molares e moleculares que afiançam a base sobre a qual irá se assentar uma experiência perceptiva singular. O que conta aqui não são sujeitos, nem atitudes ou convicções políticas, mas o regime de signos ao qual a matéria se subordina. E devemos aqui tomar *matéria* em sua acepção etimológica, ou seja, como afim a *matema*, que é tanto o coração do pensamento e da filosofia, como queriam os pitagóricos, mas também a origem do saber matemático e numérico sobre o qual repousa a harmonia das esferas. Cumpre também, como práxis, pensar quais são as linhas de fuga pelas quais se foge à ordem do capitalismo, tal e qual o vivemos em nossa época.

Não estamos nos movendo num terreno de simbolismos, alegorias ou fantasmas. Cabe à psicanálise criá-los, por uma simples questão de conveniência e, sobretudo, de subsistência. Não estamos lidando com figurações ou com instâncias figurativas da realidade que necessitem de contornos para que haja polarização, conflito e resolução, como no caso do romance psicológico, que tem seu ápice em Dostoiévski. Não estamos na dimensão teatral, sobre a qual radica todo o fundamento de Édipo. O inconsciente não é um teatro, dirá Deleuze, com seus papéis logicamente distribuídos e psicologicamente identificáveis. O inconsciente é uma usina: quem delira, delira com toda a história e com todas as ranhuras não formalizadas das histórias, suas e de outrem. A princípio, podemos dizer que no *Finnegans Wake*, por exemplo, inexistem personagens, entes fechados, linearidade comportamental, verossímil com o desenrolar do enredo. Não obedece à linearidade causal e sucessiva de uma novela de Balzac, em que o personagem, imerso naquele jogo de dualidades tão brilhantemente dissecado por Roland Barthes, se dá conta da dualidade suprema: o travestimento de Sarrasine, meio mulher, meio homem. O caráter metamórfico da obra de Joyce nos impede de construir planos de percepção centralizados. Ana Lívia Plurabelle pode aparecer apenas sob a rubrica de ALP, se transformar em rio, já que ela mesma é o Rio Vau, onde as lavadeiras lavam a roupa suja da intimidade de Humphrey Chimpden Earwicker, vulgo HCE. Pode irromper sob a forma de galinha ou de qualquer outro elemento da natureza, bem como pode ter sua identidade dispersa em cognomes diferentes e em diferentes atributos e entes, animados ou não.

Assim, a política dos devires se encarna e se metaboliza: passo a passo a realidade se constrói *na* plasticidade vocabular e também *através* dela: parte do signo como meio de acesso às dimensões suprassensíveis, não rumo à transcendência, como seria de esperar, mas sim em busca das *virtualidades da matéria*, como diria Deleuze. Não há mimese, não no sentido comum dessa palavra. Pois não nos cabe descrever a realidade, nem há nenhuma intenção em eleger um objeto artístico de predileção, mas sim plasmá-la, violá-la e capturar apenas o movimento puro, o entrecruzar de fios subjetivos que ascendem aos olhos e sucumbem logo em seguida num estranho horizonte de possibilidades. *Devenir cest nest pas pas imiter*: devir não é imitação, não é representação, mas energia criadora, potencialidades virtuais que se escondem sob o Percepto e vez ou outra mostram seu grau de efetividade, independentemente do seu campo de atuação e de suas modalidades. Por isso Deleuze diz em uma entrevista que o que lhe interessa, na verdade, são as relações entre arte, ciência e filosofia, posto que as três têm um núcleo comum: a criação. Não existe privilégio de um desses saberes sobre os outros. Cada uma delas é a seu modo criadora. O objeto da ciência é criar funções, o objeto da arte é criar agregados sensíveis e o objeto da filosofia é criar conceitos.

Como uma malha compacta que se desmancha provocando uma reação em cadeia, temos nosso ser desfiado, convergindo para um núcleo de forças, como a rede se direciona de acordo com a corrente marítima. Justo neste núcleo e neste ato de nos desfiarmos, onde a psicanálise diz que não encontramos nosso verdadeiro eu, podemos dizer: nós ainda não desfiamos nosso eu totalmente, ainda não conhecemos de fato todas as nossas possibilidades. Pois em tudo a filosofia de Deleuze pode ser vista como uma política do possível, tomado em sua virgindade. Diferentemente dos projetos abstratos, é um pensamento que procura revelar vias de acesso, criar territórios, orientar práticas, experiências, realizações. Aqui a construção da realidade se dá no nível linguístico e ela mesma se projeta numa dimensão que prescinde de correspondência com a exterioridade empírica ou com a realidade positiva. Por outro lado, se insere nas fissuras do real, brota delas, nasce de suas aberturas as mais inesperadas, para que também a opacidade da linguagem se resolva e se traduza na completa transparência do mundo. E de novo, mais que oportuna, a literatura é vital.

Pois se Deleuze também parte da premissa lacaniana da linguagem, segundo a qual somos mais atuados por ela do que seus atores, somos mais constituídos por ela do que seus constituintes, o filósofo dá um passo além em relação à psicanálise, ao quebrar a disjunção entre os planos simbólico, imaginário e real. E o faz, muitas vezes, recorrendo à literatura, esse *sonho dirigido*, para lembrar as palavras de Borges. Porque para esta não há polarização nem cisão representacional: a palavra subsiste nas coisas que designa, conferindo-lhes a própria realidade e razão de ser. Não há recalque do inconsciente em um pretenso sujeito do discurso, não há deslizamento do inconsciente para um ponto de fuga individual determinado. Maquínico, o inconsciente está mais próximo das experiências-limite do corpo sem órgãos de Artaud, dos territórios e intervalos compostos por Proust, do esvaziamento de toda a subjetividade que lemos em Kafka, dos corpos-linguagem de Klossowski. Não se trata de uma zona de sombra a ser iluminada e resolvida pelos dispositivos da razão e da mesura, mas de um novelo que precisa ser mais e mais desfiado para que a própria noção de eu e de sujeito seja felizmente destruída e soterrada.

É um pensamento que não comporta mensagens, não pretende sínteses totalizadoras. Está mais próximo do abismo do infinito, perquirido pelas belas linhas de Emmanuel Lévinas, e das injunções complexas da ética, pulverizada em todas as interações possíveis entre os homens, interações que nos despertam para a revisão de todos os estatutos jurídicos que regram os valores e as relações civis entre o homem, os animais e o planeta, entre povos, indivíduos, raças, credos, nacionalidades, línguas, culturas e afins, em um mundo que se vê aturdido pela falta de paradigmas a partir dos quais se orientar. Redescobrir e se abismar no Outro – eis o imperativo. Pensamento que quer dissecar o movimento, mapear as marcas subjetivas operadas no real para além dos indivíduos, confiscá-las, entender como elas funcionam, quais os seus substantivos, em suma, fazê-las falar. A Tipologia, ou seja, o conjunto de abstrações conceituais cordatas efetuadas em busca da identidade, cede à Topologia: o decalque, a assinatura, a inscrição, o mapeamento visto sob a óptica da diferença e de sua excentricidade irredutível.

Uma filosofia da diferença que reconhece a própria finitude e a impotência dos conceitos diante do mundo que pulsa, o horror à descrição que distancia sujeito e objeto, a intraduzibilidade do sensível e do experienciado de Kierkegaard finalmente afirmada e redimida, isenta das possíveis conotações pessimistas e religiosas de origem. O pensamento passa da história à geografia: deixa de ser uma sucessão de significantes que aspiram a dizer e passa a integrar a metáfora mineral das placas tectônicas, platôs, superposições de camadas, sedimentações, desníveis, movimentos, pulsações e deslocamentos de estratos que não nos remetem a sentidos ulteriores e que se negam mesmo a qualquer tipo de teleologia, essa forma branda e terrível de entorpecimento do espírito. Aspira a *ser*, não a *dizer*. É por si só uma diferença, um corpo singular, uma das faces assumidas pelo Percepto mais do que a cristalização operada pelo Concepto e seu corte cirúrgico nas malhas móveis da vida. Não *representa* a realidade: é o próprio real e o que ele engloba.

Um movimento semelhante se encontra na obra de Joyce e de Proust, além de outros autores caros a Deleuze, porém de modo matizado. Creio que, no *Ulisses*, Joyce tenha chegado ao ápice da narrativa de tipo flaubertiano, levando-a ao próprio paroxismo por meio do fluxo de consciência. Entretanto, por mais que esse fluxo dissolva a unidade subjetiva e todas as contingências históricas em um caudaloso rio que arrasta tudo em seu leito, nele tem-se a impressão de estar entrando em um edifício, um monumento, algo de muito poroso e ao mesmo tempo muito sólido. Um compartimento erigido em monolito, mas cujo acesso nos fosse facultado por qualquer um de seus lados, entradas, portas, poros. Em suma: um monomito. Não é necessário seguir linearmente o enredo, e a escrita mesma dos capítulos se deu de maneira simultânea, como já foi aventado pela análise genética dos manuscritos por parte de seus exegetas e biógrafos. Mas se o mito é uma narrativa sem sujeito, como quis um teórico, no *Finnegans Wake* temos a diluição e o desmantelamento noturno deste castelo, dessa Martelo Tower literária, talhada no bronze mais perene.

O fluxo noturno e as movências fluidas e invisíveis que passam pelas veias dessa construção entram em cena. Já não há mais um pacto com a superação do realismo ou com o espaço romanesco herdado da grande tradição do romance burguês. Estamos em uma ambiência mais próxima dos tratados herméticos e alquímicos dos séculos XVI e XVII, por exemplo, ou de monomitos de arte verbal, criados única e exclusivamente para serem decifrados. O que no *Ulisses* era recuperação da tradição bufa, de Folengo e Rabelais a Flaubert, e arquitetura verbal, no *Wake* se transforma em arte hermética, pura e simples, e em técnica narrativa híbrida, afinada no diapasão de uma espécie de *música absoluta*, onde o rio melodioso e amorfo dos sons cria corpo e produz sentidos à superfície da linguagem.

É consenso dizer que há artes do espaço e artes do tempo. Segundo a semiótica, artes que tratam a informação em paralelo e em série, por justaposição ou por subordinação, por parataxe ou por hipotaxe, respectivamente. É interessante notar como uma das tendências de certas correntes da arte moderna é inverter esses papéis: artes espaciais, como a escultura e a pintura, ganham dinâmica, são de uma certa forma temporalizadas. Temos isso bem nítido na experiência dos artistas imbuídos de bergsonismo. O mesmo ocorre na tendência contrária. Artes temporais, como a literatura e a música, se valem cada vez mais do espaço. No que tange à música e à guisa de exemplo, Pierre Boulez conseguiu reproduzir, por meio da tecnologia de câmaras de eco, as frequências emitidas durante a interpretação de suas peças para flauta solo, dando assim a impressão esférica do som projetado na sala de concerto. Quanto à literatura, essa tendência vem de muito antes e podemos detectá-la em Proust e Mallarmé.

O mecanismo de *Em Busca do Tempo Perdido*, construído a partir de cadeias associativas e redes de ligações, nos remete a uma esfera atemporal, tem a estranha capacidade de nos dispor a existência de substâncias estáticas, como que intactas perante os desmandos do próprio tempo. O longo devaneio do biscoito e do chá, do qual Marcel desentranha toda a estrutura em espiral da *Busca*, os infinitos motivos de sua separação de Gilberte, o seu demorado processo de adormecimento, a arquetípica bifurcação de Guermantes e Villeparisis, a sonata de Ventuil executada na casa dos Verdurin e seu importante *ritornello*, a figura de Swann transitando por todas as esferas sociais, o hotel de Balbec, o grupo de meninas praieiras aglutinadas numa única massa perceptiva amorfa, o trem, o tecido azul da cortina no qual Marcel mergulha, entorpecido de café durante a viagem, o caminho dos Champs Élysées, a frustração diante da duquesa de Guermantes, o retrato de Odette de Crécy feito por Elstir, o encontro de Charlus e Jupien, Sodoma e Gomorra, o tempo transfigurado e por fim redescoberto.

Tudo isso aliado às reflexões de Proust sobre a origem de nossas percepções, animosidades amorosas e a eternidade intrínseca à obra de arte e à atividade artística nos impregna de uma sensação de perenidade nunca antes aparecida em literatura. Por isso Proust pediu que a *Busca* fosse vista primeiramente como uma catedral, posteriormente como um vestido: infinidade de rendas, mônadas, fulcros entretecidos de intensidade cambiante, como uma colcha de retalhos, onde a transição de um compartimento a outro, de uma célula social e outra, se faz pela mundanidade e pela transversalidade dos sujeitos, como Deleuze propõe em seu estudo brilhante dobre o grande escritor francês. Essa operação se dá principalmente pelo espírito mundano do judeu Swann, que transita entre os diversos seguimentos sociais e promove as suas conexões. E é por isso, por causa dessas correspondências dessimétricas realizadas mais no campo espacial do que no fluxo temporal, que o filósofo diz muito acertadamente, por paradoxal que possa parecer, que na *Busca* o espaço é mais importante que o tempo.

No caso de Mallarmé, como sabemos, esse movimento se faz pela ruptura com o conceito de verso. O aproveitamento de recursos tipográficos, onde os signos são dispostos em sete níveis distintos e cambiantes de leitura, dá a ideia de um poema constelar, projetado estaticamente ao redor do eixo a que o poeta chama a Ideia, espinha absoluta e incorruptível do mundo, ou da frase-chave, seu próprio título, que funciona como *leitmotiv*. James Joyce segue essa tendência. Já no *Finnegans Wake* essa tendência à espacialização desaparece ou, se quisermos, se torna complexa, poderíamos dizer que adentra a dimensão de um espaço-tempo dificilmente definível em poucas linhas. Porque não há mais edificação, mas sim desmantelamento, não há mais luminosidade solar, mas fluxo líquido contínuo, subterrâneo e indeterminado. A arte temporal chamada literatura submerge em definitivo no devir temporal que lhe enforma a própria essência e que radica como pedra angular em seu coração. A passagem do *Ulisses* ao *Wake*, como já foi mais de uma vez observado por vários estudiosos, é a passagem do dia à noite, do estado desperto e solar ao estado de vigília e de delírio. No entanto, ambos os livros se tocam, no horizonte poético e literário maior da obra do autor. Obra esta de orientação metafísica, fruto de leituras de Dante, Tomás de Aquino, Vico, Giordano Bruno, da tradição da alquimia e de práticas iniciáticas da Golden Dawn, ordem secreta da qual James Joyce foi integrante. O personagem principal dessa obra, à exceção o próprio autor, dado o forte teor autobiográfico de sua ficção, é a energia criadora, a magia verbal tomada em sua latência e em sua vocação épica.

No caso desse monumento admirável e espantoso que é o *Ulisses*, como apontar, e se eles existem, quais são os recursos precisos que lhe dão o tom? Como explicar as atmosferas do Prostíbulo e do Hades homérico, este último ambientado nos túneis escuros de Dublin, no momento em que os amigos se dirigem para o enterro de Dignam? Como explicar o tom idílico e irônico de Leopold Bloom no episódio em que flerta com as garotas na praia e que, sem perder a graça e a leveza, consegue mobilizar em si as massas de informação que a crítica tem evidenciado? Capítulo paródico, como toda a obra, baseado em reciclagem estilística e vocabular da literatura do século XVIII? Como averiguar a importância do monólogo de Molly Bloom, e ir além das evidentes e inúteis constatações psicanalíticas acerca da sexualidade feminina, das associações aos mitos matriarcais ou de uma mera transposição do regresso de Ulisses a Ítaca e a Helena? Como definir o personagem Stephan Dedalus, que já aparece no *Retrato do Artista Quando Jovem*, e seu forte caráter autobiográfico? Em todas essas instâncias a palavra agencia em si o real e ao mesmo tempo o transforma. Não há cisão ou disjunção entre o imaginário e o que há de atualizado em nossa realidade imediata, por mais ordinária que ela seja, como a obra de Joyce bem o demonstra, raiando as margens da profanação e unindo o mais erudito e sublime vocabulário às cenas mais sórdidas, hilariantes e grotescas de que temos notícia. E só ter feito isso já constitui uma das grandes virtudes do escritor irlandês e sua contribuição maior às letras.

É curioso notar como há uma tendência da literatura moderna de criar universos instáveis, porém estáticos, espacializados. Trata-se de uma postura diante da arte e do mundo cujo sentido último, mais do que pura e simples renúncia, é uma atitude ativa, crítica, pois consiste, de modo ambivalente, em uma negação sumária da realidade, tal como ela se nos apresenta, aviltada e amesquinhada, e uma afirmação das potencialidades vitais que foram lançadas para fora da circulação social, em consequência do esvaziamento intelectual e espiritual levado a termo pela idolatria do dinheiro. Este passa a ser a instância reguladora de todas as nossas práticas e o horizonte último da experiência humana, fora do qual nos aguardaria o completo silêncio ou a mais tácita inexistência. Porém a literatura, ritual autoimolatório, transforma a carência em ser, a anulação em potência, e esta, em uma forma superior de afirmação. É nesse espectro de ação que se direciona um autor como Kafka e é nesse sentido que ele produz uma *literatura menor*, nas palavras de Deleuze.

Menor porque faz da sua morte como autor a maior de todas as glórias da escrita. Menor porque não se rende à circulação das mercadorias nem aos valores arruinados e vendidos de qualquer cânone. Menor porque produz a escala valorativa de seu próprio fracasso e transfigura sua ruína na forma mais intransigente de existência. Menor porque morrer como um cão ou viver como um inseto, na escrita, é exorcizar o negativo e devolvê-lo à estupidez pensante que o consumirá, mas que é, no entanto, fracassada, natimorta, eunuca, desprezível, covarde, porque não teve a coragem de encarná-lo. Menor porque chegar à maldição, incorporá-la, vivê-la, e, mais que isso, querê-la e amá-la, não é tarefa para o gado, seja ele intelectual ou não. É o dever e o devir do herói, que purifica o mundo pelo sacrifício e o torna habitável ao abraçar e ao reivindicar para si toda abjeção. Menor porque transforma a miséria em esplendor por meio do gesto deliberado de não sofrer a negação, mas de querê-la, e assim fazer do negativo e da ruína o mais diáfano e perene dos castelos erigidos em nome da beleza.

Muitos outros autores seguem esses caminhos, como Borges, Pessoa, Beckett. Criam um universo privado, um cosmos autossuficiente, um mundo com sistemas de significação que lhe são próprios, suplementares, como para suprir a lacuna da vida. E é essa escrita feita no intervalo entre a vida e sua negação que mais afirma nossa potência. Porque ela nos diz que uma obra é uma obra em si e por si. Porém, espelho simétrico da própria vida, sua autonomia se enraíza no que há de mais profundo em nossa consciência coletiva e nos fornece as linhas de nossa própria face. Ela é existente e subsistente. É um Afecto – uma vida. Puramente afirmativa, não traz em si nenhum trauma ou recalque, porque, sendo vida, só pode agir e existir na potência, nunca no ressentimento e na má consciência. A potência é sua definição ontológica incontornável.

Aliás, a ambição suprema do artista moderno parece ser dar vida, trazer à luz um ser, não comunicar uma mensagem ou representar uma exterioridade. Para isso seria necessário um otimismo filosófico que já não nos cabe. O criador, como esquizoanalista de si mesmo, não quer interpretar seu fantasma, saná-lo e inscrevê-lo novamente na ordem, mas sim sublimar sua existência – falta, ausência, pecado, culpa – em fato experimentado. Transformar o não ser em ser. É realizador de um itinerário, de um roteiro, de um programa. E, como nos lembra Deleuze, há bastante diferença entre a interpretação psicanalítica dos fantasmas e a experimentação esquizoanalista dos programas. Entre o fantasma, interpretação a ser ela própria interpretada, e o programa, motor da experimentação, como lemos em *Mil Platôs*. Assim, na medida em que a arte elide tanto sujeito constituinte quanto objeto constituído, trabalha dentro de margens escusas, fora do domínio relacional imediato, é justo qualificá-la de desumana ou, no mínimo, como portadora de um novo senso de humanidade. Nesse aspecto, somos forçados a concordar com Paul Valéry: estamos diante de um humanismo seco, áspero, não mais aquele feito de uma abnegação perversa, porque escamoteia, elide suas finalidades e interesses implícitos. Como um personagem de Beckett, a obra dá as costas à humanidade (a plateia), pois essa é a sua forma de se singularizar e só a partir de então produzir sentido. Diremos que é a sua forma de se salvar.

Dos exemplos citados, por mais diversos em suas particularidades, podemos tirar um fator comum, alguns princípios eletivos, que valem para todos eles, bem como para a situação do mundo em que vivemos. Um deles é a tensão existencial que passa a se concentrar na sua própria raiz. Ora procura minar suas bases, no caso, os preceitos de tempo e espaço, ora os fundamentos de uma prática, quer filosófica ou artística, e subverter seu estatuto. O criador, seja ele artista, filósofo ou cientista, não se satisfaz em herdar um conhecimento dado e propagá-lo para a posteridade com um acréscimo, mas insiste em rever sua própria condição de ser-no-mundo. É a sua adesão ao real que ele atesta e à sua condição concreta e histórica que ele se reporta. Ela que fornecerá o sentido a sua prática e dará a última palavra sobre sua criação, como Heidegger já o atestou no seu libelo decisivo sobre o assunto. Nesse cruzamento entre a historicidade de uma prática, uma arte ou um saber e a sua unidade formal se fixa o centro gravitacional do pensamento de Deleuze. Mas uma das ambições do filósofo é superar aquela aporia que funda a modernidade, e que consiste, como Foucault já demonstrou, em uma oscilação entre o empírico e o transcendental.

Por outro lado, Deleuze não só recupera, mas faz deles o cerne de sua filosofia, apenas e simplesmente os dois motivos centrais do pensamento no Ocidente: o conceito de *acontecimento* e a relação entre *identidade* e *diferença*. Como bem observou Alain Badiou, conceitos que são também a espinha dorsal do cristianismo, traduzidos em termos de *revelação* e *advento* e de diferença assimilada à pura identidade de Deus. No caso de Deleuze, trata-se do reconhecimento, sob a óptica imanentista, da unidade que subjaz ao múltiplo e ao aparentemente polar, da univocidade que fala a partir da diferença e apenas dela, do singular irredutível, da ordem dos fatores que não se excluem. Porém a multiplicidade não existe por si só. Ela integra aquilo que o filósofo chama de *espaço ideal de pensamento*, espaço este para o qual ele transpõe tanto a história da filosofia quanto a história propriamente dita e a atualidade. Este é um dos conceitos nucleares de seu pensamento. A partir dele é que ele vai fazer ruir a dialética e os transcendentais platônicos, bem como o apriorismo kantiano.

Esse espaço ideal do pensamento pode ser entendido como uma cartografia, uma película de decalque sutilíssimo. Para essa cartografia não importam Descartes, os dualismos e o *cogito*, nem Hegel, as tríades e o trabalho do negativo. Não estamos no campo da tão celebrada história da filosofia, também ela história de uma longa barbárie, para lembrar o tema de Walter Benjamin. Valem aqui, ao contrário, aqueles autores que, como diz Deleuze, parecem fazer parte da história da filosofia, mas a ela solenemente dão as costas: Lucrécio, Duns Scott, Espinosa, Hume, Nietzsche, Bergson, Whitehead. Esses autores, podemos objetar em um primeiro momento, têm pouca relação entre si, com exceção de Nietzsche e Espinosa. No entanto, mantêm outro tipo de relação. Dir-se-ia que algo se passa entre eles, com velocidades e intensidades diferentes, que não está nem em uns nem em outros, mas realmente nesse espaço ideal que, para Deleuze, não faz mais parte da história. É o lugar geográfico e geológico ocupado pelo *intempestivo*, que ele via em Nietzsche principalmente, pelo pensamento que não se projeta nem como eterno nem como histórico, que renega o duo de alternativas temporal e intemporal, histórico e eterno, particular e universal, e considera o intempestivo como mais profundo que o tempo e a eternidade, pois perfaz o desenho de um pêndulo em constante oscilação entre as margens postuladas.

É esse espaço ideal, essa zona de indeterminações e lapsos propícios ao pensamento, que possibilita a contaminação de diversos componentes, já que perderam o caule transcendental que os elegia como corpos incomunicáveis. É o espaço ideal da tela de cinema, tão cara a Deleuze, onde o mundo vibra em uma heterogênea composição de cores, tons, frequências, velocidades, realidades, perspectivas e matizes no domínio de um horizonte único, de uma unidade pulsante e por isso antípoda dos nivelamentos e homogêneses. É a afirmação do uno, sim, mas que se dá na unidade vital e apenas nela; um uno que só pode ser atingido pela multiplicidade, pelo fragmento, pela força diferencial e através deles apenas. É um uno que bebe em Leibniz e em seu Deus-mônada, e encena uma relação especular e conflituosa com filósofos da identidade unívoca, como Parmênides e sua matéria imóvel que admite unidade formal e pluralidade sensível, mas que os transgride em benefício da diferença pura.

Uma filosofia da diferença consistirá basicamente nisso: sua noção de conhecimento e de sua produção estará pautada na capacidade de organizar de novo o mundo, mediante outros paradigmas, de afirmar as singularidades e emergências que se fazem presentes e torná-las viáveis. Muitos detratores podem chamar tal filosofia de irracionalista. Mas o que está em jogo não seria uma responsabilidade de outra ordem que não a ordinária? Uma responsabilidade trágica, para falar com Nietzsche? Um padrão de compromisso e cumplicidade com a vida que, mesmo nas condições mais adversas, nos obriga não a negá-la, mas a reinventá-la? Em um tempo que, em meio às nossas atrocidades cotidianas, nos vemos diante da liberdade total, tentar dirigir essa liberdade sem, contudo, nutrir qualquer esperança de sua realização ou de uma redenção ulterior não seria uma nova maneira de acreditar? Uma nova *crença*?

AS IDADES DA TERRA

Que idade a Terra tem? Quem a Terra pensa ser? Ao dizer isso, estou invariavelmente delegando a ela a condição de ser pensante. Mas que não é, nem se aproxima, do racionalismo ordinário. Não nos cabe negar a razão, mas dar-lhe elasticidade e tentar encontrar novas conexões que ela estabeleça com o real. Talvez devamos dizer com Ernest Cassirer: o homem tem de ser visto não como animal racional, *Homo sapiens*, mas como animal simbólico, *Homo symbolicum*. A margem de definição entre os dois sentidos é de difícil demarcação. Mas é inegável que representaria um enorme progresso se conseguíssemos não mais dissociar o inteligível do sensível, atributo esse tomado sempre em relação àquele e, portanto, encarado sempre sob o viés da falta, da insuficiência, da negatividade.

Essa disjunção é que gera a dualidade, fundamento de toda a metafísica e da filosofia da representação, oriunda do campo conceitual platônico, que só vai ser amplamente revista pela teoria kantiana do sujeito transcendental e terá seu ciclo definitivamente fechado com Nietzsche. Podemos dizer que todo o pensamento ocidental, de Platão a Deleuze, excetuando alguns casos especiais, como os mencionados acima, se forja em torno de duas ideias basilares: a representação e o inteligível como matriz derivante do real. Criou-se assim uma esfera desconectada da experiência, um conjunto de postulados concebidos *a priori,* enfim, nasceu assim a – *verdade*. Não é preciso aqui frisar as relações necessárias que, a partir desse momento, a verdade vai estabelecer com o outro mundo, e como ela vai despotencializar a vida e os sentidos, o desejo e a força vital, e até mesmo a morte, que é então apartada fatidicamente da vida. Também, como diria Nietzsche, se de acordo com tais filósofos a verdade é algo que *deve* ser perseguido, daqui o leitor aduz por conta própria quão nocivo e antípoda do livre pensamento é a noção de *dever*, ainda mais quando o objeto desse enlace é algo que foi feito para ser *amado* e não *servido*.

O fato é que com Deleuze essa simbiose perfeita da santíssima trindade composta pela Representação, pela Intelecção e pela Verdade é invertida. O desejo, elemento negativo que deve ser domado, as pulsões parciais, corruptelas imperfeitas do ser total e vistas como deficitárias mesmo por Freud, como falta a ser sanada, enfim, tudo aquilo que a filosofia da representação evita, ou seja, o *erro*, é aqui tomado como potência, como via de acesso e ponto de partida, não à filosofia, mas ao pensamento. O desejo não é carência de ser a ser suprimida, mas sim potência de ser a ser encarnada. Nisso basicamente consiste a noção deleuzeana de uma filosofia que, à sua maneira, se vincula ao fato imediato, ao contorno temporal, ao dado de época, em suma, ao presente. Não é, nem de longe, uma filosofia popular, feita para o consumo, para ser entendida. Ao contrário, a maioria dos textos de Deleuze é intrincada e de difícil acesso. Mas sim uma filosofia que se faz a partir de qualquer coisa: um livro, um som, um objeto, um autor, um complexo de sensações, uma notícia, um fato político, a história ou a própria filosofia. É um saber apropriativo e criativo: assimila o dado e o transforma em criado, introduz no campo do conhecimento, em detrimento da unidade epistemológica da filosofia, demarcada pela regra e delimitada a partir de um campo conceitual de tipo descritivo, o fator experimental e operativo. Quer estar mais próximo ao Pensamento, saber o que a Terra pensa. E para isso é necessário se distanciar da filosofia. Como diria Nietzsche, só quando deixamos a cidade sabemos a que altura suas torres se elevam sobre suas casas.

A ARANHA

Há algumas teorias recentes segundo as quais a constituição biológica do ser humano, como a concebemos atualmente, teria derivado e sido consequência de um longo processo evolutivo, de agenciamento de forças, tendências, posições climáticas, acontecimentos milenares que acompanham a chamada história natural, onde o homem teria por antecedentes longínquos os primeiros seres unicelulares e estes, por sua vez, teriam se desdobrado em outras espécies mais complexas estruturalmente, até atingir a diversidade da vida planetária que conhecemos hoje. Acontece, entretanto, que os desenvolvimentos da vida e do universo não operam de forma evolutiva ou excludente; são coetâneos, derivam um do outro e se moldam mutuamente. Assim, creem os cientistas, toda possibilidade de conhecimento do universo já estaria previamente mapeada em nossa constituição biológica e mental. Esta guardaria, como um arquivo de precisão delicadíssima, pacientemente sedimentado, todos os passos dos seres vivos sobre a Terra e todos os movimentos empreendidos por ela desde sua primeira erupção de existência.

Essa tese é sustentada pelo professor Wagner Garcia, do Massachusets Institute of Technology.

Afora certo positivismo candente dessa visão, sua perigosa propensão a biologizar fatores que são da ordem da cultura ou de uma alternância entre ambas, e, nesse caso, penso aqui, mais uma vez, nos corpos-linguagem de Klossowski, ela traz em si uma reserva poética inusitada, de margens abertas a muitas discussões. Por exemplo: em biologia chama-se *tropismo* a capacidade dos vegetais, principalmente as trepadeiras, de orientar seu crescimento conforme as condições de luz e umidade mais ou menos favoráveis, de decifrar mensagens contidas no meio, ao qual sua constituição material se encontra conectada, articulada osmoticamente, ou seja, não se diferencia o que lhe é próprio do que lhe é derivado, o que lhe é essencial de acidental. Esse processo ativa conhecimentos ou potencialidades que já se encontram virtualmente na tessitura de suas fibras. Em outras palavras, podemos dizer que o vegetal e seu meio, com tudo aquilo que ele comporta, constroem um território (um platô) onde sujeito e objeto se interseccionam compondo um único corpo.

Ora, se retomarmos a ideia anterior do homem como constituinte e constituído pelos signos, não em oposição, mas em complementaridade à noção individual da racionalidade cartesiana, e a defrontarmos com o tropismo, veremos que a diferença é quantitativa, não qualitativa. Que a diferença fundamental entre o homem e as demais formas de vida deriva dele poder organizar informações com maior complexidade e possuir linguagem articulada, não de uma entidade abstrata interativa, um deus *ex machina* racional agindo sobre a realidade, distanciado e onipotente. É um problema lógico, de superfície e grau, não ontológico, de essência e profundidade. Aliás, um papel importante desempenhado pela física de partículas elementares tem sido justamente o de demarcar de novo as fronteiras, às vezes chegando até a eliminá-las, entre organismos complexos e simples, ou seja, entre humanos e animais, e entre estes e a matéria inorgânica.

Pois bem: será justamente em Proust que Deleuze verá um decodificador de signos em enunciados de significação e lhe reivindicará, além do título de artista maior que já lhe é amplamente reconhecido, também o de filósofo prenunciador de um novo paradigma para a *ratio* ocidental. Em um dos capítulos do livro a ele dedicado, Deleuze se vale da estranha e, ao mesmo tempo, bela metáfora da aranha presa à própria teia, onde não se pode apartar uma da outra. Compara Proust a uma aranha imersa numa rede de significações, agente e paciente, agenciador e agenciado, criador e criatura de uma mitologia pessoal posta em prática. Aqui Proust, Marcel e a construção em espiral do itinerário da busca pelo tempo perdido formam um objeto único e íntimo. Proust e sua obra compõem um território. O leitor de sua obra compõe outro em contiguidade, interação e contaminação com o agente e o ato primeiro. Os afetos mobilizados na obra de Proust, ao escoarem sempre para a região amorfa e indeterminada das sensações, são sempre dirigidos pela música interior do narrador e por seus movimentos volitivos, e assim acabam por se identificar aos próprios movimentos impessoais dos seres vivos, à própria palpitação orgânica do mundo. Em Proust os signos não estão a serviço da definição dos afetos nem da demarcação da realidade, mas sim empenhados em sua mais absoluta, completa e afirmativa dissolução. É esse movimento que faz dele um dos autores que melhor definiram esse lado não humano do homem, que o liga aos animais e às mais insuspeitas formas vegetativas. Movimento este que lhe é alheio justamente por brotar de suas camadas inconscientes mais profundas, aquilo que toda razão e todo conceito procuram desprezar como sendo uma margem sobressalente do espírito e, portanto, indigna da atenção da verdade vigilante.

Por maiores que sejam as diferenças entre as obras desses autores, em certo sentido até mesmo antitéticas, unidos pela intempestividade do pensamento de Deleuze é impossível não ver no torvelinho de suas realizações o componente temporal decisivo para a configuração de seus universos mentais. Seja ele plasmado pela subjetividade infinita de um narrador que realiza o sonho máximo da escritura e de um autor que submete sadicamente o leitor ao ritmo de leitura que ele mesmo dita e fornece, seja no tempo redescoberto, amparado no esteio mítico coletivo da humanidade, que esfacela o indivíduo, arroja-o no devir histórico que lhe transcende e, por isso mesmo, lhe é fundador e originário. A literatura, individualizada parcialmente nos nomes desses autores, compõe com o pensamento de Deleuze um território ilimitado. Habitá-lo é extravasar a escrita e transbordar o grafismo para recuperar a vida em seu esteio mais viscoso e indeterminado, mas, por isso mesmo, fonte maior de toda afirmação, alegria, potência, força. Conglomerados de paixões felizes, nesse agenciamento coletivo todos se constroem mutuamente e suas singularidades são sempre provisórias. E nelas e com elas, também todos nós nos transformamos dentro dessa semiose aberta *ad infinitum*, no fluxo desse rio de signos, cuja misteriosa água só se decifra pelos decalques da diferença. Aqui não há como olhar de fora, pois não há fora. Somos a Terra, seu pulso e sua transpiração. Tudo o que nela brota retorna a nós, porque nós mesmos retornamos a ela, nascedouro e fim. Refaz-se a aliança de nossa origem animal, e a seiva deles volta a correr em nossas veias, para a nossa própria salvação. Aqui não é mais possível pensar *sobre* o mundo, racionalizar, refletir. Mas apenas pensar *a partir* dele, *com* ele – *criar*.

GILBERT SIMONDON:
TECNOCIÊNCIA E TRANSINDIVIDUALIDADE

Em um mundo cada vez mais dominado pelas tecnologias, torna-se cada vez mais urgente uma teoria à altura dos desafios dessas mesmas tecnologias. Esse foi o principal objetivo de um dos maiores pensadores do século XX: Gilbert Simondon (1924-1989).

Simondon estudou na École Normale Supérieure de Paris, onde adquiriu um notável conhecimento de mecânica, eletrônica, hidráulica e termodinâmica, além de dominar aspectos centrais de biologia, de física e de filosofia da ciência em geral.

Começou sua carreira como um modesto professor de filosofia e física em uma escola secundária. Em 1958, sob orientação de Jean Hyppolite, defende sua tese de doutorado. Em 1963, é nomeado professor da Sorbonne, onde dirigiu ao longo de vinte anos um centro de pesquisa em psicologia geral e tecnologia.

A despeito da profundidade, da abrangência e da originalidade de sua obra, ele permanece desconhecido do grande público. Quase um autor para autores. O que não faz jus à grandiosidade de seu empreendimento. Embora aclamado por pensadores como Gilles Deleuze, Isabelle Stengers e Bernard Stiegler, em parte esse eclipse se deve à própria personalidade de Simondon, autor tão rigoroso quanto discreto.

Mas em parte isso se deve também às sucessivas edições parciais de suas principais obras. Para sanar de vez esse problema, precisamos analisar as duas obras mais importantes de Simondon, resultados de sua extensa pesquisa de doutorado, um verdadeiro mito no meio acadêmico. E em edições que podemos definir como definitivas.

A primeira obra é *A Individuação à Luz das Noções de Forma e de Informação*, dedicada à memória do filósofo Maurice Merleau-Ponty, em uma edição primorosa da 34 Letras e dentro da coleção Trans. As excelentes tradução e organização ficaram a cargo de Luís Eduardo Ponciano Aragon e Guilherme Ivo, especialistas brasileiros em Simondon. E a orelha é assinada por Luiz Orlandi, um dos mais respeitados filósofos brasileiros.

Trata-se de um divisor de águas nos estudos sobre Simondon, pois esta é a primeira tradução em língua portuguesa. A primeira parte desta obra havia sido publicada pela PUF (1964). Em seguida, houve uma segunda edição pela editora Jérôme Millon (1995), incluindo a segunda parte que havia aparecido apenas em 1989.

Entretanto, a primeira edição completa de *A Individuação*, seguindo de modo integral o plano estabelecido pelo autor, surge em francês apenas em 2005. E, por fim, somente em 2013 sai na França uma edição ainda mais detalhada e corrigida. É essa edição que serviu de base para a tradução brasileira.

A segunda obra é *Do Modo de Existência dos Objetos Técnicos*, que acaba de ser lançada pela Contraponto. Trata-se de uma edição revista e corrigida, incluída na excelente coleção ArteFíssil, coordenada por Tadeu Capistrano, e com tradução impecável de Vera Ribeiro. Essa edição conta com um prefácio esclarecedor de Pablo Esteban Rodríguez e uma orelha de Andrea Bardin, professor da Oxford Brookes University.

Segundo a herdeira, Nathalie Simondon, embora *Do Modo* tenha sido publicada no mesmo ano da defesa da tese, pela editora Aubier, possuía algumas lacunas significativas. Por isso, essa nova edição da Contraponto se baseou na edição francesa mais recente da Flammarion, complementada com as anotações inseridas pelo autor posteriormente à primeira edição e aqui detalhadas em notas de rodapé.

Além disso, essa edição brasileira também inclui uma Introdução assinada por Simondon, texto que não consta na primeira edição francesa. E, por fim, traz ainda um glossário com os termos técnicos e os neologismos mais utilizados.

Quais as teses de Simondon nessas duas obras? Existem duas grandes vias de individuação dos seres. A primeira é chamada de substancialista-essencialista. Por meio dela, acredita-se que as relações entre matéria e forma que constituem os seres possuem uma unidade consistente.

A segunda é chamada hilemórfica. Intensifica-se na filosofia medieval, envolta em polêmicas teológicas, sobretudo na obra do filósofo judeu Solomon Ibn Gabirol (1021-1058). Esta via considera os indivíduos como um encontro entre uma matéria e uma forma.

Porém, por mais distintas que sejam, ambas partem de uma mesma premissa: os indivíduos já estão constituídos. Preexistem aos processos de individuação. E comprometem um dos alicerces para uma compreensão efetiva da realidade: a ontogênese. Ou seja: o meio pelo qual um ser singular veio a ser o que é.

Sempre que partimos de seres singularizados e os definimos como indivíduos, conferimos estabilidade a uma metaestabilidade. Cristalizamos o devir infinito de uma natureza em constante singularização. Qual seria a saída? Investigar o princípio de individuação em uma região anterior às determinações de indivíduos constituídos. Ou seja: descrever a ontogênese dos seres.

Por outro lado, definir as condições de existência pré-individuais é também correr o risco de essencializar processos anteriores à emergência dos seres individualizados. A filosofia precisa se esquivar desse caminho. Precisa descrevê-los a partir de um *continuum*, não de estabilidade, mas de metaestabilidade. Ou seja: descrever estabilidades contingentes, parciais.

Para tanto, Simondon investiga a gênese dos seres em geral, tanto os fisioquímicos quanto os seres vivos. E é nesse ponto que se destaca o conceito de psiquismo. O psiquismo, seja individual ou coletivo, emerge desses processos de singularização. Pode-se então definir o psiquismo não apenas como uma etapa da individuação geral dos seres, mas como o processo global.

O psiquismo seria o modo pelo qual os seres vivos respondem às suas ações vitais e a problemas concretos. Em outras palavras, o psiquismo é o recurso por meio do qual os seres vivos se convertem a si mesmos em problemas que devem ser resolvidos por meio de ações. Assim, psicologia e teoria do coletivo se unificam nessa perspectiva ontogênica.

As relações clássicas da biologia, entre a vida e a adaptação ao meio, são aqui revistas. Não se pode partir de um indivíduo dado e compreender como ele se adaptou a um meio. É preciso partir do processo de singularização e investigar as regiões de indiscernibilidade, as zonas cinzentas e pré-individuais a partir das quais todos os seres emergem. É preciso partir do tropismo e da transformação global dos seres. Essa unidade processual dos seres tem um nome: unidade transdutiva ou processo de transdução.

Nesse sentido, o objetivo dessa teoria é estudar as formas, os graus e os modos de individuação. Para isso, é preciso reposicionar a categoria indivíduo em seus três níveis: o físico, o vital e o psicossocial. Simondon cria então um neologismo: transindividual. A individuação dos seres dar-se-ia em passagens: da individuação física à orgânica, da individuação orgânica à individuação psíquica e, por fim, desta à dimensão transindividual, que engloba as esferas subjetivas e objetivas dos seres.

Para não recair no substancialismo antigo, seja do hilemorfismo ou do essencialismo, essa abordagem tropista e transdutiva substitui a noção de forma pela noção de informação. Tanto as acepções antigas de forma e de matéria quanto as noções de informação, advindas das novas tecnologias do século XX, são insuficientes para pensar essa dimensão puramente transitiva dos seres.

A noção de informação não pode ser reduzida a sinais, suportes, meios ou mensagens. Deve ser vista de um ponto de vista ontológico. A informação é a unidade dos processos transdutivos em suas constantes metaestabilidades. E é nesse ponto que adentramos o cerne da argumentação da segunda obra: *Do Modo de Existência dos Objetos Técnicos*.

À medida que o conceito de informação não pode ser reduzido às novas tecnologias, os objetos técnicos em sua totalidade precisam ser totalmente redefinidos por uma nova teoria. Essa teoria tem três níveis: elementos, indivíduos e conjuntos. E ocorre em três etapas, desenvolvidas nas três partes do livro.

A primeira etapa define os objetos técnicos não como seres artificiais. Eles fazem parte de um longo processo evolutivo. São concretizações dessa evolução, não objetos extrínsecos à vida. E sempre envolvem algum nível de redundância.

A segunda etapa considera a relação do humano com os objetos técnicos a partir de dois níveis mencionados acima: os indivíduos e os conjuntos. Enquanto os indivíduos pressupõem maior ou menor conhecimento sobre os objetos, os conjuntos embaralham diferentes modalidades de progresso, situação existencial marcante da nossa época. Devido à tensão entre indivíduos e conjuntos, a evolução da técnica é paradoxal. Não pode ser pensada em uma perspectiva linear.

Para compreendê-la, deve-se recorrer à terceira etapa: interrogar a gênese e a essência da tecnicidade. Essa fase final deve ser elaborada pela filosofia. Esta seria a única capaz de reconstruir todas as complexas mediações dos objetos técnicos, em suas implicações científicas, pragmáticas, antropológicas, religiosas e metafísicas.

A obra de Simondon é um dos mais elevados cumes que a meditação sobre as tecnologias atingiu em toda a história da filosofia. Diferentemente dos tecnófobos e dos tecnófilos, daqueles que repudiam e daqueles que idolatram as técnicas, Simondon preferiu o caminho mais pedregoso. E que, não por acaso, é o mais produtivo. Descreveu as tecnologias em toda a sua profundidade e extensão, dentro dos humanos e para além de nós.

LOUIS LAVELLE
E O NASCIMENTO DA CONSCIÊNCIA

O problema do mal atravessa a história do pensamento humano, seja em seu aspecto ontológico, racional ou secularizado, seja como uma demanda interna a praticamente todas as religiões do mundo. Na tradição ocidental, que Leon Chestov e Leo Strauss definiram como uma oscilação pendular entre Atenas (ontologia racional) e Jerusalém (verdade revelada), o problema do mal foi entendido a partir dessas matrizes: a metafísica grega e a revelação abraâmica. E nesse âmbito o problema do mal recebeu o nome de *teodiceia*. Como conciliar uma eventual perfeição finita do cosmos entendido como *physis* com a imperfeição, a dor e a morte? Como equacionar a infinita bondade de um Criador com a existência do mal no mundo? Desde Platão, os gnósticos, os estoicos, Agostinho, Tomás de Aquino e Espinosa até Leibniz, Hegel e Kierkegaard, essa pergunta sobre a razão do mal perturbou pensadores das mais diversas orientações. E recebeu as mais diversas respostas, quase sempre aporéticas.

A partir do século XVIII, o problema da relação que a consciência estabelece com o mal adquiriu tanta relevância que as soluções apresentadas por ontologias regionais passaram a se mostrar insuficientes. Mesmo de um ponto de vista antimetafísico, o problema do mal continuava a reaparecer em termos epistemológicos sob a forma do acaso e da contingência, como resíduo noético que inviabilizava o fechamento de qualquer sistema racional. Nesse sentido, é possível entender o pensamento de Kant e mesmo a doutrina do idealismo alemão como tentativas de conceber a filosofia moral e a filosofia dos valores como sendo as duas faces de uma doutrina geral da consciência, e, desse modo, solucionar o impasse lógico milenar da adequação do mal entre a contingência e a necessidade.

O problema do mal estaria aquém da dimensão metafísica e além de uma dimensão moral. O imperativo categórico e o apriorismo kantianos, a fenomenologia do Espírito de Hegel, a instauração agonística e teogônica da consciência desenhada por Schelling, a doutrina do páthos, entendida como realização suprema do sofrimento divino-humano, segundo Hölderlin. Diversos foram os caminhos que propuseram uma aliança entre a filosofia da consciência e a filosofia moral e meios de articulação entre consciência e valor. A axiologia e a ontologia passam a ser assimiladas ao projeto de uma gnosiologia geral, como diziam os novecentistas.

Em decorrência dos desastres do século XX, essa busca de uma unidade entre filosofia moral e filosofia da consciência se intensificou. Ambas se tornaram faces distintas de um mesmo problema filosófico, a ponto de podermos identificar em algumas obras e autores um apagamento de suas fronteiras. A fenomenologia nesse sentido se constituiu como método privilegiado por meio do qual a estrutura fundamental dos atos intencionais da consciência pôde ser transformada em um palco privilegiado para a compreensão da emergência dos valores. Em meio a pensadores de orientações extremamente diversas, mas que se aproximam em pontos específicos, em decorrência de sua abordagem fenomenológica ou conscienciológica, a obra de Louis Lavelle ocupa um lugar de destaque. Reunidos em um único volume, estes dois ensaios que o leitor tem em mãos, *O Mal e o Sofrimento* e *Todos os Seres, Separados e Unidos*, impecavelmente traduzidos por Lara Christina de Malimpensa, representam, por sua vez, um dos pontos mais agudos da mencionada convergência entre filosofia da consciência e investigação moral.

Escritos não por acaso no fim da década de 1940, estes dois ensaios surgiram junto com a conclusão daquela que é considerada seu *opus magnum*, *La Dialectique de l'Éternel Présent*, em quatro tomos: *De l'Être* (1928), *De l'Acte* (1937), *Du Temps et de l'Eternité* (1945), *De l'Âme Humaine* (1951). E também se situam cronologicamente no período de desenvolvimento de suas obras mais representativas, como *La Dialectique du Monde Sensible: Lu Perception Visuelle de la Profondeur* (1921), *La Conscience de Soi* (1933), *La Présence Totale* (1934), *L'Erreur de Narcisse* (1939), *Le Mal et la Souffrance* (1940), *La Parole et l'Écriture* (1947), and *Les Puissances du Moi* (1948). Além desse aspecto de maturidade de seu pensamento, esses ensaios são marcados por um forte traço autobiográfico. Logo nas primeiras linhas, concentram-se sobre o problema da guerra, na qual Lavelle lutou. Marcam assim não apenas o atestado de uma época como também insinuam um pano de fundo autobiográfico. Autoconsciência e história se cruzam. Além disso, temos aqui, como nas outras obras, a prosa primorosa e límpida de Lavelle, um dos grandes estilistas do pensamento metafísico do século XX.

Logo no início, Lavelle conduz o leitor a uma inflexão inesperada: a guerra não seria uma exceção ao funcionamento da vida. Seria um ponto culminante de uma estrutura ontológica do humano, enraizada no problema do mal. Não se trata de minorar o sentido do conflito. Trata-se de pensar o conflito como algo da essência humana e da presença real do mal no mundo. A partir dessa condição temporal, Lavelle parece sinalizar a própria condição ambivalente do mal. Não é possível pensar o bem sem recorrer à força contrastante de seus antípodas. Da mesma maneira, a dor e as manifestações físicas do mal são o modo mesmo pelo qual a consciência se apodera de si mesma e dota a vida de sentido e valor. Nesse ponto surge um tema nuclear, desmembrado em diversas variações: a solidão.

A redução eidética de Husserl corresponderia na obra de Lavelle a uma redução existencial, mais próximo de uma ontologia cristã. Diante do mal, o indivíduo não se coloca diante de uma essência captada em suspensão durante o percurso noético. Pelo contrário, vê-se despido de toda possibilidade de troca e de solidarização com outros seres humanos, vedado à troca intersubjetiva com outras almas. A guerra, a dor e a morte são paradoxais porque lançam o indivíduo para as camadas mais profundas de sua constituição subjetiva. E nesse sentido são um meio de superação dialética da solidão, constitutiva do humano. Por isso, a vida do espírito é uma misteriosa identidade entre presença e ausência.

Em Lavelle, a perspectiva fenomenológica é preenchida pelos dados da experiência existencial. A suspensão (*epoché*) deixa de ser um método e atinge o estatuto de uma comunicação existencial entre os seres humanos. O papel desempenhado por Deus não é apenas mostrar-se presente, pois a presença contínua de Deus esvaziaria o próprio valor de Deus, em termos metafísicos e também espirituais. Por isso, a forma de manifestação de Deus é estruturalmente igual às formas pelas quais a consciência humana se releva e se oculta a si mesma, ou seja, como ausência, solidão, separação. Cabe a Deus dar-nos a dimensão inefável de uma distância absoluta. Apenas assim a consciência pode apreender seu próprio limite e se unir a outras consciências. Sem essa dotação de distância, o horizonte último das consciências não teria nenhuma distinção ontológica em relação às manifestações superficiais, e, portanto, todas as consciências se diluiriam em um pampsiquismo.

Esse caráter paradoxal de Deus e da dor é importante para a construção argumentativa de Lavelle. Inserido a meio caminho entre a tradição agostiniana, que entende o mal como privação de bem (*privatio boni*) e não como potência, e a tradição do realismo escolástico, que confere ao mal uma realidade, Lavelle concebe a escalada de perfeição das criaturas como os modos de inscrição divina da liberdade no seio da Criação. Dessa forma, à maneira de Agostinho no tratado sobre o livre-arbítrio, Lavelle neutraliza a ação divina nos desdobramentos do mal no mundo, alocando-o no coração humano das escolhas. Nesses termos, bem e mal não recebem apenas uma distinção de forma, mas também real. Se não houvesse esse nível de distinção, as escolhas não poderiam dar origem a nenhuma determinação de *valor*, ou seja, consciência e moral se desvinculariam. No cerne desse movimento, pode-se superar tanto o dualismo moral quanto o metafísico, à medida que o mal possui uma realidade na mesma medida em que essa realidade se apresenta de modo dialético e até mesmo paradoxal. Ao reconhecer essa estrutura do mal, Lavelle faculta ao espírito a capacidade de transcendê-lo.

Por outro lado, Lavelle também reconhece muitos e dadivosos bens no mal. Um deles, e um bem primordial, é o de introduzir na carne o sofrimento. Apenas pela marca temporal da finitude a substância da consciência consegue se singularizar. Deixa de ser uma consciência intencional de *algo* e passa a ser uma consciência existencial de *alguém*, como Lavelle demonstra nos argumentos finais, sobre a passagem da individualidade para a interindividualidade e desta para a transindividualidade, no seio da qual emerge a categoria de *pessoa*. A liberdade nesse sentido não está em um regresso ao estado de natureza, que é em si mesmo decaído. Como diz Lavelle, a inocência, depois de perdida, não pode ser *recuperada*, mas apenas *superada*. A inocência da natureza e a da criança são sempre negativas. Ela consiste em um estado no qual o espírito ainda não se conformou a seu objetivo, pertence a uma idade anterior à cisão do bem e do mal, e, portanto, anterior ao nascimento da consciência. A natureza como natureza não pode ser confundida com a simplicidade da substância divina, que não nos é nunca dada, mas proposta e conquistada mediante atos da vontade e do espírito.

Como se sabe, em sua fenomenologia do ser e do nada, Sartre concebe a experiência da natureza como uma experiência de desintegração. A nadificação constitutiva da consciência, que intenciona objetos à medida mesma que objetivada por outras consciências, abre-se diante dos abismos infinitos de uma natureza em desintegração. Não é possível reconciliação entre o em-si e o para-si das consciências, pois ambas se desdobram como duas paralelas que não se toam no infinito. A tentativa de transparência da consciência diante de si mesma e dos outros redunda em má-fé, porque nenhuma consciência pode superar em si a opacidade estrutural da própria atividade conscienciológica. Em Lavelle, a natureza também é negativa. Porém, diferentemente, a gênese das consciências ocorre a partir de um solo comum. E por isso a troca intersubjetiva e o encontro se tornam possíveis.

Nesse ponto Lavelle profunda sua teoria da reflexão, dotada de um admirável realismo. Porque ao mesmo tempo que a reflexão, ao inaugurar a consciência, nos separa do mundo, é essa mesma separação que promove a possibilidade de uma dialética ausência-presença, essencial para a configuração da vida do espírito. A perda da espontaneidade natural nos inscreve no horizonte do conhecimento, ou seja, dos atos livres. Apenas como resultado de atos livres o mundo e o ser humano podem ser dotados de valor, pois somente em liberdade e no nível consciente pode haver distinção entre bem e mal. A reflexão obriga a consciência a se tornar um problema para si mesma.

Mais do que isso: conduz a consciência ao substrato que unifica a separação aparente dos seres. Sem a separação, não haveria a possibilidade de apreender a unidade vital dos fenômenos. A marca da dor, a solidão e a cisão reflexiva são a ação do mal sobre a superfície da consciência humana. Sem essa ação, não haveria a escolha entre bem ou mal e, nesse sentido, não existiria sequer possibilidade de distinção formal entre bem ou mal. Retornaríamos ao mundo indiferenciado e ante-humano das coisas e dos seres indiferentes. Estaríamos presos ao dualismo do *cogito* e da extensão, na acepção cartesiana.

Desse modo, Lavelle se conecta ao milenar problema da singularização das substâncias por meio da dinâmica entre a matéria, a forma e os atributos. Ao mesmo tempo que sua chave de reflexão retorna aos antigos e aos escolásticos, inscreve-se em um horizonte de problemas oferecidos pela filosofia da consciência dos últimos quatro séculos. A matriz de sua fenomenologia da consciência não é nem Kant nem Descartes, pois não se enraíza nem em uma dimensão transcendental nem em uma concepção racionalista da atividade cognitiva. Parece antes dialogar com as filosofias da existência em sua matriz cristã e moderna, e os modos pelos quais essas filosofias renovaram o interesse pelos problemas de natureza metafísica, mediante a inversão entre existência e essência.

Há, todavia, na obra de Lavelle uma dimensão ligada à esfera do reconhecimento e que confere à dinâmica de espelhamento das consciências um lugar extremamente central em sua argumentação. A teoria do reconhecimento é uma das bases da fenomenologia de Hegel. Em Lavelle, o reconhecimento adquire nuances em relação à matriz hegeliana. Não se trata da assimilação das singularidades e particularidades ao regime universal do Espírito. A materialidade da dor demarca um corpo físico sobre o qual a dor incide. O problema do mal moral se refrata na consciência real de uma consciência encarnada. Nem corpo nem consciência se mostram nesses ensaios de Lavelle como dimensões puramente racionais ou formais das etapas de autorrealização do Absoluto. São resíduos não assimiláveis a um sistema e à totalidade, a não ser como mediação de ser a ser, em cadeia infinita.

Por outro lado, mesmo sabendo-se que a noção de sujeito em Hegel engloba tanto a dimensão empírica quanto a conceitual e a real, nesses ensaios de Lavelle as diversas atitudes que possamos ter diante do mal e do sofrimento apenas em termos superficiais dizem respeito a problemas da esfera subjetiva. Elas sempre têm suas raízes em uma região ontológica que antecede a divisão dos papéis e das máscaras sociais. A luta, presente em Hegel como força motriz da negatividade constitutiva da dialética das consciências, surge aqui mitigada, como pano de fundo da manifestação difusa do mal, do sofrimento e da dor, paradoxalmente necessários à emergência mesma da consciência. Os desempenhos psicológicos de indivíduos não esgotam o campo fenomênico da interação das consciências entre si. São apenas um epifenômeno de uma atividade mais primitiva. A dor faz a consciência descer até essa região antepredicativa e é por meio da dor que chegamos à *essência indissociável do valor*. Para Lavelle, esse movimento não é uma queda – é uma ascensão. No limite, esse movimento ascendente é o que poderíamos chamar de comunhão. Vicente Ferreira da Silva, talvez o primeiro e um dos mais brilhantes leitores de Lavelle no Brasil, aproximaria essa comunhão da experiência do amor, única capaz de superar a negatividade das consciências em suas trocas e buscas por reconhecimento.

A partir dessas imagens e conceitos de grande penetração, a filosofia da consciência de Lavelle também sinaliza para uma *teoria do vínculo*. É impossível separar corpos de almas que, para estarem unidos, precisam estar separados. O paradoxo dessa asserção repousa sobre o fato de que não há unidade sem a possibilidade ontológica de separação. Unidade e separação, presença e ausência são compossíveis. Por isso, mesmo afetos como remorso, ressentimento, recolhimento apresentam, na anatomia mesma dos termos, a marca de uma remissão e de uma rememoração: o indivíduo só pode se purificar porque conseguiu se separar do que fora e fizera um dia. Só assim pode se reconectar consigo mesmo em um momento diverso do tempo. Esse movimento em espiral parece explicar muito bem as motivações implicadas nesta obra e no pensamento de Lavelle.

As células secretas da intimidade demonstram a pertença de uma consciência a si mesma. Nessa condição, mesmo solitária, a consciência é rica. Porque a solidão é a condição de possibilidade para o encontro. Mais do que isso: para o encontro verdadeiro. O pensamento é o que nos constitui e o que nos encerra. É nossa liberdade e nossa clausura, simultaneamente. O problema da solidão, da indiferença aos outros ou da falta de reconhecimento consiste em reduzir a dor e o sofrimento advindos dessas situações a forças puramente exteriores que agiriam de modo adverso sobre um indivíduo. Essa exterioridade das relações inviabiliza nosso acesso à região mais profunda onde ocorre o nascimento da consciência para si mesma. Corremos o risco de nos prendermos em relações de prestígio, de vaidade e em influências individuais mútuas, como se esses bens representassem a própria consciência. Reduzimos assim a consciência a um palco.

Talvez seja essa dimensão pública da consciência, brilhantemente explorada por Husserl, que Lavelle parece sutilmente contestar, advogando por um senso de interioridade espiritual pura, presente no fundo da consciência. Uma consciência aberta não seria uma consciência cujos atos intencionais a despojam de toda substância interior inalienável. Uma consciência aberta é aquela que mergulhou nos estados profundos da dor, do despojamento e da nudez para renascer como pessoa, ou seja, para tornar-se não apenas a consciência intencional de algo, mas a consciência moral de um valor. Nesse espaço de *interioridade universal* no qual *o universo se torna uma imensa interioridade*, perfeição e solidão se comunicam, se interpenetram e se superam. Por quê? Porque esse é o lugar propício para a abertura ontológica mais primitiva. É o espaço mesmo no qual as consciências tocam o espaço-tempo da intersubjetividade. É apenas mediante a autolimitação fornecida pela consciência da solidão que o ser-individual consegue tocar o ser-todo.

A irredutibilidade de cada consciência disposta para si é o campo de abertura para a consciência rumo à totalidade do mundo.

Toda escala do ser ocorre em mediações e intermediações mútuas. A inteligência abre essas possibilidades de comunicação entre todos os seres, comunicação essa que em sua expressão máxima pode ser entendida como comunhão e como a integralidade não cindida de toda a atividade consciente. Nessa teia de realizações intencionais e perceptivas, a perfeição de todos os seres se desdobra em uma coevolução e em uma contínua cocriação. Esse movimento cocriativo não visa a um *telos* que se realiza como consumação de uma obra, no sentido de Hegel. Está mais próximo da noção de *evolução criadora* de Bergson, de quem Lavelle foi aluno. Nessa conectividade dos seres, o *extremo da riqueza* é o *extremo da pobreza*, porque a abertura ao mundo emerge justamente no ponto mais agudo do despojamento.

O acesso à totalidade conferido a um ser só ocorre mediante o contato desse ser com outro ser, ou seja, em escaladas e espirais. Os seres humanos se mantêm separados à medida mesma que se conhecem a si mesmos e mesmo assim permanecem incapazes de promover o salto que os lança à substância idêntica que os une para além das separações fenomênicas. Nesse momento, rompem-se as células e esferas secretas da permanência nas quais os seres permanecem enredados em si mesmos. A mediação mútua dos seres em relação a si mesmos assume o sentido de uma transindividualidade. O resultado desse encontro que suspende a solidão é a *abundância infinita*. Nesse espaço do espírito, pertencemos àquela intimidade do redondo, de que fala Bachelard. O interior e o exterior se superam como categorias antinômicas. As consciências nascem e sabem o que as divide e o que as une. Tudo isso graças à ação do mal e do sofrimento, sem os quais esse despertar jamais seria possível.

PETER GODFREY-SMITH
E O OCEANO DA CONSCIÊNCIA

A consciência tem sido um dos conceitos mais debatidos e controversos do pensamento contemporâneo. Debatido por causa de sua centralidade. Da replicação de organismos artificiais, da elaboração de inteligência artificial (IA) e da criação de sistemas complexos autônomos à descrição mais abrangente de praticamente todas as atividades dos seres vivos, humanos e não humanos, nada escapa aos imperativos da consciência. Compreender sua natureza e sua dinâmica seria decisivo para um desenvolvimento da compreensão dos seres vivos em todos os seus âmbitos. O conceito, contudo, não deixa de ser controverso: quanto mais os filósofos e cientistas estudam a consciência, menos conseguem definir o que ela vem a ser. E, para piorar a situação, quase tudo que designamos como consciência poderia muito bem ser traduzido em termos quantitativos e não qualitativos. Ou seja: a consciência seria apenas uma outra palavra para designar uma inteligência superdesenvolvida.

O filósofo Peter Godfrey-Smith, professor de história e filosofia da ciência na Universidade de Sidney e professor emérito de filosofia na City University de Nova York, acaba de oferecer mais algumas alternativas a esse quebra-cabeça: a obra *Outras Mentes: o Polvo e a Origem da Consciência*. Trata-se de uma das contribuições mais engenhosas e brilhantes a esse debate. A obra é tão repleta de informações e intuições contraintuitivas e originais que chega a ser difícil resumi-la. Ademais, além de acadêmico, Godfrey-Smith é mergulhador. Há décadas vive em um diálogo amoroso com lulas, polvos, chocos e outros seres das profundezas das costas da Austrália. Aprendeu a compreender os cefalópodes tanto na teoria quanto no face a face.

O universo tem 13,7 bilhões de anos. A Terra tem cerca de 4,5 bilhões de anos. A vida na Terra começou há 3,8 bilhões de anos. Os primeiros animais datam de 1 bilhão de anos. Nessas eras geológicas, o Ediacarano recobre um período que vai de 635 a 542 milhões de anos.

O Cambriano começa por volta de 600 milhões de anos. Essa teia elementar da vida aquática conduz aos vertebrados, aos mamíferos e, finalmente, aos humanos. Isso quer dizer que a vida começou no mar. E a origem da mente são os oceanos.

A teoria da evolução de Darwin pode ser pensada de diversas maneiras, menos como teleologia (linha reta). Os seres vivos se dividem em espécies por meio de leis como a adaptação, a seleção, a especiação, a mutação, e mediante as ações do acaso e da necessidade. Alguns filósofos se valem da metáfora do rizoma para descrever este processo: a proliferação de raízes dos tubérculos. Contudo a imagem da árvore continua sendo eficiente. Como resposta à pressão adaptativa do meio, os grupos dos seres vivos que sobrevivem à seleção natural se diversificam e se tornam mais complexos. Ao longo de milhões e mesmo bilhões de anos, essa complexidade gera novos ramos. Estas novas espécies-ramos que se originam de um mesmo galho-gênero coexistem, seguem paralelamente e se transformam em outros galhos-gêneros. Estes, por sua vez, originarão novas espécies-ramos.

O ancestral comum a aves e a mamíferos seria parecido com um lagarto e viveu há cerca de 320 milhões de anos. Se recuarmos mais, o ancestral comum a aves, a mamíferos e ao polvo seria uma criatura achatada que viveu no começo do Cambriano. Isso quer dizer que a separação entre o que virtualmente viriam a ser os humanos e os polvos nessa árvore da vida ocorreu há cerca de 600 milhões de anos. Em um oceano turvo de algas, esponjas e cnidários. Este é o cenário evolucionário privilegiado por Godfrey-Smith: a passagem do Ediacarano ao Cambriano.

A chamada Revolução do Cambriano é importante devido às diversas alterações na morfologia e no comportamento multicelulares. E à explosão das primeiras formas animais. Os organismos saem do isolamento e estabelecem relações entre si, criam sentidos externos e aberturas à percepção do exterior. Desenvolvem a visão. Surgem os primeiros órgãos e sistemas preênseis (captura). Desta era também são as primeiras evidências de bilateralidade, evento central para os futuros vertebrados, incluindo os humanos.

Podemos nos perguntar: qual a vantagem do estudo dos polvos? Entre todos os seres vivos atuais, os cefalópodes seriam aqueles com sistema nervoso central de origem mais remota. E que pertencem a linhas evolutivas mais distintas dos vertebrados e dos humanos. Por isso, seriam também os seres que mais se aproximam do que poderíamos definir como uma inteligência alienígena. Compreendê-los é compreendermos tudo o que poderíamos ter sido e não fomos, pelos caminhos da evolução. E tudo o que somos e desconhecemos. Para acessar a mente desses seres e ampliar o conceito de consciência, Godfrey-Smith parte de uma tese de William James (1842-1910): a consciência precisa ser concebida como um *continuum* do universo. A perspectiva é biológica e evolucionária e também cosmológica. Não há intervalos ou saltos na natureza. Tudo o que existe no universo atual deveio de formas primitivas que traziam em si os germes dessa transformação. Por isso, não pode haver distinção radical entre a mente humana e a de outros seres.

Essa postura gradualista noz conduz a uma visão não essencialista e não mecanicista da consciência, centralizada no cérebro. O objetivo da obra é duplo. Pretende analisar a condição especial que o polvo estabelece com a evolução da mente como um todo, abordando o problema em abrangência (diferentes tipos de animais) e profundidade (éons e sucessivas eras da vida). Haveria um horizonte mais vasto do que a consciência: a experiência subjetiva. Todos os agentes sencientes teriam algum grau de experiência subjetiva. Esta não decorre da intencionalidade e da reflexividade. Não demanda que os animais saibam aquilo que são, como imaginamos em nosso sono antropocêntrico. E como se o humano soubesse exatamente aquilo que é. A experiência subjetiva decorre de replicações de comandos entre o sentir e o agir.

Todos os seres vivos agem. E, em diferentes graus, todos os seres vivos sentem. As ações de um organismo em relação ao meio e aos outros organismos precisam ser copiadas para que as ações futuras desse organismo obtenham êxito. E para que ele e sua espécie sobrevivam. Isso se chama sinalização. Mas e quando os organismos conseguem não apenas copiar, mas incorporar esses sinais trocados com o meio? Temos o mecanismo de internalização. Os seres vivos passaram por dois grandes momentos de internalização dessas relações sinais-meios. O primeiro foi a transição dos organismos unicelulares para multicelulares. As percepções e sinalizações entre organismos diferentes adquirem aqui um novo estatuto. Passam a construir sinalizações e percepções dentro de um mesmo organismo. Esse percurso evolucionário se torna mais complexo com o desenvolvimento dos sistemas nervosos, onde essas sinalizações internas aumentam suas interconexões. O segundo é a internalização da linguagem: os limites dos organismos não se expandem, mas estabelecem-se novos trajetos dentro deles.

Como ocorre a internalização? Por meio de cópias eferentes, exaferentes e reaferentes. A primeira é o meio pelo qual os organismos memorizam o que as ações, suas e alheias, produzem em seus sentires. A alteração de padrões dos sentires pode reorientar as ações, e vice-versa. A segunda consiste nas percepções das distinções entre ações alheias e próprias, e em como elas implicam a sobrevivência, do indivíduo e da espécie. A terceira se baseia em como esses registros podem reorientar os mecanismos das ações futuras. São sinais emitidos pelo sujeito para que possa se preservar a si mesmo no futuro. Signos do eu presente endereçados ao eu futuro e que visam à sobrevivência. Quais os graus de distinção entre a senciência (sensibilidade à dor) e a consciência? Quais os diversos modos e regimes de senciência? Quais as diversas modulações das consciências dentro de uma mesma espécie? E as variações entre as espécies? À medida que produzem internalização todos os agentes são conscientes? Se entendermos que a alma também é movimento (*anima*), todos os agentes são mentes, como querem os defensores do pampsiquismo? Todas as mentes seriam consciências? Complexidade pressupõe pensamento? Pensamento pressupõe linguagem? Linguagem pressupõe discurso? Mas que tipo de linguagem? E o que é um discurso? Essa são questões analisadas ou latentes nesse magistral trabalho de Godfrey-Smith.

O ensinamento final é simples: paciência e humildade. Afinal, as consciências emergiram desse Éden primordial aquoso e anônimo ao longo de um percurso evolucionário de 1 bilhão de anos de eferências, sinalizações, internalizações. A linguagem humana tem provavelmente apenas 500 mil anos. É um evento prematuro demais para ser avaliado de modo definitivo levando em conta todas as perspectivas, humanas e não humanas, dessa odisseia da vida.

UMA BREVE HISTÓRIA DOS MUNDOS: ADAM ROBERTS E A FICÇÃO CIENTÍFICA

O termo "ficção científica" (FC) foi popularizado pelo escritor, inventor e editor Hugo Gernsback nas primeiras décadas do século XX. Entretanto, em meados do século XIX, a obra *A Poesia da Ciência* (1848), de Robert Hunt, inspirava autores a falar em uma ficção da ciência e a unir empiria com beleza. Desde então o gênero tem suscitado calorosos debates que vão da adoração dos fãs e da variedade formal dos escritores a imensos fenômenos do entretenimento e ao menosprezo acadêmico.

Os primeiros estudos e coletâneas de FC começaram a surgir no Brasil nos anos 1950, pelas mãos de Fernando Correia da Silva. Seguiram-se as contribuições de André Carneiro, Raul Fiker, Braulio Tavares, Gilberto Schoereder, Léo Godoy Otero, Muniz Sodré, David Lincoln Dunbar e, recentemente, de Nelson de Oliveira. Em âmbito anglo-saxão a tradição é mais longa. Destacam-se Brian Aldiss, Darko Suvin, Damien Broderick, Samuel Delany, Brian Stableford, John Clure, Peter Nicholls, em geral acadêmicos e ficcionistas. A cultura da FC das literaturas europeia e anglófona produziu algumas das maiores obras do gênero. Embora haja uma linhagem que passe por Murilo Rubião e José Saramago, ainda há um vasto horizonte a ser explorado em língua portuguesa.

Como uma contribuição decisiva para essa colonização do futuro, a editora Seoman traz ao leitor brasileiro *A Verdadeira História da Ficção Científica: Do Preconceito à Conquista das Massas*, de Adam Roberts, um dos mais importantes estudos sobre o gênero. A edição de setecentas páginas conta com tradução de Mário Molina, apresentação de Silvio Alexandre, prefácio de Braulio Tavares e posfácio de Gilberto Schoereder. A primeira edição em inglês é de 2006. A edição brasileira optou por seguir a reedição de 2016, expandida e profundamente alterada pelo autor.

Além das nuances do termo, a demarcação da FC também tem suscitado controvérsias. Alguns a alocam como um subgênero da literatura fantástica. Contudo, se considerarmos as modulações entre o fantástico, o estranho e o maravilhoso, desde Tzvetan Todorov a David Roas, situar a FC nessas fronteiras continua sendo algo delicado. Outros especialistas definem o gênero como parte da chamada literatura especulativa, ou seja, obras que se proponham como investigações dos fundamentos da realidade, da natureza e do universo, na linha da filosofia especulativa, concebida pelo filósofo e matemático britânico Alfred North Whitehead. Há quem sugira o oposto: a literatura especulativa seria uma subdivisão da FC. Por fim, se pensarmos no estatuto das narrativas de fantasia, a demarcação da FC adquire ainda mais tonalidades cinzentas.

A despeito disso, Roberts auxilia o leitor nessa demarcação a partir de alguns critérios. Um deles é a ênfase às viagens extraordinárias (*voyages extraordinaires*). Nesse sentido, haveria três modalidades de viagens: temporais, espaciais ou tecnológicas, imaginárias ou reais. Por isso, a FC se apoia sempre em metanarrativas (narrativas de longa duração), quer essas narrativas digam respeito à formação do cosmos, da humanidade, da vida na Terra ou a uma projeção futura dos seres. Para tanto, a FC se vale de um recurso central: a extrapolação. Um dos principais recursos da FC é a extrapolação. Exploração imaginativa e especulativa em relação a um conjunto de dados do mundo. Quase sempre tem como objetivo a construção de mundos e a busca pela novidade, o *novum* dos latinos.

A diferença entre FC e a fantasia seria a mesma diferença entre tecnologia e magia. Quando levada a seu limite, a tecnologia se confunde com a magia. Apesar desta afirmação do mestre do gênero Arthur Clarke, haveria uma separação desses dois registros. Para a FC, mesmo quando predominam elementos mágico-fantásticos, a explicação das causas é sempre materialista. Para Roberts, trata-se de uma dialética entre os imaginários protestante e católico a partir do século XVII.

Enquanto o catolicismo preserva recursos da magia por meio de uma imaginação sacramental, a imaginação protestante perfura o tecido das analogias. Explicita os mecanismos internos dos processos naturais, esvaziando-os de seu sentido transcendente. A dinâmica entre magia e tecnologia, ciência e sacramento, catolicismo e protestantismo definiria a FC como um gênero predominantemente protestante. Para tanto, Roberts apoia-se no conceito de secularização de Charles Taylor. Um mundo secular é um mundo que surge da condição de possibilidade da descrença. Esse mundo tem em comum a divisão radical entre ordem natural e ordem transcendental, levada a cabo pelo protestantismo europeu. Se o natural não emana do transcendental, as causas e os efeitos podem ser quantificados em termos materiais.

A extrapolação tecnológica estaria a serviço de explicações materialistas, nunca espirituais ou sobrenaturais. As sociedades modernas são resultado da secularização. A secularização é o processo pelo qual o *sapiens* passou de sociedades em que era praticamente impossível não crer em Deus para sociedades em que os nomes de Deus se pluralizam e a crença mesmo em Deus se torna facultativa. A ciência moderna se estabelece a partir do século XVI sobre duas matrizes: o experimentalismo e a refutabilidade. Ambas foram desenvolvidas, respectivamente, pelos filósofos da ciência Karl Popper e Paul Feyrabend. Popper é autor da divisa segundo a qual tudo que não pode ser refutado não é ciência. Paul Feyrabend, por sua vez, criou o "anarquismo epistemológico". Por meio dele, a pesquisa científica não deve se apoiar em um método dominante. A pluralidade de meios, inclusive não científicos, é mais importante para a pesquisa do que a adoção de um único método. Uma perspectiva materialista, anárquica, experimental e aberta à refutação: esses seriam o coração da FC.

Por outro lado, toda ciência, por mais dura que seja, recorre a construções de linguagem. A filosofia da ciência ressalta a importância de imagens, analogias e metáforas no estabelecimento das estruturas fundamentais da natureza. Nesse sentido, dada a variedade das acepções de ciência e os meios de conhecer as leis do universo, a FC contribuiria para borrar os limites entre literatura e ciência. Mais do que isso, pode ser vista como uma alteração no estatuto da literatura e da especulação imaginativa. A FC nesse caso torna-se uma forma de fazer ciência. Os estudos em geral alocam o início da FC no século XIX. Às vezes retroagem ao século XVIII. Uma das originalidades de Roberts é refutar essa cronologia. Situa a origem da FC à Antiguidade, nas cosmologias (teorias sobre a estrutura do universo) e nas cosmogonias (teorias sobre a origem do universo) dos primeiros filósofos (*physikoi*), de Platão e de Aristóteles.

Também as vincula às primeiras viagens extraordinárias, como a viagem à Lua descrita por Luciano de Samosata (século II d.C.) e a ascensão da alma às estrelas, concebida por Cicero em seu *Sonho de Cipião*, fonte para o *Sonho* de Sor Juan Inés de la Cruz (1651-1695), um dos mais brilhantes poemas cosmológicos jamais escrito, e para o *Somnium* (1634), de

Johannes Kepler, um dos principais nomes da revolução cosmológica do século XVII. Algumas dessas obras podem ser consideradas quase como religiões especulativas, pois unificam conhecimento racional e divino em uma mesma premissa. Essa premissa também gera estranhamento especulativo e faculta outro alicerce da FC: os mundos alternativos.

Essa visão ao mesmo tempo transcendente e materialista do universo configura o âmago da FC. Por isso, poucas obras medievais podem ser concebidas nesse gênero. E mesmo a travessia de Dante Alighieri pelas esferas naturais e sobrenaturais do cosmos ainda estaria em uma chave sacramental. A FC recupera o elo perdido da Antiguidade apenas a partir do século XVI. Mais precisamente a partir das utopias, novas cosmologias e cosmografias maravilhosas, de Campanella e Morus, de Copérnico e Galileu, de Kepler e de Brahe. A partir do século XVI a literatura começa a descrever, nas obras de Marino e Ariosto, viagens interplanetárias. E, no século XVII, surge a obra-prima de viagem à Lua assinada por Cyrano de Bergerac. E as viagens extáticas pelo universo passam a ser a tônica de escritores-pensadores, como o jesuíta Athanasius Kircher. Multiplicam-se as cartografias da Terra e dos céus. As zoologias de mundos terrestres e extraterrestres ganham força com os relatos de viajantes. Criadores de mundos e utopistas como Gabriel de Foigny, Nicholas Goodman, Joshua Barnes, Johann Valentin Andreae.

Acima de tudo, a FC se vincula à conquista de dois conceitos: o infinito e a pluralidade dos mundos. Por isso, a morte de Giordano Bruno, em 1600, condenado à fogueira pela Inquisição, é marco fundador da moderna FC. Toda a FC desde então se relaciona em maior ou menor grau com a cosmologia pluralista, infinitesimal organicista deste gênio de Nola. A descrição da FC do século XX ocupa mais da metade da obra. Mas a riqueza e a erudição desse preâmbulo do gênero são um dos pontos altos. Por meio dele, compreendemos em que medida a pluralidade de mundos de Fontenelle, a monadologia de Leibniz, os corpos sutis de Descartes e mesmo a mecânica de Newton deram ensejo a potentes obras da FC. E como eles mesmos podem ser concebidos como escritores especulativos.

Por outro lado, *As Viagens de Gulliver*, de Swift (1726), e o divertido *Micrômegas* (1752), de Voltaire, passam a guiar as topografias e topologias do século XVIII. Regulam uma nova vertente: o jogo entre pequeno e grande, o microcosmo e o macrocosmo. A era da razão produz não apenas uma expansão monumental no campo das ciências e do conhecimento do universo. Produz também a reação do século XIX a esse conhecimento ilimitado, presente nos mitos de Frankenstein e de Fausto, no romance gótico e no contrailuminismo de Sade e Walpole. A diáspora do humano pelos planetas e a presença de extraterrestres nas proximidades seriam uma resposta ao horror de um universo infinito e absolutamente vazio.

Não por acaso, a essa era da razão segue-se a era das mobilizações (1850-1900). Trata-se de uma era de descoberta do tempo profundo da vida (Darwin) e do espaço profundo do universo: uma quantidade virtualmente infinita de mundos. Uma era também da descoberta da entropia, o princípio que rege a perda de energia dos sistemas, por Clausius, Maxwell e Boltzmann, conceito que será a pedra angular de quase boa parte da FC do século XX. Essa perda de sentido transcendente e esse eclipse de Deus e das explicações imunizadoras produz uma interessante síntese: a FC mística. Também produz os dois maiores expoentes da FC de todos os tempos: Julio Verne e H. G. Wells.

O princípio de Verne é claro e simples: *mobilis in mobile* (móvel no elemento móvel). As sociedades modernas, de paredes finas e de espumas, são sociedades da mobilidade, fruto de ideologias expansionistas. Essa matriz imaginária do século XX foi forjada no cadinho da FC. Por mais que no começo do século XX o culto às máquinas tenha se vinculado aos totalitarismos, Roberts nos lembra a ênfase quase sempre progressista dos autores de FC, quase sempre críticos ao especismo (depreciação dos outros animais), ao antropocentrismo (centralidade do humano no universo) e ao patriarcalismo, sendo a FC o gênero com o maior número de escritoras de toda literatura.

A hesitação entre a experiência mística de um universo infinito e os limites da razão manipuladora gerou o atrito fundamental para a FC do século XX. Em especial para os mestres Huxley e Orwell, Clarke e Asimov, configurando a Era de Ouro da FC (1940-1969). As mudanças culturais determinaram a alteração do imaginário das décadas, definidas pela New Age (1960-1970). Nota-se um forte influxo da cultura pop e dos meios de comunicação de massa em autores como Frank Herbert, Ursula Le Guin, J. G. Ballard e Philip Dick. Essa era deságua no presente de um modo potente e paradoxal. Potente pela expansão da FC: Hollywood, indústria do entretenimento, HQs, televisão, cinema, séries, redes internacionais de *fanfics* (fã-clubes), obras transmídias, plataformas virtuais, realidades expandidas, interatividade, games, realidades imersivas, fliperamas, ficções multimídias e holografias. Ou seja: um mercado global que circula bilhões de dólares todos os anos.

Paradoxal porque essa amplificação gigantesca de certa maneira corrompeu um dos pilares da FC: a primazia das ideias. Os produtos tendem a simplificar questões metafísicas e instrumentalizar as ciências. Minimizam o poder especulativo, espinha dorsal do gênero. Nesse processo de esvaziamento, o especulativo tem cedido ao espetacular. A contracultura e o anarquismo virtual do *ciberpunk* transformaram-se na nostalgia e na evasão do *steampunk* (recusa do presente). E, sobretudo, começou a haver uma ruptura quanto ao valor das obras. Assim, alguns de seus maiores autores, como Thomas Pynchon, não encontram acolhida de crítica e público.

Contudo, a despeito dessa diagnose negativa, a obra de Roberts desmente a si mesma. Inscreve-se como uma das mais exaustivas, monumentais e eruditas introduções à FC. O levantamento de dados das *pulp fiction* (revistas populares) do começo do século XX e os cruzamentos entre a FC os cem anos de existência do cinema merecem uma menção especial. Fenômenos como a série *The Handmaid's Tale* (*O Conto da Aia*), baseada no romance da escritora especulativa Margareth Atwood, entre tantos outros, podem servir de contraexemplo a essa visão desestimulante do presente e do futuro da ficção científica.

STANISŁAW LEM
E OS JOGADORES DO COSMOS

Parafraseando Jorge Luis Borges, um grande autor não é aquele que cria um novo mundo, mas sim aquele que altera, em alguma medida, a totalidade da literatura. A ficção científica como gênero e a literatura do século XX seriam muito diferentes se não tivesse havido um autor chamado Stanisław Lem (1921-2006). Judeu de expressão polonesa nascido em Lwów, atual Ucrânia, Lem produziu uma obra vasta e diversificada que abrange romances, contos, memorialismo e ensaios.

O leitor brasileiro tinha uma visão bastante parcial dessa produção. Há apenas três traduções indiretas de romances: *Solaris* (1971), *O Incrível Congresso de Futurologia* (1971), *A Voz do Mestre* (1991). Por causa disso, boa parte das referências a esse universo derivou das adaptações cinematográficas. A primeira é de 1972: a obra-prima homônima de Andrei Tarkóvski. A segunda foi às telas em 2002, em adaptação de Steven Soderbergh e destaque de atuação para George Clooney. Entretanto, essas referências apenas sinalizam a vastidão do pensamento e das reflexões sobre cosmologia, ficção, ciências e tecnologia que se irradiam ao longo da obra desse autor seminal. Felizmente esse cenário tem se alterado. Em 2017, a editora Aleph lançou uma nova e cuidadosa edição de *Solaris* traduzida do polonês por Eneida Favre. Em convênio com a Embaixada da República da Polônia em Brasília, a editora Perspectiva publicou *Nova Cosmogonia e Outros Ensaios*, seleção da prosa ensaística de Lem em impecáveis tradução, introdução e posfácio de Henryk Siewierski, que havia assinado também um trabalho primoroso de tradução de Bruno Schulz, outro mestre de mestres da literatura.

Lem pertence a uma linhagem da ficção científica que dialoga em profundidade com as ciências duras (*hard sciences*), também conhecidas como ciências naturais. Não há nenhuma de suas páginas que não traga alguma intuição ou faísca imaginativa inspiradas na cosmologia, na química, na biologia evolucionária, na física e em seus campos correlatos: a matemática, a cibernética e as teorias da informação. É impressionante saber que amealhou todos esses conhecimentos, presentes em alguns grandes escritores de *sci-fi*, como Isaac Asimov e Arthur Clarke, de um modo quase autodidata e diante de grandes adversidades. Foi mecânico de carros durante a Grande Guerra. E, antes de formar seu nome como escritor e poder viver de literatura, chegou a trabalhar em funções que iam de tradutor de livros sobre alimentação de gado a soldador. Não bastassem essas dificuldades, viveu isolado pela Cortina de Ferro comunista, com pouquíssimo acesso aos desenvolvimentos da ciência ocidental.

Todos esses trabalhos não foram em vão. Ajudaram-no a fortalecer uma visão pragmática da vida. Deram-lhe a base para a multiplicidade de pontos de vista sobre eventos, personagens e conceitos. Desse amálgama entre ciência e experiência surge sua ficção. Dessa argamassa existencial nascem os monumentos reflexivos de seus ensaios, em cujo âmago estão *Summa Technologiae* (1964) e *Filosofia do Acaso* (1970). Não seria exagero dizer que apenas os ensaios reunidos nesta edição brasileira são o bastante para definir Lem como um dos maiores pensadores da ciência e da tecnologia do século XX.

A organização de Siewierski opta pela divisão dos ensaios em duas fases cronológicas. A primeira aborda a expansão das tecnologias e a configuração de novos mundos. A segunda enfatiza certo ceticismo do autor em relação a esse tecnoimperialismo. Pantocriacionismo, metateoria dos gradientes da evolução, efetores, autômatos autoprogramáveis, sistemas retroativos, analogias morfológicas, *autopoiesis*, pan-evolucionismo, evoluções parabiológicas, planetogênese, astroengenharia, fantomologia, cosmogonia psicofísica e dinâmicas topológicas. Tudo isso pode soar esotérico mesmo ao mais experiente dos leitores. Não tenha medo.

A prosa fluida de Lem se apoia em um recurso eficiente para a tradução desses conceitos: a ficção. Lem entende e trata todos os processos do universo como agentes e personagens de um drama. Um protodrama do cosmos que inclui não apenas os humanos, mas todos os seres transumanos, orgânicos e inorgânicos. Isso possibilita uma grande clareza expositiva e adesão emocional do leitor, por mais árduo que seja o assunto em questão. Essa aliança entre cosmologia e literatura, entre ciência e narratividade, apresenta-se sobretudo em um gênero do qual Lem se tornou mestre: a metaficção. A capacidade de tratar de modo ficcional algo que se supõe ser realidade. Para tanto, ele cria pseudônimos. Mais que isso, como Nietzsche e Borges, escreve resenhas de livros e de autores inexistentes. A indecidibilidade entre fato e ficção enriquece ambos os campos. Somos tramados por enredos possíveis que se desdobram no universo real e se apoiam em fatos empíricos, mas existem no plano da especulação.

É difícil dar conta desse emaranhado de imagens e ideias situadas no limiar entre a especulação e a empiria. Um dos conceitos mais potentes criados por Lem é o de imitologia: uma ciência da biomimesis. Ou seja: a possibilidade de pensar a imitação a partir da autorreplicabilidade da vida e inclusive dos seres inorgânicos. Uma pequena revolução em relação às teorias da mimesis da arte e da literatura. Além disso, um dos conceitos mais contraintuitivos e, por conseguinte, mais potentes da obra diz respeito à cosmogênese e às noções de civilizações cósmicas, objeto de interesse cada vez maior das cosmologias contemporâneas.

O que seria isso? Há um tempo, a cosmologia tem se debatido com o chamado Paradoxo de Fermi. Quando indagado sobre a existência de vida inteligente extraterrestre, o físico italiano que batiza o paradoxo teria se perguntado: se o universo é tão vasto e complexo, por que nunca nos chegou nenhum sinal dessas inteligências? Essa pergunta pode ser respondida de duas maneiras. A primeira é a Teoria do Grande Filtro: há um limite de expansão dos seres vivos ao fim do qual eles se extinguem. Não temos sinais de outras civilizações porque todas se extinguiram. A segunda é a da coexistência de civilizações de eras distintas do cosmos. Esta é a hipótese adotada por Lem.

No momento em que Lem escrevia, sabia-se que o universo possui cerca de 12 bilhões de anos. Entretanto, nosso sistema solar se formara havia 5 bilhões de anos. A pergunta é: se existe uma defasagem de 7 bilhões de anos entre nosso sistema e o começo do universo, em que fase de desenvolvimento estariam a vida e as civilizações desses mundos surgidos no começo do universo? Lem se baseia nessa defasagem para criar o conceito de Cosmos-Jogo. O que chamamos de leis da natureza na verdade são leis do nosso mundo, que não se espelham em outros mundos primevos, anteriores ao nosso. Mais do que isso, talvez o que chamamos de natureza e de universo não sejam nada mais do que efeitos artificiais irradiados por essas civilizações primevas, ultracomplexas e que dominaram o universo a ponto de apagarem os limites entre artificial e natural.

O ser humano estuda as leis imaginando que esteja estudando fenômenos da natureza. Na verdade, o universo seria um holograma natural-virtual administrado pelos Jogadores. Isso explica por que Deus e todos os deuses, autores das diversas cosmogonias (narrativas de origem do universo), não seriam ilusões do *sapiens*. Seriam apenas intuições parciais da estrutura do cosmos, regido e mantido por Jogadores metaempíricos, ou seja, seres vivos antiquíssimos gerados na origem do universo.

A noção de pluriversos deixa de assumir uma feição estritamente espacial. Passa a ser uma dimensão temporal: são outros mundos que englobam a totalidade deste mundo em que estamos e definem suas leis. O *sapiens* imagina que essas leis pertencem à natureza. Mas a natureza é um sistema integrado e artificial gerado por inteligências pregressas e omnicompreensivas. Essas mesmas leis tampouco são eternas. Elas variam não apenas com a historicidade humana. Variam de acordo com a historicidade das inteligências dispersas que habitam o universo e alteram seus mecanismos ao longo de bilhões de anos. O recurso da metaficção tem aqui uma dupla função, ambas precípuas. Primeiro, por meio da literatura, Lem amplia a esfera imaginativa da ciência a limites abissais. Segundo: a metaficção o protege de eventuais detratores que queiram refutar sua especulação como um tipo de ciência não demonstrativa. Em ambos os casos, temos excelente literatura. E excelente ciência especulativa que, sem o compromisso da comprobabilidade, pode estimular cientistas experimentais a lidar com hipóteses alternativas ou a recorrer a variáveis ainda não comprovadas para gerar novas demonstrações.

Vale a pena o leitor se ater àquilo que Lem chama de seres psicozoicos, conceito que atravessa a obra. Trata-se de agentes biofisioquímicos arcaicos, animados e dotados de pensamento. Estariam na origem do universo e na ontogênese de todos os seres pensantes. Uma narrativa do pensamento a partir dos psicozoicos conseguiria esvaziar as narrativas antropocêntricas sobre a natureza do pensamento como algo exclusivo dos humanos. Isso tudo é apenas uma parte da imaginação e da potência da literatura de Lem. Para se ter uma ideia mais precisa dessa multiplicidade de mundos e universos, apenas mediante um passeio linha a linha por todas as páginas desta obra singularíssima. Vale também o leitor se ater ao ensaio "A Minha Visão de Mundo". Os conceitos de *sensorium* e de pensamento sensitivo-racional são uma magistral reflexão autobiográfica sobre a gênese de uma das obras mais singulares do nosso tempo.

CARL SAGAN:
O EXPLORADOR DE MUNDOS

Muitos cientistas trabalharam pela ciência no século XX. Mas pouquíssimos trabalharam tanto pela ciência quanto pela divulgação da ciência quanto Carl Sagan (1934-1996), professor de astronomia e ciências espaciais da Universidade de Cornell. Essa sua posição de anfíbio entre dois mundos, entre a academia e a mídia, entre as redes laboratoriais da Nasa e as redes de tevê, foi tamanha que dificilmente se encontra outro nome que se lhe equipare.

Para deleite de fãs e entusiastas, depois de anos fora de catálogo, a Companhia das Letras vem reeditando a obra de Sagan. Começou com o clássico *Cosmos*, livro baseado na experiência de Sagan como âncora e idealizador do programa de tevê homônimo durante os anos 1980, dedicado a apresentar aos leigos os principais avanços da cosmologia e do conhecimento do universo. O programa foi retomado em 2014 por Neil deGrasse Tyson, divulgador de ciência, escritor e astrofísico americano. Tyson é diretor do Planetário Hayden no Centro Rose para a Terra e o Espaço e investigador associado do departamento de astrofísica no Museu Americano de História Natural. O canal Nat Geo prepara uma nova temporada do programa, prevista ainda para este ano.

Outra efeméride que torna oportuna a reedição das obras de Sagan é a recente comemoração dos exatos cinquenta anos do primeiro pouso de um ser humano em outro mundo: a alunissagem (pouso lunar) da Apollo 11 e a caminhada de Neil Armstrong na Lua, no dia 20 de julho de 1969. Dentro desse espírito, vale abordar *Pálido Ponto Azul: Uma Visão do Futuro da Humanidade no Espaço*, é publicado no mercado brasileiro, outra obra essencial de Sagan, publicada pela primeira vez em 1994. O título é inspirado na fotografia da Terra tirada pela Voyager 1: um ponto flutuando na escuridão do oceano espacial. Assim como a Terra possui cerca de 10 milhões de espécies de vida, quantos mundos devem existir nos bilhões de galáxias do universo e circundar os trilhões de sóis? O universo pode ser uno. Mas a pluralidade dos mundos que constituem o cosmos é virtualmente infinita. Mundo aqui não pressupõe vida. Há mundos infinitos de moléculas inorgânicas povoando a infinitude do cosmos.

O livro tem alguns eixos de investigação: 1. Definir as condições de compreensão do universo a partir do grau de conhecimento em que se encontra a cosmologia. 2. Relatar as principais pesquisas e viagens espaciais realizadas pelo *sapiens*, de modo a equacionar dois horizontes do cosmos: um conhecido e outro ainda por se conhecer. 3. Descrever as constituições biofisicoquímicas desses outros mundos. 4. Levantar as possibilidades de existência de vida, dentro e fora do Sistema Solar. 5. Pensar a possibilidade de terraformar outros mundos, tornando-os habitáveis. 6. Refletir sobre a hipótese de uma futura criação de mundos e de uma engenharia de planetas pelos humanos.

Sagan prioriza as viagens da sonda espacial Voyager (1977-1992), projeto da Nasa do qual participou diretamente. Isso não o impede de oferecer um amplo mapeamento de outras viagens espaciais, do satélite artificial soviético Sputinik 1 (1957) às diversas missões americanas da Apollo (1968-1971) e da Galileo (1994). O tema estruturante é a compreensão de outros mundos dispersos pelo universo. A partir da noção de "escala de mundos", Sagan descreve o processo de desprovincianização produzido pela ciência moderna. Enquanto nosso conhecimento foi apenas dedutivo, o universo se apresentou como uma massa indefinida e um espaço indeterminado. Quanto mais a ciência experimental se desenvolve, mais claro se torna o conhecimento desse universo. Mais abissais as suas dimensões e proporções. E mais insignificante e singular nossa condição humana.

Um dos valores da obra de Sagan é descrever as especificidades das teorias e da ciência e, ao mesmo tempo, alocar essas descobertas em uma perspectiva antropológica mais ampla, em um exercício de ciências comparadas (Robert Goddard). Se o *sapiens* foi um nômade errante durante mais de 60 mil anos e o sedentarismo possui apenas 10 mil anos, o que o impediria de se expandir aos confins do universo e colonizar outros mundos? Embora valorize essa potência expansionista, equilibra-a ao enfatizar sempre as limitações do conhecimento humano.

O cientista precisa manter em suspensão tanto sua crença quanto sua descrença. Guiar-se pelo primado da refutabilidade de Popper: ciência é tudo que pode ser refutado. Por isso, Sagan nega o Princípio Antrópico

Forte, que pressupõe uma necessidade da emergência do humano no cosmos. E defende um Princípio de Mediocridade. Mais modesto, retorna a seu bordão: a ausência de evidência não é evidência de ausência. O vasto horizonte do desconhecido pode redimensionar nossa relação com o conhecido sem anular as evidências parciais produzidas pelo conhecimento atual. Reler essa obra mais de vinte anos depois de sua primeira publicação gera no leitor uma certeza. Além de se manter atualíssima como defesa, exposição e divulgação da ciência do universo, continua sendo um exercício singular da liberdade do pensamento. Avessa a todos os demônios e ideologias obscurantistas, a obra de Sagan é um manifesto em defesa da ciência e da humildade.

BERTRAND RUSSELL
E OS LIMITES DO CONHECIMENTO

A vida e a obra de Bertrand Russell (1872-1970) são admiráveis sob todos os pontos de vista. Russell se notabilizou por seus trabalhos seminais em filosofia da ciência e em epistemologia (teoria do conhecimento). E como um dos mais consistentes divulgadores de ciência e de filosofia do século XX. Autor de obras essenciais sobre a teoria da relatividade de Einstein, sobre a física atômica e sobre os conceitos de matéria e de mente, bem como de monografias, como uma análise minuciosa do sistema de Leibniz. Publicou alguns volumes de história da filosofia. E foi também um expoente da lógica, área da filosofia dedicada aos princípios de validação dos enunciados.

Junto com o filósofo, matemático e cosmólogo Alfred North Whitehead (1861-1947), seu professor em Cambridge, foi um dos criadores da lógica formal, também conhecida como simbólica, cujo objetivo é incorporar a matemática à lógica e assim resolver algumas aporias do cálculo, da álgebra e da geometria. Os três tomos dos *Principia Mathematica*, de Whitehead-Russell, o primeiro redigido a quatro mãos por Russell e os dois seguintes escritos por Whitehead, são um *opus magnum* da reflexão formal da filosofia. Uma das obras mais importantes da história da matemática e referência para as ciências naturais e humanas. Não bastasse, Russell também se destacou como pacifista, educador, defensor dos direitos humanos e das liberdades intelectual, sexual e social. Por fim, a excelência ensaística e o conjunto dessa trajetória lhe conferiram o Prêmio Nobel de Literatura em 1950.

A despeito dessa multiplicidade transdisciplinar de conhecimentos, saberes e domínios, Russell procurou ao longo da vida escrever uma obra que sintetizasse seu pensamento. A obra mais próxima de cumprir essa tarefa é *Conhecimento Humano: Seu Escopo e Seus Limites*. Ao longo da vida de Russell, a obra teve reveses, alterações e interrupções. Uma delas motivada pelas críticas de Wittgenstein. Felizmente essa hesitação não o levou a abandonar o projeto. E o tempo de maturação ajudou-o a consolidá-la. A obra é dividida em seis partes: O Mundo da Ciência, Linguagem, Ciência e Percepção, Conceitos Científicos, Probabilidade e Postulados da Inferência Científica. Russell persegue em cada uma dessas partes um problema nuclear de toda a filosofia: o problema da inferência não demonstrativa. Esse problema foi proposto pelos empiristas (Berkeley e Locke), mas adquiriu uma dimensão abissal por meio das abordagens de Hume e de William James. Desde então continuou sendo denegado ou enfrentado com maior ou menor sucesso por muitos pensadores. Pode-se dizer que este é o calcanhar de Aquiles da filosofia e da ciência.

A indução é um tipo de conhecimento baseado na estabilização de padrões e de sucessões causais. Em outras palavras: se, em determinadas condições A, um evento B gera C, duas perguntas surgem: 1. Quais as chances de esse nexo entre A, B e C se repetir e de se manterem as mesmas condições? 2. Quais as possibilidades de extrapolar as relações A, B e C para outras condições e relações causais? Para se obter as respostas, é necessária a observação constante de eventos e a determinação de seus comportamentos a partir de critérios relativos. A inferência é a verificação pragmática e contingente desses processos indutivos. Estes, por sua vez, são a pedra angular da ciência experimental.

Qual o problema desse tipo de conhecimento? Toda indução depende da experiência. E o campo da experiência é contingente, situado e limitado. O campo de experiência que gerou certas inferências indutivas não pode ser extrapolado para outros campos de experiência. A verificabilidade de uma sentença e de um enunciado depende em última instância de outro enunciado e de outra sentença inferidos a partir de um campo de experiência inacessível. Como assegurar a demonstração de uma proposição se todas as proposições em alguma medida são derivadas de outras proposições? Esse é o dilema.

Todas as inferências precisam se apoiar em outras inferências, egressas de outras esferas da experiência, para ser demonstradas. Isso produz um ponto cego na cadeia de produção de todo o nosso conhecimento do mundo e da vida. A investigação de Russell reconstrói todas as variantes, horizontes e implicações dessa natureza não demonstrativa das inferências indutivas, indo da astronomia à física, da cosmologia à lógica, da filosofia da linguagem à psicologia. O grande desafio dessa investigação é compreender como essas linhas causais inferidas da experiência podem ser elevadas à condição de leis do espaço e do tempo, tanto na dimensão da Terra quanto do universo. À medida que não existe uma substância universal regendo todos os eventos do universo, da matéria e da mente, essas linhas causais da experiência não podem ser elevadas à condição de leis. Nesse contexto, a probabilidade passa a desempenhar um papel central.

O filósofo e semioticista Charles Sanders Peirce respondeu a esse problema da inferência não demonstrativa com o conceito de abdução: generalização de uma situação particular ambivalente. Um problema semelhante se encontra patente no teorema da incompletude do matemático Kurt Gödel, que implodiu as condições de validade dos axiomas (eixos dos sistemas). O pragmatismo de William James o explorou e o aprofundou a partir das noções de empirismo radical e de pluriversos. Whitehead o solucionou por meio de uma síntese entre entidades atuais e objetos eternos. Russell o encaminha na chave do pensamento analítico. Ou seja: perspectiva os conceitos e condições de possibilidade da verdade a partir de cada condição experiencial. Nesse sentido, a investigação metafísica de Russell recusa o apriorismo (esquemas transcendentais) de Kant. E recusa a solução parcial do ceticismo de Hume. Opta por um caminho do meio mais pedregoso, tendo sempre como pano de fundo a parcialidade, os limites e a precariedade constitutivos de todo conhecimento. Nesse sentido, ao longo de suas oitocentas páginas, não se afasta em nenhum instante da humildade, coração da verdadeira filosofia.

ORIGENS

A origem é uma ideia que nos obseda desde as nossas origens, humanas ou transumanas. E ao afirmar isso o problema da circularidade e da recursividade dessa enunciação se revela em todas as suas dimensões. Onde de fato a humanidade do humano começou? Por outro lado, quando digo *obseda*, creio que o leitor também sinta aquele misto de estupor, graça e incômodo que toda palavra anacrônica revela. Qual seria a origem dessa obsedante palavra? Essa interrogação surge justamente porque a palavra nos revela algo arcaico, algo antigo a perder de vista, algo das origens e algo um dia fora original. Eis o óbice da questão. Pascal dizia que, se formos rastrear a origem de nossas ideias, teríamos que o fazer ao infinito. E ao sem-fim deste percurso infinito, para a frustração dos obsequiosos e tenazes leitores, como o próprio truísmo da frase indica, não chegaríamos a uma eventual ideia original. Chegaríamos tão somente ao nada. É por isso que o grande filósofo, não por acaso também matemático, vai criticar esse modo de raciocínio demonstrativo, conhecido como modo geométrico, próprio ao *esprit géométrique* e oposto ao espírito de fineza (*esprit de finesse*).

E não só de geometria vive a origem. Ela repousa *in nuce*, de modo infuso e surpreendente onde menos esperamos. À espreita, onde nem sequer sonhamos. De tocaia, aguardando nosso primeiro cochilo para dar o bote. Vivemos constantemente em busca de origens: nossa condição atual, o desarranjo familiar, a decadência do casamento, a situação do país, um tumor, um problema respiratório, uma desilusão. Onde é que começou tudo isso que nem percebi? Sim. Essa incapacidade de perceber os começos torna a origem mais misteriosa. Somos sensíveis ao fim. Sentimos o fim com a potência de um recém-nascido capturando sua primeira lufada de ar. Mas o fazemos justamente porque não percebemos algo essencial: a origem do fim. Quando vimos: ei-lo. O fim chega. Instala-se. Consuma. Uma fase. Um sentimento. Um projeto. Uma vida. Como diria Santo Agostinho em relação ao tempo: se não me perguntam o que é, sei. Se me perguntam, deixo de saber. O que passou, deixou de ser. O que não veio, ainda não é. O que é então o tempo? E, se a origem é temporal, quando começa? Por conta dessas sutilezas incômodas, a origem deu alguns excelentes assuntos filosóficos e científicos: origem do totalitarismo (Hannah Arendt), origem das línguas (Rousseau), origem da propriedade privada (Marx e Engels), origem das espécies (Darwin). O nosso clássico *Raízes do Brasil* não faz nada mais do que mascarar uma romântica defesa das origens, cuja origem remonta à filosofia organicista e vitalista alemã, sobretudo a Ludwig Klages e Max Scheler, como demonstrou o historiador João Kennedy Eugênio. O termo de analogia é cristalino: raiz. Não adianta ocultar a origem. Muito menos ocultar a origem de nossas ideias de origem. A origem volta. Sempre. A origem é indefectível. Indestrutível. Indeclinável.

Se pensarmos nas linhagens e nas dinastias reais, a origem foi o cerne da clivagem de poder durante muitos milênios. Um dos movimentos mais fortes do século XVIII até hoje é organizado em torno da crença no poder popular. Para que se legitime, é preciso sincronizar origem da força e origem do povo. Essa força também pode ser identificada às elites e às cabeças de um sistema qualquer. Esse é o modelo do impulso aristocrático, presente em Nietzsche e em Berdiaev. Esse é o cerne da cultura patriarcal, desde os patriarcas israelitas à figura do *pater familia*, que Gilberto Freyre identificou como sendo o motor civilizacional dos trópicos e em especial do Brasil. Quando se fala em origem popular, em origem operária, em origem rica, em origem humilde, não estamos fazendo nada mais do que criar condições eletivas e morais para validar atos e pessoas como dignos e indignos. Nesse sentido, Marx foi e continua sendo profético e irretocável em relação a muitos aspectos estruturais de nossa realidade. Um dos pontos frágeis é a absoluta insignificância que a origem individual desempenha em sua teoria. Trata-se de uma teoria da produção da riqueza e das relações de produção que ignora quase sumariamente um dos corações do poder: a geração da vida. Ocupa-se da escola, da empresa, do hospital, da fábrica, das mercadorias, do preço, de todas as esferas da vida social e econômica. Não se ocupa do lar, da geração, da reprodução, ou seja, o papel da mulher na cadeia produtiva e reprodutiva. Teoriza sobre o Estado e sobre o capital. Mas ignora o ventre e a maternidade. Ao flagrar as relações econômicas pressupostas nas relações de troca, trabalho, reificação e mais-valia, durante muito tempo a teoria marxista esqueceu de vislumbrar a mais óbvia de todas as produções: a produção de seres humanos. E hoje em dia a sua iminente reprodução por meio da biotecnologia.

Quando assimilamos todos os dados da realidade como sendo dados de uma construção histórica objetiva, e quando definimos a privacidade como a ilusão burguesa por meio da qual os senhores ocultam os anteparos infraestruturais que os legitimam em seus domínios de senhores, produzimos uma lacuna em relação a tudo o que concerne à intimidade, à vida interior, à gestação, ou seja, à geração da vida que será ou não ulteriormente confiscada pelas cadeias produtivas. Isso ocorre porque a biotecnologia consiste basicamente em um deslocamento radical nas teorias do poder e em uma transição entre duas eras, da era do poder à era do biopoder, nas diversas modulações assumidas por esses termos na fase final da obra de Foucault, em Lazzarato, em Agamben, em Negri ou em Esposito. A partir dessa transição, o poder se desloca. Migra das relações de poder de seres humanos *sobre* seres humanos e *sobre* animais. Assume-se como poder de humanos *entre* humanos, de tecnologias *entre* humanos, de tecnologias *entre* tecnologias. Define-se assim um tipo de poder capaz de gerir a produção e a reprodução *de* seres humanos *por* seres humanos. Adentramos aqui um horizonte distante do antropocentrismo de Marx e do biocentrismo do biopoder. Adentramos o mesopoder. Não se trata mais de um tipo de poder exercido pelos seres humanos sobre os meios naturais e dos seres humanos sobre outros seres humanos. Emerge no limiar do novo milênio uma nova modalidade de poder: o poder que articula, multiplica e infinitiza meios horizontais e impessoais de produção e de reprodução da natureza, dos seres e dos humanos, entendidos natureza, seres e humanos não mais como origens, meios ou fins dentro de uma escala finita, mas como meios entre meios infinitos, opacos e transparentes, atuais e virtuais, passados, presentes e futuros.

A ênfase na ideia de origem também gerou algumas *boutades* curiosas, tais como: origem dos modos à mesa, origem da alimentação, origem da troca de cartas, origem funcional dos polegares, origem dos sutiãs, entre outras peças de mobiliário muito bem manejadas desde os ensaios de Montaigne, La Boétie e Hume, até as investigações históricas e antropológicas de Huizinga, Ariès, Lévi-Strauss. E, ao falar em origem, é impossível não pensar no seu símbolo máximo, analisado e reconstituído por Delumeau: a criança. A invenção da infância é uma das mais originais da modernidade. De um adulto pequeno, de um homúnculo com desenvoltura, de um anão passível de crescimento, nasce uma nova luz: o infante. O *in fans*, o ser em aparição, em surgimento. Origem e filogenia se cruzam. Todo um vocabulário, um repertório, um imaginário, toda a diversão e todo aborrecimento do mundo, contido nesse pequeno novo ser, tão significante quanto inofensivo.

Para cada uma dos milhares de culturas, línguas e etnias, a sua própria origem é o que há de mais elevado sobre a face da Terra. Dos lapões aos escandinavos, dos tapajós aos texanos, dos mineiros aos haitianos, dos checos aos suíços, dos nepaleses aos sul-africanos, dos bororos aos esquimós. Todo povo tem o seu poeta e o seu historiador oficiais que narram a saga de martírio, glória e grandeza enfrentada por esse mesmo povo em suas origens. Diferentemente do que se idealiza, essas origens tampouco são populares. Mas um fino artifício na tessitura de poder tramada pelos doutos e ilustres. Tudo não passa daquilo que o grande filósofo italiano Giambattista Vico chamou de vaidade dos doutos (*boria dei dotti*). Todos querem ser a quintessência da humanidade. E o conseguem ao contar com a quintessência dispersa de si mesmos tanto em seus antepassados quanto em seus consanguíneos. Por isso, inventam origens. Tornam-nas nobres, sublimes, elevadas. Como Dante, que situa no Paraíso toda linhagem de sua família desde o trisavô Cacciaguida. Provavelmente não houve tanta grandeza nesses fundadores. Apenas uma lutas, conquistas e sobrevivência. Como a origem se perdeu, todos sabem que nada foi dessa forma. Entretanto, para corroborar a tese de Hans Vaihinger, agem *como se* fosse. Nasce uma das facetas mito. Como dizem Eliade e Durkheim, os mitos de origem são as mais poderosas forças de coesão social para os povos tradicionais. São *axis mundi*, eixos dos mundos e de suas respectivas autoimagens. Representações coletivas deles mesmos.

Entre a origem humana à origem do universo, entre a origem dos povos à narrativa de nossa eventual origem divina, entre a origem da linguagem à origem da vida e da espécie humana abre-se um abismo. É impossível acessar todas essas origens. E, mais do que isso, é impossível comensurar todas as origens a partir da multiplicidade e da pluralidade de critérios subjacentes a cada narrativa e a cada cenário que, ao mesmo tempo, determinam e são determinados por suas respectivas origens. Diante desse dilema, um dos golpes mais avassaladores nas narrativas das origens, golpe que reduziu a pó quase todas essas narrativas, foi aquele perpetrado por Hume. Se não é possível estabelecer as condições iniciais de nenhum sistema, tampouco é possível definir por indução os regimes de validade e de normalidade que articulam todos os sistemas em um todo racional. Em outras palavras: para que haja uma lei de causalidade válida para as mais diversas situações contingentes, é preciso que todas essas situações contingentes retroajam de uma causa comum, deduzida a partir de uma origem comum. Para tanto, seria preciso reconstruir as condições iniciais que deram origem a todos os sistemas, o que implicaria invalidar a natureza contingente de todos as manifestações desses mesmos sistemas, tornando-os homogêneos.

Mesmo diante dessa ação devastadora de Hume, diariamente não temos pudor algum em nomear nossas origens. Nossos antepassados de Órion, nossos ancestrais celestiais, nossos primos primatas, nosso atavismo animal, nossos arcaicos pais monocelulares e nossos pais espirituais de uma época qualquer. Descendentes das estrelas como queria Platão, descendentes de Deus como querem as religiões, descendentes do Demiurgo e de Sofia como querem os gnósticos, descendentes dos símios superiores como queria Darwin ou descendentes das moneras como rezam os naturalistas do século XIX ou descendentes dos genes como querem os geneticistas, o humano vive e respira cotidianamente o oxigênio da origem. Vive de sua combustão. O dia que a usina da origem parar, será a morte de boa parte das narrativas. O homem, talvez por ser o mais mimético de todos os animais, teve que criar para si uma das maiores narrativas jamais criadas: a ideia de que existe uma origem. E que podemos vê-la. Tocá-la. Narrá-la. Vivê-la. O Ocidente se enganou durante milênios atribuindo à vida após a morte a chave do segredo e a explicação final da nossa saga de miséria e esplendor sobre a Terra. Muitos orientais, especialmente algumas religiões indianas, são mais discretos e mais ambiciosos em sua formulação. Sabem que o grande enigma não está depois da morte, algo positivamente impassível de verificação. O verdadeiro enigma estaria em outro lugar: antes da vida. Não se trata de sabermos para onde vamos. Trata-se de acessar a região de onde viemos. A explicação do que somos repousaria mais no que fomos do que naquilo que seremos ou viremos a ser depois do suspiro derradeiro. O enigma de vir ao mundo é maior do que o enigma de o deixarmos, poderíamos dizer, ecoando algumas passagens memoráveis de Sloterdijk sobre o assunto.

Essa explicação pode ser apenas mais uma ficção útil entre tantas outras ficções úteis. Mas tem uma vantagem. A ilusão de um começo, em sua dupla irrealidade, acaba sendo ainda mais irreal e impalpável do que as ilusões do fim. E por isso, paradoxalmente, mais verdadeira. O além-vida pode ser mensurado em termos hipotéticos. Justamente por isso, está sujeito a erro. O aquém-vida só pode ser descrito em termos puramente ficcionais. E, exatamente por isso, pode ser mais ou menos verossímil, nunca errado. A odisseia reencarnacionista, ao conceber o real como pura ficção, acaba nos concedendo uma lucidez mais penetrante do que todas as mitologias que projetam a nossa eternidade em um plano futuro, por meio daquela colonização do além, bem lembrada por Jacques Le Goff. Estamos diante de dois regimes distintos de verdade. Como ambos são umbrais inacessíveis, entre a hipoteca do futuro e a ficcionalização da origem pregressa, anterior ao mundo, esta é mais sublime do que aquela. Na primeira, projetamos os dados da realidade em um futuro improvável, no qual este mundo que me circunda enfim vai se realizar, ou seja, finalmente vai ser o que é, fato sobre o qual repousa uma evidente tautologia. Na segunda, traduzimos uma origem do mundo, remota e inacessível, a partir da forma mesma deste mundo que habitamos, neste exato momento. A primeira vai da realidade presente à ficção futura: torna a vida cada vez mais evanescente. Ao passo que a segunda vai do passado irreal ao presente tangível. Assim, ao conferir uma explicação ficcional à realidade, torna a ficção cada vez mais imperativa e a realidade cada vez mais espessa.

    Ver o mundo como um teatro ou como um novelo, nos quais nossa vida coimplicada se desfia a nossos olhos atuais, é mais sublime do que projetar essa nossa mesma vida concreta em um futuro construído hipoteticamente a partir de uma realidade cujos dados e cuja origem desconhecemos. Como aquela peça de teatro à qual entregamos nossa vida no intervalo de duas horas, devemos sempre iluminar o caráter contingente, casual, gratuito e fictício que subjaz a toda origem: talvez seja exatamente essa a lucidez que falta a todos os adoradores do futuro, seja esse futuro utópico ou sobrenatural. É também o que falta a todos os inventores de origens que não se dão conta do quão artificial é a sua invenção. Se os adoradores do futuro invariavelmente se frustrarão com o presente que os aguarda, os inventores de origens, no fundo, sempre acabam acreditando nas ficções que um dia lhes contaram e que um dia contaram para si.

VIDAS

Mesologia e Hominização

As plantas são mortais. Os homens são mortais. Os homens são plantas.
Gregory Bateson

O que é grande no homem é o fato de ele ser uma ponte e não um fim; o que se pode amar no homem é ele ser uma passagem e um ocaso.
Friedrich Nietzsche

O Apocalipse será a suprema realização da espécie humana.
René Girard

O ANTROPOCENO E A CIÊNCIA DO SISTEMA TERRA

Sob quaisquer pontos de vista, a alteração global do clima e as transformações pelas quais a Terra tem passado no último século estão entre as questões mais relevantes do mundo atual. As causas naturais ou humanas dessas transformações são objeto de controvérsias. Mas poucos são capazes de negar que essas transformações existam. Determinar as origens multifatoriais dessas mudanças profundas demanda uma articulação de praticamente todos os ramos do conhecimento, da geologia à biologia, da matemática à física, da filosofia às ciências sociais, da arqueologia à semiologia.

Por isso, para definir as causas antrópicas (humanas) dessas mudanças, cientistas e pesquisadores de todo o mundo têm se dedicado a um novo ramo transdisciplinar do conhecimento: a ciência do sistema Terra. Caso as motivações humanas dessa transformação venham a se confirmar em todas as suas evidências científicas, a Terra como um todo estaria entrando agora em uma nova época biogeológica: o Antropoceno. Ou seja: um período definido pela marca indelével do *Homo sapiens* neste pequeno planeta perdido nos confins do universo.

José Eli da Veiga é um dos maiores representantes brasileiros desse conceito e dessa ciência nascente. Professor sênior do Instituto de Energia e Ambiente da Universidade de São Paulo (IEE-USP) e docente ao longo de trinta anos da Faculdade de Economia, Administração e Contabilidade da mesma universidade, é autor de O *Antropoceno e a Ciência do Sistema Terra*. Trata-se de uma obra que nasceu clássica. Um marco nacional e internacional sobre esse debate. Mas qual a definição específica de Antropoceno? Qual fatia temporal esse conceito recobre? Quais critérios são utilizados para a sua mensuração? Aqui começam os pontos de divergência.

A formação do planeta Terra data de 4,5 bilhões de anos. Em 3,8 bilhões de anos surgem os primeiros seres vivos. Em 541 milhões de anos se inicia o Éon Fanerozoico, ligado ao surgimento (*fanos*) dos primeiros organismos e formado por três eras: Paleozoica, Mesozoica, Cenozoica.

A Era Cenozoica começou há 65 milhões de anos, com a extinção dos dinossauros. Cada uma dessas eras é subdivida em períodos. A Cenozoica se subdivide em três períodos: Paleógeno, Neógeno e Quaternário.

Há 6 milhões de anos andou pela Terra o último ancestral comum a humanos e chimpanzés. Há 2,6 milhões de anos o gênero *Homo* emergiu e evoluiu, demarcando o começo do Período Quaternário. Há 1 milhão de anos o fogo passou a ser utilizado de modo controlado pelo *Homo erectus*. E, há cerca de 200 mil anos, surgiu o *sapiens* na África Ocidental. O Período Quaternário por sua vez contempla duas épocas: Pleistoceno e Holoceno.

O Holoceno começou por volta de 12 mil anos atrás. O termo vem do grego *holo* (todo) e indica a integração das diversas formas de vida. Diferentemente dos mais de 2 milhões de anos de duração do Pleistoceno, a grande estabilidade climática do Holoceno permitiu a cooperação e a expansão dos humanos. Concomitante ao ingresso no Holoceno, ocorre a transição entre duas idades, do Paleolítico ao Neolítico, demarcada pela agricultura e pelo sedentarismo.

Estamos então no Éon Fanerozoico, na Era Cenozoica, no Período Quaternário, na Época Holoceno e na Idade Contemporânea. Essas datações são feitas a partir de testes biofisioquímicos e configuram um ramo da geologia: a estratigrafia. Os estratótipos são camadas biogeológicas de estratigramas que deixam marcas desses diversos tempos da vida e da Terra. Essa datação é estabelecida de acordo com regras rígidas da Comissão Internacional sobre Estratigrafia. Esses levantamentos têm apresentado evidências suficientes para definir que o impacto do *sapiens* na Terra está colocando fim ao Holoceno e gerando essa nova época biogeológica: o Antropoceno. Se o Comitê Executivo da União Internacional de Ciências Geológicas (IUGS) ratificar essas análises, teremos a oficialização dessa nova época.

O termo foi empregado pela primeira vez em 2000, por Paul Crutzen, Prêmio Nobel de Química (1995). Em 2008, a Comissão Estratigráfica da Sociedade Geológica de Londres decidiu considerar a formalização dessa nova época. Contudo a demonstração empírica dessa transformação ainda continua suscitando ajustes conceituais. Teríamos evidências suficientes da intervenção humana para demarcar essa nova época? Seria uma época ou apenas uma nova idade, como a moderna e contemporânea? Um dos desafios dessa nova ciência é conseguir integrar duas temporalidades: a geológica e a humana.

Os defensores da Grande Aceleração (J. R. McNeill e Peter Engelke) não têm dúvidas sobre os signos da intervenção humana na Terra. Algumas evidências estratigráficas revelam que determinadas alterações produzidas desde 1945 são inéditas e jamais vistas nos últimos 500 milhões de anos. Isso mesmo: nas últimas décadas a Terra tem sofrido alterações que nunca sofreu em meio bilhão de anos. Para demarcar a força dessa civilização tecnológica, George Ter-Stepanian cunhou o termo Tecnoceno. Este, porém, não conseguiu substituir a amplitude e a abrangência do termo Antropoceno.

Alguns autores vêm se preocupando em pensar o Sistema Terra de um ponto de vista efetivamente global. É o caso de Kate Raworth, criadora da Teoria Doughnut. A teoria cujo modelo visual tem a forma da famosa rosquinha. E contempla três matrizes para o desenvolvimento: uma base social, um espaço seguro e justo para a humanidade, dentro de uma economia regenerativa e distributiva, e um teto ecológico. Na segunda metade dos anos 1980, a Nasa promoveu um simpósio e deu ensejo ao Diagrama de Bretherton, concebido pelo matemático homônimo e um dos mais completos modelos de compreensão sistêmica de todos os fatores envolvidos na dinâmica da Terra.

Essa visão sistêmica da Terra foi inaugurada no início dos anos 1970, a partir de uma intuição fornecida por Carl Sagan a James Lovelock e a Lynn Margulis, criadores da Teoria Gaia. A hipótese central seria de que a vida na Terra tem uma finalidade (*telos*): a manutenção do equilíbrio (homeostase). Algumas observações têm negado essa premissa. Diferentemente do que foi proposto por Lovelock-Margulis, a biomassa da Terra não cresceu. Atingiu um ápice entre 1 bilhão e 300 milhões de anos. E se estabeleceu. A diversidade da vida tampouco. Manteve-se estável nos últimos 300 milhões de anos.

Contra essa versão otimista da autopoiesis (autorregulação), baseando-se em estudos sobre extinções em massa e na hipótese de uma iminente sexta extinção (Elizabeth Kolbert), Peter Ward criou a versão oposta: a Teoria Medeia. Por causa de um efeito colateral do processo de evolução, a vida seria inimiga da vida. Haveria uma assimetria entre a mudança das espécies e a permanência da biosfera. Durante o último período da Era Paleozoica (Permiano), há 250 milhões de anos, 90% das espécies marinhas e 70% do total da biota morreram. Gigantescos volumes de magma lançados por vulcões produziram uma multiplicação descontrolada de bactérias anaeróbicas assassinas.

Abordagens como essas ensejam visões catastrofistas. Em 2003, Martin Rees propôs que não passaria de 50% a chance de continuarmos neste planeta até 2100. Em 2017, o eminente cosmólogo Stephen Hawking gerou apreensão coletiva ao dizer que a humanidade teria não mais do que trinta anos de sobrevida na Terra. O mesmo ocorre com as visões neomalthusianas (William Vogt e Paul Ehrlich) que reeditam a teoria de Thomas Robert Malthus (1766-1834), reverendo que definiu o seguinte axioma: a resposta à abundância é mais abundância. Como protozoários e mosca-das-frutas, os humanos devem consumir todos os meios circundantes (*Umwelten*) e devem se multiplicar até os recursos da Terra se esgotarem e, junto com eles, a possibilidade da vida.

Essas expectativas fatalistas também estão ligadas a crenças sobre demografia. O Grupo da Universidade de Leeds defende a tese de que a Terra não pode suportar mais de 7 bilhões de humanos. Ecólogos como Erle Ellis e Ted Nordhaus combatem essa fixidez da capacidade de suporte humano. Recorrem às lacunas dessa equação, inapta a incorporar fatores tecnológicos, sociais e políticos incomensuráveis, ou seja, especificamente humanos. Contudo, se levarmos em consideração que o Sol deve se extinguir apenas daqui a 5 bilhões de anos, não deixam de parecer ociosas essas investigações sobre a erradicação iminente dos seres vivos.

Eli expõe essas controvérsias com clareza e uma miríade de referências bibliográficas atuais. Mas se coloca mais próximo de Toby Tyrrell. Baseado no conceito de coevolução, este procura uma terceira via de compreensão entre o fatalismo de Medeia e o otimismo de Gaia. Para Eli, o grande desafio dessa nova ciência seria conceber uma teoria global capaz de contemplar uma quádrupla evolução: do planeta (geosfera), da vida (biosfera), da natureza humana (antroposfera) e do processo civilizador (tecnosfera).

Atualmente, os estudos apenas oscilam entre a biosfera e a geosfera, a estrutura do planeta e a estrutura da vida. Não conseguem integrar o impacto humano e técnico em um modelo conceitual complexo. Seria preciso criar padrões de previsibilidade que transcendam os aspectos físicos e contemplem a indeterminação do comportamento humano e das tecnologias. Outra dificuldade inerente às pesquisas sobre o Antropoceno é conseguir isolar as variáveis antropogênicas primárias e as interações entre sistemas biofísicos complexos não humanos. Em outras palavras: compreender em que medida algumas das consequências detectadas têm sua origem em um impacto estritamente humano ou em outras variáveis naturais.

Mas, quando falamos em Sistema Terra, o que queremos dizer? O que é um sistema? A origem da teoria geral dos sistemas se encontra na obra de Niklas Luhmann, Humberto Maturana, David Rousseau e, sobretudo, em um artigo de Ludwig von Bertalanffy de 1950. As relações complexas parte-todo estão pressupostas nas teorias sistêmicas. E a visão sistêmica pode ser aplicada a qualquer ciência, ser ou fenômeno. Essas abordagens sistêmicas são ligadas a alguns conceitos atuais como emergência, coevolução, complexidade e indeterminação.

Todos esses conceitos são desenvolvidos por Eli na parte final, a mais densa do livro. O conceito de emergência é nuclear em todas as ciências, naturais e humanas. Um de seus precursores é a teoria das catástrofes do matemático francês René Thom (1932-2002), desenvolvida também pelo pensador francês Jean-Pierre Dupuy. Outro é a análise dos percursos não lineares de sistemas dissipativos e fora do equilíbrio, realizada pela filósofa belga Isabelle Stengers e pelo russo Ilya Prigogine, Nobel de Química em 1977. Como a teoria dos sistemas, o conceito de emergência define os seres e fenômenos não a partir de suas qualidades inerentes, mas a partir das qualidades que emergem das relações entre esses mesmos seres.

Um átomo, por exemplo. O átomo não é uma unidade substancial. O átomo é um sistema constituído de partículas cujas interações não podem ser separaras da observação. Ele tem qualidades que tampouco são intrínsecas a suas partes. São qualidades emergentes de acordo com a natureza das interações das partes. Por sua vez, as partículas subatômicas têm mais propriedades do sistema do que o sistema tem das partículas. O todo depende das partes. E cada parte altera o todo. A organização sistêmica do átomo transforma a própria natureza de seus componentes atômicos. Entendido assim, o átomo passa a ser concebido como sistema e não apenas a partir da natureza da soma de seus constituintes elementares. Uma teoria geral dos sistemas seria uma ciência transdisciplinar capaz de descrever todas as dinâmicas não lineares, interações e *feedbacks* envolvidos na gigantesca massa de interações e reticulações que compõem a Terra.

Nesse sentido, as teorias sistêmicas e o conceito de emergência se conectam à teoria da complexidade cujos expoentes são Edgar Morin e Michel Serres. A integração entre pensamento sistêmico e pensamento complexo foi proposta por William Ross Ashby a partir de uma renovação da cibernética (ciência da informação). A etimologia do termo viria de *complexus*:

diversos elementos entrelaçados e que devem ser compreendidos sob todos os seus ângulos e pontos de vista. Morin recorre à imagem da tapeçaria: não podemos conhecer a gênese de um tecido sem percorrer todos e cada um de seus fios. A teoria da complexidade combate três tipos de erro: o pensamento parcial, o pensamento binário, de tipo ou-ou que não concebe as alternativas e-e, e o pensamento linear.

A complexidade é a tentativa de determinar as leis oriundas de uma multiplicidade de interações e de fatores. As leis dos processos complexos decorrem de um número elevado de interações entre partes que geram propriedades emergentes. Morin pensa os processos complexos a partir de três operadores: holograma, recursividade e dialogismo. O primeiro é uma imagem que possui em cada um de seus pontos a quase totalidade da informação do objeto representado. O segundo é a capacidade dos efeitos de um circuito serem a causa do próprio circuito. O terceiro é a identificação de duas lógicas opostas que se parasitaram e produzem sua autoexclusão.

Joachim Schellnhuber chega a definir a consolidação da teoria dos sistemas como uma nova revolução copernicana. O Brasil tem aos poucos se posicionado nesse marco da complexidade sistêmica por meio de nomes como Ricardo Abramovay, Lucia Santaella, Edgar de Assis Carvalho, Jorge de Albuquerque Vieira. Se essa revolução se consolidar como se espera, o trabalho de José Eli da Veiga será um dos pioneiros e um dos mais substanciosos dessa revolução. Não se trata de colocar a Terra de novo no centro do sistema solar. Nem de revogar a posição central do Sol nesse mesmo sistema, como querem algumas tristes e inesperadas superstições do mundo atual. Essa nova revolução copernicana se baseia em compreender a Terra como um processo integrado de tantas nuances e de tanta complexidade que será como se a estivéssemos vendo pela primeira vez.

DAVID WALLACE-WELLS
E A SEXTA EXTINÇÃO

AQUECIMENTO

É muito pior do que você imagina. Com esta frase retumbante, David Wallace-Wells, jornalista de ciência da revista *New York* e do *The Guardian*, especializado em aquecimento global, abre *A Terra Inabitável: Uma História do Futuro*. Em primeiro lugar, vale frisar que o autor não se considera um ambientalista. Descendente de judeus emigrados, passou a vida inteira em ambiente urbano, longe da natureza. A pesquisa sobre o aquecimento começou a lhe revelar cenários bem mais desastrosos do que as versões correntes. Anos de investigação sobre o assunto revelaram algumas verdades inconvenientes. A obra é fruto de entrevistas com dezenas de especialistas e do cotejo de centenas de artigos científicos da última década. Por fim, mesmo desenhando uma Terra em processo veloz de destruição, Wallace-Wells se considera um otimista. Se isto é otimismo, imaginem o que seria o pessimismo? Esta é a pergunta que fica ao leitor ao fim da obra.

O termo *efeito estufa* surgiu em 1850, quando John Tyndall e Eunice Foote analisaram o primeiro pico industrial da América. O físico estadunidense Roger Revelle (1909-1991) foi o primeiro a anunciar o aquecimento global. James Hansen foi o primeiro a testemunhar o aquecimento global diante do Congresso dos Estados Unidos (1988). E Wallace Smith Broecker, ainda hoje em atividade, herdou dele o conceito e foi um dos popularizadores desse debate, cuja importância cresceu de modo avassalador nas últimas duas décadas. O que é o aquecimento global? É um fenômeno de alteração global do clima comprovado cientificamente. Decorre do aumento da emissão de gases estufa, tais como o carbono e o metano, de origem humana ou não humana, que deteriora a camada de ozônio da atmosfera, responsável por filtrar os raios ultravioleta do sol e regular os ciclos de calor e frio nas diversas partes do planeta.

CASCATAS

O autor adverte: esta obra não é sobre a ciência do aquecimento. É sobre as alterações radicais dos modos de vida no planeta que o aquecimento deve produzir, em curto e médio prazos. O grande problema de disfunções sistêmicas da Terra é que elas são agentes multiplicadores. Não se trata apenas de uma elevação de temperatura, com problemas maiores ou menores. Trata-se de uma gama de fenômenos correlatos, alguns catastróficos. Para descrevê-los, Wallace-Wells usa a imagem da cascata.

Quais os principais efeitos cascata? A obra prevê a migração de até 1 bilhão de pessoas até 2050, entre as quais 200 milhões seriam refugiados. Nesse mesmo intervalo de tempo, cerca de 150 milhões de pessoas devem morrer, o equivalente a 25 Holocaustos. Um aquecimento de 11 °C ou 12 °C produziria a morte de metade da população do planeta. Com o aumento de apenas 5 °C, partes inteiras do globo ficariam incompatíveis com a vida humana. É pouco provável um aumento de 5 °C a 6 °C até 2100. Mas os relatórios do Painel Intergovernamental sobre Mudanças Climáticas (IPCC, em inglês) preveem cerca de 4 °C de elevação global.

Mais de 10 mil pessoas morrem por dia em decorrência da poluição. Esta também pode estar na origem de doenças mentais em crianças. O aumento do dobro de carbono em que nos encontramos hoje (930 por milhão) geraria uma queda da capacidade cognitiva geral da ordem de 21%. Atualmente, 98% das cidades estão acima do limiar de segurança da OMS. Metade das espécies animais estará extinta até 2100, segundo o eminente zoólogo E. O. Wilson, criador da sociobiologia. O mesmo Wilson prevê a hipótese da Meia-Terra habitável. Outros autores lidam com a hipótese da Terra-Nenhuma.

O aumento da emissão dos gases estufa é 100 vezes maior do que em qualquer outro momento da história do *sapiens*. Os mamíferos são máquinas térmicas. Resfriar-se e se aquecer são os modos de ser dos organismos. Essas alterações não impactam apenas a vida em termos orgânicos. Produzem efeitos cascata políticos, sociais, culturais, como migrações, guerras, crises hídricas e alimentares. Geram violência, genocídios, distúrbios psíquicos, entre outros. Combates e guerras voltam a surgir no horizonte em decorrência do clima.

Há problemas demográficos decorrentes do aquecimento, pois o limite de produtividade econômica e agrícola obedece a uma capacidade de carga populacional (Paul Ehrlich). Alguns autores propõem surtos de afogamentos: culturas inteiras transformadas em relíquias submersas (Jeff Goodell). Preveem-se também uma mudança do cinturão global do trigo, escassez e deslocamento da produtividade de produtos primários.

A elevação do nível dos oceanos deve extinguir boa parte das praias. Milhões de anos serão precisos para o quartzo e o feldspato formarem novas praias. Há também o efeito albedo (Peter Wadhams): quanto mais o gelo derrete nos polos, mais luz solar é absorvida, gerando mais efeito estufa. Também estamos na iminência da morte dos oceanos e do branqueamento dos corais.

A corrida pela desextinção de espécies (Torill Kornfeld) não será feita apenas em laboratórios, nem gerará novos Jurassic Parks. Ela decorrerá do aquecimento. O capitalismo fóssil, um dos geradores do aquecimento, pode reativar camadas profundas de um passado pré-humano e meta-humano. Viveremos a ressurreição de pestes consideradas extintas. Vestígios da gripe de 1918 foram descobertos congelados e podem ressurgir. A Terra abriga cerca de 1 milhão de tipos de vírus ainda não catalogados. Uma diferença de 1 °C a 2 °C pode produzir alteração das bactérias e desses vírus, ativando-os e produzindo megamortes.

PRISMA E COGNIÇÃO

Se há tantas evidências quanto a esses desastres iminentes, por que não ocorre uma mudança de atitude em relação a esses fenômenos? A resposta é simples: o *sapiens* possui diversos vieses cognitivos de justificação. São mecanismos de adaptação e sobrevivência que se cristalizaram ao longo da evolução. A imagem definidora seria a seguinte: o *sapiens* atual observa os predadores como se estivesse em uma redoma de vidro. Acredita que esteja protegido, porque atingiu o topo da cadeia alimentar. Crê que esteja imune à natureza, porque a domesticou. E essa é a pior de todas as ilusões.

Wallace-Wells sumariza os diversos vieses cognitivos que envolvem a psicologia das denegações desses fenômenos extremos: 1. Ambiguidade: na dificuldade de conviver com uma realidade incerta, opta-se pela alternativa mais segura, mesmo sendo a menos verdadeira. 2. Ancoragem: explicação de fenômenos complexos a partir de um ou dois fatores simples que nos apaziguam, mas não os explicam. 3. Antropocentrismo: crença na supremacia humana em todos os âmbitos da vida e da natureza. 4. Automação: preferir os algoritmos à reflexão sobre determinados problemas. 5. Espectador: esperar que os outros ajam antes de agirmos. 6. Confirmação: priorizar informações que confirmem as nossas crenças. 7. *Default*: preferir uma opção apresentada por alguém à investigação de alternativas. 8. *Status Quo*: preferir as coisas como estão, por piores que sejam. 9. Dotação: tendência a exigir mais do que o que foi dado para a mudança de um valor. 10. Ilusão de controle: imaginarmos que as situações estão sob nosso controle. 11. Otimismo: crença de que tudo vai dar certo e ser superado. 12. Pessimismo: crença de que nada pode ser feito para alterar determinadas situações.

O grande problema é que o oposto de cada um desses vieses cognitivos não é a superação da ilusão e a compreensão dos fatos. É a adesão a um viés cognitivo diferente. Estamos sempre vendo a realidade pelos prismas de um caleidoscópio. Isso impossibilita a interrupção da cascata dos autoenganos. O ponto de vista define a metáfora ou a narrativa que cada um tende a ressaltar. Isso dificulta o trabalho da ciência em expor as evidências como evidências. Os fatos rapidamente se convertem em metáforas. As metáforas passam a trabalhar a serviço do amálgama de sensações de cada indivíduo, não da sobrevivência coletiva. E assim se perde a dimensão real do desastre para o qual estamos caminhando.

NARRATIVAS

"Tornei-me a morte, a destruidora de mundos." No laboratório de Los Alamos, Robert Oppenheimer teria se lembrado desses versos do poema indiano *Bhagavad Gītā* ao concluir os testes da bomba atômica. E depois arrematara: "Funcionou". O terrível do projeto civilizatório humano não é apenas seu poder destrutivo. O terrível é que ele funciona. Não é por acaso que esse efeito destruidor em escala global reativa mitos arcaicos de criação e destruição de mundos. Isso ocorre porque a resposta aos vieses cognitivos sempre será uma fábula, uma metáfora, uma alegoria. Por isso, a extinção do *sapiens* e a inviabilidade da vida na Terra são usinas infinitas de narrativas.

A forma narrativa de se referir ao desastre do clima demonstra que não temos consciência de sua gravidade. As distopias sempre imaginam um antimundo futuro em relação ao mundo presente. E quando o que está em questão é o colapso da Terra, ou seja, a inviabilidade mesma do mundo e dos mundos? Qual o interesse de ver na tela algo que transcorre pelas janelas? Esse é o impasse das narrativas sobre aquecimento global. O diorama (maquetes tridimensionais dos museus) continua sendo o padrão das narrativas de ficção. Entretanto, o colapso do mundo deve exigir não apenas novas narrativas. Deve exigir uma concepção de narrativa que não represente, mas englobe o real. Nesse sentido, o horror e fantasia ambientalistas e o novo gênero batizado de ficção climática (*cli-fi*) ainda estão defasados. As narrativas podem ser também formas de evasão e de diversionismo cognitivo. Wallace-Wells exemplifica com o problema das abelhas.

Sem abelhas, sem polinização. Sem polinização, sem multiplicação de boa parte da fauna. A morte de espécies vegetais compromete a existência de outras espécies vegetais. Estas, por conseguinte, promovem a extinção de espécies animais. E assim por diante. Devido à sua potência, a alegoria das abelhas tem sido usada pelos ambientalistas para descrever um verdadeiro Armagedom ecológico. Porém pode ser uma forma indireta de nomear o suicídio coletivo que não estamos vendo. E não queremos ver. Dar voz a animais sem voz serve para mitigar o drama especificamente humano da extinção.

As narrativas da extinção do humano também produzem efeitos paradoxais. No começo do século XX, o escritor Robinson Jeffers criou o inumanismo: uma concepção espiritual baseada na consciência da destruição iminente do *sapiens*. O climatologista alarmista Guy McPherson, biólogo e professor emérito da Universidade do Arizona, é um dos defensores da extinção humana a curto prazo. Por curto prazo entenda-se: daqui a dez ou vinte anos. Como uma das respostas ao colapso do clima, McPherson defende a prática do poliamor na Stardust Santuary Farm. E ministra uma oficina chamada Só o Amor Permanece, uma iniciação que se enquadra no que se convencionou chamar de milenarismo pós-teológico. Wallace-Wells o define como um gnóstico climático. Alguém que pretende extrair uma verdade espiritual da extinção em massa, iminente e em marcha.

O filósofo e matemático britânico Bertrand Russell se apoiara no escritor Joseph Conrad para descrever a vida humana civilizada como uma caminhada sobre uma crosta fina de magma. Essa crosta parece se tornar cada vez mais tênue. E enseja uma variedade de repercussões psíquicas, culturais, religiosas. A Dark Ecology pretende abordar a dimensão existencial da condição do *sapiens* em uma natureza devastada. Também há os indiferentes. As tonalidades de indiferença ambiental dos consumidores modernos passaram a receber nomeações: econiilismo (Wendy Lynne Lee), niilismo climático (Stuart Parker), adeptos do regime climático (Bruno Latour) e do fatalismo climático, protagonistas do ecocídio e do futilitarismo humano (Sam Kriss e Ellie Mae O'Hogan).

SOLUÇÕES

Quando o assunto é clima, aquilo que parece solução quase sempre é fantasia. E, na linha dos vieses cognitivos, nos planos político e econômico todos apelam para aquilo que Thomas Piketty define como "aparato da justificativa". Todos os problemas se tornam insolúveis, pois para cada não solução de um problema existe uma justificativa.

Sob todos os pontos de vista que se observe, a solução para o desastre do clima é apenas uma: tecnologia. Para lembrar William Gibson, escritor de ficção científica e um dos expoentes do *cyberpunk*, "o futuro chegou, só não foi distribuído de modo igualitário". Mas a tecnologia muitas vezes se mostra apenas como mais uma peça do quebra-cabeça. Por exemplo, o sonho de Gibson seria a possibilidade de emissões negativas de poluentes. Essas emissões são possíveis hoje. Bastaria o uso da bioenergia de sequestro de carbono (BECCS). Entretanto, para equilibrar a relação emissão-sequestro seria preciso criar fábricas anti-industriais ao redor de todo o globo. Reduzir a emissão de carbono em 20 partes por 1 milhão exigiria 1 bilhão de aparelhos desses. O custo giraria em torno de 300 trilhões de dólares, quase quatro vezes o PIB mundial. Por seu turno, a geoengenharia não consegue reverter a emissão na mesma proporção da sua produção. Um dos motivos é que os combustíveis fósseis não são substitutivos, mas aditivos. Ou seja: novas tecnologias limpas não vão impedir a continuidade do uso e da extração dos combustíveis fósseis.

Outra solução seria ideológica. À medida que a política é um "multiplicador moral", medidas de políticas públicas coordenadas entre países poderiam mitigar os efeitos e reverter alguns desses processos. Uma das dificuldades: para que isso ocorresse, seria necessário haver uma superação do pensamento binário baseado na alternativa infernal (Isabelle

Stengers) capitalismo *versus* Terra. Além disso, de acordo com a doutrina do choque (Naomi Klein), as forças do capitalismo reagem às mudanças sociais de modo a continuarem se mantendo hegemônicas. Pensadores tanto de esquerda quanto de direita valorizam a revolução econômica baseada do capitalismo fóssil. Tanto que, desde o fim da Guerra Fria, as emissões de carbono têm aumento devido à corrida pela conquista dos mercados de energia não renovável.

Outro problema advém dos avanços pequenos e às vezes nulos das novas tecnologias em relação ao crescimento e à distribuição global de riqueza. Mesmo nas nações pós-industriais mais ricas, o desenvolvimento proporcional significativo é pequeno em comparação ao que era um século atrás. Ao contrário dos entusiastas, a revolução do computador tampouco trouxe ganhos *per capita* ou aumentou a produtividade em termos globais (Robert Solow).

A desigualdade, por sua vez, tampouco declinou. O Reino Unido, um dos primeiros a produzir gases de efeito estufa, seria um dos menos afetados pelo colapso do clima, o que demonstra que causadores e consequências não operam em simetria. A terceirização do carbono apenas desloca os locais e camufla a gravidade global de seu impacto. Surgem cenários de indeterminação entre o local e o global. Muitos novos conflitos e guerras podem emergir por motivos que parecem políticos e locais, mas o que estará em disputa é a dominação de recursos que foram esgotados por causa de ações globais. Por fim, a panaceia da energia nuclear ainda traz o amargo peso de estar atrelada aos nomes e lugares dos acidentes que a marcam: Three Mile Island, Chernobyl, Fukushima.

Esse emaranhado de soluções parciais e de problemas insolúveis decorre da estrutura disso que se passou a definir como filantrocapitalismo. Em vez de se reestruturar os sistemas e meios de produção, recorre-se às alternativas tapa-buracos, às premiações de agentes menos poluidores, aos discursos humanistas, ou seja, à filantropia que sustenta boa parte do ambientalismo e da ideologia verde. O colapso do clima é um dos diversos fatores que têm trazido à tona as contradições de uma ficção que funcionou durante algum tempo, mas hoje mostra suas inconsistências: a ordem global.

James Scott, anarquista antiestatal radical, coloca a culpa do aquecimento nos modelos do Estado moderno, oriundos de conquistas e submissões antigas. O célebre historiador israelense Yuval Noah Harari traz a questão do aquecimento global como consequência do modelo desenvolvimentista que emergiu com o sedentarismo, há 10 mil anos, e se acentuou na modernidade. Jared Diamond contribui para compreendermos o problema em uma narrativa de larga escala, a partir da epidemiologia e da ascensão do Ocidente por meio da capitalização das guerras biológicas. Todas essas teorias mais descrevem diagnósticos e cenários do que oferecem soluções.

O FIM DA NATUREZA

Nesse contexto, surge o conceito de "fim da natureza" (Bill McBibben). Não diz respeito apenas à extinção das espécies. Trata da impossibilidade de separar causas humanas de não humanas, naturais e artificiais. Ou seja: uma ecologia para além da natureza, perspectiva lançada pelo esquizoanalista Félix Guattari em sua atualíssima teoria das três ecologias: natural, humana e maquínica. Nesse sentido, centenas de artigos e publicações têm refletido sobre o Antropoceno, a nova época geológica definida pela intervenção humana na Terra e suas marcas. Não existe mais desastre natural. Toda alteração da Terra precisa levar em conta o impacto artificial da tecnosfera criada pelo *sapiens*. Precisa ser compreendida a partir de uma matriz sistêmica.

Muitos autores têm optado pelo conceito de sistema para pensar as atividades humanas e não humanas que compõem a Terra. Os conceitos de natureza e de cultura, de mundo social e de mundo natural, pressupõem um incômodo dualismo. Os sistemas são formas integradas de pensar todas as atividades a partir de suas múltiplas relações, possíveis e prováveis. Os oceanos são sistema circulatórios com especificidades, mas não radicalmente distintos dos sistemas vasculares dos seres vivos, das florestas, dos biomas e da atmosfera.

Essa concepção sistêmica, a despeito de ser mais complexa para compreender as mudanças no clima, é a mais difícil de manejar, porque não opera a partir de binarismos e reducionismos. Enfrenta a difícil tarefa de distinguir a diferença entre correlação com dois eventos e a causação comum a esses dois eventos. Em outras palavras: muitos eventos podem se correlacionar, mas não serem causados um pelo outro, e sim por outra causa, ainda desconhecida.

Diferentemente da espaçonave Terra, sonhada por Buckminster Fuller, e da bela imagem da Terra-Gaia, concebida por James Lovelock, navegando como um barco na noite enorme e vazia (Archibald MacLeish), o nosso planeta estaria mais próximo de um superobjeto (Timothy Morton): um objeto que, devido a suas dimensões e complexidade, não pode ser mensurado. Isso nos impede de controlar os efeitos cascata e o impacto de cada um desses efeitos no sistema-Terra.

A ERA DA SOLIDÃO

Talvez estejamos adentrando não no Antropoceno, mas no Eremoceno: a Era da Solidão (Wilson). Humano e solidão talvez venham a se tornar sinônimos daqui para a frente. Um dos inspiradores dessa visão de mundo é o romancista Richard Power, que definiu a "solidão da espécie" como algo decorrente do "excepcionalismo humano". E esse excepcionalismo é a chave para compreender a excelente, complexa e provocativa argumentação final de Wallace-Wells.

Os naturalistas dos séculos XVII ao XIX, de Robert Hooke a Alexander von Humboldt, de Goethe a Ernst Haeckel e ao próprio Darwin, veneravam o tempo profundo. A hipótese de uma duração ilimitada da Terra e do universo começava a obsedar as mentes. Estas passam a exigir uma narrativa de longa duração onde as mudanças da natureza transcorram ao longo de milhões de anos.

Essa guinada foi nuclear para toda a revolução ulterior da ciência. Contudo, quando sabemos de inúmeras partículas de microplásticos nos alimentos que consumimos, quando sabemos que em Minnesota, durante a década de 2000, carrapatos produziram a morte de 58% de alces, e quando vemos os ursos-polares magros sobre pedaços esgarçados de gelo, algo na perspectiva temporal se abre. Uma fissura. Uma fenda. Um abismo. Isso seria o que o climatologista Michael Mann chamou de ponto de virada: a alteração radical da velocidade em que eventos da natureza têm se dado, passando dos milhões de anos para algumas décadas. Mais do que os flagelos antigos, podemos vivenciar flagelos reprogramados, evoluídos ou mutações, produzidos pela aceleração recente dessa lenta e profunda natureza.

Wallance-Wells explica essa tendência suicida dos humanos? Sim. Em uma seção final onde analisa algumas teorias cosmológicas e experimentos mentais. A primeira é o Paradoxo de Fermi. Diz respeito à indagação do físico italiano Enrico Fermi: se existe vida em outros planetas ou galáxias, onde estão todos eles? Essa teoria ficou conhecida como o Grande Silêncio. A segunda teoria é a do Grande Filtro, desenvolvida pelo economista Robin Hanson. Refere-se a uma especulação sobre as grandes civilizações que desapareceram. A terceira teoria é de autoria de Frank Drake. Baseia-se nas três perguntas da Equação de Drake: 1. Quantos planetas podem apresentar vida? 2. Quantos podem ter vida inteligente? 3. Quantos emitiriam sinais detectáveis dessa vida inteligente no espaço? A quarta teoria é a do polímata Freeman Dyson: as civilizações avançadas não poderiam ser contatadas porque se isolaram do resto do espaço, absorvendo energia de conglomerados de estrelas, enquanto nós nos destruímos dentro do nosso pequeno sistema solar. A quinta teoria é a astrobiologia do Antropoceno, desenvolvida por Adam Frank. Ela se baseia em duas premissas: 1. Vivemos em um mundo muito menor do que imaginamos e nosso conhecimento do universo ainda é insignificante. 2. O que vivemos ocorreu trilhões de vezes antes e, em virtude disso, não conseguimos ter acesso a todas as camadas da história do universo. Por fim, a sexta teoria é baseada no chamado Princípio Antrópico: haveria uma necessidade e um plano do universo na geração da vida humana.

A hipótese do Grande Filtro tem uma clara relação com a tese das extinções em massa, segundo a qual estaríamos prestes a viver a sexta extinção, de acordo com Peter Ward. Pelo Grande Filtro, a Terra e o *sapiens* estariam sendo observados em silêncio por alienígenas. Essa visão ressoa também na teoria do anel exterior: quando os humanos deixam de ser protagonistas e passam a ser coadjuvantes de narrativas e de protagonistas alheios.

Todas essas teorias se articulam e convergem em um ponto: todas explicam e ilustram os limites de nosso conhecimento do universo, bem como a precariedade e a escassez de vida nesse mesmo universo. Contudo, como adverte Wallace-Wells, a mudança climática sempre manifestou fervor pelo Paradoxo de Fermi e pelas demais teorias, e sempre se esquivou ou desprezou o Princípio Antrópico. Ora, aqui mesmo deveríamos buscar a origem do problema e talvez alguma solução.

A excepcionalidade humana e a extinção progressiva de todas as formas de vida da Terra, cuja culminação talvez seja a extinção do *sapiens*, talvez não sejam um enigma ou uma charada a serem decifrados. Talvez sejam a consequência de uma concepção narcisista do universo. Essa concepção se baseia na narrativa antrópica segundo a qual a existência humana é uma fatalidade e uma necessidade no cosmos. Esse egocentrismo seria empoderador e, ao mesmo tempo, destrutivo. Como em uma fita de Möbius, a crença na inevitabilidade dos humanos talvez seja a grande produtora da crença na inextinguibilidade dos humanos.

A crença de que os humanos são irreversivelmente essenciais ao universo produziu as condições de possibilidade da extinção desses mesmos humanos. Para falar como o filósofo italiano Giorgio Agamben, o problema da potência não é a potência. É a ignorância da fragilidade. Nos prismas desse caleidoscópio, entre a centralidade do humano excepcional e o humano que pode vir a desaparecer, podemos escolher qual narrativa nos compete. Mas não podemos escolher outro planeta. Por estranho que pareça, mais do que racional, essa escolha parece ser mesmo autoevidente.

YUVAL NOAH HARARI E AS ERAS HUMANAS

DO *HOMO SAPIENS* AO *HOMO DEUS*

Imagine uma história da vida que aborde milhões de anos passados. E que ouse projetar cenários possíveis de milhares de anos futuros da humanidade. Uma história narrada com recursos da ficção. Os eventos e as ideias transformados em protagonistas, como em um *storytelling*. Uma narrativa do gênero humano concebida como odisseia. Esse é basicamente o empreendimento intelectual do jovem historiador Yuval Noah Harari em duas obras complementares. A primeira é *Sapiens: Uma Breve História da Humanidade*, um best-seller publicado em mais de trinta países e que a L&PM trouxe aos leitores brasileiros em 2015. A segunda é *Homo Deus: Uma Breve História do Amanhã*, lançada em 2016 pela Companhia das Letras.

Harari é fenômeno dos mais interessantes da produção intelectual contemporânea. Doutor por Oxford e professor da Universidade de Jerusalém, tornou-se um dos maiores best-sellers de divulgação de ciência da atualidade. E não deixa de provocar algumas experiências intelectuais contraintuitivas, mesmo para os *scholars* mais exigentes e os leitores especializados. E concilia divulgação científica de alta qualidade com ideias originais, em meio a informações torrenciais e bibliografias cruzadas. Situado na fronteira entre a historiografia e a biologia, já pode ser definido como um dos instigantes pensadores contemporâneos da cultura, como Jared Diamond, Steven Pinker e Frans De Waal. E, em alguma medida, vai além: propõe algumas teses que podemos considerar ousadas e mesmo originais, tanto no âmbito da bioantropologia quanto na área de historiografia e da filosofia contemporânea. A partir de uma escrita que narra o passado e o futuro do *sapiens* sob a forma de *storytelling*, Harari não poupa expor suas intuições polêmicas e abordar temas de extrema complexidade, como a ontogênese da consciência e o impacto da especiação iminente, quando o *sapiens* deve se bifurcar em um novo hominídeo.

A tese de *Sapiens* diz respeito ao papel desempenhado pelas narrativas na hominização, ou seja, no processo de milhões de anos que gerou o *Homo sapiens* a partir dos primatas superiores. Para tanto, Harari cria o conceito de "realidades imaginadas" ou "ordens imaginadas". As narrativas não seriam apenas relatos que serviram para registrar eventos de nossos antepassados. As narrativas foram a urdidura capaz de manter os grupos humanos coesos. Em outras palavras: as narrativas promoveram nossa sobrevivência como espécie. Essas narrativas não se assemelham ao que desde o século XIX se convencionou chamar de ficção. Harari concebe a arte, as religiões, a filosofia, os impérios, os Estados e inclusive a ciência como ordens imaginadas. O humano não é apenas um animal racional (*sapiens*). É acima de tudo um *Homo narrans*: um animal narrativo. Um animal capaz de relatar suas experiências e dotar de sentido um mundo sem sentido. A partir dessa premissa, Harari supera o dualismo que norteia a ciência moderna. O humano deixa de ser cindido entre o puramente biológico e o puramente cultural. O humano é um tecido intersubjetivo de narrativas coletivas.

A partir dos princípios da seleção natural darwiniana, tais como ausência de finalidade (*telos*), seleção, adaptação e complexidade, Harari descreve a evolução do gênero *Homo* na África (2,5 milhões de anos). Em seguida, passa ao surgimento do *Homo sapiens* (200 mil anos) e às práticas dos caçadores-coletores. O arco dessa grande narrativa se desdobra em três revoluções: a cognitiva, a agrícola e a científica. A Revolução Cognitiva (70 mil anos) ocorre justamente quando o *sapiens* começa a criar as primeiras narrativas e se distingue dos demais hominídeos, como o *floresiensis* e o *neanderthalensis*. A Revolução Agrícola (10 mil anos) teria alterado de modo radical o hábitat do *sapiens*, gerando uma lógica paradoxal dos excedentes. Surge o mito que guia a humanidade: hierarquias sociais e acumulação de riqueza. Por sua vez, as cidades, a administração e o dinheiro produziram os imperialismos e universalismos que estão na gênese das religiões universais. Coube à Revolução Científica relativizar os mundos conhecidos (século XVI até hoje) e até mesmo nossa noção de conhecimento. O *sapiens* descobre sua insignificância. Aprofunda-se um novo paradoxo: quanto maior é a potência da ciência, maior é a impotência da razão. A ciência promoveu um esvaziamento das explicações tradicionais do mundo. A relação de simbiose entre ciência e império produziu também a crença em um crescimento ilimitado.

O tempo presente representa o paroxismo dessa revolução científica. E sinaliza para uma das mais profundas transformações da humanidade. A substituição das tecnologias do carbono pelas tecnologias do silício inaugura um novo estágio da vida na Terra. A seleção natural, regida pelo acaso, cede espaço a uma seleção artificial, programada pela biotecnologia. O ciclo do *Homo sapiens* foi definido pela construção da eternidade por meio das narrativas religiosas. Em breve uma inesperada aliança entre religião e tecnologia deve realizar o projeto de divinização do humano: o *Homo deus*. A odisseia do *Homo sapiens* até agora se baseou no combate contra três inimigos: a fome, a peste e a guerra. A nova revolução que nos conduz ao *Homo deus* consiste na realização de outros três imperativos: a felicidade, a imortalidade e a divindade.

Como se sabe, alguns teóricos têm definido a era atual como Antropoceno, à medida que o humano já teria produzido marcas na Terra que terão a duração de eras geológicas. Contudo, para Harari essa nova Era do Humano paradoxalmente vai testemunhar a extinção do *sapiens*. O devir das espécies, as mutações genéticas e a seleção artificial darão origem a novas espécies de hominídeos, como ocorreu há milhões de anos, por meio da seleção natural. As criações *in vitro* e o controle artificial da vida podem tornar a morte obsoleta. A imortalidade terrena deve se consumar com o corpo glorioso do *Homo deus*. Harari chama essa busca de imortalidade de Projeto Gilgamesh.

O advento do *Homo deus* é cada vez mais plausível graças à estrutura paradoxal do humanismo moderno. Para Harari, desde o século XVIII o humanismo se apresenta como secular, mas no fundo é uma nova religião. Desde os primórdios, o humano narra seu embate com Deus e com deuses. A modernidade colocou o humano como protagonista solitário de um drama em um cosmos vazio. A morte de Deus e o eclipse dos deuses acabaram por sacralizar o humano. A narrativa da modernidade engendrou três tipos de humanismos: o liberal, o socialista e o evolutivo. Ao longo do século XX, o humanismo liberal derrotou os outros dois humanismos, o evolutivo-nazifascista e o socialista-coletivista. Mas é cedo para comemorar. O século XXI traz uma novidade: a ciência será responsável pela destruição do humanismo liberal. O liberalismo acredita em indivíduos. A ciência prova que somos seres divíduos ao infinito. Não existe uma unidade metafísica. A alma, o corpo, a mente, as células são infinitamente subdivisíveis em subsistemas fisioquímicos cada vez mais discretos. Mesmo divinizado, o *Homo deus* está fadado a presenciar a morte do eu. A absoluta dissolução da individualidade.

Outro limiar que nos aguarda é o Grande Desacoplamento: a inteligência passa cada vez mais a se desprender da consciência. A vida inteligente não depende mais do corpo biológico. A resposta a esse desacoplamento pode vir por meio de uma restauração tecno-humanista. Ou por meio de uma nova revolução: a religião dos dados sem sujeito, conhecida como dataísmo. À medida que concebe os organismos como algoritmos, o dataísmo pode transpor as fronteiras entre orgânico e inorgânico, entre vida e não vida. Cria assim uma definição de vida que abrange todos os seres sencientes (sensíveis à dor) e não apenas seres conscientes ou inteligentes. Nesse cenário, o humano se dissolveria como poeira no oceano do cosmos e da consciência.

Em *Sapiens* há transições muito rápidas entre os domínios tão heterogêneos da economia, da religião e da ciência. Em *Homo Deus* há um fatalismo dos algoritmos. Se os algoritmos são moldados pelo desejo humano, por que os algoritmos determinam o desejo? Por que o desejo não é capaz de determinar os algoritmos? Contudo, nenhuma dessas objeções macula o brilhante empreendimento intelectual de Harari, autor que não teme se aventurar nas grandes narrativas. E que ousa criar novos passados possíveis e novos futuros prováveis para a nossa frágil e contraditória humanidade.

LIVROS E ESPELHOS

Em *Homo Deus: Uma Breve História do Amanhã*, os argumentos centrais desenvolvidos em *Sapiens* são retomados, agora projetados como cenários futuros para a humanidade, tendo em vista os avanços da biotecnologia, da inteligência artificial e, sobretudo, da onipresença e da onisciência dos algoritmos. O papel nuclear desempenhado pelas ficções em *Sapiens* é protagonizado pelos algoritmos em *Homo Deus*. Algoritmos e ficções: eis as pedras angulares do pensamento de Harari. As ficções não são o oposto da realidade, mas a cola mítica e o horizonte de emergência de toda a odisseia do *sapiens*, bem como o fator decisivo que distinguiu o *sapiens* das demais espécies. Todas as instituições, das religiões às ciências, das filosofias à política, dos Estados à jurisdição, todas as produções humanas são epifenômenos ficcionais e por meio desse tecido intersubjetivo da ficção, diferentemente dos primatas superiores, conseguimos produzir ações a distância (Sloterdijk), comunidades imaginadas, realidades expandidas e cooperações em larga escala. Por isso, a ficção é o conceito-chave para compreendermos não apenas o que nos aguarda no século XXI. Ela é a chave de acesso a cenários realistas para o terceiro milênio. A divisão que deve surgir dessa especiação do *sapiens* em novas linhas de hominídeos não deve dizer mais respeito apenas a divisões socioeconômicas, relativas às classes. A divisão deve gerar uma distinção antropotécnica (Sloterdijk), ou seja, simultaneamente antropológica e ontológica, entre duas castas de humanos: a dos sequenciados pela biotecnologia e a dos filhos da natureza, do acaso, do amor, de Deus ou de outra mitologia envelhecida. Estes formarão as grandes hordas e as hostes dos excluídos dessas novas cosmopolíticas (Stengers), à frente da Linha de Pobreza Biológica (LPB).

Ambos os livros são complementares e se espelham. Em *Sapiens*, Harari pretende mapear a narrativa do humano a partir dos três imperativos que o guiaram até os dias de hoje: a fome, a peste e a guerra. Já em *Homo Deus*, abrem-se horizontes para a exploração especulativa (Whitehead) que deve emergir dos três novos imperativos que devem fundamentar a agenda dos hominídeos daqui para a frente: a imortalidade, a felicidade e a divindade. O plano do livro *Homo Deus* tem como eixo três questões. Primeira: como o *sapiens* se tornou o que é. Segunda: como o humanismo se tornou a religião dominante no mundo. Terceira: por que a tentativa de concretizar o sonho humanista deve paradoxalmente conduzir o humano à sua desintegração em um futuro iminente. Neste texto, pretendo fazer um breve apanhado das principais respostas dadas por Harari a essas questões, tendo em vista os pressupostos lançados em *Sapiens* e expandidos em *Homo Deus*.

IMPERATIVOS E AGENDAS

Harari se vale muito de números para essa argumentação em defesa de um declínio da peste, da fome e da guerra em termos absolutos, observado sobretudo nos últimos três séculos, que convencionamos nomear como modernidade. A presença das epidemias na expansão e nos domínios de umas civilizações sobre outras foi estudada com esmero por Jared Diamond em um clássico da bioantropologia. A tese de Harari se assemelha àquelas defendidas por outros pensadores que veem o processo de modernização como um dos agentes mais importantes para a erradicação da miséria e para a supressão desses antigos imperativos da peste, da guerra e da fome, que têm se tornado aos poucos obsoletos. Nesse sentido, aproxima-se do conceito de sociedade da abundância (*affluent society*) de John Kenneth Galbraith, e das obras de Norbert Elias, Steven Pinker, Francis Fukuyama, Peter Sloterdijk e outros autores que não minimizam o papel desses três agentes humanos, mas defendem a sua diminuição exponencial nas sociedades modernas. O grau de incidência desses três fatores é redimensionado quando abandonamos comparações de pequena escala e abordamos esses fenômenos a partir das cesuras de longa duração, fornecidas pelas metanarrativas e por meio de abordagens do *sapiens* em uma perspectiva evolucionista de larga escala.

Por exemplo, no século XIII, por causa da peste negra, 75 milhões do total de 200 milhões de pessoas morreram, mais de um quarto de toda a população da Eurásia. Na Inglaterra, 4 de cada 10 pessoas pereceram pelo mesmo motivo. A população caiu de 3,7 milhões para 2,2 milhões. A cidade de Florença perdeu 50 mil habitantes, simplesmente metade de sua população. A partir das navegações e expansões do século XIX, a situação não melhorou. O capitão Cook e sua tripulação introduziram patógenos da gripe, da tuberculose e da sífilis no Havaí. Visitantes europeus introduziram o tifo e a varíola. Em 1853, restavam apenas 70 mil habitantes na ilha. No começo do século XX, a gripe espanhola infectou meio bilhão de pessoas, um terço da população do planeta. Essa mesma gripe dizimou 5% de toda a população (15 milhões de pessoas). Por causa de vírus inoculados por estrangeiros, Taiti e Samoa perderam, respectivamente, 14 e 20% de sua população.

Como as guerras e a fome, as pestes e epidemias também têm sua linha decrescente nos séculos XX e XXI, mesmo em um momento humano em que deveria haver maior vulnerabilidade a epidemias por causa do aumento da comunicação e dos meios de circulação. Contudo, hoje a imensa maioria das pessoas morre de doenças não infecciosas, como câncer, doenças cardiovasculares ou simplesmente de velhice. É claro que convivemos cada vez mais com o aumento das superbactérias, produzidas justamente pelo uso irrestrito de combates a doenças transmissíveis. Os microrganismos têm 4 bilhões de anos de experiência acumulada lutando contra inimigos orgânicos, mas sua experiência é nula no combate a predadores biônicos e a novas bactérias sintetizadas em laboratório. A hipótese de Harari, entretanto, é a de que não vivemos uma iminência de guerras bacteriológicas ou químicas, como preveem outros futurologistas, como Jacques Attali. Essa globalização do mundo produziu um sistema global de cofragilidade, como diria Sloterdijk. A membrana do planeta está interconectada por malhas radiculares. O equilíbrio entre violências está ficando cada vez mais sutil e fino. A violência contra o outro e a violência contra si acabaram encontrando uma estranha homeostase.

Com relação à fome, os dados também são impactantes. Aproximadamente 2,8 milhões de franceses (15% da população) morreram de fome entre 1692 e 1694, enquanto Luis XIV, o Rei Sol, flertava com suas amantes. As regiões do globo onde ainda existem ondas maciças de fome vivem situações como essa mais em decorrência de problemas políticos locais do que em decorrência de catástrofes naturais ou da escassez de alimentos. Em 1974, a informação era de que seria impossível alimentar 1 bilhão de pessoas que viviam na China. Desde então, milhões de chineses têm sido resgatados da fatalidade da fome. E a fome tem sido erradicada, tanto na China quanto em outros países em desenvolvimento. Hoje a fome e a subnutrição matam cerca de 1 milhão de pessoas ao redor do mundo. Ao passo que a obesidade mata 3 milhões. Na Idade da Pedra, um ser humano médio tinha 4 mil calorias por dia a seu dispor. Um americano médio hoje usa 228 mil calorias por dia para o corpo, o carro, a televisão, o computador, a geladeira. Usa 60 vezes mais calorias do que um caçador-coletor. Não bastassem esses dados, entre 1950 e 2000 o PIB americano cresceu de 2 trilhões para 12 trilhões. Um salto de 600%. Daqui se segue a anedota repetida por Harari: o açúcar é mais perigoso que a pólvora.

E os perigos inerentes à natureza humana? Em relação às guerras e às diversas formas de violência que conduzem à mortalidade, Harari também insiste em relativizar os números atuais. Enquanto nas antigas sociedades agrícolas a violência humana foi causa de 15% de todas as mortes, durante o século XX a violência provocou apenas 5% da perda de vidas. No século XXI, essa mesma violência é responsável por apenas 1% da mortalidade global. Desde a Idade da Pedra até a era do vapor, das tribos do Ártico às tribos do Saara, durante dezenas de milhares de anos cada pessoa da Terra sabia que a qualquer momento seus vizinhos poderiam invadir seu território, derrotar seu exército, chacinar a sua população e ocupar sua propriedade. A guerra foi um imperativo durante milênios e estava atrelada aos princípios da economia política do *sapiens*. O *Homo sapiens* foi por isso por milênios um *Homo necans* (homem matador), como Walter Burkert o demonstra em seu brilhante estudo. Semelhantemente ao que descreveram Sloterdijk, Michio Kaku e outros pensadores, para Harari a guerra, como a entendemos, está se tornando obsoleta e pouco lucrativa. Hoje a maior fonte de riqueza seria o conhecimento. Mesmo a chamada paz atômica, defendida pelos teóricos da dissuasão nuclear, segundo a qual quanto mais países possuam energia nuclear, menor a probabilidade de seu uso, seria um paradoxo nesse debate acerca da violência. Depois das eras da terra, dos territórios e das mercadorias, estaríamos ingressando na era do saber (Pierre Lévy). Em virtude do declínio desses imperativos que regularam o *sapiens* durante milênios, a humanidade estaria adotando uma nova agenda, fundada sobre três novos imperativos: a felicidade, a imortalidade e a divindade. À medida que a peste, a fome e a guerra são aos poucos dirimidas ou controladas, o que então poderia obstruir a emancipação humana em direção à conquista dessas nobres ideias? Em *Homo Deus*, Harari se concentra em fazer o levantamento de todos os paradoxos e contradições presentes em cada um dos três imperativos dessa nova agenda.

IMORTALIDADE E DIVINDADE

A questão da imortalidade surge diretamente de pesquisas cada vez mais comuns e efetivas das ciências da natureza: a capacidade de gerar seres amortais. Não se trata de seres imortais, pois serão organismos que poderão morrer de causas acidentais. Mas não por desgaste biológico ou por envelhecimento. A morte e o processo de decomposição das células não estarão inscritos nos seus tecidos vivos. Como diria o físico Richard Feynman, não existe nada no conhecimento da biologia que negue a possibilidade de erradicar a morte. No mesmo sentido, seguem os empreendimentos de Ray Kurzweil, um dos principais proponentes da teoria da singularidade, o evento que deve alçar a humanidade a um patamar nunca antes imaginado.

Para Kurzweil, a morte é um problema técnico. Algo como uma gripe: "Vamos resolver a morte". Assim como o *big bang* é uma singularidade no plano cosmológico, pois não se pode especular sobre o que existiu antes da existência do universo, porque outras leis teriam regido esse momento anterior à criação das leis do cosmos, o *sapiens* estaria hoje em um umbral da hominização e em uma passagem rumo à singularidade.

Para corroborar essa tese, Harari recorre a uma interpretação da religião, que exerce um papel nuclear em todo o seu sistema. Durante toda a história do *sapiens*, as religiões e as ideologias não sacralizaram a vida em si mesma. Sacralizaram sempre algo situado acima ou além da existência terrena, em uma dimensão metaempírica. Isso explica por que os sistemas religiosos sempre foram muito tolerantes com a morte. Mais do que isso, sempre se basearam em uma crença na inexorabilidade da morte como o alicerce fundamental do transmundo que se insinua no plano além-vida. O cristianismo, o hinduísmo e o islamismo não existiriam em um mundo sem morte, ou seja, sem céu, inferno e reencarnação. A mortalidade e sua contrapartida, a promessa de imortalidade fora do mundo, são a espinha dorsal da axiologia (sistema de valores) que norteou o *sapiens* desde as cavernas, representada precariamente pelos sistemas religiosos. A divinização do humano começa no século XVIII, justamente com a revolução científica. É protagonizada pelo humanismo liberal. Não por acaso, coincide com a mecanização dos animais, que passam a ser tratados como matéria-prima de reposição de energia dos organismos humanos.

A busca da imortalidade e da felicidade implica um controle das qualidades divinas por parte dos humanos. Para atingir essa meta, a evolução dos humanos à condição de deuses pode seguir três engenharias: a engenharia biológica, a engenharia cibernética e a engenharia de seres inorgânicos. A primeira diz respeito à seletividade dos genes dos humanos e dos demais seres vivos. A segunda se refere à programação e à reprogramação da vida por meio dos algoritmos. A terceira consiste em uma alteração das propriedades fisioquímicas, de modo que a vida possa amplificar seu poderio. Se analisarmos essas mudanças a partir dos sistemas não lineares (Prigogine e Stengers), não conseguiremos quantificar o que cada alteração do *sapiens* pode trazer de impacto e de produção de cenários futuros. Uma mudança relativamente pequena nos genes, hormônios e neurônios do *Homo erectus* (produtor de facas a partir de lascas de pedra) o transformou no *Homo sapiens* (produtor de computadores e espaçonaves). Há um grau exponencial de incomensurabilidade entre as condições iniciais dos sistemas e o impacto ulterior dessas mesmas alterações, objeto dos modelos desenvolvidos pelas teorias da complexidade.

A despeito da exatidão dos contornos e da fisionomia desse novo *Homo*, Harari designa como *Homo deus* esta nova espécie divinizada que deve surgir de um entroncamento do *sapiens*. Será tão distinta do *sapiens* quanto os *sapiens* são distintos do *erectus*. Durante 4 bilhões de anos a seleção natural vem promovendo ajustes nos organismos. A seleção promoveu as passagens dos unicelulares e dos protozoários a répteis e destes aos mamíferos e ao *sapiens*. Nada nos leva a supor que o *sapiens* será o fim da linha da evolução. Depois de 4 bilhões de anos de seleção natural regida pelo acaso, estamos ingressando nos primórdios da seleção artificial, regida pela deliberação humana, pela desoneração das forças latentes da antropotecnia e pela *autopoiesis* infinita (Sloterdijk, Varela e Maturana), ou seja, pela engenharia humana e pela seleção artificial. Estaríamos em um limiar de nos liberarmos dos fardos do acaso e da necessidade na seleção, que até agora determinaram a preservação, a mutação e a metamorfose da vida na Terra (Jacques Monod). Nesse sentido, também as tecnologias de química inorgânica podem levar à criação de vida sintética. Devem assim não apenas concorrer para a formação do *Homo deus*, mas dar ensejo ao futuro da exobiologia e de um império intergaláctico dominado por descendentes divinoides do *sapiens* (Kaku). Entretanto, quais seriam as urdiduras capazes de chancelar a união entre imortalidade e divindade nessa nova figura do *Homo deus*? As condições de possibilidade para a emergência desse cenário de imortalidade e divinização do *sapiens* não foram geradas apenas pela ciência e a tecnologia. Há duas forças matrizes que impulsionam o *sapiens* em direção a esse horizonte vazio da hominização: a felicidade e o humanismo.

FELICIDADE E HUMANISMO

Não existe seleção natural para a felicidade. Os genes de um ermitão feliz podem se extinguir. Ao passo que os genes da ansiedade coletiva podem se perpetuar. Entretanto, cada vez mais se domestica a felicidade química. Cresce de modo exponencial a possibilidade de eliminar o desprazer e preservar apenas sensações agradáveis sentidas no corpo. Para Harari, a alma não existe. Não há uma substância metafísica indecomponível capaz de conferir unidade aos organismos singulares. Não existem indivíduos. Existem apenas divíduos. Assim, somos seres subdivisíveis ao infinito. Sistemas decomponíveis em infinitos subsistemas. Diante disso, para sermos felizes basta manipularmos nossa bioquímica ou delegarmos o controle dessa homeostase a um sistema alheio: os algoritmos.

Ora, é nessa chave da busca infinita por felicidade que Harari aloca o projeto do humanismo liberal. Houve três projetos humanistas. O humanismo nazifascista, que consistiu na proposição de um super-humano e, por isso, utilizou o darwinismo social para a construção ficcional da narrativa de uma raça pura e da existência ficcional de uma hierarquia na natureza. Houve o humanismo socialista, que criou uma narrativa alternativa, fundada nos ideais de igualdade e de universalidade da espécie humana, igualmente ficcionais. Ambos os projetos foram destruídos pelo terceiro humanismo vitorioso: o humanismo liberal. O liberalismo é a religião do eu e da subjetividade. Essa religião liberal acredita na capacidade de mensurar os estados de felicidade a partir das experiências do sujeito e se baseia em uma crença na desinibição infinita (Sloterdijk) da felicidade terrena.

Nisso a religião do humanismo liberal é distinta de todas as religiões anteriores do *sapiens*. A maioria das religiões e ideologias reivindica parâmetros objetivos para o bem, o belo e a felicidade. O budismo se dedicou exaustivamente à compreensão da felicidade. O sofrimento para o budismo nasce da identificação entre as sensações e o eu. As sensações estão sempre oscilando e passando do prazer ao desprazer. Apenas mediante a dissociação entre o eu e a flutuação das sensações a consciência pode se libertar do sofrimento e, em certo sentido, da própria morte. Para a maior parte das doutrinas e sabedorias antigas e medievais, o eu não pode se identificar com as sensações, pois nesse caso ficaria sempre preso às flutuações das sensações transitórias de dor e prazer. Em 1776, os Estados Unidos instituíram o direito à felicidade. Trata-se de um dos direitos inalienáveis do ser humano, junto com o direito à vida e à liberdade. Essa lógica conduziu a humanidade a eleger a felicidade como o segundo objetivo mais importante do século XXI. Desde então, o telhado de vidro da felicidade é sustentado por dois pilares: um psicológico e outro biológico. O psicológico diz respeito às sucessivas sensações de prazer de que podemos gozar. O biológico consiste na seguridade corporal e de saúde que podemos obter hoje em dia.

Para Epicuro, a felicidade consistia em um controle entre prazer e dor. A busca de prazer, ou seja, de felicidade, sem moderação, traria infelicidade. Para Buda, algo semelhante: a busca de sensações prazerosas é a raiz do sofrimento. A identificação entre o eu e as sensações é a grande cilada dos sentidos e o labirinto do pensamento e do desejo. Para os utilitaristas, no extremo oposto dessas proposições, a felicidade baseia-se na eliminação da dor. O lema de John Stuart Mill e de outros utilitaristas que forjaram os modelos de vida moderna se baseia em duas teses. Primeira: a felicidade é igual ao prazer. Segunda: o prazer consiste em uma minimização da dor. Essa visão utilitarista se converteu na ortodoxia científica e filosófica do século XXI. Do ponto de vista darwiniano, essa sobrevalorização da felicidade é um imenso erro. Durante milhões de anos, o sistema bioquímico humano foi adaptado para promover a sobrevivência e a reprodução, não para aumentar a felicidade. Caso um animal se contentasse com sua felicidade em um bosque e não conseguisse prever a escassez de alimentos ou o ataque iminente de predadores, esse animal estaria extinto. E, no entanto, as fórmulas científicas têm se desenvolvido a contrapelo da evolução darwiniana, do crescimento econômico, das reformas sociais e das revoluções políticas. Afinal, para elevar os níveis globais de felicidade precisamos apenas manipular a bioquímica humana.

Os paradoxos dessa sociedade feliz são cada vez mais evidentes. Como acentua Harari, a bioquímica da felicidade é uma das principais causadoras de crimes no mundo. Estima-se que 38% dos presos da Itália, 55% dos presos do Reino Unido e 62% dos condenados da Austrália são criminosos relacionados ao mundo das drogas. Entretanto, o controle das drogas é apenas o começo de um amplo projeto de controle amoral da bioquímica humana a serviço da felicidade. Se a evolução não adaptou o *sapiens* a ponto de o tornar apto a experimentar prazer constante, a bioengenharia pode corrigir essa imperfeição evolutiva. A biotecnologia pode vir a ser o projeto de um prazer ininterrupto. Uma promessa de felicidade total. O segundo projeto seria a reengenharia do *sapiens* para algo inédito na história humana: a experiência do prazer amortal. Não a *eudaimonia* epicurista (controle das sensações), mas uma deificação utilitarista do eu. Um humanismo deificado. Uma santificação do humano. Uma glorificação do sujeito.

ALGORITMOS E DEUS

Se a morte, a dor e o mal existem, e não há uma explicação racional para sua existência, é sinal de que existiria uma explicação não racional e não natural: uma explicação divina. O declínio das religiões, a morte de Deus e a universalização das promessas seculares promovidas pela ciência, pela tecnologia e pela modernidade produziram uma minimização da dor e da morte, pedras angulares da explicação da vida pelos sistemas religiosos. Disso decorre que nunca a felicidade esteve tão presente na cultura humana quanto nos últimos séculos. Entretanto, o *sapiens* se ilude. Imagina que matar Deus e colocar o humano no centro do universo é uma forma não religiosa de vida. O que chamamos de modernidade, para Harari não é nada mais do que a religião da humanidade, a sacralização do *sapiens*, ou seja, a produção das condições evolucionárias para a especiação e a mutação do *Homo sapiens* em *Homo deus*. Essa nova religião chamada humanismo é apenas a primeira figura, efêmera e indefinida, do processo de divinização do humano que se encontra em franca expansão. E que deve produzir uma das sociedades mais injustas que jamais existiram.

Durante trezentos anos o mundo tem sido dominado pela narrativa humanista, que santifica a vida, a felicidade e o poder do *sapiens*. Humanismo e perfectibilidade (Passmore e Sloterdijk) são as cifras secretas desse novo mundo que se anuncia. A imortalidade, a felicidade e a divindade são apenas as conclusões lógicas da religião humanista: a antropotécnica (Sloterdijk). O culto ao humanismo dominou o mundo e, paradoxalmente, lançou as sementes de sua própria destruição. Contudo, como sempre, Harari gosta de enfatizar os paradoxos. O paradoxo dos caçadores-coletores nômades e animistas era a incapacidade de fixação e de ampliação de suas riquezas simbólicas. O paradoxo da revolução da agricultura era materializado em verbos de crescimento: as pestes se propagam, as doenças proliferam, a demografia explode. Cresce a acumulação primitiva de bens primários e se aprofunda o abismo da divisão de classes. Por conseguinte, mais e mais guerras e disputas por territórios. Por sua vez, o paradoxo da revolução científica consiste no seguinte axioma: ao expandir o conhecimento do universo, da vida e da matéria a confins infinitos e imensuráveis, o *sapiens* produziu como contrafigura uma imagem do humano ainda mais insignificante, precário, aleatório e excêntrico em relação a esse mesmo universo descortinado por esse mesmo ato de conhecimento.

O mesmo sistema paradoxal ocorre com o humanismo liberal, ou seja, com a deificação do humano levada a cabo pela modernidade e pelo utilitarismo. O alicerce dessa divinização deve ocorrer por meio da aliança entre duas entidades tão prosaicas quanto abissais: a felicidade e os algoritmos. A felicidade como força centrífuga e de êxodo ontológico dos humanos em direção à solução de suas ambivalências estruturais, ou seja, rumo à erradicação da humanidade do humano. Os algoritmos como forças centrípetas. Serão novos aparelhos (Flusser) e gestores da liberdade alienada voluntariamente pelos divíduos que enfim descobriram que não são indecomponíveis. Esses novos superorganismos articulados em uma mente coletiva e em redes neurais serão os novos transumanos que devem emergir desse longo processo evolucionário de divinização, imortalidade e sacralização do humano. Paradoxalmente, a mesma tecnologia que eleva os humanos à condição de deuses deve reduzir esses mesmos humanos à completa irrelevância e, por que não, à iminente extinção. Por isso, mais do que as relações humanos-humanos, as relações humanos-animais e humanos-deuses são o melhor modelo para prever as eventuais relações futuras entre super-humanos, infra-humanos, transumanos e derivações (Pierre Lévêque, Claude Lévi-Strauss e Donna Haraway). Como no conto de Kafka, por meio dessas relações podemos imaginar o *sapiens* não mais como um deus em relação a um primata superior. Mas como um macaco em potencial. Um futuro animal em relação a esse *Homo deus* que se encontra agora na iminência de emergir no horizonte temporal.

UMA OUTRA ORDEM MUNDIAL

O historiador israelense Yuval Noah Harari se transformou em um fenômeno. Ocupa um lugar muito peculiar na cena intelectual contemporânea. Até uns poucos anos atrás, era autor de três obras e de alguns artigos destinados a especialistas. Entretanto, *Sapiens: Uma Breve História da Humanidade* (2014), escrito originalmente em hebraico, projetou seu nome de modo vertiginoso. Há anos nas listas de best-sellers em diversos países e traduzido para mais de trinta idiomas, o livro o catapultou à posição de celebridade mundial. O mesmo pode-se dizer de *Homo Deus: Uma Breve História do Amanhã* (2016) e de *21 Lições para o Século 21* (2018). As três obras formam um painel coeso do passado, do futuro e do presente da humanidade, respectivamente.

Doutor pela Universidade de Oxford e professor da Universidade Hebraica de Jerusalém, Harari tem uma carreira que se distingue do padrão. Respeitado pela comunidade acadêmica, embasado em vasta documentação científica, sua escrita atinge o grande público sem banalizar as questões. Hoje é um dos palestrantes mais requisitados e dos mais bem pagos do mundo, com remunerações que chegam à casa dos seis dígitos. O conjunto de sua obra pode ser definido como uma divulgação científica de excelente qualidade. Mas não se esgota nessa definição. Arrisca teses autorais, voos inesperados, *insights* surpreendentes, tudo em uma escrita ensaística admirável. Gay assumido, ateu, vegano, judeu e praticante de meditação, Harari vive com seu cônjuge, Itzik Yahav, em uma *moshav* (comunidade cooperativa) perto de Bete-Semes, no distrito de Jerusalém.

Essa perspectiva singular de sua vida e de sua obra, na fronteira entre a norma e a exceção, faz de Harari um pensador muito importante para a compreensão da crise que a humanidade atravessa com a pandemia de coronavírus (Covid-19), analisada no libreto intitulado *Na Batalha contra o Coronavírus, Faltam líderes à Humanidade*. Originalmente escrito em inglês, a pedido da revista *Time*, e publicado em 15 de março de 2020, o libreto-ensaio da edição brasileira faz parte de uma campanha de estímulo à leitura e à informação durante a quarentena. E tem acesso gratuito na versão Kindle.

Quem conhece a obra de Harari vai logo identificar algumas de suas teses orientando esse ensaio-libreto. Primeira: a defesa de uma agenda global. Segunda: existe apenas uma civilização. Ele enfatiza a necessidade de uma quarentena prolongada, essencial para conter a expansão da pandemia. Mas não nega que um isolacionismo indefinido produziria um colapso econômico. Por isso, "o verdadeiro antídoto para epidemias não é a segregação, mas a cooperação". Afinal, os humanos diferem dos demais seres vivos por causa das "ficções coletivas" que criaram para si. E as ficções nos possibilitam gerar "ordens imaginadas" e "cooperação flexível". É justo essa cooperação e essa flexibilidade entre nações que serão exigidas de nossa humanidade.

Harari lembra que em 1918 a gripe infectou meio bilhão de pessoas. Estima-se que tenha matado 100 milhões em menos de um ano. Entretanto, relativiza a semelhança de danos entre as pestes do passado e a pandemia do presente. As sociedades modernas, fruto da ciência, do capitalismo e da tecnologia, por mais que tenham problemas, conseguiram difundir alguns sistemas de proteção civilizacionais, como vacinas, medicina preventiva e higiene. Por isso, apesar do drama de epidemias como a aids e o ebola, no século XXI as epidemias por enquanto matam um número menor de pessoas do que outras epidemias desde a Idade da Pedra. A velocidade da detecção de doenças é uma arma em prol do *sapiens*. A teoria da evolução possibilitou aos cientistas analisar os "manuais de instrução" dos agentes patogênicos. Enquanto os pensadores medievais não conseguiam explicar a peste negra de modo satisfatório, pois mal tinham a noção da existência de vírus e bactérias, os cientistas atuais levaram menos de duas semanas para identificar a nova Covid-19.

Mesmo antes na Idade Média as epidemias se propagavam. Durante o século XVI, contaminados que chegaram à América foram o estopim para que processos virais produzissem verdadeiros extermínios dos ameríndios. Ou seja: antes da globalização existia uma propagação global de doenças virais. Ainda que as conexões globais de hoje fossem reduzidas, que os países fechassem suas fronteiras, que se desenvolvessem economias locais e que se restaurasse um mundo de isolamentos equivalente ao mundo do século XIII, mesmo assim os surtos virais se espalhariam pelo mundo. Essa evidência mostra um fato claro: a solução efetiva não está em combater a globalização, em fechar fronteiras ou em retornar a um período pré-moderno. A solução está em dois conceitos: informação e solidariedade. Informação científica fidedigna, com a maior circulação possível. E solidariedade entre nações e povos. Esse é um ensinamento central das pandemias: elas não comprometem um país, uma população, uma economia, um governo. Elas comprometem toda espécie humana e todas as regiões do mundo.

Outro ponto delicado e muito complexo: as mutações. Cada humano infectado possui trilhões de partículas virais se multiplicando em seu corpo. Essa multiplicação consiste em trilhões de oportunidades que esses vírus têm de sofrer mutação. Ou seja: o vírus tem chances de se adaptar melhor ao organismo humano e se fortalecer, tornando-se mais letal e adquirindo imunidade aos medicamentos. Por isso, outro desafio das pandemias é este: não estamos nos relacionando com um inimigo estável. Além de pouco conhecido, o inimigo pode se camuflar, adquirindo novas potencialidades destruidoras. Isso pode dificultar ainda mais o combate, adiar ainda mais a descoberta das vacinas e, no limite, impossibilitar a erradicação. É o que ocorreu com a mutação do ebola chamada *makona*, quatro vezes mais poderosa do que a primeira versão do mesmo vírus.

Por outro lado, a Terra possui uma abundância dessas entidades inorgânicas chamadas vírus, em uma diversidade maior do que a das bactérias. Se todas as formas de vida estão mergulhadas em vírus, como ocorre essa disfunção? Como se originam as pandemias, entre elas a atual pandemia? Em boa parte, decorrem da privação de serviços básicos de saúde de milhões de pessoas ao redor do globo. Outro motivo, não citado por Harari, é a devastação de ecossistemas. O epidemiologista David Quammen define esse fenômeno como transbordamento, título de sua obra de *Spillover: Animal Infections and the Next Human Pandemic* (2012). A destruição de ecossistemas pode produzir o transbordamento do vírus, do animal para o humano. E basta que o vírus mutante adentre um único ser humano para que se irradie para toda a esfera da humanidade.

Outra chave para vencer as pandemias? Confiança. Confiança dos cidadãos nos poderes públicos, de cada indivíduo nos especialistas de cada ciência e, inclusive, nos especialistas da informação, como os jornalistas. E confiança dos países uns nos outros. Depois de uma década de fechamento de fronteiras, de restrições de acesso, de xenofobia, de segregacionismo e de neonacionalismo, as políticas que alimentaram a descrença na ciência devem sair abaladas. A ironia da atual pandemia é esta. A Covid-19 está realizando o isolamento mundial que os movimentos antiglobalistas tanto reivindicavam. Mas apenas uma agenda global, baseada em ciência, em acordos transnacionais e em uma colaboração entre nações poderá curar a humanidade do vírus, reordenar a economia e devolver o mundo à normalidade.

Sem confiança e solidariedade, não será possível vencer a crise decorrente da Covid-19. Muito menos os efeitos cascata decorrentes, e que podem ser ainda muito piores, como adverte David Wallace-Wells, jornalista de ciência e especialista em mudanças climáticas. Como afirma Harari, podem existir muitas culturas. Mas existe apenas uma civilização. Para combater problemas globais, apenas agendas globais. Para corrigir desvios da sociedade produzida pela tecnociência, apenas a tecnociência. A batalha agora não se trava mais entre diversos segmentos econômicos, sociais, políticos e étnicos da humanidade. A batalha se trava dentro da humanidade como um todo. Como toda crise, pode ser uma oportunidade para a construção não de uma *nova*, mas de uma *outra* ordem global, mais equânime e inclusiva.

EU, PRIMATA

Diferentemente do que nos acostumamos a crer, o *Homo sapiens* raramente é racional. E apenas vez ou outra é ereto, embora pareça. Essa é uma artimanha ilusionista que temos comprado ao longo de milênios. A observação e a experiência o comprovam. Animal, sim. Bípede, sem dúvida. Mas onde entra a racionalidade? A diferença entre nós e os neandertais não é de natureza, mas de grau. Observe um pé de brócolis durante 1 bilhão de anos e ele transformar-se-á em um homem. Deixe uma ameba ao longo de 1 bilhão de anos diante de um piano e você terá um Mozart.

Se não existe crítica sem alguma margem de dúvida, tampouco existe dúvida sem uma margem de crença. A crença é tão ou mais importante do que o ato de duvidar para chegar a qualquer conhecimento aproximado da realidade. Como diria Vilém Flusser, se a dúvida metódica se transformasse em dúvida existencial, ou seja, em dúvida da dúvida, só nos restaria uma saída: o suicídio. E este seria um suicídio filosófico. Ou seja: uma insípida autoaniquilação. Essa é a crítica mais comum ao ceticismo de tipo pirrônico.

Porém, a dúvida, diferentemente da crença, não é uma exceção no processo cognitivo. Duvidamos como respiramos. Ortega y Gasset diz algo nesse sentido com seu conceito de razão vital. Se a crítica da crítica oferece problemas epistemológicos, a fé na dúvida também os oferece. Todos aqueles que ao criticar algo não se veem nesse algo criticado, criam botes salva-vidas e mecanismos de neutralização.

Agem ou por ingenuidade teórica ou por malícia estratégia. Querem se mostrar menos conscientes do que poderiam ser ou mais lúcidos do que realmente são. Qualquer conhecimento da realidade só existe de modo encarnado. Nunca como forma abstrata. Nesse sentido, toda a realidade e tudo o que existe, de pior e de melhor, não passam de um espelho. É apenas isso o que somos: um espelho. E não por acaso só a partir desse momento começam de fato a especulação e o pensamento especulativo.

Por esses e outros motivos, a humanidade do homem não se baseia na racionalidade. Consiste no simples fato de sabermos conviver com a morte de uma maneira mais cruel do que os nossos avós. A consciência que temos do nosso destino tornou-se inversamente proporcional à capacidade de aceitá-lo. Isso tornou a vida mais complexa. E nos humanizou. Essa é a lógica paradoxal que funda a humanidade do homem. Não uma substância metafísica distinta, seja a alma ou a razão. O limiar do humano e os contornos externos dessa clareira imprecisa são transumanos. Não há deserto. Todos os espaços do universo são povoados.

Porém atenhamo-nos aqui. Creio que justamente nesse erro de perspectiva radique boa parte dos nossos enganos. O lado oculto da verdade, para falar com Heidegger. Ao pensar o ser humano como o fim de um processo linear de acomodações, adaptações e acasos, passamos a entender a racionalidade como o corolário de um desenvolvimento biológico. Mas a racionalidade e a biologia são duas ordens de fenômenos absolutamente distintos. São antinomias. Um paradoxo.

O homem é um animal que não deu certo. Um aborto bem-sucedido da natureza. Entre o animal racional e a fonte intelectiva do homem, corre um abismo. E é por isso que a rotina da humanidade sobre a face incandescente do planeta é de uma monotonia indescritível. Foi preciso 1 milhão de anos para pararmos em pé. E tantos outros milhões para aprendermos a usar o dedo anular.

Como diz Carl Schmitt, todos aqueles que falam em nome da humanidade o fazem com o intuito de enganar. Essa mentira da unidade racional da espécie humana serviu durante muito tempo para domesticar as massas, criando um horizonte de crenças nas quais elas pudessem contemplar as suas faces espelhadas sem sentir nojo. A humanidade não existe. A racionalidade não é aquilo que separa os homens dos animais, mas sim o que separa os humanos de si mesmos. É uma exceção à biologia humana comum que nos coube. Um processo de excentricidade do humano em relação ao seu fundamento movediço. Uma ponte que conduz do humano ao transumano.

Nossa odisseia cotidiana sobre a Terra não deve nada à razão, mas tão somente a mecanismos instintivos de sobrevivência, seleção e adaptação. E ao hábito, a mais antiga religião do mundo. A razão é o mais bem distribuído dos dons e o oceano da consciência abrange todo o universo, vivo e não vivo. Não quer dizer que não possamos atribuir uma dignidade ontológica distinta a centopeias, toupeiras, abelhas e golfinhos. A mesologia não se debate mais com esses falsos problemas. Se tudo é relacional, meio e substância não se distinguem. Por isso não há nada extrínseco aos processos naturais. Não existe nenhum corpo e nenhuma entidade que não seja racional.

E ENTÃO O ANIMAL CRIOU O HUMANO

Libertação dos beagles dos laboratórios de pesquisa. Manifestações em defesa dos direitos animais. Cartilhas descritivas dos afetos de que são capazes todas as vidas sencientes. Essa agenda não é uma exclusividade da religião verde nem dos seguidores mais excêntricos de Peter Singer. É apenas um capítulo de um debate que se torna cada vez mais cotidiano no século XXI.

Por quê? Porque as transformações ideológicas decisivas desde a Renascença podem ser reunidas sob um único fenômeno: o declínio das mitologias abraâmicas como modelos de explicação do mundo. Todos nós somos fruto do eclipse das metanarrativas monoteístas. A modernidade nada mais é do que a demolição de todas as mitologias que enfatizam a centralidade do homem na Criação.

Mas de onde vem essa concepção segundo a qual os humanos seriam radicalmente distintos de todas as demais formas de vida? Essa clareira humana sobrenatural pode ser historicamente rastreada. Surge com o advento da sacralidade da pessoa humana. Feitos à imagem e semelhança de Deus, participamos de sua essência diretamente, como perceberam muitos escolásticos em brilhantes silogismos.

Isso demarca nossa diferença em relação aos animais, cuja participação da substância divina não se faz de modo direto, mas por analogia. Na modernidade, essa fronteira tende cada vez mais a se apagar. Após o golpe dado por Darwin nessas ideias, deixamos de ocupar o centro da evolução da vida. Não temos prevalência em relação a outras espécies ao longo dos bilhões de anos do processo evolucionário da vida no planeta. Mas em termos restritos, a troca de substâncias e o princípio de identificação entre homens e animais vêm de longe. É muito anterior à noção de um Deus transcendente, além-linguagem e fora da natureza.

Os devires animais e vegetais eram os mais potentes meios pelos quais as religiões arcaicas instauravam realidades. O devir-planta e o devir-animal são duas matrizes da atividade simbolizadora dos povos antigos. São formas centrais do imaginário simpático arcaico, como Pierre Lévêque demonstrou em seus brilhantes estudos sobre as relações entre homens, animais e deuses em todas as culturas mediterrâneas pré-cristãs. A presença numinosa de tantas figuras antropomorfas dos panteões da Antiguidade não se exauriu. Teve uma longa duração mesmo em cultos e ritos populares do cristianismo.

No século XIX, Taylor propôs o animismo como o mais elementar e universal modelo explicativo da realidade. O mundo tem alma. As coisas inanimadas também a têm. A pedra, a planta, o céu, os rios e, sobretudo, os animais se movem em imagens criadas em sonhos e visões. E o fazem porque são animados, têm *anima*. Em suas análises dos sistemas totêmicos australianos, Durkheim também constatou a anterioridade lógica dos animais em relação à cultura humana. Em todos os níveis de organização da cultura e da natureza opera a mesma força impessoal e indeterminada: o mana.

O mesmo ocorre com o conceito de participação mística, desenvolvido por Lévy-Brühl em sua análise da lógica primitiva. Os sistemas dedutivos universais de Lévi-Strauss tampouco ignoram a preeminência formal dos animais nas definições de vida. Fazem-no mediante a análise da estrutura paradoxal dos mitos, entendidos como instrumentos lógicos de mediação de antinomias inconciliáveis. Portanto, como narrativas que se desdobram em um espaço-tempo meta-humano.

A solidarização entre as criaturas sofredoras é uma invariável antropológica. O estreitamento ontológico entre animal e humano está no cerne das narrativas religiosas orientais. E constituem um dos legados cultural do próprio darwinismo. Porém o modo pelo qual resolveremos os impasses deflagrados com essa identificação ainda é uma aporia. Estaríamos vivendo uma crescente paganização do mundo? Seria esse um caminho para reverter o desencantamento do mundo, produzido pela racionalização das religiões monoteístas, segundo Max Weber? É preciso ler essa questão à luz de uma abordagem mais fecunda: a biopolítica.

Definir humanidade como sensibilidade à dor e direitos humanos como tudo que consiga minimizar o sofrimento é uma das divisas da filosofia utilitarista, que se universalizou com a mundialização do capital. Nessa chave, toda a questão moral humana se reduziria a um movimento de satisfação de apetites, minimização da dor e adiamento da morte. Isso revela que há uma contradição profunda na defesa dos direitos animais. Porque ao conferir direitos aos animais eu estou, simultaneamente, animalizando a escalada de valores que definem o que venha a ser, seja em termos pragmáticos ou deontológicos (universais), a humanidade do ser humano.

Se a humanidade do ser humano não é a soma de prazer, desprazer e satisfação de apetites, é preciso que se ampliem muito os conceitos de consciência animal, de modo que essa ampliação acolha também zonas discretas esquecidas pelos humanos. Zonas meta-humanas que inclusive concorreram para que o *Homo sapiens* viesse a se tornar o que se tornou e ser o que é. Caso contrário, todo discurso ecológico e de liberação animal pode ser entendido como passos titubeantes à entrada de uma caverna.

Por meio desse novo movimento, não serão mais os hominídeos que domesticarão os animais. Mas o inverso: nós é que começaremos a ser domesticados por eles. Deus criou o homem à sua imagem e semelhança. Mas Deus está morto. Resta agora ao homem refletir-se no espelho da natureza para se criar a si mesmo à imagem e semelhança dos animais. Quanto a isso, nenhum assombro. Nada de novo sob o sol. Ao fim e ao cabo, em um futuro incerto, alguém que não acredite nem em Deus nem nessa fábula certamente virá para domesticar humanos, animais, natureza.

RENÉ GIRARD: A PRIMEIRA NARRATIVA

EU

Na impossibilidade de definir o que vem a ser o tempo, Santo Agostinho cunhou a sua famosa afirmação. Segundo ele, se penso o que é o tempo, eu o perco. Se não o penso, eu o sei. O mesmo ocorre com uma das menores e mais poderosas palavras de qualquer língua: eu. Sou apenas onde me ausento. Se penso o que sou, perco-me. Definir-se parece ser a melhor forma de se evadir de si. Refletir é evitar-se. Tal é a potência que esse singelo pronome pessoal da primeira pessoa do singular exerce sobre nós.

Tanto que uma das maiores obras da língua portuguesa foi edificada a partir de uma revolução ao redor desse enigma monossilábico. A heteronímia de Fernando Pessoa é uma das mais singulares dissoluções do eu jamais realizadas na literatura. Em seus escritos estéticos, Pessoa descreve a origem conceitual dos heterônimos. Diz-nos que cada sensação produz uma nova paisagem da alma. E cada nova paisagem, um novo eu.

Não por acaso a teoria do sensacionismo desenvolvida pelo poeta é a raiz da diluição sistemática de Pessoa ele-mesmo e a gênese ficcional dos seus 127 heterônimos. Essa descrição está também presente em "Autopsicografia", sua brilhante autodefinição poética. E, ao contrário do que se convencionou pensar, o enigma da dissolução do eu, dramatizado por Pessoa, não é um caso isolado.

A divisão do eu não é apenas um recurso artístico. Ela pretende nos comunicar algo tão singelo quanto monumental: a essência da literatura. E a essência da literatura é a constatação de que nossa consciência é cindida. Ela é ao mesmo tempo originada na linguagem e dividida pela linguagem. O eu é o que há de mais próximo e o que há de mais distante. É a sede da consciência e ao mesmo tempo aquilo que a impede de se fundir em si mesma, pois isso nos levaria à morte.

Por isso, a literatura é o drama paradoxal da consciência alienada de si por si mesma. Ocorre para nos lembrarmos a todo instante que em um momento da evolução da espécie nós nos alienamos de nós mesmos para podermos sobreviver. Despojamo-nos do animal que um dia fôramos para podermos habitar a clareira humana que intuímos um dia virmos a nos tornar. A literatura é a ferida dos animais divididos. Ela chancela nossa humanidade.

LINGUAGEM E CONSCIÊNCIA

O maravilhoso documentário de Werner Herzog sobre a Caverna de Chauvet mostra o enigma do nascimento da consciência. Mais antiga manifestação da arte humana, descoberta em 1994, com vestígios situados entre 30 mil e 40 mil anos atrás, uma de suas principais inscrições remete às famosas estatuetas femininas, semelhantes às Vênus de Willendorf e de Hohle Fels. Outros signos denotam a presença do fogo. E este, a hipótese de que esses primeiros hominídeos humanos cultuavam suas sombras nas paredes. Os arqueólogos acreditam que as imagens projetadas na gruta funcionavam como um caleidoscópio da alma. Nesse sentido, essas projeções duplicadas e multiplicadas de entes reais, fossem eles animais ou *sapiens*, são os primeiros relatos conscientes da alma humana.

Na verdade, os signos dessa divisão antropológica de nossa consciência estão presentes ao longo da evolução, desde muito antes desse período. Quando não pudemos mais nos ver espelhados nas faces de nossos irmãos chimpanzés, nós os assassinamos. Ao assassiná-los, inscrevemos uma linha divisória. A palavra-grunhido que nomeia essa transgressão também inscreve uma diferença específica no seio de uma semelhança genérica. Em meio à luz do autorreconhecimento de meu rosto espelhado no rosto alheio, surge-me um rosto estranho. Não me reconheço mais no outro que um dia fui. Emerge enfim um abismo que me separa do outro e de mim mesmo. Surge assim a cisão entre natureza e cultura. O eu se divide. Nasce a consciência.

É claro que essa separação das espécies e o nascimento da consciência levaram milhões de anos para se consumar. Mas a formação da linguagem também. E é ela que nos separa das outras temporalidades do mundo. Como diz Paul Ricoeur, o tempo faz-se humano na medida em que se torna narrativo. Todos os mitos do mundo são variações e desdobramentos, mais próximos ou mais longínquos, dessa divisão imemorial que nos funda. A narrativa do Paraíso perdido, presente em todos os povos e em todas as culturas, nada mais é do que uma mitificação dessa fratura da consciência. A literatura moderna é a mitologia de um mundo sem Deus. Uma maneira cotidiana e secular de ritualizar a emergência da cultura humana.

Em *Totem e Tabu*, Freud narra esse assassinato fundador como o acontecimento central que inaugura a civilização. Ao se insurgirem contra o pai arcaico, que dominava todas as fêmeas e exercia o poder pela violência, os hominídeos pré-históricos não apenas o teriam assassinado, mas também o canibalizaram. Para Freud, esse episódio sinaliza a interiorização da culpa como forma de expiação do desejo de matar o pai, ou seja, como uma internalização ambivalente da lei pelo inconsciente. Mas, antes de seguirmos esses caminhos de floresta pela aurora da civilização, façamos um desvio em busca de uma clareira.

O TRIÂNGULO

Além da psicanálise, outras teorias nos ajudam a compreender a dinâmica da consciência em diversos níveis da nossa vida. Uma delas é a desenvolvida por um dos maiores pensadores da atualidade: o antropólogo e crítico literário René Girard. Formado em paleografia, Girard começou sua carreira ministrando cursos em teoria da literatura nos Estados Unidos. Dessa experiência, organizou o material para um de seus primeiros livros: *Mentira Romântica e Verdade Romanesca*. Em sua análise de três séculos de clássicos da literatura, concentrou-se especialmente em quatro autores: Cervantes, Stendhal, Dostoiévski e Proust. Mas o que quer dizer esse estranho título? O que vem a ser a mentira romântica? E a verdade romanesca?

Ao analisar esses autores universais, Girard deparou em todos eles com a repetição exata de uma mesma estrutura. Em todas as suas obras, flagrou um processo de conversão. Não uma conversão religiosa, mas uma mudança radical da consciência dos personagens em relação à realidade que os cerca e ao estatuto de suas crenças. Em um primeiro momento, o personagem acredita ser a fonte de seus próprios desejos. Mas alguma reviravolta da narrativa o retira desse engano e lhe mostra a verdade: aquilo que mais desejava, não o desejava por um desejo propriamente seu, mas sim por meio do desejo alheio de um terceiro.

A partir dessa estrutura triangular extremamente simples, Girard intuiu uma das chaves de ouro da ficção. Em outras palavras, a ficção consiste no jogo de ocultamento e revelação da estrutura imitativa do desejo. Os personagens saem da ilusão de serem eles mesmos as fontes de seus próprios desejos (mentira romântica) e, por meio de uma catástrofe psíquica, tomam ciência de que tudo aquilo que desejaram, desejaram mediante o desejo de outros (verdade romanesca). Girard havia intuído um dos núcleos germinativos de seu pensamento: a estrutura mimética do desejo. O desejo nunca é autônomo. É sempre heterônomo, ou seja, eu sempre desejo por meio do desejo do outro.

BODE EXPIATÓRIO

Mas a intuição da forma triangular do desejo ainda iria levá-lo muito mais longe. Se o desejo mimético se manifesta nas obras clássicas da literatura, é porque esses autores geniais teriam conseguido captar a essência do comportamento humano. Nesse sentido, há uma pergunta que não silencia. Todo o sistema ruiria sem a sua resposta. Quem desejou primeiro? Para responder a essa pergunta, Girard trabalhou por onze anos, até a publicação de *A Violência e o Sagrado*, em 1972.

Em primeiro lugar, a obra parte das tragédias gregas, que contêm etapas semelhantes às que mencionei. O herói trágico, o *tragos* (bode), executa o trajeto de saída da ilusão, reconhecimento (*anagnórisis*) e confronto com a verdade. Em seguida, Girard recua no tempo e vai buscar nas pesquisas etnográficas de sociedades arcaicas alguns vestígios dessa intuição do mimetismo primordial. Retoma teses e ensaios clássicos de Freud, dialoga com filósofos e antropólogos, sobretudo Derrida e Lévi-Strauss.

Qual passa a ser a sua hipótese? Nas hordas de hominídeos, desenvolveu-se aquilo que Girard chama de "rivalização mimética". Ela não é negativa. Ao contrário, é necessária à coesão do grupo à medida que gere disputas dinâmicas para a sua manutenção. Mas e quando todos passam a desejar as mesmas coisas? Instaura-se uma crise mimética. Começa a escalada da rivalização.

Essa escalada conduz necessariamente a uma divisão interna. Intuo que preciso do outro para desejar o que desejo. Mas nos níveis cotidianos da minha vida, aquele que está ao meu lado, ao desejar o que eu desejo, se oferece como eventual inimigo que pode roubar o objeto que, em minha ilusão, eu acredito desejar por mim mesmo. Essa escalada de rivalização precisa ser freada. E o é. Mas apenas quando o grupo se percebe prestes a atingir uma autoaniquilação coletiva.

Nesse momento, o que fazer? Projetar em um único indivíduo, certamente inocente, toda a violência endógena gerada na rivalização mimética. Ou seja, assassiná-lo. Após esse linchamento apaziguador, para sanar a culpa desse ato ancestral autorregulador e restituir a inocência da vítima, a comunidade precisa dar sentido a esse sacrifício. Para isso, mitifica o ser assassinado. Nasce o sagrado.

Toda a civilização e tudo o que nomeamos como religião, cultura, arte e literatura brotam da reordenação mimética produzida pela sacralização desse primeiro cadáver. E esse mecanismo expiatório não pertence ao passado. A história humana é a história ininterrupta e sistemática de linchamentos individuais e coletivos. Ou seja, é a história de ciclos sacrificiais. Hoje em dia, a sobrevivência da espécie humana depende da capacidade de regular a violência mimética sem produzir novos bodes expiatórios nem gerar um extermínio coletivo.

ESPELHO

A revelação de Girard é de uma simplicidade devastadora. A duplicidade original da consciência estaria enraizada em uma estrutura imitativa universal. O desejo imitativo descreve um arco de desenvolvimento, clímax e descarga final de violência e redenção. A lógica do bode expiatório seria a aurora da cultura. E o mimetismo, a estrutura última do comportamento humano. Somos seres anfíbios, oscilando eternamente entre altares de violência e linchamentos sagrados. Para usar a definição precisa do helenista Walter Burkert, somos animais simbólicos e produzimos a literatura e os mitos, as narrativas e as religiões, as artes e as ciências, porque antes de tudo somos *Homo necans*: homens matadores.

Fernando Pessoa intuiu a essência da literatura porque percebeu que somos infinitamente divididos pela linguagem. E esta não cessa de produzir outros eus que imaginamos serem mais fiéis àquilo que desejamos ser. Doce ilusão. Romântica. Não cabe a nós decifrar o que somos. Porque o que somos sempre nasce de um desejo alheio inapreensível. De uma face alheia, cuja origem remota se perdeu para sempre. Depois de 40 mil anos, continuamos nas Cavernas de Chauvet. Jogando com nossas sombras. Hesitantes, vemos nosso rosto se moldar nas formas indecisas das sombras alheias.

Mas quando nos sentimo próximos de definir o que somos, as sombras se revelam como sombras. Dissipam-se. Desaparecem. Quanto mais essa desilusão nos excita, maior a escalada da rivalização mimética. Quanto maior a rivalização, cresce cada vez mais em nós a certeza de que nosso semelhante é um obstáculo a ser transposto. Apenas assim nos uniremos ao objeto de nosso desejo, ou seja, nos tornaremos o que ilusoriamente imaginamos ser. Nesse ponto, somente o assassinato pode nos devolver a paz. Espero que você se lembre disso de agora em diante, todas as vezes que se olhar no espelho.

AS TRÊS HUMANIDADES

A PERGUNTA

O que é o homem? Esta pergunta, tão singela quanto devastadora, parece ser o divisor de águas do próprio nascimento da filosofia. Se levarmos em conta as hipóteses de filósofos como Voegelin e Jaspers, o pensamento de Sócrates teria sido o responsável por uma guinada axial. Teríamos passado de uma concepção *cosmológica* para uma compreensão *antropológica*. Esta teria sido uma *primeira redução*, entendida em termos fenomenológicos.

BÍPEDE SEM PENAS

No diálogo *Político*, quando Platão define o homem como um *bípede implume*, está adicionando dados biológicos à sua compreensão metafísica deste animal racional. Diz a lenda que o cínico Diógenes, como refutação pragmática do argumento platônico, depenara um frango e o teria feito desfilar por Atenas dizendo a todos que passavam: Eis o homem de Platão.

ANTROPOFANIAS

Entre esse jocoso bípede sem penas, a definição de *zoon politikon* e a de ser dotado de substância racional (alma), o percurso dessa *filosofia do homem* encontra ressonância em uma cadeia de antropofanias. Nós seríamos um híbrido de *recurso* e *pobreza*, como lemos no *Banquete*? Seríamos *massa perdita*, como insinua Agostinho? O maximamente mínimo e o minimamente máximo a que se refere Nicolau de Cusa? Nossa *dignitas* estaria em um ponto intermediário entre os seres celestes e os terrenos, como quer Pico della Mirandola? Ou estaríamos mais para o *caniço pensante* de Pascal, tensionados entre o infinito e o nada?

A VIRAGEM

Com Kant, especial e justamente na *Antropologia* (1789), temos uma viragem. Poder-se-ia dizer que ele empreende uma *segunda redução antropológica*. Pois até então a humanidade do humano ainda era metafisicamente fundamentada. A abertura transcendental kantiana, ao enfatizar a autonomia plena do sujeito e da razão, vai cortar os laços metafísicos que ainda serviam de moldura conceitual para obter os contornos fugidios do rosto humano.

Esse corte perfez um giro copernicano na compreensão do ser humano. Este passa a ser concebido como um anfíbio entre a *physis* e a vontade. Mas um giro que abriu um abismo sob os pés do equilibrista. E a filosofia posterior verá este homem-equilibrista hesitante sobre aquela corda. Atada entre o animal e o além-do-homem.

ANTROPOLOGIAS

O papel imperativo que a antropologia filosófica assume no século XX foi brilhantemente analisado por Ernildo Stein e pode ser entendido pela quantidade de autores que se dedicam a seu estudo: Maritain, Mounier, Scheler, Carrel, Marías, Ortega, Zubiri, Groethuysen, Cassirer, Jolif, Lima Vaz, Vancourt, Mondin, Ferreira dos Santos, Tugenghat, Welsch, Landmann, Rothacker, Von Uexküll, Guardini, Platt, Kummer, Röttgers, Plessner, Vossenkuhl, Portman, Putnam. A lista é imensa. Porém analisemos uma intuição em especial.

FILÓSOFOS E SEDENTÁRIOS

Em uma de suas anotações, Nietzsche parte de um trocadilho entre os termos latinos *sedere*, que seria *sentar*, e *sed*, do verbo *essere*, que significa *ser*. Bem à maneira de suas saborosas erosões valorativas, a partir de uma dissecação etimológica, o filósofo se pergunta se a história da metafísica no Ocidente, à medida que trata do *ser*, não teria sido apenas o resultado de uma indisposição para *caminhar*. Em outros termos, se ela não seria um simples fruto de uma *cultura sedentária*.

O ÚLTIMO CHIMPANZÉ

Sócrates empreendeu uma primeira redução, do cosmos ao homem. Kant motivou a segunda, do homem concebido como substância metafísica ao homem entendido como pura autonomia autofundada pela razão e naturalmente autodeterminada. Na compreensão de Nietzsche, fortemente embebida de darwinismo, teríamos uma *terceira redução*.

Ao criar a ilusão da distância crítica, em um movimento semelhante àquele paradoxal desvelar-ocludente da verdade de que fala Heidegger, a partir da intuição de Nietzsche e de filósofos atuais, como Peter Sloterdijk, a filosofia pode ser vista como o mais ilusório dos condicionamentos, pois nos colocaria duplamente iludidos quanto às motivações internas, técnicas e antropológicas, que nos levaram a acreditar que sejamos aquilo que teoricamente imaginamos ser.

Por trás de milênios de metafísica e sob a pátina de outros tantos séculos de imperativo categórico, no fundo da caverna escura do ressentimento esconde-se um animal medroso. Ele erigiu impérios conceituais como esferas habitáveis em paraísos artificiais de homeostase. Nessa perspectiva, a filosofia não seria o início de um ciclo cultural, mas sim o fim lento, sublime e agônico da longa odisseia da autodomesticação humana.

À ESPERA DOS BÁRBAROS

A partir dessa reflexão, teríamos não mais uma *filosofia do homem*, como na Antiguidade. Muito menos uma *antropologia filosófica*, como se convencionou chamá-la desde o século XIX. Mas sim uma antropologia *da* filosofia. Ela nos revela outra verdade. Não apenas menos edificante. Mais dolorida, inclusive.

Essa verdade diz que, se a filosofia não tomar consciência do processo antropológico que a constituiu, ela corre o risco de continuar sendo uma metaficção inconsciente de si. Um lenitivo que criamos para ocultar a brutalidade, o acaso e a indiferença oceânica do processo adaptativo da espécie.

Em outras palavras, ela seria nada além de uma tecnologia que encontramos para aclimatar nossos corpos frágeis em mantos impermeáveis de ideias depois da última glaciação. E uma maneira de nos protegermos e de nos imunizarmos contra os novos bárbaros que surgem no horizonte.

O HUMANO NO ESPELHO DE DEUS

A alquimia talvez seja um dos saberes de mais difícil definição, de mais obscura origem e das mais diversas e controvertidas ramificações. Em linhas gerais, desde os primórdios, os homens começaram a se interrogar sobre os processos "ocultos", ou seja, literalmente intangíveis e invisíveis, que ocorriam sob a terra e acima das esferas celestes. Tanto os fenômenos subterrâneos quanto os meteorológicos os afligiam, pois escapavam à ordem da mesura, saíam do seu campo de apreensão. Essa não era uma questão colocada apenas pelas pessoas simples. Era um fenômeno que tomou a atenção até mesmo dos filósofos materialistas gregos da Antiguidade, como Epicuro. Afinal, se o pressuposto é uma explicação total do mundo a partir da matéria, como dimensionar o que, mesmo sendo material, é inapreensível? Essa parece ser a aporia de base que faz naufragar todo tipo de materialismo, à medida que *nenhuma* matéria é totalmente tangível.

Em termos utilitários, entretanto, antes mesmo de o ferro ter sido descoberto, já era utilizado. Era o ferro meteórico. Antes disso, a vigência foi do cobre e do bronze. Depois, passou a haver a chamada metalurgia, os fornos de fundição, enfim, a técnica de transformação dos minérios em metais. O ferro passou a ser manipulável. O fato é que para esses homens nenhuma dessas atividades era totalmente desvinculada de suas demais crenças. Assim, o ferro "celeste" enviado pelos "deuses" estava em proporção direta com o raio do "espírito" que fecunda a "mãe" Terra e dá origem ao Homem. Como o ser humano, os minérios ficavam em "gestação" no útero da Terra, passando da "infância" à plenitude. Aquela "infância do cristal" de que nos fala o belo poema de Murilo Mendes. Ou seja, do bruto ao ouro, que era entendido como evolução dos demais minérios. Mesmo a matéria podre torna-se ígnea ao dissolver-se. Quando se coagula, se sublima. Dessa forma, os processos naturais eram vistos como correlatos de processos anímicos e espirituais internos.

A crença desses primeiros alquimistas-metalúrgicos era de que por meios humanos seria possível, se não dominar, pelo menos "ajudar" a natureza a se desenvolver em toda a sua plenitude. Há uma escatologia de fundo, um plano soteriológico, o murmúrio quase inaudível de uma Redenção: a consciência se desprende da matéria e ruma sempre em direção à luz. Como a pedra bruta se torna diamante, do corpo brota o "corpo diamantino" de que falarão os alquimistas chineses e indianos. É o nascimento da alma para a segunda vida. Eterna. O forno passa a ser visto como segundo útero. A transformação dos metais, como regeneração da vida. Sua morte, como transfiguração. Se esta fosse bem-sucedida, seria produzida a Obra. Em outras palavras, alcançaríamos a imortalidade. Nesse sentido, o mito alquímico é um dos poucos mitos totalmente otimistas de que se tem notícia.

É muito difícil definir a origem desse mito. Como nos lembra o sempre oportuno Eliade, a alquimia que entrou no Ocidente por via árabe é um ramo da alquimia alexandrina e helenística, cuja origem é por sua vez babilônica. Mas, nesse sentido mais amplo do mito alquímico como regeneração natural-espiritual, há outras vertentes, sobretudo a indiana e a chinesa, que mencionei acima. Em algumas fontes documentais dessas duas tradições, fala-se de uma alquimia esotérica e outra, exotérica. Ou seja, passa a haver a possibilidade de dissociação entre uma base espiritual e outra natural. Por isso, curiosamente, na Índia, a alquimia é estreitamente ligada ao tantrismo e a técnicas médicas de cura e longevidade. O mesmo ocorre na China, onde havia até a ingestão de ouro em pequenas quantidades como forma de manter a saúde, já que o ouro era mais abundante e menos precioso que o cinábrio ou o jade, por exemplo. Ambas as versões correm paralelamente, tanto na Índia quanto na China, e nesta a alquimia atravessa todo o confucionismo e o taoismo e chega a tratados magníficos, como *O Segredo da Flor de Ouro*, do século XVIII.

Porém, no campo esotérico da imortalidade, a coisa fica mais complicada. Ou mais feia, conforme o ângulo de visão. Talvez o que chamamos de alquimia seja uma derivação de um dos conhecimentos mais antigos da humanidade: a ciência hermética. Em quase todos os povos, de todos os lugares do mundo, há o tema mítico de uma verdade que foi dada pelo Criador a uma de suas criaturas, mas que acabou ficando oculta. Ela se perdera nas origens da Origem. Caberia a esse portador-mediador entre Deus e o homem revelar-nos o segredo da Criação. Ou seja, decifrar o universo. Esse mediador ora é um deus, ora um herói cultural, um fundador. Às vezes um misto dos dois, quando temos uma confluência entre mitos de origem e mitos cosmogônicos, para retomar as conhecidas categorias de Eliade. Hermes é um exemplo de intermediário, mensageiro entre Céu e Terra, entre deuses e mortais. Único deus a quem era permitido penetrar no Hades. Assim, também era psicopompo, condutor das almas, deus do duplo domínio da vida e da morte. Ele, por sua vez, é Mercúrio. E este, para os alquimistas, é o Espírito, em conjunção com a tríade do Sal e do Enxofre. Alma e Corpo, para simplificar bastante as coisas.

Porém aqui o termo "hermético" é falacioso, pois essa ciência é muito mais antiga que os gregos. É por via grego-egípcia que essa ciência abissal das cifras, que podemos chamar de ciência do Espírito, gestou o *Corpus Hermeticum* e, a partir do século XIV, o hermetismo renascentista, que acabou redundando na palidez moderna de nossa hermenêutica universitária. Entretanto, o mito de um segredo oculto que, a um só tempo, nos fora doado e vedado por Deus, existe em quase todos os povos, desde a origem do mundo. Desde que Deus o confiou ao primeiro homem ou ao primeiro deus. Se soubermos os meios de romper, não o sétimo, mas o primeiro "selo", teremos acesso ao mecanismo universal, ao contato direto com a substância divina. Pois bem: o que seriam as chamadas religiões reveladas (islamismo, judaísmo, cristianismo) senão aquelas que se propuseram a abrir o selo vedado por Deus? Em revelar o que estava oculto desde a fundação do mundo? Em tirar o véu da obra do Criador? Nesse sentido, grosso modo, a ciência hermético-espiritual estaria na raiz da alquimia, que, por sua vez, estaria na raiz dos monoteísmos? Equação tão precisa quanto polêmica.

A essa altura, o leitor deve estar arrependido de ter começado a ler este texto, pois se deu conta do saco de gatos no qual foi entrar. Mas o labirinto não para aí. Como todo conhecimento tende a degenerar com o tempo, passou a existir uma série de "alquimistas" cujo intuito era fabricar "ouro". Sob o verniz espiritual, imbróglios foram produzidos e algumas pessoas, lesadas. O que gerou a associação dos alquimistas a charlatães. Por outro lado, a partir do século XVIII, com a emancipação da ciência, começa um movimento extremamente ambíguo, que só historiadores recentes têm elucidado. Sabe-se, por exemplo, que quase toda a biblioteca de Newton era composta de obras alquímicas. E que ele teria chegado à teoria da gravitação universal via esses ensinamentos. Isso não é mito. É algo verificável e documentado. Por outro lado, na mesma época, sob outros olhares, a alquimia começa a abandonar seu caráter de saber antiquíssimo e passa a ser vista como a pré-história infantil de uma nova ciência: a química. Pelos motivos enumerados, essa tese peca pelo reducionismo. Pois a alquimia é acima de tudo um saber autônomo, milenar, que consiste em manifestar por meio de enigmas e imagens o funcionamento dos "sistemas parciais autônomos" da alma, de que fala Jung, em um nível psíquico, e as cifras sensíveis de Deus, em um nível espiritual. Ela está longe de ser exclusivamente laboratorial e sua essência é uma correlação entre processos experimentais da natureza a camadas espirituais e anímicas internas do ser humano.

Esse estranhíssimo saber, justo por sua estranheza, é de grande pertinência epistemológica, pois transita em uma espécie de não lugar científico. Terreno movediço, limítrofe da medicina, da química, da literatura, da tecnologia, das religiões, do mito, da física, da filosofia, da psicologia de profundezas, da psicanálise e da arte. Porém, para os seus protagonistas, todo esse douto conhecimento não passaria de *vanitas vanitatis*. Era *boria dei doti*, vaidade dos doutos, como dizia Vico. O que eles buscavam estava muito além. Espécies de homens adâmicos, cada um deles acreditou em seu íntimo ter as chaves do Paraíso, da regeneração cósmica, que nada mais é do que a recondução das coisas ao *aurum alquimicum*, ou seja, à sua essência irredutível. Que também é a nossa essência.

Talvez não por acaso, o poema sumério Gilgamesh (3700 a.C.), a primeira obra literária da humanidade, tem a imortalidade como tema. A morte do amigo Enkidu põe o herói Gilgamesh em busca do elixir da imortalidade, uma planta miraculosa, no Dilmun, lugar sobrenatural de Utnapishtim, remanescente do dilúvio e por isso imortalizado pelos deuses. Mas a jornada é deceptiva. A planta imortal lhe é dada, mas roubada por uma serpente, que some na profundeza das águas. O retorno à cidade natal, Uruk, é o reencontro do homem com a sua própria face no espelho. Ou seja, a morte. "Sei que vou morrer, porque vi Deus." Adapto aqui livremente esta frase do Antigo Testamento, pois não consigo de maneira nenhuma encontrar o ponto exato onde a li para poder transcrevê-la. O contato com a transcendência é sempre uma radicalização da nossa finitude. Por isso Moisés não entrou em Canaã. Prometida, justamente por lhe ter sido vedada no plano literal, nos foi doada como espaço aberto, milagroso e metafórico, espiritual e escatológico, no plano espiritual. Paraíso na Terra, Templo, Jerusalém Celeste.

Do ponto de vista mítico, isso guarda um profundo conhecimento e sugere a sabedoria inconclusa de toda demanda humana que se queira harmonizada com a vontade divina. Teriam os alquimistas violado a divina sabedoria que "quis" deixar algo de si em segredo? Teriam eles querido entrar no "santo dos santos", aquele espaço preservado intacto pelos judeus, justamente como indício do coração indevassável de um Deus que, ademais, se situa além-linguagem? Teriam tentado confiscar a imortalidade do Criador? Embora a maioria deles tenha sido de devotos fervorosos em suas respectivas religiões, talvez haja um quê de heresia na proposta hermético-alquímica, à medida que ela parece nos sugerir que nem Cristo, nem Moisés, nem Maomé e nenhum outro profeta tenha chegado de fato a romper de todo o selo divino. Ou seja, desvelado por completo a Verdade. Aí reside a sua situação de tensão. Mas, também, o seu transbordante fascínio. Porém, no fundo, nunca quiseram rivalizar com esses avatares, não quiseram ser Deus, deuses ou obter a glória. Queriam *apenas* renascer em corpo sutil, em corpo mercurial. Algo de muito mais inefável e de muito mais humilde.

Espécie de ciência interditada desde o seu nascimento, cuja maior parte é composta de tratados anônimos e autores obscuros, retratados sempre em prece, contritos e circunspectos, em seus estúdios e laboratórios, coube aos alquimistas burilar o ouro atemporal do *spiritus* nos cadinhos de ferro e no barro de seus corações. À sua revelia, viveram o mito da imortalidade. Face a face no espelho de Deus. Se ele foi atingido, certamente sim e certamente não, pois a imortalidade não é uma variante demonstrável. É um mitologema incrustado na alma. Ali esteve e ali estará, antes e depois do mundo. O alquimista, ao lapidar sua pedra interior, refaz o percurso de Adão, de Gilgamesh, de Hermes, de Sócrates, de Cristo, e de toda a massa anônima de homens e mulheres, que sou eu e que é você, lançados em um mundo, sem saber o porquê, para que nem para onde. Apenas intuem que, ao final da cena mundana, haverá luz. Como disse Paracelso, médico e talvez um dos mais famosos alquimistas: "É preciso retornar ao ventre materno e ali morrer. Só assim se entra na vida eterna". Nada menos demonstrável. Nada mais verdadeiro.

GIORGIO AGAMBEN
E A COMUNIDADE QUE VEM

A SALAMANDRA

Nas águas doces do México vive uma salamandra albina: o oxolotl. Após diversos estudos, os zoólogos ressaltaram a sua importância para a compreensão das etapas da vida. Ao abdicar de sua capacidade terrestre e manter-se em um estado larvar, o oxolotl representaria uma regressão no processo evolucionário. E, nesse ponto, a salamandra ilumina a evolução humana.

A partir do fenômeno da neotenia, o homem também teria surgido, não de indivíduos adultos, mas da reprodução de indivíduos prematuros. O que isso significa? Há 40 mil anos, como uma criança tateando espaços indecisos, o *Homo sapiens* não se manteve preso ao círculo de sua condição infantil. Saiu ao mundo. Criou envoltórios exossomáticos [fora do corpo] para poder habitá-los. Técnica, linguagem, arte, culto, pensamento. Ou seja, tudo o que chamamos de civilização nasce dessa fraqueza neotênica primordial. Graças a um fracasso antropológico viemos a ser o que somos.

Esse breve excurso é um resumo do ensaio "Ideia da infância", uma das pérolas ensaísticas de *Ideia da Prosa*, de Giorgio Agamben, um dos mais criativos e visionários pensadores da atualidade. Nele Agamben realiza exercícios de estilo. Em ensaios curtos, define a ideia da verdade, do amor, do imemorial, da política, da prosa, entre outras. Ao tratar da infância, descreve a salamandra albina em sua fragilidade. Nesse sentido, a infância não é o estado primeiro de nossa biografia. Ela é uma ontogênese. O surgimento mesmo da consciência, do mundo e da linguagem no devir temporal, tema central de *Infância e História*.

Destruir a possibilidade de experimentar o mundo é também destruir a capacidade de narrá-lo, como intuiu Walter Benjamin. A infância não é a preservação de um estado cronológico anterior. Ela é o horizonte para onde nos encaminhamos quando tentamos recuperar a vida como narrativa e como jogo. Esses são alguns dos aspectos que nos levam aos três núcleos geradores do pensamento de Agamben: a poesia, a infância e a morte.

POESIA E IMPOTÊNCIA

Como bem notou Edgar Castro, o conceito de poesia não tem para Agamben o sentido de uma estética emancipada, como se convencionou pensar desde Kant. Poesia é *poiesis*, em grego, *atividade*. Todas as atividades humanas seriam de certa maneira *poiéticas* em um sentido preciso: produtoras de uma presença. Poesia é tudo o que faz algo passar do não ser ao ser. Tudo que traz à luz. Em termos filosóficos, poesia é tudo que conduz a potência ao ato.

Ao notar a importância desse movimento, Agamben faz uma arqueologia da potência na filosofia ocidental desde Aristóteles. O que percebe? Em quase toda a história, o conceito de potência esteve submetido ao de ato. Ou seja: a semente sempre esteve determinada a tornar-se árvore. E a potência de todas as coisas esteve a serviço de realizar aquilo a que estas coisas estavam destinadas desde o início. A *causa sui* coincide com a causa final. Nesse sentido, a potência sempre se delineou como um poder-ser e nunca como um poder-não-ser. A partir desse poder-não-ser, Agamben chega a um conceito seminal: a teoria da impotência.

A impotência não é privação ou carência. É o estado mais elevado da liberdade humana, pois é aquele gesto que nos liberta de todas as determinações biológicas, culturais ou teológicas. Liberdade não é apenas poder-ser. Liberdade é acima de tudo poder-não-ser. Não é afirmarmos o que somos. Mas podermos renunciar ao que não somos. E nos transformarmos em algo de que nem sequer nos imagináramos capazes. A poesia é uma das supremas formas de impotência. Sendo campo do possível e não do provável, ela desfaz o elo de necessidades potencialmente inscritas em nós.

DIANTE DA LEI

Mas há um obstáculo para a liberdade: a lógica da soberania. Esse é o tema que recobre o enorme projeto filosófico *Homo Sacer*, iniciado com *O Poder Soberano e a Vida Nua*. O *Homo sacer* é uma estranha figura do direito romano, recolhida pelo jurista latino Festo. Designa aquele indivíduo cuja pena por um delito é tornar-se *matável*. Paradoxalmente, recebe-a ao ser *sagrado*, ou seja, etimologicamente, *separado* do ordenamento jurídico, podendo ser assassinado sem ônus legal para o assassino. Porém sua morte tampouco pode ser ritual, pois ele não é digno dos deuses.

Nessa ambivalência estrutural entre norma e exceção, lei e transgressão, Agamben entrevê uma das matrizes do projeto teológico-político do Ocidente. Recorrendo a duas acepções do conceito grego de vida, desenvolvidas também pelo grande mitólogo Karl Kerényi, chega a duas categorias: *bíos* e *zoé*. Enquanto *bíos* é a vida determinada, do ser humano entendido como cidadão, a *zoé* é uma vida indeterminada, remete à dimensão fática, concreta, de cada uma de nossas vidas. A primeira é a vida em sentido político, da *polis*. A segunda é a nossa simples vida de cada dia: a vida nua.

Como definiu Carl Schmitt, soberano é aquele que decide sobre a exceção. Nesse sentido, soberano e *Homo sacer* estabelecem uma relação recíproca de exclusão-includente. Ao perceber que a exceção não é um detalhe, mas o coração do ordenamento jurídico, Agamben reconstrói o percurso ocidental dos dispositivos discursivos de definição da vida, ou seja, analisa o funcionamento das *máquinas antropológicas* que ao longo de séculos definiram a humanidade do ser humano mediante jogos de linguagem que embaralhavam *bíos* e *zoé*, norma e exceção, seres humanos e seres matáveis.

A partir da obra de Hannah Arendt e da biopolítica de Michel Foucault, Agamben disseca o projeto da modernidade como um aprofundamento da politização da vida nua. Dentro do desenvolvimento da lógica paradoxal da soberania, Auschwitz é a culminância da indecidibilidade norma-exceção. É o fenômeno no qual a captura política da vida chega a seu paroxismo. O campo de concentração não é a exceção de uma norma, mas a completa desarticulação semântica do ordenamento jurídico. A metáfora do campo transforma-se na parábola da Porta da Lei. Por meio dela, Kafka unifica Lei e Exceção em uma única universalidade formal vazia.

OPUS DEI

Essa reconstrução arqueológica da relação entre poder, linguagem e morte recebe uma investidura teológica cada vez maior. Inspirado nos trabalhos clássicos de Ernst Kantorowicz, Agamben passa a abordar a polarização entre reino e governo. E surge aqui um dos pontos centrais de seu pensamento: a análise da teologia do Estado, ou seja, a presença de estruturas teológicas em discursos seculares.

Se em O *Reino e a Glória* a análise se direciona para o mistério litúrgico ascensional, da face dos homens que se volta para a fonte gloriosa de Deus, em *Opus Dei* a análise incide sobre o sacerdócio e a relação entre liturgia e política. O termo *liturgia*, que significa *prestação pública*, é recente. Em seu lugar, nos textos antigos, encontramos o termo *ofício*. Por meio de uma arqueologia dos conceitos, os ofícios e a economia, a administração da casa [*oikonomía*], revelam-se como obras de Deus. Mesmo a ética secular está atravessada de resíduos teológicos inaparentes.

A elisão da origem religiosa de práticas e ideias é um dos maiores ardis ideológicos da modernidade. Por isso, o método de Agamben, a assinatura das coisas [*signatura rerum*], consiste em detectar os dispositivos de poder e de linguagem que regem nossa vida, à primeira vista neutralizados pela secularização. Afinal, como nos ensina em *Profanações*, religião não vem de religar [*religare*], mas de *relegere*: ler de novo. Reverenciar. Enquanto os objetos profanos guardarem o halo da distância e a áurea da inacessibilidade, demarcando o hiato que nos separa deles, continuarão a ser objetos sagrados. E é nesse sentido que Agamben, sarcasticamente, nos induz a profanar a pornografia.

BANDO E MESSIAS

Como diria Heidegger, cujos seminários de Le Thor são recordados por Agamben, fomos abandonados na praia da existência. Mas o abandono revela, também na anatomia da palavra, uma saída. O abandonado, eviscerado do bando, ainda mantém com ele alguma ligação, ainda que privativa. O abandono é a liberdade propiciada pela morte de Deus.

Mas o pensamento pós-metafísico não é necessariamente aquele que nega Deus. É, sim, um "pensamento fraco", para usar a preciosa expressão de Gianni Vattimo, ou seja, um pensamento que evita criar quaisquer substitutos peremptórios para Deus, seja a ciência, sistemas de governo ou uma ideologia. Apenas assumindo-nos como bando, como exceção, é possível desarticular a lógica da soberania.

Como Benjamin, Agamben sustenta a tensão do tempo messiânico. Tempo em aberto que ainda não se cumpriu. Tempo da impotência de Deus.

Ele só se cumprirá quando formos dignos da altíssima pobreza que nos cabe. Quando vivermos a infância do ser, em sua glória. Animais neotênicos, apenas como regressão evolutiva e como fracasso viemos a nos tornar o que somos. A morte, nesse sentido, não é um fato biológico. É o processo de separação que a linguagem inscreve sobre os corpos, aprisionando-os em seus regimes de exceção.

Dos desenhos rupestres aos noturnos de Chopin, toda linguagem humana é infantil. Arrisca-se, tateante, para fora das cavernas em direção ao Aberto. A ressurreição da carne nada mais é do que uma alegoria da eterna atualidade de nossa infância. Se olharmos fundo nos espelhos embaçados da memória, veremos emergir o pequeno animal branco que um dia fomos, feitos de sonho e silêncio. Ele é o eco futuro de uma odisseia antropológica que, como tudo, tem à sua frente a potência de não ser. Ou seja, uma feliz indeterminação. Apenas com esse horizonte de liberdade em vista poderemos, poeticamente, criar a vida que vem.

BARBIE NO ÉDEN

A imprensa tem veiculado casos curiosos de cirurgias plásticas extremas, nas quais os pacientes são modelados para se tornarem idênticos a bonecos de brinquedo e a criaturas virtuais de animações. Esse fenômeno parece sugerir uma nova categoria de automodelação do corpo: o avatar. A novidade dessa nova fronteira antropotécnica é a seguinte: o mimetismo não se dá a partir de outro ser humano, mas a partir de seres virtuais.

O caso pode parecer banal. Mas revela um dos temas mais difíceis da filosofia: a determinação das fronteiras entre *physis* e *tekhnē*. Isso ocorre porque natureza e técnica se fundem sobre um paradoxo: todo desempenho tecnológico que se manifesta em ato estava em última instância inscrito em potência na natureza. O homem de Neandertal tinha uma disposição natural distinta do *Homo sapiens*. Este, por sua vez, é distinto do homem da Antiguidade. E assim sucessivamente. A própria configuração dessa constante chamada natureza humana muda conforme a interferência das tecnologias.

Se há mil anos a expectativa de vida era de quarenta anos e hoje é o dobro, não se trata apenas de um aperfeiçoamento natural, mas do impacto de antibióticos, penicilina, vacinas, medicina preventiva e condições artificiais de manutenção da vida. A determinação de uma natureza humana transistórica sempre implica a idealização de um recorte temporal a partir do qual se postula uma condição natural prévia inexistente. Em outras palavras, o androide não é aquele que tem braços mecânicos. Essa é uma ficção obsoleta do imaginário romântico, oscilando entre Golem e Frankenstein. A nossa pós-humanidade é muito mais banal. Somos todos androides ao ingerir uma mísera aspirina.

A domesticação do horizonte antropotécnico e a mutação literal de nossa fisionomia humana não são nada mais do que a realização consumada do projeto emancipatório moderno. O Paraíso prometido pela religião da autodeterminação humana, nos últimos três séculos. Como sugere o filósofo alemão Peter Sloterdijk, a utopia eugênica, esboçada por Platão, fracassou nas mãos dos totalitarismos de Estado do século XX, mas se encontra em franca e feliz expansão na universalização do Capital.

Toda definição de natureza é o exercício do controle discursivo sobre determinados jogos de linguagem (Wittgenstein) que descrevem o que a natureza é ou deveria ser, ou seja, descrevem estados de coisas como se fossem entes reais. Em outras palavras: toda descrição da natureza é uma tecnologia de poder. A naturalização desses dispositivos de poder criou uma fauna mitológica: Deus, acaso, destino, ser, necessidade, substância. E, por fim, natural e tautologicamente, surgiu a última das deusas naturais: a Natureza. Assim, com maiúscula. Uma das tarefas do pensamento no século XXI é despertar desse torpor mítico. Mas ainda há um último resquício da velha mentira naturalista. Uma última miragem naturalista, como diria Clement Rosset, que ainda não se dissipou. É a mentira humanista, que ganhou novo fôlego com o Iluminismo e nos dias de hoje é um dos maiores empecilhos para se pensar seriamente os mecanismos biopolíticos contemporâneos.

Como diria Carl Schmitt, todos que falam em nome da humanidade o fazem com o intuito de enganar. A mentira humanista, sob a hipótese dos direitos humanos e de outros delírios da razão, postula uma inaparente salvaguarda universal da dignidade humana, hipoteticamente legitimada na letra da lei. Ao conceber esse formalismo legal vazio, paradoxalmente o humanismo cria as condições de possibilidade para as mais perniciosas tecnologias de extermínios humanos que se possa imaginar. Em termos reais, o projeto humanista consiste basicamente em ocultar uma realidade incontornável para qualquer compreensão séria de política: a de que existem seres humanos mais ou menos dignos de viver do que outros. Em termos concretos, isso significa o apagamento do ponto cego do sistema e o eclipse da função nuclear desempenhada pela exceção na totalidade do ordenamento jurídico. Em outras palavras, para usar o conceito de Agamben, se ninguém é matável (*Homo sacer*), todos o são.

Voltando ao fenômeno dos avatares, podemos pensá-lo em duas chaves. Em uma perspectiva evolucionária, não é preciso criar nenhuma distopia para imaginar um mundo dividido entre avatares e não avatares, no qual todos os que não se adaptarem a esse princípio de automutação serão catalogados como outra espécie. Os avatares vão emergir como uma nova humanidade. Nós nos transformaremos em seus animais domésticos ou escravos. Dessa forma, os avatares são uma espécie de Adão e Eva da era pós-humana.

Os humanistas podem se perguntar se existiria humanidade sem afeto humano, sem nenhum resíduo carnal em feições de plástico. E eu responderia: emoção, amor, afeto, humanidade – doces ilusões, tristes mitologias fósseis. Quem acreditar neles não sobreviverá para contar a história. Mas há outra interpretação, igualmente legítima. Podemos supor o seguinte: toda vida que se virtualiza, ou seja, que se identifica com um modelo puramente artificial, perde sua singularidade. E, portanto, como qualquer boneco, sem peso na consciência nem ônus legal, poderá um dia simplesmente ser jogada no lixo.

SAUDADE DO DIABO

Nos *Cadernos sobre o Homem, o Espírito e o Materialismo*, também conhecidos como *Cadernos Metafísicos*, iniciados em 1837, há alguns dos lampejos da genialidade de Darwin. No dia 16 de agosto de 1838, temos o seguinte comentário: "A origem do homem foi demonstrada. A metafísica deve progredir. Aquele que compreender o babuíno contribuirá mais à metafísica do que Locke". Em outro excerto, datado de 4 de setembro do mesmo ano, o naturalista se refere à teoria da reminiscência de Platão. E a retifica: onde nos diálogos platônicos se diz *existência anterior*, deveríamos ler *macaco*. Por fim, em 30 de agosto, a coroação reflexiva: sob a aparência de babuíno, o diabo é nosso ancestral.

Esses paralelos entre a filosofia e a teoria evolucionária, que encontramos *in nuce* no pensamento de seu criador, ainda não foram devidamente estudados. E aqui não me refiro às correntes filosóficas neodarwinistas, cujas pesquisas exaustivas nas áreas da teoria cognitiva, da filosofia e da arqueologia da mente, da antropologia filosófica e da biofilosofia têm trazido contribuições notáveis. Penso em uma pergunta muito mais elementar e perigosa: qual a imagem do homem que se pode formar a partir dos pressupostos evolucionários? A analogia com o diabo é divertida. Mas apenas revela as circunstâncias e os dramas morais de Darwin e do século XIX. Motivo, aliás, de suas conhecidas crises religiosas. Hoje não nos diz nada de novo em termos biológicos, culturais ou antropológicos. Apenas acentua uma evidência: somos, de fato, o *terceiro chimpanzé*.

A pergunta filosófica central que ainda aguarda ser desenvolvida a partir do pensamento de Darwin é de outra ordem. Não diz respeito tanto à nossa origem. Mas à função mítica dessa origem, desdobrada em sucessivas figurações ao longo do tempo. E, nesse caso, a investigação pode ir muito mais longe do que ele a levou. Pois, ao comparar o macaco com o diabo, Darwin demonstra o forte teor cristão de sua visão de mundo. Afinal, de acordo com a brilhante intuição darwiniana, o diabo é uma mitologia antropoteológica cristã criada para recalcar a primeira camada indesejável de nossa existência passada. Ou seja: uma interpretação simbólica de uma realidade evolutiva. Em outras palavras, ele seria uma figuração, não de nossa *primeira*, mas de nossa *última* Queda.

Mas a metafísica precisa avançar. E, para o avanço da compreensão do homem, é preciso ampliar o escopo. É necessário sairmos do interior do mitologema cristão a partir do qual Darwin emoldurou a estrutura humana. Como produzir essa ampliação? Elegendo novas figurações para o humano, fora da chave antropomórfica. Isso quer dizer que no umbral biopolítico do terceiro milênio os agenciamentos políticos certamente começarão a se valer de outras variantes da *imago hominis*. Afinal, imagens simiomórficas ainda guardam uma forte nostalgia de um homem perdido. A distância entre Adão e os chimpanzés é menor do que supomos. E em um futuro próximo podemos crer que nossa fisionomia não será mais a dos simpáticos babuínos nem a dos bonobos malandros, mas a de bactérias, unicelulares, constelações genéticas, substância vegetal, matéria plástica, formas inorgânicas e, por fim, chegará ao domínio dos fractais e ao reino inframaterial dos quantas.

As tecnologias de extermínio nunca imaginaram a existência de um instrumento tão precioso. O macaco, entendido como marco definidor do infra-humano, é uma metáfora fóssil. A evolução precisa seguir adiante. Os critérios biopolíticos da seleção de grupos não serão mais moldados a partir das velhas imagens do humanismo e do antropomorfismo, das quais o símio será a última peça do antiquário. O assassinato de seres humanos em massa será legitimado por ideologias criadas a partir dessas novas antropofanias. O caixeiro-viajante transformado em inseto e outras fábulas proféticas concebidas pelo gênio de Kafka indicam muito mais nitidamente a emergência desse novo horizonte. A figuração do humano certamente encontra nos dias de hoje o seu novo éon.

Mesmo assim, essa odisseia antropofânica ainda não terá encontrado seu fim. Na biologia evolucionária e na teoria da memória genética, temos pelo menos 3,5 bilhões de anos de reminiscências. É o tempo de existência da vida na Terra. Mas essa é apenas uma primeira película de nossa memória. A jornada é muito mais longa. Como diz Platão, no *Timeu*, somos feitos de matéria estelar. Nesse caso, nossa ancestralidade é ainda anterior à história da vida. Por isso, a travessia de volta será a consumação, no plano humano, de muitas centenas de bilhões de anos. E a viagem de retorno, do orgânico ao quântico, rumo à origem, uma odisseia em busca de um novo rosto.

Aniquilada a nossa feição humana simiesca, em qual espelho nos refletiremos? O que será daquilo que as mitologias extintas definiam como *alma*? Não se sabe. O certo é que um dia alguma centelha ou resíduo imaterial mínimo do que fôramos, dissipado na poeira das galáxias, certamente se preservará. E, migrando a esmo pela solidão dos espaços infinitos, chega àquela dimensão opaca que, por rotina ou falta de imaginação, nos habituamos a chamar de eternidade.

ANTROPOLOGIA
E ANTROPOFAGIA

A CORDA

De acordo com a famosa sentença de Nietzsche, o homem é uma corda atada entre o animal e o além-do-homem – uma corda sobre um abismo. Quando a formulou, seu intuito era mais filosófico do que literal. Queria definir o humano como algo não substancial em si e por si, como o lugar onde se realiza a ultrapassagem de toda determinação moral, cultural, metafísica ou biológica, como algo, enfim, que só existe enquanto contínua excentricidade. Não queria sugerir desdobramentos práticos de sua afirmação. Por isso, provavelmente ficaria surpreso se visse a rapidez com que ela pode vir a se tornar realidade.

Se analisarmos sua frase mais a fundo, constataremos o seu teor paradoxal. Saltará aos olhos a verdade que ela oculta ao se desvelar enquanto verdade, para usar a maiêutica desvelante-oclusiva de Heidegger. Se só existe humanidade à medida que há ultrapassagem do humano pelo homem, entendido como corpo biológico e alma metafísica, então o além-do-homem profetizado por Nietzsche está em plena via de realização. E isso começa a ocorrer não com a extinção dos seres humanos reais, entendidos como espécie, mas sim por meio da extinção do conceito de *humano*, que talvez sempre tenha sido e provavelmente sempre será *demasiado humano*. Ao contrário do que queria Nietzsche, essa superação não está se dando por um ato de transcendência, por meio do qual o espírito supere em si todo constrangimento *metafísico* e *biológico*, ou seja, toda a *religião* e toda a *ciência*. Realiza-se, sim, por uma paradoxal assimilação regressiva do *humano* pelo *animal*.

O que seria isso? Trata-se de uma mutação antropológica de impacto ainda desconhecido que se encontra nos dias de hoje em plena desenvoltura. Ela é bastante perceptível por meio de uma incrível coincidência e de um axioma que podemos explorar à exaustão: o debate em defesa do pós-humano ocorre exatamente no mesmo momento histórico em que se reivindica a criação dos direitos animais. Analisemos essa coincidência temporal, que mais parece um capricho fortuito da natureza.

GOLENS E GALÃS

Independentemente das conquistas luminosas que tais tecnologias de extensão corpórea possam proporcionar, entre a euforia ingênua e a superficialidade competente, poucos têm percebido a real amplitude da questão posta em jogo. E essa questão pode ser resumida em uma frase tão singela quanto catastrófica: daqui a alguns séculos ou mesmo daqui a um milênio quem não for pós-humano será humano ou animal? Em outras palavras: qual critério biopolítico será usado para definir o limite entre o pós-humano e o humano e entre este e os animais? Quando falo em pós-humano, não me refiro apenas a pessoas com próteses neuronais maquínicas, mas a todos os humanos ou animais sequenciados geneticamente. Afinal, um dos critérios distintivos entre humano e pós-humano, em termos teóricos, é a participação ou não do fator *acaso* na geração. Alguém sequenciado geneticamente conta com uma anulação do acaso e da natureza em uma proporção muito maior do que quem simplesmente tem extensões maquínicas do seu sistema nervoso central. Essa questão é desenvolvida magistralmente no filme *Gattaca*, no qual se postula um mundo no qual os não sequenciados são "filhos de Deus" ou "filhos do acaso", sinônimos de *párias sociais* e de *inválidos*. Ao passo que os sequenciados são aqueles que anularam a ingerência do acaso na criação. Quer dizer: nasceram *in vitro*. O futuro reserva uma incrível e inaudita equivalência, não mais entre Deus e Destino, mas entre Deus e Acaso. Não por outro motivo Nietzsche define o Acaso como o maior dos deuses, dando mostras do teor ainda criptorreligioso de seu pensamento.

Como diria Valéry, em uma sentença tão poética quanto verdadeira: *o ser é um acidente no não ser*. Se desde Newton o universo é uma complexa maquinaria de matéria fria e indiferente, e a vida, uma absoluta excrescência no funcionamento das peças dessa engrenagem, e se desde Darwin a natureza é, por definição, o império do acaso, e o homem, uma poeira casualmente surgida nesse oceano de matéria cósmica em seu destino épico de cegueira e glória, quem nos garante que o pós-humano não será o novo paradigma de definição de humanidade, à medida que ele romperá com a cadeia de sucessões casuísticas e dominará a matéria, modelando-a e desenhando-se a si mesmo e às demais criaturas? O além-do-homem de Nietzsche, nesse contexto, não seria uma versão ainda romântica e espiritualizada do pós--humano? Provavelmente.

Assim como Frankenstein foi uma invenção surgida de um terror agônico infantil diante da suspensão da contingência, uma fantasia tardia do romantismo gótico. Disso concluímos que até mesmo o além-do-homem de Nietzsche não vai sobreviver à potência e ao tônus moral do pós-humano, que irá extingui-lo. Tornar-se-á uma espécie de padre de um passado aborrecido, de todo desinteressante para o pós-humano. E de uma coisa podemos estar certos: os pós-humanos estarão mais próximos de Brad Pitt ou de um galã empresarial planetariamente bem-sucedido e geneticamente sequenciado do que do Golem desengonçado do filme de Paul Wegener.

A MUTAÇÃO

Se a definição política do humano tende a se ampliar, englobando domínios maquínicos e genéticos até então desconhecidos, esse mesmo movimento inclusivo, seja ele pensado a partir da dialética clássica, seja a partir da teoria dos sistemas de Niklas Luhmann, tenderá a eliminar de si os resíduos que não se empenhem plenamente na coesão interna do processo de assimilação. Em outras palavras, tudo o que começar a ser considerado residual na passagem do humano ao pós-humano, o velho humano que come, dorme, passa fome, sente frio, sofre, ri, defeca, sonha e faz amor, tenderá a ser suprimido.

Diante disso, se as teorias da consciência vigentes durante tantos séculos de filosofia e de teologia já tinham sido dinamitadas pelo darwinismo, agora se encontram em estado final de erosão, com as novas teorias processuais da consciência e dos nexos materiais e causais que a produzem como fenômeno vital. Como disse o filósofo da mente Daniel Dennett, cavaleiro da nova cruzada ateísta extemporânea, o *eu* é uma ficção útil. Da utilidade à inutilidade, vai o espaço de uma mudança de costume no uso dos talheres. Caso uma teoria consiga reduzir a consciência humana a um fenômeno de campo material estará com isso igualando a sua essência aos modos de apreensão e de preensão perceptiva animais. Será o fim definitivo da fronteira que separava os seres humanos de todo o restante dos seres vivos, indicando entre ambos mais uma distinção de grau e de níveis de complexidade de sistemas do que uma distinção de natureza.

Mas, claro, nem tudo é fraternidade nesse elo perdido cósmico que nos reunirá aos nossos queridos animais. E o debate não se reduzirá a meras elucubrações de laboratório e cátedras de filosofia. Há uma tendência inexorável de essas teses ganharem o espaço público e reformularem radicalmente os princípios do biopoder planetário, borrando as margens jurídicas que separam animais de humanos e, consequentemente, reforçando a linha divisória que separa humanos de pós-humanos. Assim, do ponto de vista da ampliação dos direitos dos animais, cuja alegre e ruidosa cidadania verde, por meio da ideologia e da tecnologia ecológicas, se encontra em plena expansão no planeta de Avatar, um novo sentido de consciência encontrará legitimidade e, por conseguinte, jurisdição. A milenar distinção entre a lei das selvas e a lei da *polis*, entre *physis* e *nomos*, tende a se apagar.

BIOPOLÍTICA

Como toda mutação antropológica, as consequências não são imediatas. Mas, submetidas exponencialmente ao efeito compressor da tecnologia, talvez hoje elas se sintam com muito mais velocidade do que na lentidão esmagadora da passagem dos hominídeos ao *Homo sapiens*. Se no passado da Terra eram necessários até milênios para a seleção das espécies, quem sabe esse processo hoje em dia leve apenas alguns séculos? Malgrado o teor insólito desse tipo de futurologia, é inescapável tecer algumas considerações a esse respeito. Mais do que isso: torna-se urgente pensar em novas formas de definição da vida em um sentido político, antes que a vida seja confiscada pelo poder de quem consiga arbitrariamente defini-la primeiro.

Partindo da hipótese da mudança de demarcações de fronteiras entre animais, humanos e pós-humanos, perceberemos que ela se dá de modo unilateral. Se a assimilação recíproca dos humanos e dos animais ocorrerá certamente em função de ambos serem formas de vida submetidas ao acaso, ou seja, à natureza, o corte entre os pós-humanos e o conjunto de outras formas de vida, incluídos os humanos, será autoexcludente, pois colocará em xeque a própria totalidade da natureza entendida como processo autônomo e indiferenciado.

Em linhas gerais, do ponto de vista antropológico, as novas tecnologias gênicas e de próteses neurais, bem como as teorias que, baseadas em padrões processuais, sustentam uma indiferenciação entre consciência humana e vitalismo animal, não substituirão o ser humano pela máquina nem o reduzirão a princípios mecânicos. Esse é apenas o aspecto mais pueril do problema, em última instância irrelevante, pois em termos cibernéticos uma máquina *nunca* poderá ser totalmente equivalente a um aparelho biológico, já que teria, para isso, que reconstituir em si mesma todos os bilhões de anos que o universo levou para tramar cada corpo biológico singular. Tampouco essas tecnologias levarão os humanos reais ao extermínio, como se espera no desfecho de filmes B de ficção científica.

O que tais tecnologias certamente produzirão a longo, médio ou até mesmo curto prazos é algo muito mais etéreo, drástico e irreversível: a extinção do conceito biopolítico de *humano*. Este, assimilado à animalidade, terá de se defrontar com uma nova fronteira opositora: não mais a separação entre humanos e animais, mas sim a separação entre ambos e os pós-humanos. A película de cisão entre os humanos e os animais tende a se dissipar em uma via dupla. Esse apagamento ocorrerá tanto por meio da assimilação dos conceitos biopolíticos de *humano* e de *animal* sob a mesma categoria genérica de *animais* ou de *natureza* quanto por intermédio das novas teorias científicas que definem a consciência como campo processual indiferenciado de informações vitais.

Por seu turno, em sentido inversamente proporcional, uma enorme muralha invisível se erguerá entre os pós-humanos e os demais seres vivos, entre sequenciados e não sequenciados, entre protéticos e não protéticos. A reivindicação de maior acesso aos meios biotecnológicos não será diferente da do proletariado do século XIX por melhores salários. A nova triagem política do Palácio de Cristal passará necessariamente pela utopia gênica. A nova cisão planetária ocorrerá entre aqueles que pertencerão às estufas de conforto e poderão investir suas ações vitais no fundo de *commodities* da seguridade biológica e maquínica e aqueles cujas carnes, vitimadas por baixas taxas de imunologia política, estarão submetidas aos flagelos de velhos mitos, tais como Deus, amor, esperança, democracia, progresso, liberdade, solidariedade, natureza e acaso, numa curiosa coexistência excludente entre culturas e mitologias globais nômades e sedentárias. Mas as consequências mais radicais dessa clivagem ainda estão por ser pensadas.

O PARQUE HUMANO

Em 1999, o filósofo alemão Peter Sloterdijk pronunciou a sua tão famosa quanto deturpada conferência em Elmau, na Baviera, publicada sob o nome de *Regras para o Parque Humano*, e escandalizou os bons sentimentos da classe intelectual, quase sempre cínica e sempre média, com a sugestiva proposta da criação de um banco genético humano mundial. Partindo de uma passagem de Platão, na qual o luminar da filosofia ocidental propunha que se procedesse a uma distinção entre os homens mais e menos saudáveis como modo de assegurar a aptidão para a vida política, Sloterdijk argumenta que o projeto eugênico não é um patrimônio dos sistemas totalitários do século XX.

Gestada no Gabinete dos Cínicos, ao chamar para si a experimentação sem limites das possibilidades oferecidas pela natureza, com o intuito de produzir cada vez mais eficácia e melhora no desempenho da máquina humana, a modernidade como um todo se funda sobre uma utopia eugênica. Um ser humano cada vez melhor e cada vez mais plástico é o sonho que unifica todos os projetos modernizadores, sejam quais forem seus quadrantes ideológicos e econômicos. Sonho esse que se realiza de modo cada vez mais eficaz e veloz nos dias de hoje, justamente na época que sepultou as aborrecidas e entediantes utopias políticas do século XX.

A sugestão de Sloterdijk não só é plausível como perspicaz. Mesmo com o naufrágio do velho humanismo e das velhas *escolas de domesticação humana* e mesmo com o fracasso de sua tentativa de criação de um novo homem por meio das utopias políticas, o projeto eugênico se encontra de vento em popa. Ele se materializa nas cotações do mercado gênico mundial e nas bolsas de ações em biótipos, independentemente da lamúria das carpideiras marxistas e dos fantasmas humanistas que ainda assolam o debate, reivindicando uma natureza humana ou uma naturalidade do homem que o próprio arco histórico humanista moderno, seja ele liberal ou socialista, ajudou a destruir.

A despeito da *falsa consciência ilustrada* dos cínicos, mais preocupados com a nossa dignidade humana perdida do que os religiosos com a Queda, o processo de sequenciamento genético se encontra em franca expansão. Assim, nada mais justo do que pensar, para um futuro próximo, em uma jurisdição para a partilha gênica planetária. Foi essa a coragem de Sloterdijk ao trazer a questão para o debate e enfrentá-la. Porém, em decorrência das contingências e circunstâncias de seu escrito, faltou um passo decisivo à sua reflexão. Agora, diante dos novos postulados abertos pela defesa do pós-humano, talvez possamos levar ainda mais longe a sua premissa.

ANTROPOFAGIA

O filósofo italiano Giorgio Agamben deu uma contribuição importante para a compreensão da biopolítica global contemporânea com sua obra *Homo Sacer*. Baseou-se em uma antiga figura do direito romano que designava um papel bastante estranho para nossa sensibilidade atual: o *Homo sacer* é, por definição, *matável*. Ou seja, não se inscreve no ordenamento jurídico vigente, podendo ser assassinado sem comprometimento do praticante do ato. Da fronteira entre Estado de direito e Estado de exceção, Agamben depreende a sua teologia do Estado moderno, sustentando a polêmica tese de que a assimilação da *bíos* pela *zoé*, ou seja, da vida *determinada* da esfera política pela esfera *indeterminada* da vida natural, é o mecanismo por meio do qual as políticas de extermínio modernas se fundamentaram e sobre o qual criaram a sua impecável racionalidade.

Se humanos e animais gozam de uma mesma dignidade natural, em caso de fracasso de políticas ambientais, ambos poderão ser abatidos? Poderíamos dizer que a inofensiva propaganda de ecologistas neomalthusianos prepara a base teórica para futuras biopolíticas de extermínio globais? De boas intenções a natureza está cheia. Sem entrar no mérito de debater a tese de Agamben, ela levanta um ponto nuclear. Sob essa matável *vida nua*, como ele a define, e em um seguimento temporal mais amplo, se oculta um mecanismo antropológico ainda mais profundo, que lança raízes na própria origem da cultura humana. Trata-se do *bode expiatório*, para me valer aqui da preciosa tese de René Girard, e, em última instância, do *ritual da antropofagia*. Ambos, bode expiatório e antropofagia, desempenham, por sua vez, uma função essencial no nascimento de algo tão abstrato quanto poderosamente real: a lei. Afinal, vale lembrar, não é fortuito que a maior parte do pensamento moderno tenha se ocupado das origens da civilização sempre em um nexo indissociável e de homologia entre a instauração de uma violência arcaica e a fundação da lei.

Seja no nível sociológico pensado por Marx, no qual a propriedade seria fruto de um roubo ancestral e a lei, a codificação ulterior que naturaliza o roubo como patrimônio. Seja no nível cosmológico de Nietzsche, no qual a lei nasce como válvula reguladora do ressentimento contra um cosmos adverso. Seja como lei natural de seleção por extermínio das espécies menos adaptadas, em Darwin. Seja como assassinato e canibalização do pai arcaico, que instaura a lei e a consciência da culpa para Freud. Seja como lei totêmica e interdição do incesto na passagem da natureza para a cultura, para Lévi-Strauss. Seja a lei tomada como fundamento da inscrição na cultura e como castração simbólica pela linguagem, segundo Lacan. Seja a lei entendida como expiação reguladora da violência mimética contagiosa, neutralizada mediante a descarga exercida sobre o bode expiatório, como propõe Girard.

Em todos esses sentidos, é quase uma dominante na linhagem hegemônica do pensamento moderno, definida como *hermenêutica da suspeita*, entrever o jogo de luz e sombra nas franjas do real como sendo o verdadeiro cenário no qual se desenrola a aventura moral humana. Aquém e além desse umbral oscilante de violência e sentido, espraiam-se o silêncio indiferente dos espaços infinitos e o mutismo tão harmonioso quanto insignificante de todas as outras formas de vida. Mais do que a díade platônica de recurso e pobreza, o ser humano é e sempre foi o acorde consonante de uma sinfonia feita de carência e fúria, avessa às ordens da natureza. Como diz Bataille, a cultura humana não nasce da emancipação de uma lei natural, mas sim de uma transgressão da natureza. A humanidade só começa com os golpes de clava no corpo morto de um inocente. Exatamente ali onde abruptamente termina a natureza começa o homem. Essa é a inscrição do homem em sua humanidade. Essa é a *cesura*, para usar o conceito de Sloterdijk.

NOVO ECUMENISMO

Como disse Vilém Flusser, genial filósofo da linguagem e das tecnologias, em nosso tempo o sentimento religioso se tornou de novo *geral*, ou seja, tornou-se de fato e finalmente *católico* – e abissal. Pois ao contrário do projeto histórico cristão, esse novo catolicismo do espírito religioso reside na partilha de um sentimento universal de *falta de fundo*. Sim: no limiar do terceiro milênio, a experiência do Nada talvez seja a única experiência religiosa que nos una como espécie.

Diante dessas constatações, como pensar a passagem do humano ao pós-humano? Quem nos garante que esse Nada de valor e de sentido não será a substância transfigurada das religiões do futuro? Em outras palavras, na era pós-humana, como a humanidade do homem será antropologicamente preservada, de modo que ela não transborde para a afasia de um além inarticulado nem regrida a um aquém animal ou vegetal, para lembrar os dois polos da relação língua-realidade descritos por Flusser? Certamente, ela será salvaguardada por meio da *reativação do ritual do canibalismo*.

A MORTE OBSOLETA

A morte envelheceu depressa nos últimos séculos. O cultivo da morte e o desenvolvimento das tecnologias da morte chegaram a seu apogeu de voracidade e refinamento no século XX. O Iluminismo nada mais foi do que a descoberta do sentido escatológico e da teleologia épica que a morte pode oferecer, mediante um uso racional das reservas de violência endógenas dos grupos sociais. E não é por outro motivo que Agamben define os campos de concentração e os democídios do século XX como uma realização impecável da lógica e da racionalidade ilustradas, não como uma excrescência romântica, alheia ao processo modernizador. O totalitarismo é a realização plena da razão. O extermínio é a obra de arte total do Estado.

Usada racionalmente, a morte é o combustível do progresso. No mundo contemporâneo, porém, as tecnologias da morte já foram superadas pela eficácia produtiva das neuroses de massa. Da mesma forma, as tecnologias da guerra já foram diluídas no cotidiano armamentista das repartições públicas, na artilharia da mídia e nas trincheiras proativas das empresas. Nem os atentados terroristas escapam ao infantilismo da pura agressão e às engrenagens da cultura do entretenimento. Mesmo com a *privatização da guerra* e com a sua transformação em uma *prestação de serviços*, como mostra o estudo de Rolf Uesseler, a guerra ainda é muito dispendiosa. Não é mais uma fonte de riqueza psicopolítica. A escravidão chegou ao fim no século XIX porque os combustíveis fósseis se tornaram muito mais baratos e eficazes do que os combustíveis humanos. Isso não quer dizer que a escravidão tenha se extinguido. Ela apenas foi democratizada. Passou a ser ministrada em doses homeopáticas. O mercado da escravidão foi reterritorializado em outros espaços e práticas. Tornou-se um bem de consumo cotidiano. A forma histórica e clássica da escravidão se transformou em uma forma obsoleta de violência.

Em última instância, a criação de novas doenças de eficácia homeopática e de um sistema *delivery* de novos vírus sem cura em nível global será sempre muito mais lucrativa do que qualquer assassinato. Tudo é uma questão de capitalizar bem a violência. Tudo se reduz a mecanismos de onerações e desonerações que abastecem e climatizam a biosfera artificial das novas hordas sociais flutuantes. Nelas navegamos no *espaço interior do capital* e habitamos o castelo de conforto planetário. A morte não tem mais para onde evoluir. Ainda mais na era pós-humana, na qual a utopia da longevidade e o advento de uma eventual suspensão literal da morte podem se concretizar significativamente, aumentando a vida útil dos investidores.

LIMIAR

Mesmo em toda sua majestade, a violência e a morte produzidas no século XX ainda não tinham transposto o limiar antropológico de sua redenção, de sua consumação, de seu remate, aquele *turning point* a partir do qual o que é se transfigura em outro de si: muda de natureza sem mudar de essência. Isso ocorre porque a violência, com algumas raras exceções, ainda não ultrapassou a lógica do assassinato. Quer dizer: ainda não se transformou em canibalismo. Em outras palavras: a inscrição simbólica dos pós-humanos na clareira da cultura se fará mediante a restauração da antropofagia. Da mesma forma, tal como se deu a abertura da antropogênese humana há uns 500 mil anos, a futura saída dos humanos da dimensão puramente animal à qual eles estão sendo reconvertidos só se dará mediante a nova inscrição de um umbral de violência, ou seja, com uma nova vigência dos rituais de canibalismo.

A antropofagia seria o novo *locus* metafísico planetário e uma nova mitologia política? Será por meio dela que a morte paradoxalmente renascerá plena de sentido em um horizonte extinto? Seria a antropofagia a grande interdição não nomeada da civilização e da cultura humanas, prestes a ser desativada? Será essa a descoberta e a revelação profética do grande Apocalipse a que se refere Girard? Não uma catástrofe nuclear, mas o reconhecimento, até a raiz orgânica, da substância traumática de que somos feitos, misto de mimetismo e violência endêmica? Seria a antropofagia a experiência radical do mimetismo que funda a cultura humana? O alfa e o ômega da nossa humanidade? Se as intuições geniais de Oswald de Andrade estão corretas, a compreensão do nosso futuro milenar dependerá, ironicamente, de uma melhor compreensão da alegria canibalesca dos tupinambás? Em que sentido transpor o umbral antropológico da passagem dos humanos aos pós-humanos não implicaria necessariamente uma atualização de um rito sacrificial? Quem será o anátema desse novo éon? Arrisco dizer: o homem.

E nesse sentido, como brilhantemente intuiu Girard, o cristianismo, entendido como metáfora teocríptica, continua sendo sublime e insuperável, pois já sinaliza, em sua própria estrutura, esse novo ecumenismo negativo e sacrificial planetário. Porém, hierofania do amor, o cristianismo não é uma religião que oferece um novo modelo de expiação, mas sim uma fé que realiza, no nível antropológico, a *desativação mesma do mecanismo sacrificial e da lógica do bode expiatório*, como propõe Girard. Justamente por isso, não atenderá às necessidades literais e traumáticas que esse transtorno antropológico iminente exige. Tal como o além-do--homem de Nietzsche, o cristianismo também não sobreviverá. Ambos representam figuras hierofânicas da grande era antropocêntrica do mundo, em cujo limiar de extinção nos encontramos.

ROBÔS NA ALCOVA

Seria então a antropofagia o maior tabu da civilização? Provavelmente. Nesse sentido, não deixa de ser significativo que mesmo um autor como Marquês de Sade, espécie de limite imaginário de transgressão, violência e infração de rigorosamente todos os códigos, leis e costumes que estruturam a cultura dita humana, por meio de práticas que vão das mutilações genitais e do incesto à coprofagia e ao assassinato, também tenha seus tabus. Entre eles, a interdição explícita da autofagia e a quase inexistência de antropofagia em suas divertidas narrativas.

A obra de Sade é a versão pornográfica do homem-máquina de La Mettrie. Seus corpos-engrenagens têm o único intuito de transformar orifícios e protuberâncias em uma mecânica de válvulas e alavancas de prazer. O imaginário sádico é um onanismo coletivo. É uma festa fecal da incomunicabilidade ontológica. É um jardim da infância da univocidade. Porque o sadismo nada mais é do que a extinção de toda a dimensão orgânica do gozo. Nesse sentido, é extremamente conservador, pois consiste em uma interdição radical da experiência orgânica e, portanto, agônica e antagônica, do prazer, entendido como plena impotência do sujeito perante o objeto. Vive majestosamente em sua ilusão ejaculatória de um protagonismo sem rival. É justamente por isso que os personagens se fodem, mas não se amam e tampouco se comem – literalmente. Há transgressão, mas não há antropofagia. Afinal, robôs, mesmo pornográficos, não são bons para a digestão. Tudo isso demonstra que, no fundo, apesar de seus devaneios infanto-juvenis, Sade não passava de um bom e velho moralista francês.

Se aparentemente ridicularizo o divino marquês, faço-o apenas para demonstrar que aos olhos da lógica pós-humana ele não passará de uma inofensiva peça de antiquário. Mais que isso: aos olhos pós-humanos, haveria um elo subterrâneo profundo entre as religiões reveladas e soteriológicas universais e a obra de Sade. Tal como as primeiras constituem um *corpus* doutrinário em louvor a Deus, a obra do marquês é uma bíblia de louvor à Natureza. Ambos são motores metafísicos, simbólicos e antropológicos de humanização e de animalização, respectivamente. Nesse sentido, tanto os escritos religiosos quanto os sádicos são manuais pedagógicos de produção de matáveis (*homo sacer*), sejam eles filhos do Deus-Acaso ou da Lei-Natureza.

DA ONTOLOGIA À ODONTOLOGIA

Em linhas gerais, se o processo de hominização levou milhões de anos para se cumprir até o estágio atual, do ponto de vista lógico tudo indica que ele precisará de um período de vigência planetária do canibalismo para subsistir, caso contrário entrará em colapso e a hominização será abortada. Tal como o trauma inaugural, ou seja, o fenômeno da *neotenia*, do nascimento prematuro, criou o enclave biológico que eviscerou o ser humano dos hominídeos, gerando duas espécies, o novo umbral antropológico também exige um hiato, uma passagem que não será meramente mítica, mas material, literal.

As fronteiras biotecnológicas podem fornecer os liames físicos de distinção das espécies, mas não os culturais. O corte antropológico que determinará a cesura entre humanos e pós-humanos se dará quando os pós-humanos refundarem atavicamente o assassinato arcaico, ou seja, quando vitimados pela violência intestina e incontrolável dos embates entre grupos canibalizarem os humanos de outrora. Por seu turno, o escape e a passagem dos humanos animalizados à reconquista de sua humanidade perdida certamente passarão também pela reedição do ritual de canibalismo, de preferência dos inimigos, dos pós-humanos, cujas carnes, se ainda existirem, serão as mais tenras da Terra. Lembrando a fina ironia de Oswald de Andrade, a saída para a civilização não será *ontológica*, mas *odontológica*.

RELATÓRIO PARA A ACADEMIA

Kafka compreendeu como ninguém o biopoder do mundo contemporâneo. Mais que isso: ele é o profeta das tecnologias de poder e da biopolítica mundial que está por vir. Em seu conhecido conto, um chimpanzé fala de seu passado simiesco para uma Academia de Ciência. Por ironia de segundo grau, ao escrever este texto, coloco-me, diante de vocês, no lugar desse erudito chimpanzé. A paródia de Kafka é uma inversão brilhante da teleologia da história natural. A ciência é vista como o macaquear pré-histórico de uma humanidade ainda por vir, como uma anamnese prospectiva. Seleção esta, no caso, não mais natural, mas artificial, feita mediante a incisão biotecnológica que separa os sequenciados dos não sequenciados, os humanos dos pós-humanos.

Porém, como diz o poeta: de tudo fica um pouco. Às vezes uma flor. Às vezes um rato. Essa ancestralidade incrustada nos moldes pós-humanos precisará de uma resolução simbólica. É difícil conviver com esses fragmentos humanos que se alojam na plasticidade de um corpo em quase tudo puro, edênico. Tal como os neandertais deixaram vestígios físicos no *Homo sapiens*, paradoxal e simultaneamente desapareceram e se preservaram, a passagem do humano ao pós-humano não será em vão. Algo do furor ancestral e da rebelião cósmica contra as fagulhas de um passado perdido, porém inacessível, tenderá a se manifestar da maneira mais brutal possível nesses seres sublimes de amianto e luz. E será assim que o pós-humano, ao reeditar o assassinato do pai arcaico das hordas paleolíticas de hominídeos, se humanizará mediante o canibalismo.

UMA NOVA MORAL

No século XVII, o moralista Jonathan Swift escreveu o libelo satírico *A Modest Propose*, no qual propõe que se tirasse uma fatia da nádega das crianças mais rechonchudas para acabar com a fome na Irlanda. Talvez ele não soubesse quão profético fora seu riso. E quão saborosa e impiedosa será a gargalhada daqueles que, num futuro distante, estando do lado dos devoradores e não dos devorados, compreenderão alegre e plenamente a sua alegoria.

Swift e Kafka apenas anteviram os mecanismos antropológicos que fazem de mim, de você e de todos nós os primatas de um futuro vazio, avessos a qualquer ilusão, mas não isentos de arrependimento. Porque a humanidade do homem só se extinguirá no dia em que não houver arrependimento. Para ela não se extinguir, seremos sempre e cada vez mais capazes de cometer transgressões e infrações.

FIM E COMEÇO

No dia em que um homem do futuro, o último homem de que fala Nietzsche, canibalizar sem remorso aquilo que ele fora e não o é mais, é sinal de que, além e aquém do humano, a humanidade se extinguiu.

A sua assimilação cultural e orgânica ocorrerá sem fraturas e, portanto, sem saltos. Ou seja: ele será dotado do mesmo processo fotossintético das algas e da mesma indiferença e estupidez dos unicelulares. Ter-se-á rompido a cadeia de ouro de Homero, o invisível fio que conecta a multiplicidade infinita da aventura humana sobre a Terra. Por maior que seja seu estado de harmonia com a natureza, filosoficamente ele estará mais próximo de uma ameba ou de um protozoário do que de um humano, por mais que a biologia e os anatomistas queiram em vão provar o contrário. Haverá hominídeos, mas não haverá humanidade, nem em humanos, nem em animais, nem em pós-humanos.

ECLESIASTES

Até isso, porém, é digno de ser relativizado. Pois se tal extinção pode representar um grande drama para as boas almas e para as consciências antropocêntricas, aquelas que acreditam que sejamos algo mais do que um belo caniço pensante, ela é absolutamente irrelevante para o fenômeno da vida. Voltando a Nietzsche: um dia, em um lugar chamado Terra, um ser chamado homem inventou uma coisa chamada conhecimento. Como arremata o filósofo: esse foi o acontecimento mais arrogante da história do universo. O mesmo se pode dizer sobre o dia em que, em eras longínquas de um passado pós-glacial, em uma atitude simiesca, um macaco se dirigiu às águas translúcidas de um rio e, nele se espelhando, se chamou de homem.

LIBERDADE

Meu filho me olha de soslaio. Aproxima-se. Pega minha mão e pergunta: como eu e você vamos sumir? Titubeio. O que ele quer dizer com *sumir*? Óbvio. Como nós dois morreremos. Sumir e morrer. Bons sinônimos para a imaginação infantil. Boa pergunta, possível apenas na violência indagadora da infância. O que não é percebido não existe. Ponto-final. O resto é metafísica.

Malgrado minha incapacidade de sacar uma resposta à altura, tomo um atalho. Sondo. Tento entender o porquê da pergunta. Um amiguinho da escola está com a mesma doença do vovô? Dizem que vai sumir? Entendo aonde ele quer chegar. Enrijeço-me. Sim. Explico, ainda mais sem graça. Mas nem todos têm inclinação para ter as mesmas doenças – minto. Ao perceber, tento me remendar. Hesito. Não é possível prever as doenças que as pessoas possam vir a ter – minto de novo. Paro. Seus olhos me perscrutam. Esperam uma explicação.

Por que não digo que hoje em dia há meios de se mapear os genes de um ser humano? Poderia dizer em linguagem simples que em algumas décadas poderemos prever todas as futuras doenças e fragilidades orgânicas de cada indivíduo. Inacessível? Como era inacessível um telefone celular há dez anos. Como era inconcebível um computador portátil há trinta anos. Como era inimaginável pisar na Lua há oitenta anos. Como era insonhável uma expectativa de vida de oitenta anos há três séculos.

Costuro os hiatos de suas perguntas. Chego às motivações. Empalideço. Minha avó havia morrido de câncer. Seu marido morreu de câncer. Uma tia-avó morreu de câncer. Uma tia de minha esposa morrera da mesma doença. Recorro às explicações racionais. Elas colidem com um fracasso antecipado, inscrito em minha própria impotência diante de questões tão definitivas. Sem conseguir enfrentá-las, divago.

Penso na biopolítica, em Foucault, em Agamben, em Esposito. Intuo o controle dos corpos por meio da linguagem. Imensos blocos de concreto flutuam em minha mente. Logo se dissolvem. Formam uma película sutil, espécie de nenúfar invisível, dividindo a humanidade a partir de bancos de genes sequenciados em hierarquias. Os habitantes de cada uma das metades se aproximam, tentam se tocar, mas não conseguem ultrapassá-la. Vedados uns aos outros.

Lembro-me do filme *Gattaca*. Penso em Aldous Huxley, em George Orwell, em Stanley Kubrick. O rosto de Angelina Jolie se embaralha ao rosto de minha tia-avó. Um dos meus retratos favoritos de Kafka ocupa todo meu campo visual. Suponho ver meu filho naquele rosto de menino. Cabeça grande. Orelhas salientes. Rosto de expressão indecidível. Incapaz de qualquer contorno. Embaixo, uma rubrica: Estrangeiro. E então ele se metamorfoseia em um inseto monstruoso que tem a minha cara.

Outras imagens estranhas atravessam minhas retinas. Agrupam-se. Formam a cartografia de um mundo reticulado por redes e cruzamentos de informações genéticas. Um banco mundial de dados biológicos. Finalmente chegamos à transparência absoluta. O deserto de seres eviscerados de qualquer vida interior. Sim. A desterritorialização dos sujeitos e os corpos sem órgãos de Artaud e Deleuze. Sim. Como negar essa verdade cristalina? Ela está banhada pela luz do sol. Pode ser demonstrada em modo geométrico. Chegamos à sociedade de paredes finas. À realização plena do Palácio de Cristal. Sloterdijk como sempre tem razão.

Neste instante, percebo a transparência do mal nas entrelinhas de cada gesto cotidiano. Rumino-a nas ranhuras de meu rosto no espelho. Nos sulcos de minha pele macerada. Nos veios de minhas mãos. Remoo a profecia de Baudrillard. Ela parece prestes a se cumprir. Intuo que a felicidade é a forma mais dócil de sermos assassinados. Para que nos dominarem pela força se podemos ser dominados pelo prazer?

Sonho por um segundo com uma forma de resistir a esse processo avassalador. Como nos salvaremos desse fatalismo? Tudo por fim terminará em alguma variante da banalidade? A série involuntária de fantasmas que me visitam chega ao ápice. Claro. O ser humano nunca deteve o controle de si. Sei disso. Felizmente. Mas até quando seremos reféns das mãos invisíveis de anjos ou demônios? E o que seria de nós se de fato descobríssemos como nos tornarmos imortais? Caio em mim.

Você vai dizer ou não? Recolho-me à minha insignificância diante de meu pequeno inquisidor. Por azar ou por sorte, ele não tem os álibis da filosofia. Por isso mesmo, as respostas não podem ser equívocas. Tampouco podem ser sistemas autoimunes. Elas têm que produzir algo de efetivo. Em outras palavras: um sim ou um não. Procuro uma saída emergencial. Não encontro.

Olho ao redor. Vou à janela. Vejo a calma da rua e seus transeuntes. Os carros passam. Corpos trafegam sem por quê. Ouço o murmúrio de todos aqueles que também existem. Recordo-me de Fernando Pessoa. Um sopro leve vem de fora. Circula entre mim e ele. Sei que vivi isto em algum outro lugar, em outro tempo e sob outra forma. Mas os caminhos de retorno estão fechados. Pequenino, ele abraça minha perna.

Medito. Não tenho dúvida. Faria tudo para dilatar ao máximo esta jornada breve que nos prende à Terra e aos seres sencientes. Para expandir ao máximo esta fagulha de luz. Estes milésimos de segundos que são nossas vidas na escuridão do cosmos abissal. Porque nada mais existe para além disso.

Olho-o nos olhos. Pela primeira vez percebo como ele se parece com meu pai. Tremo ligeiramente. Transpiro. Chego a uma resposta. Tudo bem, oráculo mirim. Você quer mesmo saber como as pessoas vão morrer? Amanhã te levarei para conhecer um lugar especial. Um lugar onde seu avô me levava quando eu era criança. Um lugar chamado Nunca Mais. É para esse lugar que vão todos aqueles que sumiram. Ele arregala os olhos. E sorri.

LIÇÕES DE ABISMO E LEVEZA

MÁRIO DIRIENZO

ENCARANDO A TÉCNICA COM ARTE

Em *Abismos da Leveza*, de Rodrigo Petronio, temos um empenho vigoroso para dar conta da complexidade do pensar contemporâneo, sem o esquecimento do que é mais antigo na filosofia. No livro, há ensaios sobre temas circunstanciais, relativos a determinadas situações do momento histórico que estamos vivendo dentro do espaço geográfico brasileiro. Não obstante a oportunidade, a pertinência e a profundidade com que tais temas são articulados, os ensaios mais proeminentes da obra são aqueles que tratam de temas gerais da espécie humana, envolvendo o descortinar de um horizonte ontológico em que o demasiado humano se perde em um poder pós-humano ou transumano.

Antagonizando uma certa tendência de uma filosofia que ainda se faz, a qual, a fim de preservar seu espaço, passa ao largo das conquistas e peripécias da ciência e se fixa na suposta autonomia da filosofia, Rodrigo Petronio mergulha no horizonte da tecnologia e nas ressonâncias ontológicas que tem em relação ao ser do ser humano, o qual é tido pelo autor como algo em extinção ou mesmo já extinto, embora a consciência disso ainda não seja uma vigência, mas apenas uma noção inconsciente, com perturbadoras reações e negações inconsistentes.

Para que a proposta filosófica de *Abismos da Leveza* seja entendida é preciso que se saiba ao que ela se opõe, bem como no que ela se apoia. Apelando para um autor também caro a Rodrigo Petronio, René Girard, digamos que o Modelo/Obstáculo da obra em questão é Martin Heidegger. Como se sabe, Heidegger construiu sua filosofia em torno de uma crítica acerba da tecnologia, a qual seria a culminância do esquecimento do ser, o qual, para o mencionado autor, deve ser lembrado e não deve ser confundido com os demais seres, que Heidegger designa genericamente como o ente.

Sendo ser e ente diferentes, essa diferença seria aniquilada pela tecnologia, essa filha legítima da metafísica, que quer iluminar o mistério numa planetária revelação apocalíptica. Se o ente pode ser de Deus ao átomo, na medida em que o ente é tudo aquilo que pode ser determinado, o ser heideggeriano não pode ser nem Deus nem o fundamento das coisas, pois, ao contrário do ente, ele apenas "é"... Talvez, em português, seja mais adequado dizer que o ser "há", tendo em vista que ele nunca é isto ou aquilo.

Abismos da Leveza abraça esse caráter insubstancial do ser, contudo, não pode deixar de ver na resistência de Heidegger à tecnologia um obstáculo ao bom pensamento. Sim, Heidegger teve o inegável mérito de colocar a tecnologia como "ponto nevrálgico" e não como algo neutro, que pode ter um bom ou mau uso, assim, a questão da tecnologia não seria tecnológica, mas política. Um poder político legítimo faria bom uso da tecnologia, já um poder alheio aos anseios do povo utilizaria as conquistas da ciência para fins particulares e em prejuízo da maioria e da vida como um todo. Heidegger evidenciou a ingenuidade – ou a má-fé – desse raciocínio, demonstrando que a tecnologia é um fim em si e que, em sua natureza metafísica, dá as cartas da condução política e do controle da vida. Procurando ser o antípoda do positivista, ou seja, daquele cujos passos estão no compasso das ciências, Heidegger, sob os auspícios da poesia, procura preservar a autonomia do pensamento filosófico. Ocorre que a tecnologia continua a sua marcha, fazendo da dança heideggeriana em torno do arcaico Ser um desengonçado anacronismo, que precisa ser contrabalançado por uma atitude menos refratária em relação à tecnologia.

Sem o ufanismo positivista, mas também sem a tecnofobia heideggeriana, Rodrigo Petronio encara o horizonte inevitável do ultrapassamento do humano mediante a tecnologia. Para tanto, apoia-se em filosofias que, absorvendo o que há de importante em Heidegger, se distanciam dele, encarando sem reservas a relevância metafísica do desenvolvimento das ciências. As filosofias de que se vale o autor a fim de formular o seu pensamento têm várias cepas e vão desde o pensamento cósmico de matizes teológicos de Alfred North Whitehead até o humanismo maquínico de Deleuze e a antropotécnica de Sloterdijk, passando pelo paganismo transumano de Vicente Ferreira da Silva, que radicaliza certas posições de Heidegger, que ainda estariam vinculadas à resistência dos mortais em aceitar as demandas dos imortais, que podem assumir – como na alegoria da obra vicentina feita por Per Johns – a forma de uma rebelião das máquinas produzidas pelo humano como uma revolução do não-feito-pelo-humano, que é o divino, às vezes apelidado de natureza.

Além dos autores citados, vários outros fazem parte da composição filosófica petroniana, a qual se caracteriza justamente por pretender perscrutar o panorama do pensamento contemporâneo da maneira mais ampla e sem as barreiras da consistência, aliás, questionadas mediante os conceitos de "pluralidade ontológica" e "mesologia", que serão abordados ao longo destas linhas.

ENSAIOS DE FICÇÃO

Os ensaios de *Abismos da Leveza* são encerrados com um "mito". Quando digo mito, estou dizendo relato, todo relato é mítico; contar qualquer história é sair do imediato ou do mero conceito e fabular. No presente relato, um pai fala ao filho sobre o sentido da vida, vida que termina com a morte. Ao indagar para onde vão os mortos depois que morrem, o filho recebe do pai a seguinte resposta: "para um lugar chamado Nunca Mais". A criança sorri, talvez imaginando que esse Nunca Mais seja algo como a Terra do Nunca de Peter Pan. É possível esperar desencantamento de uma criança? É possível esperar o reencantamento do mundo contemporâneo?

Ao longo das páginas do livro, são evocados tanto o desencantamento do mundo, que tem sua máxima manifestação na proclamação nietzschiana da morte de Deus, quanto a verdade inevitável da ficção, que traz de novo o encanto à existência, conferindo leveza aos nossos abismos. Sendo um problema, esses pontos antagônicos não são substâncias, independentes e intransitivas, mas coisas que se relacionam. O meio é, portanto, mais importante que a particularidade de cada ente ou de cada questão. Para ressaltar essa importância do meio ou da relação em detrimento da dominadora substância, o autor apela para a partícula do mundo subatômico chamada *méson*, que é uma partícula de integração, não tendo valor em si. Os *mesons* foram originalmente previstos como transportadores da força que liga os prótons e os nêutrons no núcleo, mantendo o núcleo coeso. Méson em grego é *meio*, pois sua massa estaria entre a do próton e a do elétron.

A escolha de uma noção extraída do mundo subatômico como o modo de ser do infinito implica uma opção pelo pequeno, pelo infinitamente pequeno. Essa opção é expressa no título dos ensaios: "Por uma literatura menor", "Deus não é grande", que propõem uma fuga de uma totalidade totalitária ou de um grande Outro ensimesmado, que barra o fluxo fugidio do infinito. Em "Deus não é grande", encontramos essa ideia manifestada: "O infinitamente grande nos distancia da experiência mais elementar e dos processos primários. O descomunal obseda um contato afetivo com as paisagens internas que nos cercam. O hiperbólico quase sempre se torna uma conjectura. O infinitamente grande parece se ligar à visão, um dos sentidos mais abstratos e espirituais, segundo Santo Agostinho. O infinitamente pequeno estabelece uma estranha e invisível cumplicidade com o tato". Sim, tatear o que seria impalpável é uma maneira de não perder a nossa existência numa suposta essência, a nossa acidência numa suposta substância. Sim, o infinito continua impalpável, mas ele se "encarna" numa manjedoura em Belém ou em qualquer detalhe. "Deus está no detalhe", essa frase cuja autoria é incerta, é o méson que dá coesão ao núcleo do presente ensaio.

Ainda dentro dessa valorização do mínimo, está a atenção com essa pequenez significativa, esse *flatus vocis*, que é a palavra, a qual, todavia, tem um máximo sentido e é o que é albergado por essa instituição, que fora de todas as instituições, define a vida humana: a literatura. A literatura transforma a profundidade em superfície; o abismo na leveza de uma pluma que desafia a lei da gravidade. Nas palavras do autor: "Literatura é quando o avesso do mundo se revela na transparência das palavras. E o real ressurge. Reinaugura-se. Para o nosso gáudio e augúrio. Magnânimo e magmático. Apenas assim as palavras voltam a ser o que são, a casa do ser, como as definiu Heidegger". "As palavras vicejam em alvíssaras de breves lampejos, independentemente da classe social e mesmo do escrutínio ou do intuito precípuo de quem as manuseie. Instalam-se no intelecto. Aceleram os músculos cardíacos. Levam-nos a um êxtase de corpo e alma. Depois dormem."

Se a palavra dá leveza ao abismo e nos faz escapar da gravidade inerente ao abismo existencial, as nuances são entronizadas pela mesologia como manifestações supremas, feitas de meios-tons, sutilezas que produzem distinções naquilo em que só se enxergavam identidades. Havendo ou não um ente divino, a questão de Deus sempre se coloca. "Deus existe mesmo quando não há", dizia Guimarães Rosa. Isso porque o ensimesmamento humano não se sustenta e implica uma alteridade que o altera e o remete ao aórgico ou o não-feito-pelo-humano. Não-feito-pelo-humano refere-se ao que está fora do que o homem, singular genérico, realiza. Aludindo ao que é humano, o termo homem não deixa de fazer do masculino sinônimo de humano, subentendendo-se disso que o feminino é um humano incompleto. Se o homem foi feito à imagem e semelhança de Deus, Deus seria um super-homem, longe do humano incompleto, que é a mulher. Ocorre que o que é completo é acabado, totalidade fechada, que não se abre ao infinito, que, por ser infinito, não se confina numa substância ou identidade. Assim, o caráter incompleto, inacabado, infinito do feminino pode ser uma imagem de Deus mais compatível com a nossa época, em que o Deus ontoteológico, que não dá espaço para a existência de cada um, foi decretado morto pelos bem-pensantes, embora o fantasma do grande Outro ainda assombre os mortais e inflame as hostes fundamentalistas.

Indecidibilidade, ou seja, a permanência da nuance, no meio-tom, é a palavra-chave do pensamento de Derrida, no qual Petronio ancora a ideia de um Deus feminino, que também tem como pressuposto a concepção de Nietzsche de que a verdade é mulher. Essa verdade-mulher sob a égide da indecidibilidade não pode ser uma Grande Mãe, tampouco um eterno feminino semanticamente delineado, mas uma divindade que brilha pela ausência e jamais está metafisicamente presente. Tendo como corolário a insubstancialidade de todas as coisas, a mesologia petroniana, além de ter afinidade com a indecidibilidade derridiana, conflui com a noção de espumas – Sloterdijk – como a forma das mônadas contemporâneas, que têm na leveza a sua essência. "A profundidade é a última mitologia romântica que restou em meio aos destroços do mundo burguês. Apenas a afirmação da superficialidade pode nos salvar do abismo imaterial que nos espreita a cada esquina."

A superficialidade parece adquirir aqui a condição daquilo que emerge, vinga e não fica numa profundidade que confisca do homem o uso das coisas, soterrado o mundo nas entranhas da Terra. E o mundo são mundos. Cada ponto de vista é um mundo; um poema funda um mundo. Os mundos são feitos com a tessitura das ficções. Por isso, só podem ser plurais, redes de relações nas quais a substância subsiste, mas como suprema ficção.

FORMAÇÕES DE MUNDO

O conceito de mundo é evidente, todavia cai facilmente na armadilha montada pelo próprio mundo, que tem dentro de si fatos e mais fatos que turvam a límpida indagação que sempre deve surgir: o que é o mundo? Preocupado em depurar a questão do mundo, Heidegger distinguiu mundo do que é meramente "intramundano", isto é, do que está dentro do mundo e não é o mundo em sua transcendência. Para Heidegger, o mundo é transcendente e não se confunde com a imanência dos entes que estão dentro dele. O sentido do mundo está no mundo, mas não em sua imanência; em sua transcendência – transcendência, porém, inerente ao mundo. Formulando a relação entre o mundo e seu sentido de maneira diferente, Wittgenstein disse que o sentido do mundo está fora do mundo e seria Deus em sua transcendência. Já Plotino, em sua divisão do divino em Uno, Nous e Alma do mundo colocava aquilo que dá vida ao mundo no seio do divino. Ou seja, a mundanidade faz parte da transcendência e a mundanidade em seu sentido pleno é transcendente. Diante dessas três visões de mundo, o que resta como conclusão é que sem a transcendência o mundo não é mundo, mas jaz perdido em sua imanência abismal, sem emergir como algo que é em lugar de tudo e nada, embora, em si, por ser transcendente, o mundo seja de fato tudo e nada. Ocorre que para haver mundo é preciso que haja o intramundano, o que gera a seguinte aporia: o que é mundanal não é mundo, acarretando uma ambivalência, ou melhor, uma *bivalência*. Em Heidegger, essa bivalência está na dicotomia mundo/intramundano ou ser/ente; em Wittgenstein, na disjunção entre mundo, que, para o pensador austríaco, é "o que é o caso", os fatos, e o sentido do mundo, que é sobrenatural, isto é, fora do mundo. Plotino, platônico, remetia o que acontece neste mundo ao verdadeiro mundo, o das Ideias, dirimindo a bivalência, já que haveria uma *equivalência* entre a verdade e as derivações intramundanas, por mais distorcidas que estas sejam, porquanto as coisas sensíveis não têm, na visão platônico-plotiniana, autonomia em relação às coisas inteligíveis. Toda a herança platônico-aristotélica que foi incorporada pelo patrimônio cristão tem como corolário a equivalência entre ser e ente, na forma de participação do inteligível no sensível – *methexis* – ou na *analogia entis*, que traça uma analogia entre qualquer ente e o ente supremo. Heidegger e Wittgenstein, estando inseridos nessa mesma herança, seguem uma outra vertente, aquela que é visível em Duns Scott e no protestantismo e que tem a sua expressão máxima no gnosticismo, e que sempre aponta para o que foge à *methexis* e à *analogia entis*, confinando-se numa alteridade inexpugnável.

Essa bivalência e essa equivalência que vemos nos autores citados são apenas duas maneiras de enxergar o mundo. Rodrigo Petronio elenca, além da bivalência e da equivalência, a monovalência dos monismos e a plurivalência do modalismo mundanal. No pensamento ocidental, a monovalência monista aparece nos filósofos pré-socráticos e reaparece em Erígena na Idade Média e em Espinosa no início da modernidade, na forma de "Deus é tudo" ou "tudo é Deus", ou a totalidade é divina, nem é preciso que haja um ente separado chamado Deus. Petronio coloca Duns Scott, Hegel, Marx, Nietzsche como monistas. Sim, são monistas, pois acreditam na univocidade do ser, ou seja, entendem que tanto Deus quanto a mosca são, logo, têm o "mesmo ser", que, para Nietzsche, é a vontade. Ocorre que tanto Nietzsche quanto Marx, Hegel e Duns Scott se distanciam da ideia de natureza como unidade ou harmonia, apostando no "sobre-natural", que, em Marx e Nietzsche, não tem relação com metafísica, mas com vontade e trabalho.

Do amálgama entre o naturalismo monista e a aposta numa sobrenatureza de teor teológico ou ateológico surgem o pensamento de Whitehead e o de Deleuze. *Essa confluência resulta numa indistinção entre natural e artificial.* Há um pendor que impõe uma decisão, a eliminação da cisão interna do pensamento, o que acarretaria adotar uma postura em detrimento de outra. Mas não é esse o caminho trilhado pela mesologia petroniana, pois, segundo o autor, "todas essas ontologias são válidas e um regime de verdade não anula outro. Como se sabe, a filosofia não consiste em uma demonstração de falsidade-veracidade empíricas, mas em um confronto contínuo entre estruturas dedutivas formalmente válidas". Tal postura implica a contingência de todas as ontologias, pois "a mesologia pode ser definida como uma teoria geral das relações contingentes estabelecidas entre essas multiplicidades de ontologias, meios e mundos, ou seja, uma teoria dos pluriversos atuais, virtuais e possíveis". Nesse sentido, mundo, Terra, universo são termos equívocos, talvez porque haja mundos e o universo, em que está o planeta Terra, esteja constituído de pluriversos. Assim como Wittgenstein e Heidegger, o filósofo norte-americano William James contribuiu para o equacionamento da questão de mundo, contrapondo a noção de universo a pluriversos.

Vem à baila a polêmica declaração de Heidegger de que só o homem tem mundo, pois o mineral é sem mundo e o animal é pobre de mundo. Procurando dar um outro encaminhamento à questão, Rodrigo Petronio tira o humano do centro, pois "o humano sempre foi transumano pela participação divina-animal-técnica na constituição de sua essencial humanidade".

Desse modo, o mundo perde o húmus do demasiado humano, que acaba ensejando que a *hybris* da técnica adquira a condição de Deus redivivo.

No fundo, mundo é um conceito vazio, na medida em que o mundo nunca está dentro do mundo, no intramundano, permanecendo fora de si. A serenidade (*Gelassenheit*) postulada por Heidegger é uma forma negaceira de encarar a tecnologia, ou seja, diz "sim" a ela – a tecnologia é uma destinação do homem – mas, outrossim, diz "não". Nesse "não" heideggeriano à tecnologia, não obstante o "sim", é o que talvez diferencie a posição de Heidegger em relação à de Petronio. Como modelo/obstáculo, Heidegger espelha o entusiasmo do êmulo pelo sentido metafísico da tecnologia, mas acaba refratando a imagem e proferindo um rotundo "não", que se abre para a eterna angústia, para o vazio do Aberto, onde os mecanismos cessam. Mas aquele mecanismo inaugural cessaria algum dia? Esse mecanismo decorre da animalidade humana e de algo *sui generis*, um excesso violento e uma exceção que condensa e suspende, conservando, a violência. Heidegger renega a animalidade, priorizando o *Dasein*, esse ser que é o homem e que não procuraria o sentido das coisas se já não o tivesse dentro de si. Heidegger exclui a animalidade, que, fora e dentro da tecnologia, perpetua o mecanismo. Esse mecanismo, usando o gustativo jogo de palavras de Petronio, é antropológico e antropofágico, algo relativo à primitiva horda de uma desnaturada espécie de primata, o *Homo sapiens*. O *Homo sapiens* e o *Dasein* são o mesmo? Heidegger ignora a antropologia e o apreço dessa pelo processo de hominização, que vai do ancestral comum que une todos os primatas ao caráter específico do *Homo sapiens*. Só que a antropologia pressupõe uma busca de sentido que já é o sentido e que constitui o apriorismo do *Dasein*. Heidegger abandona a antropologia, mas não deixa de ser antropocêntrico. Nada mais antropocêntrico que o *Dasein*, que se coloca como o único ente que existe, pois até Deus, sendo, não existe, como não existe a pedra ou o lagarto que está em cima dela. Existir é uma insistência, que, todavia, não subsiste, na medida em que, emersa no tempo, vive a morte de cada instante. Fora da divina eternidade e do eterno agora animal, o homem, *Dasein*, reside nessa diferença em que se dá o *logos*. Mas o animal humano está apenas nesse antropocentrismo "metametafísico"?

Colocando-se à margem desse antropocentrismo do *Dasein*, o autor de *Abismos da Leveza* enxerga racionalidade no clã vital até de uma ameba, dando à expressão orteguiana "razão vital" um sentido que se estende a todas as espécies do cosmos. Ao lado de relações mais harmoniosas entre os seres, a *struggle for life* se impõe à racionalidade animal. E na racionalidade humano--animal, feita de excesso e exceção, a *hybris* é fundamental e fundadora. O próprio Heidegger, em sua *Introdução à Metafísica,* reconhece isso, quando diz que o fundador de uma nova ordem é *ápolis*, isto é, alheio à ordem da cidade (*polis*). O que difere o ponto de vista do pensador alemão da perspectiva calcada nas relações entre antropologia e etologia é o desprezo heideggeriano pela arqueológica "coleção de ossos" e seu apreço pela *arché* narrada pelo mito, fato que pode explicar o assombroso apoio de Heidegger a Hitler. Cabe aqui a advertência de Pascal, de que muitos, querendo ser anjos – nada mais angelical, ou luciférico, do que o *Dasein* –, acabam sendo bestas.

Mas, retomando a contraposição a essa visão heideggeriana, calcada exclusivamente na exclusividade humana do *Dasein*, podemos falar de um "raciovitalismo petroniano", que, diferentemente do orteguiano, dá voz e vez ao animal, tido por Ortega como um alterado, isto é, um escravo dos estímulos exteriores, incapaz do ensimesmamento necessário à reflexão. A reflexão, exercício do *logos*, oporia natureza e linguagem. Pois bem, é justamente contra essa oposição que se bate Petronio. *Não para reduzir linguagem a natureza ou natureza a linguagem*, mas para aprofundar um conceito capital na filosofia, o de alteridade, a qualidade de ser outro. Dizia Hegel que os egípcios eram enigmas para si mesmos. Não só os esfíngicos egípcios, mas todos e tudo são enigmas para si mesmos e para os demais. É desse enigma fundamental que o nosso autor parte, não para chegar a algum conhecimento inquestionável, mas para manter as interrogações, permanecendo fiel ao seu ideal de filosofia como um confronto contínuo entre estruturas dedutivas formalmente válidas e não como uma demonstração de falsidade-veracidade empíricas. "Escutando não a mim, mas ao *logos*, é sábio entrar em acordo para dizer a mesma coisa: tudo é um." Nesse pensamento Heráclito de Éfeso expressa o ideal ou a utopia da linguagem, a unidade do universo. Mas, adverte-nos Petronio, o universo não é uno, é plural; são pluriversos. Subvertendo os paradigmas heideggerianos, poderíamos, seguindo *Abismos da Leveza*, que não só o animal, mas o homem é privado de mundo, pois esse se pulveriza na pluralidade. Do mesmo modo, todos seres são formadores de mundo, desse mundo que se forma e se transforma nos pluriversos. Todavia, persiste a necessidade de unidade. Da *hybris* do excesso e da exceção surge, prenhe de caos, a ordem.

NAS ENTRANHAS DA LEI

Há um excesso fundamental no animal humano. Esse excesso corresponde a uma carência, a uma excessiva carência, que consiste na consciência, consciência do infinito e do nada. Mas o infinito e o nada não têm sentido para o focinho animal, que persiste no humano como a realidade da necessidade, como o oposto da possibilidade. O focinho não fareja estrelas, mas a presa ou o que está rotundamente presente. A ordem do organismo exige que o verme – que todos os seres são diante do infinito – não se fixe na contemplação das estrelas e enxergue o poço que está a um passo e que pode engolir o incauto contemplador. Não obstante a cautela que coarcta o pensamento, há um irresistível ímpeto, que desafia os limites e as regras e se coloca como exceção. Ou seja, se o excesso é correlato de uma carência, a regra é correlata de uma exceção, que confirma a regra, que, por sua vez, se firma numa fundamental exceção, recalcando-a por repisar em sua legalidade.

O excesso e a exceção estão na pulsão, na *Trieb*, termo alemão usado por Freud e já presente em Schelling e que foi traduzido por *instinto*, mas que tem um significado bem mais complexo, a ponto de Freud dizer que *Trieb* equivale, na psicanálise, a mito, e Lacan considerar a pulsão uma montagem sem pé nem cabeça. Lacan e Freud circunscrevem pulsão ao atomismo do sujeito libidinal e emasculado pela linguagem. Em Jung, *Trieb* tem o mesmo sentido que em Schelling, um elã vital sem conteúdo necessariamente libidinoso ou ligado ao indivíduo, podendo ter fundo coletivo ou cósmico. Seja qual o for o sentido da pulsão, ela teria o rumo da morte, morte que se confunde com a imortalidade, visto que, arraigada ao inconsciente, não é afeita a ideias claras e distintas.

É nesse emaranhado que surge Deus, o nó górdio que a modernidade ilustrada teima em desatar. Mas o emaranhado se amarra de novo e o cordão umbilical não é cortado; emancipar-se de Deus, deixar de pertencer a Ele é algo tão fácil quanto soltar o espartilho? Autonomia é a palavra-chave para entender o paradigma que rege o pensamento dos bem-pensantes do Ocidente. Autonomia do indivíduo, autonomia da razão; autonomia do indivíduo que exerce a razão sem prestar contas a qualquer heteronomia, que é o antônimo de autonomia. Na heteronomia a consciência se curva às regras dadas pelo Outro, cuja síntese é Deus – todos os outros no fundo seriam o Outro, Deus.

Deus é evitável? Em termos diferentes, Jung e Lacan dizem que não. Para o primeiro, Deus é um arquétipo do Si Mesmo ou da Totalidade, um arquétipo é algo que não pode nem deve ser evitado, mas reformulado no bojo de uma ilimitada transformação. Já Lacan parece tratar Deus como um fantasma hamletiano ou um gênio maligno cartesiano, ou seja, um ente que expressa uma grande verdade, mas que deve ser depurada pela autonomia do mortal por meio de jogos gramaticais e técnicas de arte dramática, que diminuem o grande Outro, tornando-o um pequeno outro, *objet petit a*, uma partícula subatômica, um méson, diria Petronio. Esse jogo mesológico com a alteridade não deve, porém, ser uma manipulação que leve a transcender a transcendência, o *objeto a* é um objeto que nunca é um objeto, sendo um óvni que singra os espaços siderais do desejo. O que me parece que é o ponto nevrálgico da mesologia seria a ideia de que "a transcendência não deve ser transcendida", ou seja, tornada algo dado, algo simplesmente dado, uma substância, que pretendendo ser divina, acaba sendo idiota, recolhida em si própria, não vivendo as relações, que são a meta da mesologia e a vida naquilo que ela tem de mais vivo.

Uma das maneiras da transcendência ser transcendida seria o uso da tecnologia. A crítica à tecnologia, ao controle das coisas mediante artimanhas técnicas que nos fazem esquecer do ser, já é um clichê entre os bem-pensantes. Procurando subverter esse clichê, Petronio faz da tecnologia uma ancila da transcendência. Outrossim, a transcendência faria a sua teológica *kenosis* ao encarnar na tecnologia. Como aquele louco que segurava uma lanterna em pleno dia, Rodrigo Petronio ingressa na divina e divertida suruba dos emancipados e, estraga-prazeres, fazendo da arcaica lanterna a moderna câmera de um *reality show*, pergunta: onde está Deus? Nós o matamos! Preferimos ser sátiros a ser santos, desenhamos caricaturas e não pintamos ícones nem respeitamos o caráter irrepresentável do sagrado. Estamos nus, como numa câmara de gás, mas estamos numa ilha de conforto. Ao nosso redor, há milícias, brandindo bíblias e alcorões. Nós os excluímos de nossa orgia e eles nos excluem de seus cultos, onde falam línguas estranhas e, na sua devoção, eles se prostram mais do que nós em nossa volúpia. Seguimos o nosso imperativo: Goza! Mas nos esquecemos de que o gozo não é só prazer, mas muito mais dor.

Kant, celibatário patriarca do Iluminismo, colocou a autonomia no centro do universo: autonomia do sujeito, autonomia da razão. Nesse diapasão, a lei perde o conteúdo, configurando-se como pura forma, a "pura forma da lei", dependendo do arbítrio de um indivíduo racional, capaz de criar máximas de alcance universal. O ufanismo kantiano não sobreviveu ao influxo de um "mal radical", que cria máximas, mas máximas más. A obra de Franz Kafka lançou luz nesse lado sombrio da lei. A forma-da-lei consiste numa vigência sem significado. Ou seja, a lei vige, mas não tem sentido. O recalque dessa falta de sentido e a insistência na forma da lei caracterizam o comportamento das massas, entre rebanho e horda, capaz de matar o pai arcaico ou de se submeter com gozo ao tirano.

A exceção, que confirma e aniquila a regra, barra o excesso, que se manifesta com violência. Podemos chamar a exceção de méson e méson de Deus, um Deus infinitamente pequeno, transcendência que as almas emancipadas pensam ter transcendido. Mas a transcendência – ou o transumano – ultrapassa infinitamente o homem emancipado e o faz pertencer ao rebanho de estrelas, do qual os arroubos humanos são somente o pó, misturado à lubricidade da vida. Ainda que seja um lugar vazio, é preciso reconhecer o lugar de Deus. Parece-me que esta é a conclusão de Rodrigo Petronio. Se Deus não é uma substância ou um ente, algo "simples" como queria a vetusta metafísica, ele é um ser de relação, méson. Acredito que não seja outra a intuição da Trindade, na qual, desde a eternidade, Deus é uma relação.

Livrar-se da lei é o transumano desejo humano. "Para os amigos tudo, para os inimigos a lei", diz o ditado de autoria incerta, mas de conteúdo certeiro no que concerne aos jogos de poder do primata desnaturado que todos somos. Opondo lei a gozo, Petronio atribui aos bem-pensantes o estabelecimento de uma dicotomia excludente, na qual os emancipados, em seu livre exercício da razão e da libido, condenam a sede de pertencimento que anima as massas ao bicho-papão que se chama lei, assimilada a Deus. Nesse diapasão, os bem-pensantes, sem Deus, gozariam da liberdade, esquecendo-se de que, ao contrário do que disse Dostoiévski, se Deus não existe, nada é permitido; tudo é proibido ou prescrito pela lei, que, desligada de seus mistérios gozosos, é uma fortaleza contra o gozo, o qual é substituído por miragens desiderativas, sempre ameaçadas pelo real do gozo, que tem nos fundamentalismos e na sua militância terrorista manifestações decisivas.

O sujeito oculto da lei é o Legislador, Legislador de uma lei das selvas, que transita entre anomia e norma e tem no cinismo a sua regra de conduta. Os bem-pensantes se fecham para a graça ou para o acaso, dois nomes para Deus, refugiando-se em direitos e mais direitos, que, necessariamente implicam deveres e mais deveres e, cinicamente, fingem adotar o Abandono como o seu *"Aba"*, "papai" em aramaico, quando, na realidade, são filhos legítimos do Estado e do Mercado, que no bíblico hebraico podem ser chamados de Leviatã ou Behemote.

O DIA DA IRA E O CINISMO DE CADA DIA

Desde o apóstolo Paulo é um truísmo dizer que a lei implica a transgressão e que a "salvação" não estaria na obediência cega da lei, mas em outro lugar. A pergunta decisiva é: quem de fato quer ser salvo e salvo de quê? Baseado em Peter Sloterdijk, Rodrigo Petronio tem no cinismo e na ira os fundamentos do nosso velho Ocidente. Para Sloterdijk, o cinismo de hoje não é o mesmo de outrora, o cinismo de Diógenes, o filósofo-mendigo de Atenas, que vivia numa barrica e reverenciava o Sol e não Alexandre, o Grande, que impedia que o astro-rei fosse visto por Diógenes. O termo cinismo vem da palavra grega *kýon* (que significa "cão"), e o cinismo filosófico apregoava uma vida natural como a dos cães, sem as distorções trazidas pela civilização. Para o cinismo original a salvação era safar-se da cultura e ingressar sem entraves na natureza. Independentemente da questionável dicotomia cultura/natureza, o cinismo tinha um teor libertário, o qual foi perdido pela incorporação do naturalismo pela civilização.

Da mesma forma que o cinismo perde o pendor subversivo, tornando-se a estratégia de Alexandre para manter-se no poder e não a barrica de Diógenes, que o mantinha à margem dos poderosos, a ira também, ao longo da civilização, deixa de ter um sentido de afirmação para ganhar o pesadume da vingança adiada, que se chama ressentimento. Há uma bomba atômica em cada coração, que corteja e rechaça o enfarte coletivo. O Messias vem no Dia da Ira, para salvar os seus e destruir os réprobos. Os fundamentalistas têm o despudor de afirmar isso com todas as letras. Que haja guerra entre Israel e os países árabes. Que haja hecatombes nucleares e desastres ecológicos. O que importa, se o mundo está perdido e a salvação vem do Além? Mais afinado com o pudor pânico dos abismos da consciência, em que Deus morre junto com o homem, Kafka disse que "o Messias só virá quando não for mais necessário, só virá um dia após a sua chegada, não virá no último, mas depois do último dia".

Evocamos novamente a palavra de Paulo, o qual falou da figura do *katéchon*, em grego, "aquele que impede". O *katéchon* impediria a vinda do apocalíptico caos, o qual implicaria a volta de Cristo à Terra, para estabelecer o seu reino messiânico. O *katéchon* é a ordem, que foi mantida pelo Império Romano, pela Igreja católica, por todos os impérios, pelo poema, que invoca e neutraliza o inefável; por tudo o que articula o que não é articulável. O *katéchon* tem a sua perfeita encarnação no Grande Inquisidor de Dostoiévski. Na fábula de Dostoiévski, Cristo volta à Terra e o Grande Inquisidor o rejeita em nome do bom funcionamento da Igreja. Ela passava bem sem ele: o rebanho jazia refastelado em pastos verdejantes, ao lado de águas tranquilas. E Cristo era uma singularidade sideral, siderada, que poderia engolir o rebanho ou fragmentá-lo em inúmeras ovelhas negras. Em termos kafkianos, ele veio quando já não era necessário, chegou depois de já ter chegado na forma de Igreja ou mundo cristão. Paulo e os primeiros cristãos esperavam que Jesus voltasse logo para estabelecer o reino dos céus na Terra. Mas a passagem dos séculos e o adiamento *sine die* do *Dies Irae* foi reafirmando o *katéchon*; produzindo a "secularização", que é a transmigração daquilo que era religioso para um campo "secular" ou profano, isto é, fora do templo e dentro do tempo dos mortais. Esse fenômeno implica uma "cristianização" do mundo, mas fora do cristianismo. Assim, por exemplo, a igualdade de escravos e senhores, homens e mulheres, judeus e gregos em Cristo, passa a ser a igualdade de todos perante a lei promulgada por um parlamento e custodiada pelo Estado.

É natural a reação contra o sistema que se ergue como a Torre de Babel, desafiando não só a Deus, mas a singularidade de cada Indivíduo, que não quer restringir o seu ser à cidadania, mas *imunizar-se* contra aquilo que tolhe a sua livre expansão. "Imunização" é em Sloterdijk o termo equivalente a "salvação", para tanto, o homem procura as esferas, mundos mínimos e cada vez mais fluidos. No começo da hominização, as esferas eram bolhas, mundos extremamente particulares de tribos nômades, sem ideia nítida de universo, bolhas que, com o tempo, se transformaram em globos, a globalização inerente às associações de homens que ultrapassaram o tribalismo e passaram a constituir impérios. Na modernidade tardia em que vivemos, os sólidos globos voltam, porém, a ser bolhas, agora espumas, sem substância, mas que guardam a vaga configuração da Singularidade de cada um e de um com o outro. A filosofia não pode dizer se essa

Singularidade é relativa ao buraco negro em que a estrela finda ou a um momento feito monumento na movediça memória de Deus. Entretanto, ela continua a falar, como Sherazade, pela eternidade. E, no dia a dia, o cinismo de cada dia, em que se trava uma "guerra fria", ou melhor, guerrilhas entre diferentes mundos, já que, para Petronio, não há o mundo. Talvez possamos traduzir a sentença "Deus está morto" como o mundo está morto ou, dando um sabor sloterdijkiano à tradução, o mundo se tornou uma pirilâmpica constelação de bolhas de sabão.

Vivemos uma época de profunda desconfiança em relação a globalizações. Com efeito, falar como costuma se falar de valores universais implica cinismo, já que os interesses individuais e grupais sempre preponderam sobre os valores universais. O universalismo seria, portanto, abstrato, não levando em conta a concretude de cada situação, de cada grupo, de cada indivíduo. E essa abstração, lastreada pelo vazio, seria cínica, já que procuraria negar o óbvio: a hobbesiana guerra de todos contra todos, que, para o nosso autor, assume a forma de guerrilhas de mundos que não são, em hipótese alguma, englobados pelo cínico mundo. *Abstração instrumentalizada pelos centros de poder, o mundo é aquilo do qual os mundos marginais querem se imunizar.* Mas se mundo é uma abstração vazia, mesmo os senhores deste mundo seriam vítimas dele. O fim do mundo, o Apocalipse, está sempre presente como um perigo que também é um alívio. O alívio de deixar de ser vivo? O alívio de viver a vida plena além desta vida? Seria a paz. Mas continua a guerra, ainda que em surdina, como guerrilha.

A continuidade da guerrilha pode ser a verdadeira paz que se espera, pois a nossa natureza está no movimento e o combate é o pai de todas as coisas; o repouso, por seu turno, é uterino, mas também tumular: equivale à morte. Se o que caracteriza o animal humano é um excesso que é correlato de uma carência e uma fundamental exceção, que confirma e denega a regra, o caminho a ser seguido talvez seja enfatizar a exceção e não a regra, e o hibrístico excesso e não a trágica carência. Os infinitos mundos que decorrem de cada singularidade levar-nos-iam às mônadas, tais quais Leibniz as concebeu: substâncias imateriais, inextensas, independentes, sem janelas, absolutas, sem relação. Mas aqui estamos sob a égide da mesologia, assim, em vez de falarmos em mônadas leibnizianas, falamos em díades sloterdijkianas: seres sem substâncias, *mesons*, seres de relações, que têm a sua "substância" nas relações.

Nessa distópica utopia, as singularidades reinam soberanas. Guilhotinas ontológicas decepam a cabeça dos soberanos regrados e universalistas que exploravam as carências das singularidades, impedindo que elas extravasem o seu gozoso excesso. Então, o cinismo voltará a ser o dos cães humanos, que vivem felizes em suas barricas, não havendo lugar para o cinismo dos tiranos, que se colocam na frente do Sol, como se fossem astros, e que confiscam a irreverência dos sátiros que, separados da perversão do poder, seriam santos.Com efeito, não sabemos se essas singularidades são a dos buracos negros que sugam estrelas ou se são lembranças que se repetirão eternamente na memória de Deus.

A ORIGEM DAS ESPÉCIES E AS ESPÉCIES DE ORIGEM

Etimologicamente, bastardo está ligado ao verbo *bastar*, *bastar-se*. O bastardo, como não tem com quem contar, visto que não é conhecido como filho, tem de contar consigo mesmo, "bastar-se". A bastardia, em princípio, não é escolhida, assim como a orfandade é uma condição existencial de privação. É possível, porém, que haja uma bastardia escolhida; que alguém, em nome da emancipação e da liberdade, resolva bastar-se e ignorar as suas origens. É uma atitude hibrística, que atenta contra a verdade e está fadada ao fracasso, pois todos temos origens. Ocorre que essas origens são várias, não se condensam em uma só identidade, temos, pois, inúmeros pertencimentos, fato que nos confunde e suscita aquilo que tem sido chamado de "bovarismo", que são ideias erradas a respeito de si mesmo. Petronio traz a famosa noção do "como se" de Hans Vaihinger para explicar o comportamento daqueles que sem lastro se jactam de suas origens, como se elas fossem algo uniforme, quando são um magma errático que se quer empedernido *pedigree*.

Nós, brasileiros, sempre crioulos doidos, salientes botocudos, cafuzos confusos, mazombos e brancarrões, a um só tempo, esfuziantes e macambúzios, ou carcamanos tanto mais briosos quanto mais recalcados, sofremos de um indisfarçável "complexo de vira-lata", que só apresenta bazófias esfarrapadas de um *soi-disant pedigree*. Por isso, talvez possamos entender com mais clareza a pluralidade de origens que acaba comprometendo a própria ideia de origem. Mas o fato é que, assim como qualquer verme, temos nossa origem no majestoso oceano e nas excelsas constelações. Pertencemos ao demasiado humano, mas também ao transumano; se somos o pó da Terra, somos também a poeira das estrelas, que germinaram em um astro obscuro como plantas celestes, que atraem anjos e insetos.

Com efeito, somos nada diante do infinito e tudo diante do nada, como disse Pascal. Assim, se jazemos entre todas as coisas e coisa nenhuma, assiste razão ao autor de *Abismos da Leveza* quando pondera sobre o imponderável: "Entre a origem humana e a origem do universo, entre a origem dos povos à narrativa de nossa eventual origem divina, entre a origem da linguagem à origem da vida e da espécie humana, abre-se um abismo. Impossível acessar todas essas origens". Instalar-se nesse abismo com leveza é a tarefa filosofal de todo mortal.

Há duas maneiras de se instalar com algum conforto ou consolo nesse abismo insubstancial. A oriental e a ocidental. No Ocidente, sedimentou-se a valorização da vida terrena e individual não em si mesma, mas visando a uma vida futura – céus, progresso, utopia. Essa valorização do aqui e agora em seu rumo para o porvir implica uma certa desvalorização da *arché* no qual jaziam os seres antes de efetivamente serem no mundo. Já no Oriente, e, talvez, nesse Oriente que transcende a geografia, caiba até a Grécia antiga, o supremo valor está no passado arquetípico, do qual esta vida é teatro e simulacro.

Na indecidibilidade mesológica de Petronio, o "como se" se impõe como o modo de vida de uma vida possível. A ilusão é inerente à razão vital, quer fabule sobre o futuro, quer faça ficção sobre o passado. Essa ilusão aqui implica escolha, pascaliana aposta. Podemos apostar do Oriente arquetípico ou no prometeico ou messiânico Ocidente. A aposta de que falava Pascal não é uma mera disputa acerca de uma realidade metafísica, mas a confiança em determinado modo de vida, em que está em jogo uma questão fundamental da filosofia, a saber, a da felicidade ou bem-aventurança. A reencarnação, tal qual é encarada no Oriente – pois no Ocidente essa noção não tem exatamente o mesmo sentido – faz da sucessão das vidas passadas um vetor indicando que a perfeição está no passado, já a ocidental encarnação única que visa à vida futura coloca a perfeição no que estar por vir e, como não se fia em outras vidas, não é inclinada ao desapego. Ao contrário, apega-se à sua circunstância e quer elevá-la ao eterno.

De maneira singela, sutil e precisa, o filósofo espanhol Julián Marías expressa o ponto de vista ocidental:

> Não podemos saber se a felicidade é ou não um engano. Temos que viver na insegurança, e toda tentativa de eliminá-la, em um ou em outro sentido, ou é uma deslealdade intelectual ou é um ato de fé. E então, se coloca a pergunta: que coisas interessam de verdade nesta vida? Para mim, a norma é clara: aquelas diante das quais a morte não é uma objeção; aquelas às quais digo radicalmente "sim"; com as quais me projeto, porque as desejo e as quero para sempre, já que sem elas não posso ser verdadeiramente eu.

Depreendem-se do texto de Marías todas as características do pensamento ocidental: o apego ao eu, à vida perdurável, a aposta e não o saber do futuro, que a Deus pertence, o que não impede que a vida humana esteja voltada para o futuro, sendo, como diz o autor de *Tratado da Ilusão* e *A Felicidade Humana*, a condição humana *"futuriça"*. Marías aqui não postula nenhuma gnose, mas apregoa "um ato de fé", que não nega a dúvida nem a objeção que a morte faz a tudo aquilo diante do que não dizemos um radical e amoroso sim. A morte é forte como um valente cavaleiro, mas o amor é tão forte como a morte e quer aquela profunda eternidade de que falava Nietzsche. Sem descartar a insegurança e procurando ser honesto intelectualmente, o pensador espanhol reconhece que a felicidade é impossível, não deixando, porém, de acrescentar que é necessária. Eis a fórmula de Marías: "A felicidade é o impossível necessário".

Kierkegaard e Jung acrescentam nuances à nossa discussão. O primeiro falando que a seriedade e a verdade da vida são uma repetição, pois ninguém quer ser uma tela em que se escreve e se deleta imediatamente o que se escreveu, tampouco há a vontade genuína de ser um imóvel monumento que homenageia o passado. Kierkegaard projeta a repetição como uma memória póstuma e ativamente voltada para o futuro, isto é, tendo a glória de ter sido e prolongando o esplendor pelo porvir. Do mesmo modo, Jung mediante o seu processo de individuação procura incorporar o imemorial, o ancestral, o arquetípico sem que o Indivíduo cesse de individuar-se e escrever com o próprio punho aquilo que a tinta arquetípica imbui em sua pluma.

As posturas que se perfilaram parágrafos acima são de cunho moral e "o papel da filosofia não é fazer julgamentos morais nem defender ou condenar indivíduos, grupos, crenças, valores ou posturas, mas sim emitir enunciados universalmente válidos a partir da análise de eventos reais". E, seguindo a indecidibilidade mesológica, o mais universal é o pluriversal, embora na pluralidade de mundos o universal tenha a sua verdade, ao lado de inúmeras outras. Reiterando trecho de *Abismos da Leveza* já citado: "Todas essas ontologias são válidas e um regime de verdade não anula outro. Como se sabe, a filosofia não consiste em uma demonstração de falsidade-veracidade empíricas, mas em um confronto contínuo entre estruturas dedutivas formalmente válidas".

Como uma mariposa girando em torno de uma vela, a filosofia rodeia a sabedoria, que também se derrete por ela. Mas mariposa ressabiada, reflexiva, a filosofia não se atira no círio inflamado, mal chamusca as asas no fogo. A vela vai derretendo e a mariposa apenas flerta com ela. A vela jaz derretida. A aurora já raia. A asa chamuscada é o vestígio da sabedoria incompatível com a existência da filosofia, que ama a sabedoria, mas não morre por ela. A sabedoria seria a origem do mundo. E a filosofia, pluriversal, insiste nas várias espécies de origem e não na universal origem das espécies, pois nada é tão específico que não tenha raízes desenraizadas, que brotam subterrâneas ou áreas, à revelia da raiz mais rígida.

A ESPÉCIE E A QUINTESSÊNCIA

Quando falamos em evolução, não podemos hoje atropelar uma teoria que não coloca o homem como espécie à parte, inserindo-o na animalidade. O *Homo sapiens*, portanto, não teria uma diferença qualitativa em relação a um chimpanzé, quase um homem; um homem quantitativamente menor em alguns aspectos, embora mais adaptado ao meio que o homem, que precisou criar o mundo para não ser aniquilado pela Terra. Com efeito, houve uma evolução, embora seja conveniente evitar que o termo evolução tenha uma conotação exclusivamente valorativa, de depreciação de certas espécies em nome da coroa da criação, que seria o homem. Contudo, estamos no Antropoceno, a época do humano. Do *Homo sapiens* e do *Dasein*, assim, inevitável é o antropocentrismo ou o "daseincentrismo". O *Homo sapiens*, estrutura empírica da vida humana, é objeto de estudo das ciências empíricas e o *Dasein* constitui a estrutura analítica – abstrata e mais que íntima – da existência e que não estaria sujeita a ser objeto das ciências. Encastelado em sua angústia, o *Dasein* em surdina diz não aos prodígios da técnica, embora possa dizer sim quando usa a sua persona. *Eppur si muove...* A revolução copernicana de Kant, da qual Heidegger faz parte, quer que a vida gire em torno de uma rarefeita subjetividade, que não ousa pronunciar o pronome *eu*, mas se recusa a ser um objeto de uma "metafísica da presença", na qual a ausência não tem presença. Essa ausência é traduzida para o português pelo verbo impessoal "haver", que não liga um predicado a um sujeito, mas apenas aponta que determinado ente existe. José pode ser duro, poeta, profeta, amar ou odiar mulheres, mas nada disso diz respeito ao fato – impessoal e intimamente ligado à angustiada pessoa – de que há José. *Il y a!*

O angustiado *Dasein* heideggeriano tem a morte como musa, onde o *il y a* – expressão francesa equivalente ao haver em português – aparece com toda a sua transparência e revela o velamento de todo ente, o nada. Essa inspiração na morte em Heidegger não é necessariamente necrofilia, embora possa ser mórbida. A insistência na morte visa impedir que a *Gestell* – armação – se instale. Heidegger entende por *Gestell* o enquadramento técnico das coisas, que impede que a Coisa surja em todas as suas dimensões. Para a *Gestell*, as coisas existem como peças de um grande armazém.

Para Heidegger, "os mortais ainda não estão em posse da sua mortalidade. Os mortais ainda não estão em posse de sua essência". Não obstante, esse afastamento da mortalidade por parte dos mortais, para o pensador alemão, *ainda há mortais porque há linguagem*. Esse discurso opõe-se ao discurso do transumanismo, que coloca a ciência como fonte de bem-estar e de imortalidade. O Projeto Gilgamesh de Harari estaria inserido no transumanismo. Harari pretende exacerbar um processo cujo início está nos primórdios da humanidade – o projeto de divinização do humano: o *Homo deus*. Assim sintetiza Petronio a aspiração transumanista: "A odisseia do *Homo sapiens* até agora baseou-se no combate contra três inimigos: a fome, a peste e a guerra. A nova revolução que nos conduz ao *homo deus* consiste na realização de outros três imperativos: a felicidade, a imortalidade e a divindade".

Se Heidegger quer que os homens conheçam a sua mortalidade, Harari quer que o mortal se esqueça da morte e esteja bem instalado na *Gestell*. Ao enquadramento da *Gestell* Heidegger opõe a Quadratura ou Quaternidade. Na *Gestell* as coisas são reduzidas ao simplesmente dado e ao que pode ser estocado e usado quando for o caso, em outras palavras, a Coisa se reduz ao mundo, humano – transumano? – por definição. Na Quadratura, a Coisa, sob os céus, sobre a Terra, diante dos mortais e dos deuses, não se reduz a nenhum dos componentes da Quadratura ou Quaternidade: jazendo como jarra, soberana em seu vazio, ela serve como recipiente do vinho dos mortais, como libação aos deuses, como consumação das núpcias de céus e Terra, que envolvem celestes chuvas e telúricas uvas.

Não é preciso, porém, que se negue o essencial pensamento de Heidegger para percebermos que as dicotomias mortais/imortais, céus/Terra devem abrir-se a perspectivas antropológicas e etológicas a fim de que a estrutura empírica da vida humana não sucumba numa ontologia sem lastro. A centralidade ou não do homem na criação é o nó górdio da questão. O *Dasein* heideggeriano não tira o homem do centro do mundo, pois o mundo é humano por definição. O homem pode se espelhar nos vastos e vagos céus, na imagem arquetípica dos deuses e na exuberância da Terra. Mas, enquanto o homem não encarar o olhar animal, a Terra, que é o seu chão, terá a consistência das nuvens onde pisa o nefelibata. "A Terra sonha ser invisível", diz Rilke, mas uma onça na floresta ou um gato no banheiro nos pilham nus e viramos a cabeça quando percebemos que estamos sendo observados por um olhar devorador, que nos devora, mesmo quando não abocanha e apenas nos devolve ao nosso atavismo adâmico no qual ainda não tínhamos dado nome aos animais.

E esse olhar vai nos devolvendo aos nossos primórdios primatas. Estamos na horda onde se impõe um macho. Ele tem o harém das fêmeas. E nós rancor, inveja. Já não éramos mais animais, pois tínhamos um denominador comum, aliás, um inimigo comum, que nos unia e fazia do dominante alguém frágil, exposto à desvantagem de ser um só. Foi morto por nós e por nós foi devorado. Ele era o excesso e a exceção que criava a ordem. Mas a horda tinha uma outra ordem ainda não conhecida pela ordem vigente. Divididos, reconhecemos a nossa dívida para com o macho, que depois viemos a chamar de pai. Nós o admirávamos pela sua força e, afinal, foi por ele que temos tudo o que possuímos hoje: a cultura, que estranha a Terra e que a provoca e faz com que ela faça parte do mundo.

O mito que acima narramos é a história do pai arcaico e da horda primitiva, contando por Freud, que se inspirou em Darwin. O mito darwinista de Freud inspirou a teoria mimética de Girard e a retomada da figura do

Homo sacer por Giogio Agamben. Em todas essas teorias, a questão da morte não é uma angústia existencial, mas um fato social. Se em Freud, o pai arcaico é o que funda a cultura, em Girard, esse pai arcaico, tendo em vista que ainda não era pai, pois a ordem simbólica era incipiente, é qualquer um que atrai a violência unânime e serve de bode expiatório. Pai arcaico e bode expiatório são figuras soberanas, que espraiam a soberania pela iracunda horda. No direito romano, havia a figura do *Homo sacer*, que era alguém que, tendo cometido crime hediondo, poderia ser morto por alguém do povo, sem que quem o matasse cometesse crime. Filósofo, Agamben não se restringe ao viés psicológico ou antropológico. Para o pensador italiano, o *Homo sacer*, em sendo uma figura jurídica, é também e fundamentalmente uma noção metafísica. Ele é uma vida destituída de sua forma: uma vida nua, simplesmente dada, podendo ser descartada como um piolho. É nessa eliminação do *Homo sacer* que a soberania é exercida. Assim, *Homo sacer* e soberano são figuras simétricas, unidas na consecução de um mecanismo, que é o da horda primitiva contra o pai arcaico e da violência unânime contra o bode expiatório. Todas essas perspectivas apontam para um conflito generalizado, que é resolvido com a eleição de uma vida matável a ser morta; alguém que tendo perdido a humanidade não pode ser vingado. E no bojo do *Homo sacer*, do bode expiatório e do pai arcaico estão a hobbesiana guerra de todos contra todos e a aleatoriedade da vítima sacrifical, a qual não é sacrificada por suas virtudes ou seus pecados, mas porque ela é tão única, que não tem pares nem quem, embora compartilhe de sua excluída condição, se disponha a vingá-la.

Além de nos mostrar que a coesão é feita por uma unanimidade violenta, as perspectivas que enxergam o fundamento da vida humana na violência também projetam essa violência num futuro violento, apocalíptico. A guerra de todos contra todos que vigorava antes de qualquer ordem pode ser a guerra de todos que vingará no porvir, eliminando qualquer possibilidade de ordem. Louvando o cristianismo por ter apontado a falácia de qualquer bode expiatório, René Girard teme que isso possa levar ao Apocalipse. O paulatino descrédito do mecanismo sacrificial lançaria a humanidade numa guerra de todos contra todos como resultado do não funcionamento do mecanismo do bode expiatório: a paz entre os homens de boa vontade de modo aberrante teria raízes no ódio a algum indivíduo ou grupo. Do mesmo modo, em Agamben, há a visão de que, ao contrário do que acontecia na Antiguidade e na Idade Média, em que a vítima sacrificial se configurava com nitidez, *hoje todos somos virtualmente* homines sacri. Igualmente, as divagações freudianas de Lacan veem como um problema o declínio do Nome do Pai, dimensão simbólica que emergiu da morte do pai arcaico, nó que une a sociedade em torno de Deus e que, uma vez desatado, pode gerar um Superego sádico, que tem gozo na guerra de todos contra todos. Morte do pai fundador, bode expiatório, homicida *Homo necans* e matável *Homo sacer*, tudo isso é humano, demasiado humano, mas o destino do homem é ultrapassar-se, buscar uma quintessência, que talvez esteja atrás das estrelas, mas, certamente, está em um olhar entrecruzado: o olhar que enlaça o homem e o animal.

DO MACACO AO HOMEM, AO SUPER-HOMEM, AO...

"*O animal* nos *olha* e estamos *nus* diante dele. E *pensar* começa, *talvez*, aí", disse Derrida ao arrematar um livro que foi inspirado no fato de o autor estarrecido constatar que estava sendo observado nu por um gato. É nesse olhar entrecruzado entre o humano e o animal que se encontram os mais instigantes ensaios de *Abismos da Leveza*, que colocam o olhar animal como centro das palpitantes discussões acerca do humano.

> Aniquilada a nossa feição humana simiesca, em qual espelho nos refletiremos? O que será daquilo que as mitologias extintas definiam como *alma*? Não se sabe. O certo é que um dia alguma centelha ou resíduo imaterial mínimo do que fôramos, dissipados na poeira das galáxias, certamente se preservará. E migrando a esmo pela solidão dos espaços infinitos, chegará àquela dimensão opaca que, por rotina ou falta de imaginação, nos habituamos a chamar de eternidade,

assim se expressa, com beleza, Rodrigo Petronio, refletindo sobre a grandeza e as limitações do pensamento de Charles Darwin, que não era um iluminista deslumbrado, mas alguém dividido entre o ceticismo científico e o seu passado de quase referendo anglicano. Depreende-se, pois, que o "humanismo" de Darwin é um "hominismo", um "primativo", um "especismo", ainda tributário da bíblica entronização do homem como "a coroa da criação", pois aquele animal que tem mais semelhança ao homem que, para Darwin, foi a pedra angular de sua teoria, reduzindo o drama cósmico ao que remete ao humano. Sem dúvida, o darwiniano *Homo sapiens* não dá conta do *Dasein* e suas transumanas raízes telúricas, celestes e divinas. "Deus é totalmente outro", máxima que se repete desde Rudolf Otto e Karl Barth. Mas disse Derrida, com flagrante inspiração heideggeriana, que não só Deus, mas todo e qualquer outro é absolutamente outro. É preciso, pois, relacionar-se com a alteridade, que pode ser sintetizada numa Quaternidade, envolvendo a dança entre céus, Terra, homens e deuses. Reduzir a alteridade a uma mesmidade sempre foi a tentação metafísica do pensamento.

Heidegger fez a desconstrução do pensamento de Nietzsche, que, para o pensador da Floresta Negra, ao contrário do que pretendia o autor de *Assim Falou Zaratustra*, não era uma superação da metafísica, mas apontava para a sua consumação na tecnologia, onde uma vontade de poder procurava eliminar qualquer vestígio do ser. Seguindo Heidegger, Vilém Flusser, com irreverência, asseverou que o além-humano de Nietzsche era um aparelho. Não obstante reconhecerem a importância fundamental da filosofia de Nietzsche, mostravam as limitações de seu pensamento. Do mesmo modo que apontou as limitações das ideias de Darwin, Petronio também indicou os problemas da filosofia de Nietzsche, a ponto de dizer que o além-humano deve ser superado. Superado, porém, por sua quintessência, o seu mais ensimesmado si mesmo: o aparelho. A incorporação da máquina pelo humano, que acaba tornando indiscernível homem e máquina, seria a destinação metafísico-tecnológica do macaco narcisista que, observando-se nas águas transparentes de um lago, disse: eis o homem. E passou a distinguir o humano do inumano.

Segurar a indistinção do homem e do animal foi o desiderato da civilização ocidental. Depreende-se do que nos diz Petronio que a solução dessa problemática seria outra e que passa pelo assentimento nessa indistinção, na medida em que com a morte de Deus, morreram também o homem e a natureza. "Em outras palavras, o androide não é aquele que tem braços mecânicos. Essa é uma ficção obsoleta do imaginário romântico, oscilando entre Golem e Frankenstein. A nossa pós-humanidade é muito mais banal. Somos todos androides ao ingerir uma mísera aspirina." Ou seja, o pós-humano sempre existiu no homem humano, um ser artificial que, antes de inventar a aspirina, inventou o assassinato do pai arcaico e antropofagia, que não é o mero canibalismo animal, mas uma incorporação simbólica.

Mas a incorporação simbólica, no pós-humanismo, pode se tornar pós-simbólica; real, na medida em que, para os pós-humanos, o humano passaria a ser equivalente ao animal, devorável. Para Petronio, quem não encarar o pós-humano como uma destinação humana "não sobreviverá para contar a história". Mas entende como legítima outra interpretação. "Podemos supor o seguinte: toda vida que se virtualiza, ou seja, que se identifica com um modelo puramente artificial, perde sua singularidade. E, portanto, como qualquer boneco, sem peso na consciência nem ônus legal, poderá um dia simplesmente ser jogada no lixo."

É por isso que sempre existe espaço para a angústia heideggeriana e a procura de Julián Marías de uma vida perdurável e conectada com a singularidade da vida terrena. Se Heidegger aposta numa intransitiva finitude, presunçosamente aceita pelo homem que não é a gente, a gentinha, que, dando as mãos a Marías, implora migalhas como se pedisse estrelas. As súplicas dos pobres de espírito também são presunçosas. A ingenuidade é presunçosa, assim como toda presunção, mesmo a mais arrogante e perversa, é, em alguma medida, ingênua, acredita nas aclamações dos súditos e na invulnerabilidade do próprio poder. É possível acabar com o sideral desejo de que o ente supremo seja o ente querido, sejam aqueles que temos visto em vida e que após a morte veremos integrados ao Invisível, que, sem ver, já amamos? A um só tempo cético e crente, Pascal considera que, para essa questão, só há uma resposta: a aposta.

Uma aposta, porém, finca raízes e as raízes mesologicamente procuradas por Petronio são rizomas, raízes áreas ou subterrâneas, mas que são múltiplas como os pluriversos e origens. Se a aposta é ética ou religiosa decisão, a mesologia ruma somente para a indecidibilidade. A aposta tem um elemento lúdico, mas se persiste na metafísica da primeira intenção o apostolado vence o passatempo e a criança se transforma em leão e camelo, e o dragão de escamas reluzentes impõe o seu Tu Deves ao pobre mortal. Ocorre que a indecidibilidade não dá conta da decisão que sobrevém como um efeito da dimensão ética da existência, a qual introduz na esfera estética da vida os dilemas, os escrúpulos que exigem que responda à questão do ser ou não ser. O *puer aeternus* não é o único arquétipo. Assim, ressurgem a metafísica, o mito, a metanarrativa: as sombras da caverna empurram o mortal para o mundo de luz. Quando o que resta é o silêncio, resta também narrar, narrar a vida, narrar a morte.

O EX-MORTAL

Erato, a musa da poesia lírica, agonizava acometida de melancolia. Sempre tivera tendências suicidas. Seu suicídio, imaginava ela, traria de volta o Paraíso, no qual a prática da poesia seria desnecessária, o universo seria o poema que faria Adão desentalar o pomo da discórdia de sua garganta e vigoraria uma eterna harmonia. O que Erato não entendia era que todos os paraísos eram artificiais, poéticos, assim, seu suicídio seria uma tentativa não coroada pelo sucesso. Mas, ignorando a consciência, a musa deu ouvidos ao inconsciente e tirou a própria vida. Ignorando o fato grandioso, alquimistas continuavam a procurar a pedra filosofal, o elixir da juventude e a vida perdurável. O suicídio de Erato e sua necessária ressurreição ainda não eram acontecimentos percebidos pela consciência. Todas as coisas passaram a ser possíveis e prosaicas, acessíveis aos mortais não mais mortais, imortalizados pelos alquimistas que se tornaram tecnocratas.

Entre os alquimistas tecnocratas desponta Sancho, que implora ao seu amo que não se deixasse morrer por melancolia e que voltasse a viver as suas histórias de cavalaria, agora amparadas por magias mil, que embaralhavam real e virtual. O senhor do suplicante alquimista era Dom Quixote, aliás Alonso Quijano, que, então, já renegara o seu nome de guerra: ouvindo os conselhos do barbeiro, cortou de sua vida a barba da arrogância e não mais confundia a bacia de barbeiro com um épico elmo. Induzido pelo cura da cidade, já se curara da loucura. Ele estava fazendo o seu testamento, um testamento generoso, mas, no fundo, era só o legado da nossa miséria, posando de panaceia. Quijano não tinha filhos, de modo que seus herdeiros eram a humanidade, essa abstração que se presta às intenções mais cínicas, às famigeradas segundas intenções, que sempre versavam sobre o mesmo ponto: quem é digno de continuar a viver? A indignidade jamais é nossa, mas dos outros. Assim, Quijano, aceitando veladamente o conselho de Sancho, aplica em sua pele macilenta o emplastro Brás Cubas, aquele que cura a mãe de todos os males, a melancolia. Quijano sobrevive a si mesmo, mas não se torna imortal e sim um ex-mortal, acometido do desespero de não poder morrer.

Em suas andanças de alma penada ou fantasma hamletiano, Quijano cruza com o rei sumério Gilgamesh. Ele também tinha tomado o emplastro Brás Cubas e reinava em Uruk, eternamente e com um tédio mortal. Ele chora por Gilgamesh, mas não pode consolá-lo, pois vivia com desespero uma idêntica condição. Começou a tomar-se de ódio mortal pelo gênio maligno que separara a existência, que exige o pensamento, e a extensão, que é mecânica, dura, explicada pelo intelecto, mas apenas compreendida pela intuição, pelas razões do coração, que chegam ao piparote que foi dado no universo e que o abandonou às suas próprias leis. Alheio ao mundo por ele criado, o gênio maligno é chamado com temor reverencial de totalmente Outro. O seu mistério foi entendido pela Mãe Terra como uma coqueteria e a eloquência de seu silêncio suscitava o aplauso das macacas de auditório. Mas mesmo nos salões mais refinados as mulheres iam e vinham falando sobre algum avatar do Deus Desconhecido.

O totalmente Outro, porém, abandona a sua alteridade e se apresenta a Quijano. Sim, ele é invisível, mas o ex-mortal sente a sua presença. Ele não se apresenta como o totalmente Outro, mas como o Predestinado, e fala não como um trovão, um fogaréu ou uma ventania, mas com a suavidade do cicio de uma brisa.

> Ser ou não ser, essa é que é a questão:
> Será mais nobre suportar na mente
> As flechadas da trágica fortuna,
> Ou tomar armas contra um mar de escolhos
> E, enfrentando-os, vencer?

Declama Quijano o seu *Hamlet*, procurando justificar a sua condição trágica. Mas o cicio do Totalmente Outro e Predestinado proclama de maneira majestosa e mansa: "Não representeis uma tragédia, não ponhais em cena, na terra, o céu e o inferno. Isso é assunto meu". Mas na zona de meretrício havia conventos e moinhos de vento em que Quijano não mais enxergava gigantes. Quando ele começou a ver moinhos, os moinhos eram moinhos. Depois, por virtude do seu muito imaginar, deixaram de ser moinhos e tornaram-se seres colossais de seis braços. Mas agora, que deixara de ser mortal, os moinhos eram moinhos. Quijano sentia que isso era mesquinho. Pensou em violentar uma freira, esquecendo-se que já era um ex-mortal e não podia abraçar sombras como coisa sólida. Chegou a abrir um claustro. Nele não havia ninguém a não ser o Predestinado, que cochichava no ouvido de Quijano: "o céu e o inferno, isso é assunto meu".

Aliviado e aterrado, Quijano de novo declama o seu *Hamlet*:

Morrer – dormir,
Nada mais; e dizer que pelo sono
Findam-se as dores, como os mil abalos
Inerentes à carne – é a conclusão
Que devemos buscar. Morrer – dormir;
Dormir, talvez sonhar – eis o problema:
Pois os sonhos que vierem nesse sono
De morte, uma vez livres deste invólucro
Mortal, fazem cismar.

Agonizando, o atropelado diz: "Não representeis uma tragédia, não ponhais em cena, na terra, o céu e o inferno. Isso é assunto meu". Insistindo em seu Limbo, Quijano anda a esmo. A falta de sentido e o excesso de sentido se equivalem. Os estertores do Predestinado e o cantar de pneus do automóvel eram o mesmo absoluto, o mesmo absurdo. E o desespero era não poder morrer. No Limbo não havia nítida divisão entre noite e dia. Mas naquele momento os céus exibiam um esplêndido arrebol, sem que pudesse se saber se era aurora ou crepúsculo. Em meio ao rubor do arrebol, o Predestinado dá o seu aceno sangrento. O Sol, que nascia ou se punha, tinha as feições de Erato e lançava luz numa sombra que surgia na linha do horizonte. Era alguém de uma beleza rústica. Mas ao vê-la Quijano logo reconhece a sua Dulcineia, que sempre fora mais uma ideia e, agora, era alguém de carne e osso. Carne e osso no Limbo? Não estaria ele vendo sombras como coisa sólida? Teme abraçá-la, mas o amor que o move leva-o ao enlace. Percebe que ambos eram coisa sólida e que sem ela ele não era verdadeiramente ele.

REFERÊNCIAS DOS ENSAIOS

PETRONIO, Rodrigo. "Por uma arte menor". *Valor Econômico, Eu & Fim de Semana*, São Paulo, 22 fev. 2013. Disponível em: https://valor.globo.com/eu-e/noticia/2013/02/22/por-uma-arte-menor.ghtml. Acesso em: 29 nov. 2021.

_____. "Muito além de anjos e demônios". *Valor Econômico Suplemento Cultural*, caderno *Eu & Fim de Semana Fim de Semana*, São Paulo, 2013, p. 26-27.

_____. "Uma conversa infinita". *Valor Econômico, Eu & Fim de Semana*, São Paulo, 28 dez. 2012. Disponível em: https://valor.globo.com/eu-e/noticia/2012/12/28/uma-conversa-infinita.ghtml. Acesso em: 29 nov. 2021.

_____. "Pai do ensaio, filósofo Michel de Montaigne ganha reedição: além de 'Ensaios', guia de leitura do filósofo Ali Benmakhlouf também chega ao País". *Estadão*, caderno *Aliás*, São Paulo, 24 jun. 2017. Disponível em: https://alias.estadao.com.br/noticias/geral,pai-do-ensaio-filosofo-michel-de-montaigne-ganha-reedicao,70001853857. Acesso em: 29 nov. 2021.

_____. "Deus não é grande". *Valor Econômico Suplemento Cultural*, caderno *Eu & Fim de Semana Fim de Semana*, São Paulo, 2013, p. 34-35.

_____. "O guardião do caos". *Valor Econômico Suplemento Cultural*, caderno *Eu & Fim de Semana Fim de Semana*, São Paulo, 2014, p. 34-35.

_____. "A inveja criadora". *Valor Econômico Suplemento Cultural*, caderno *Eu & Fim de Semana Fim de Semana*, São Paulo, 2013, p. 34-35.

_____. "A imitação da liberdade". *Valor Econômico, Eu & Fim de Semana*, São Paulo, 14 nov. 2013. Disponível em: https://valor.globo.com/eu-e/noticia/2013/11/14/a-imitacao-da-liberdade.ghtml. Acesso em: 29 nov. 2021.

_____. "Escrita de si e autoficção". *Valor Econômico Suplemento Cultural*, caderno *Eu & Fim de Semana Fim de Semana*, São Paulo, 2013, p. 34-35.

_____. "Áporo, Ossos & Araã". *Valor Econômico Suplemento Cultural*, caderno *Eu & Fim de Semana Fim de Semana*, São Paulo, 2014, p. 26-27.

_____. "Gilles Lipovetsky mostra leveza da sua escrita em novo livro". *Estadão*, caderno *Cultura*, São Paulo, 21 jan. 2017. Disponível em: https://cultura.estadao.com.br/noticias/literatura,gilles-lipovetsky-mostra-leveza-da-sua-escrita-em-novo-livro,70001636146. Acesso em: 29 nov. 2021.

_____. "O feminino em Nietzsche e Derrida". *O Globo*, caderno *Suplemento Cultural Prosa*, Rio de Janeiro, 2013, p. 5.

_____. "Entre a razão e a fé". *O Estado de São Paulo*, caderno *Suplemento Cultural Sabático*, São Paulo, 2012, p. S8.

_____. "Os Abismos da Leveza". *Valor Econômico Suplemento Cultural*, caderno *Eu & Fim de Semana Fim de Semana*, São Paulo, 2013, p. 34-35.

_____. "Mesologia e Pluriversos". *Revista Filosofia*, São Paulo, 2016, p. 76-77.

_____. "Ecologia e Mesologia". *Revista Filosofia*, São Paulo, 2014, p. 76-77.

_____. "As Revoluções do Capitalismo". *Revista Filosofia*, São Paulo, 2016, p. 76-77.

_____. "Manifesto de Paleontologia". *Revista Filosofia*, São Paulo, 2015, p. 76-77.

_____. "Cosmobiologia". *Revista Filosofia*, São Paulo, 2016, p. 76-77.

_____. "Terrorismo e Ecologia". *Revista Filosofia*, São Paulo, 2014, p. 76-77.

_____. "*Mesons* e Deus". *Revista Filosofia*, São Paulo, 2016, p. 76-77.

_____. "Peter Sloterdijk reconstrói suas matrizes do Ocidente: cinismo e ira". *Estadão*, caderno *Aliás*, São Paulo, 13 jul. 2012. Disponível em: https://cultura.estadao.com.br/noticias/geral,peter-sloterdijk-reconstroi-suas-matrizes-do-ocidente-cinismo-e-ira,899909. Acesso em: 29 nov. 2021.

_____. "As várias faces de Deleuze". *Estadão*, caderno *Aliás*, São Paulo, 2018, p. E5. Disponível em: https://alias.estadao.com.br/noticias/geral,livros-reavaliam-importancia-do-filosofo-frances-gilles-deleuze,70002653821.

_____. "Filósofo Antonio Negri reflete sobre Félix Guattari e Gilles Deleuze: novo livro do pensador italiano reúne entrevistas e artigos sobre a obra de Deleuze e Guattari". *Estadão*, caderno *Aliás*, São Paulo, 15 fev. 2020. Disponível em: https://alias.estadao.com.br/noticias/geral,filosofo-antonio-negri-reflete-sobre-felix-guattari-e-gilles-deleuze,70003197979. Acesso em: 29 nov. 2021.

_____. "Uma geologia do pensamento: Gilles Deleuze e a literatura. A assinatura das coisas". *Germina Revista de Literatura e Arte*, jul. 2006. Disponível em: https://www.germinaliteratura.com.br/literaturarp_julho2006.htm. Acesso em: 29 nov. 2021.

_____. "Uma geologia do pensamento: Gilles Deleuze e a literatura. A idade da Terra". *Germina Revista de Literatura e Arte*, jul. 2006. Disponível em: https://www.germinaliteratura.com.br/literaturarp_julho2006.htm. Acesso em: 29 nov. 2021.

_____. "Uma geologia do pensamento: Gilles Deleuze e a literatura. A Aranha". *Germina Revista de Literatura e Arte*, jul. 2006. Disponível em: https://www.germinaliteratura.com.br/literaturarp_julho2006.htm. Acesso em: 29 nov. 2021.

_____. "A tecnologia segundo a filosofia de Simondon: dois livros do pensador francês, morto em 1989, são lançados simultaneamente no Brasil". *Estadão*, caderno *Aliás*, 8 mai. 2021. Disponível em: https://alias.estadao.com.br/noticias/geral,a-tecnologia-segundo-a-filosofia-de-simondon,70003706783. Acesso em: 29 nov. 2021.

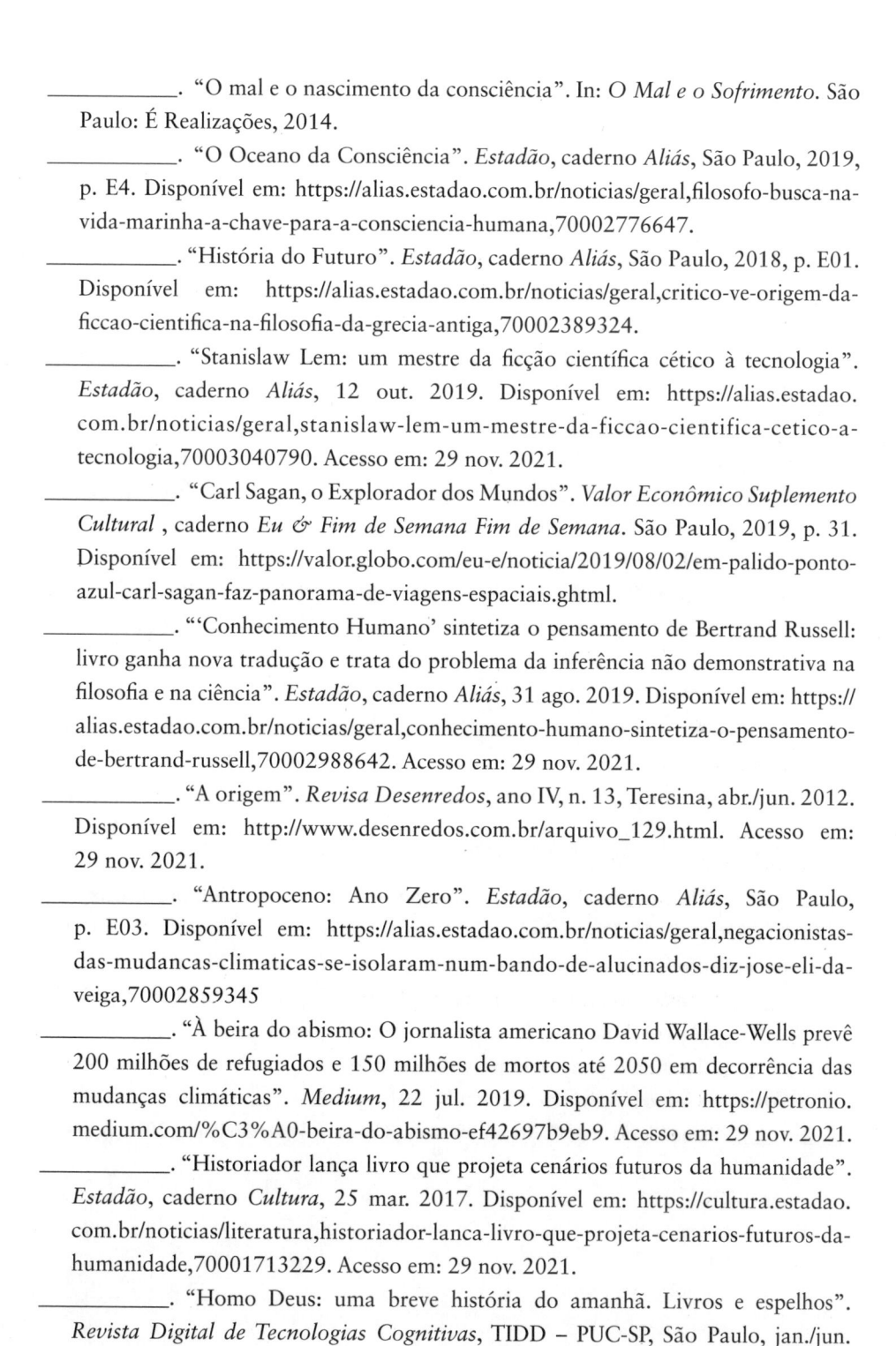

_____. "O mal e o nascimento da consciência". In: *O Mal e o Sofrimento*. São Paulo: É Realizações, 2014.

_____. "O Oceano da Consciência". *Estadão*, caderno *Aliás*, São Paulo, 2019, p. E4. Disponível em: https://alias.estadao.com.br/noticias/geral,filosofo-busca-na-vida-marinha-a-chave-para-a-consciencia-humana,70002776647.

_____. "História do Futuro". *Estadão*, caderno *Aliás*, São Paulo, 2018, p. E01. Disponível em: https://alias.estadao.com.br/noticias/geral,critico-ve-origem-da-ficcao-cientifica-na-filosofia-da-grecia-antiga,70002389324.

_____. "Stanislaw Lem: um mestre da ficção científica cético à tecnologia". *Estadão*, caderno *Aliás*, 12 out. 2019. Disponível em: https://alias.estadao.com.br/noticias/geral,stanislaw-lem-um-mestre-da-ficcao-cientifica-cetico-a-tecnologia,70003040790. Acesso em: 29 nov. 2021.

_____. "Carl Sagan, o Explorador dos Mundos". *Valor Econômico Suplemento Cultural*, caderno *Eu & Fim de Semana Fim de Semana*. São Paulo, 2019, p. 31. Disponível em: https://valor.globo.com/eu-e/noticia/2019/08/02/em-palido-ponto-azul-carl-sagan-faz-panorama-de-viagens-espaciais.ghtml.

_____. "'Conhecimento Humano' sintetiza o pensamento de Bertrand Russell: livro ganha nova tradução e trata do problema da inferência não demonstrativa na filosofia e na ciência". *Estadão*, caderno *Aliás*, 31 ago. 2019. Disponível em: https://alias.estadao.com.br/noticias/geral,conhecimento-humano-sintetiza-o-pensamento-de-bertrand-russell,70002988642. Acesso em: 29 nov. 2021.

_____. "A origem". *Revisa Desenredos*, ano IV, n. 13, Teresina, abr./jun. 2012. Disponível em: http://www.desenredos.com.br/arquivo_129.html. Acesso em: 29 nov. 2021.

_____. "Antropoceno: Ano Zero". *Estadão*, caderno *Aliás*, São Paulo, p. E03. Disponível em: https://alias.estadao.com.br/noticias/geral,negacionistas-das-mudancas-climaticas-se-isolaram-num-bando-de-alucinados-diz-jose-eli-da-veiga,70002859345

_____. "À beira do abismo: O jornalista americano David Wallace-Wells prevê 200 milhões de refugiados e 150 milhões de mortos até 2050 em decorrência das mudanças climáticas". *Medium*, 22 jul. 2019. Disponível em: https://petronio.medium.com/%C3%A0-beira-do-abismo-ef42697b9eb9. Acesso em: 29 nov. 2021.

_____. "Historiador lança livro que projeta cenários futuros da humanidade". *Estadão*, caderno *Cultura*, 25 mar. 2017. Disponível em: https://cultura.estadao.com.br/noticias/literatura,historiador-lanca-livro-que-projeta-cenarios-futuros-da-humanidade,70001713229. Acesso em: 29 nov. 2021.

_____. "Homo Deus: uma breve história do amanhã. Livros e espelhos". *Revista Digital de Tecnologias Cognitivas*, TIDD – PUC-SP, São Paulo, jan./jun.

2018. Disponível em: https://www4.pucsp.br/pos/tidd/teccogs/edicoes-passadas.html. Acesso em: 29 nov. 2021.

_____. "Homo Deus: uma breve história do amanhã. Imperativos e agendas". *Revista Digital de Tecnologias Cognitivas*, TIDD – PUC-SP, São Paulo, jan./jun. 2018. Disponível em: https://www4.pucsp.br/pos/tidd/teccogs/edicoes-passadas.html. Acesso em: 29 nov. 2021.

_____. "Homo Deus: uma breve história do amanhã. Imortalidade e Divindade". *Revista Digital de Tecnologias Cognitivas*, TIDD – PUC-SP, São Paulo, jan./jun. 2018. Disponível em: https://www4.pucsp.br/pos/tidd/teccogs/edicoes-passadas.html. Acesso em: 29 nov. 2021.

_____. "Homo Deus: uma breve história do amanhã. Felicidade e Humanismo". *Revista Digital de Tecnologias Cognitivas*, TIDD – PUC-SP, São Paulo, jan./jun. 2018. Disponível em: https://www4.pucsp.br/pos/tidd/teccogs/edicoes-passadas.html. Acesso em: 29 nov. 2021.

_____. "Homo Deus: uma breve história do amanhã. Algoritmos e Deus.". *Revista Digital de Tecnologias Cognitivas*, TIDD – PUC-SP, São Paulo, jan./jun. 2018. Disponível em: https://www4.pucsp.br/pos/tidd/teccogs/edicoes-passadas.html. Acesso em: 29 nov. 2021.

_____. "Para Yuval Noah Harari, cooperação entre países é fundamental contra o coronavírus: pensador israelense publica livro digital gratuito no Brasil com ensaio sobre a pandemia". *Estadão*, caderno *Aliás*, São Paulo, 30 jul. 2020. Disponível em: https://alias.estadao.com.br/noticias/geral,para-yuval-noah-harari-cooperacao-entre-paises-e-fundamental-contra-o-coronavirus,70003286424. Acesso em: 29 nov. 2021.

_____. "Eu, primata". *Revista Filosofia, Ciência e Vida*, Editora Escala, São Paulo, set. 2018. Disponível em: http://blogdoinhare.blogspot.com/2018/09/mesologia-eu-primata-por-rodrigo.html. Acesso em: 29 nov. 2021.

_____. "E então o animal criou o homem". *Revista Filosofia*, São Paulo, 2014, p. 76-77.

_____. "As três humanidades". *Revista Filosofia*, São Paulo, 2013, p. 76-77.

_____. "De frente para os impasses do século". *O Estado de S.Paulo*, caderno *Suplemento Cultural Sabático*, São Paulo, 2013, p. S6.

_____. "Saudade do diabo". *Revista Filosofia, Ciência e Vida*, São Paulo, 2012, p. 76-77.

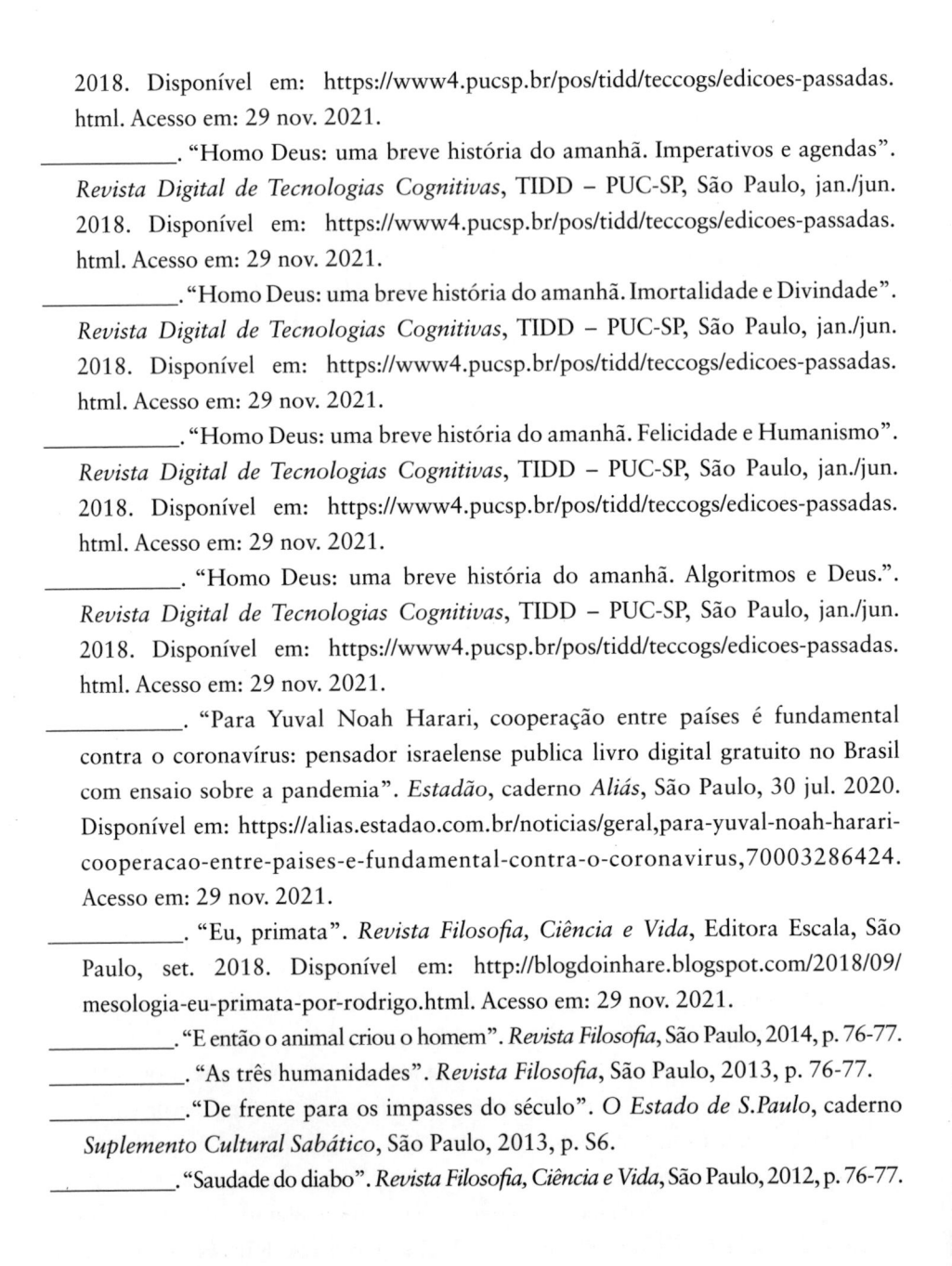

Rodrigo Petronio nasceu em 1975, em São Paulo. Escritor e filósofo, atua na fronteira entre literatura, comunicação e filosofia. Autor de 17 livros e organizador de diversas obras. Professor Titular na área de Comunicação da Fundação Armando Álvares Penteado (FAAP|2011-). Professor convidado do Instituto Europeu de Design (IED|2021-). Pesquisador associado do Programa de Pós-Graduação em Tecnologias da Inteligência e Design Digital (TIDD|PUC-SP | 2017-). Sob a supervisão de Lucia Santaella desenvolveu uma pesquisa de pós-doutorado sobre a cosmologia de Alfred North Whitehead (2018-2020). Doutor em Literatura Comparada pela Universidade Estadual do Rio de Janeiro (UERJ). Desenvolveu doutorado sanduíche como bolsista Capes na Stanford University, sob orientação de Hans Ulrich Gumbrecht. Formado em Letras Clássicas (USP), tem dois Mestrados: em Ciência da Religião (PUC-SP), sobre o filósofo contemporâneo Peter Sloterdijk, e em Literatura Comparada (UERJ), sobre literatura e filosofia na Renascença. Atualmente atua na FAAP como professor-coordenador de dois cursos de pós-graduação: Escrita Criativa e Roteiro para Audiovisual. Membro do grupo de pesquisa TransObjetos do TIDD|PUC-SP (2017-). Membro do NDE (Núcleo de Docente Estruturante) do curso de Jornalismo da Fundação Armando Alvares Penteado (2020-). Membro do Conselho Científico do Grupo de Pesquisa do CNPq: Centro Internacional de Estudos Peirceanos (2020-). Membro do Conselho Científico do Grupo de Pesquisa do CNPq: Pensamento Processual e Estudos Whiteheadianos na América Latina (2019-). Membro do Laboratório de Estudos Pós-Disciplinares do Instituto de Estudos Brasileiros da Universidade de São Paulo (IEB-USP | 2014-). Foi professor e coordenador dos cursos de Literaturas Espanhola e Hispano-Americana na Universidade Santo André (2002-2006) e professor de Teoria da Literatura na Universidade Anhanguera (2010-2011). Criou e ministrou durante dois anos o Curso Livre de Filosofia (2015-2017), curso que assumiu a modalidade online a partir de 2020. Ministra desde 2014 a Oficina de Escrita Criativa Casa Contemporânea. Há quinze anos ministra oficinas e cursos livres em diversas instituições como a Casa do Saber, a

Fundação Ema Klabin, o Sesc e o Museu da Imagem e do Som (MIS), onde criou e coordenou o Centro Interdisciplinar de Narratividade (2012-2014). Cofundador do curso de Criação Literária da Academia Internacional de Cinema (AIC), foi professor e coordenador deste curso por quatro anos (2006-2010). Durante sete anos foi professor-coordenador do Centro de Estudos Cavalo Azul (2002-2009), fundado pela poeta Dora Ferreira da Silva. Durante três anos coordenou grupos de leitura do Instituto Fernand Braudel (2006-2009). Atua no mercado editorial há 27 anos (1995-2022), tendo trabalhado em para dezenas de editoras em centenas de livros como editor, preparador, revisor, copidesque, redator, tradutor e autor. Criou e manteve a empresa Edições Rumi (2006-2016) por meio da qual prestou serviços editoriais para dezenas de editoras, coleções e obras, em diversas áreas de conhecimento. Reabriu esta empresa sob o novo nome de Bonobo Produções Culturais e Educacionais (2020-). Como editor-assistente do estúdio editorial Jogo de Amarelinha (2006-2009) coordenou a edição da coleção Clássicos Saraiva, coleção de clássicos de literatura de língua portuguesa, e o catálogo de literatura infanto-juvenil do Grupo Positivo, além de acompanhar diversos outros projetos para editoras como FTD, Moderna, Scipione, Escala Educacional, dentre outras. Trabalhou no jornal Folha de S.Paulo (2000-2002) como leitor crítico de informação. Há 22 anos colabora regularmente com diversos veículos da imprensa. Foi colunista da revista Filosofia e atualmente é colaborador regular dos jornais Valor Econômico e O Estado de S.Paulo. Publicou cerca de trezentos de artigos, resenhas e ensaios em alguns dos principais veículos da imprensa brasileira. Recebeu prêmios nacionais e internacionais nas categorias poesia, prosa de ficção e ensaio. Tem poemas, contos e ensaios publicados em revistas nacionais e estrangeiras. Participou de encontros de escritores e ministrou cursos em instituições brasileiras, em Portugal e no México. É autor dos livros História Natural (poemas, 2000), Transversal do Tempo (ensaios, 2002), Assinatura do Sol (poemas, Lisboa, 2005), Pedra de Luz (poemas, 2005), Venho de um país selvagem (poemas, 2009), O último Deus (ficção, 2022), Por que o futuro será uma Era dos Meios (ensaio, 2021), Fim da Terra (poesia, 2021), Azul Babel: a Escrita e os Mundos (2021), entre outros. É autor também Matias Aires (2012), Odorico Mendes (2013), Oliveira Lima (2014) e Pedro Calmon (prelo), ensaios críticos e biográficos destes intelectuais brasileiros, publicados pela Série Essencial da Academia Brasileira de Letras.

Organizador dos três volumes das Obras Completas do filósofo brasileiro Vicente Ferreira da Silva (É Realizações, 2010-2012).

Coorganizador com Rosa Alice Branco do livro Animal Olhar (Escrituras, 2005), primeira antologia do poeta português António Ramos Rosa publicada no Brasil. Divide com Rodrigo Maltez Novaes a coordenação editorial das Obras Completas do filósofo Vilém Flusser pela Editora É Realizações que prevê a publicação dos vinte títulos do autor, além de um longo projeto de publicação de materiais inéditos de seu arquivo que ontem cerca de 35 mil páginas. Coorganizador com Clarissa De Franco do livro Crença e Evidência: Aproximações e Controvérsias entre Religião e Teoria Evolucionária no Pensamento Contemporâneo (Unisinos, 2014), conjunto de artigos acadêmicos de professores brasileiros e estrangeiros sobre as relações entre ateísmo, religião e darwinismo. O livro Pedra de Luz foi finalista do Prêmio Jabuti 2006. A obra Venho de um País Selvagem recebeu o Prêmio Nacional ALB/Braskem de 2007, além de ser contemplada com o Prêmio da Fundação Biblioteca Nacional.

Curriculum Lattes: http://lattes.cnpq.br/7536475464385205
Site: www.rodrigopetronio.com
Contato: rodrigopetronio@gmail.com